1.-

Andreas Novy

BRASILIEN: DIE UNORDNUNG DER PERIPHERIE

Edition Weltgeschichte. Band 3
Hrsg. von Peter Feldbauer, Andrea Komlosy, Erich Landsteiner, Jean-Paul Lehners, Matthias Middell und Hans-Heinrich Nolte.

Publiziert mit Unterstützung
des Fonds zur Förderung der wissenschaftlichen Forschung/Wien

Die Deutsche Bibliothek – CIP-Einheitsaufnahme
Novy, Andreas:
Brasilien : die Unordnung der Peripherie : von der Sklavenhaltergesellschaft zur Diktatur des Geldes / Andreas Novy. – Wien : Promedia, 2001.
(Edition Weltgeschichte; Bd. 3)
ISBN 3-85371-172-3

Umschlaggestaltung: Scheubmayr & Berthold Ges.b.R.
Lektorat: Erhard Waldner
Druck: Manz Crossmedia GmbH & Co KG, Wien
Printed in Austria
ISBN 3-85371-172-3

Fordern Sie einen Gesamtprospekt des Verlages an bei:
Promedia Verlag, Wickenburggasse 5/12
A-1080 Wien, Fax: 0043/1/405 715 922
E-Mail: promedia@mediashop.at

Andreas Novy

Brasilien: Die Unordnung der Peripherie

Von der Sklavenhaltergesellschaft zur Diktatur des Geldes

EDITION WELTGESCHICHTE · PROMEDIA

Für Joachim

Edition WELTGESCHICHTE
Globalgeschichte – Weltsystemanalyse – Lokalgeschichte

Herausgegeben von Peter Feldbauer (Wien), Andrea Komlosy (Wien), Erich Landsteiner (Wien), Jean-Paul Lehners (Luxemburg), Matthias Middell (Leipzig) und Hans-Heinrich Nolte (Hannover) im Promedia Verlag, Wien.

Die *alte* Weltgeschichte mit ihrem eurozentrischen Weltbild lief auf die Universalisierung von Leitideen wie Freiheit, Fortschritt und Entwicklung hinaus und konnte daher weltgeschichtliche Prozesse nur als Vorgeschichte der Realisierung dieser Ideen im Sinn einer Europäisierung bzw. Verwestlichung der Welt denken. Sie wird den realen Prozessen weltwirtschaftlicher und weltgesellschaftlicher Integration und Desintegration sowie deren konkreten Erscheinungsformen in den einzelnen Weltregionen immer weniger gerecht. Im Rahmen des seit den 1980er Jahren vermehrt diskutierten Konzeptes einer *neuen* Weltgeschichte im Sinn einer *global history* wird nicht nur die Überwindung des eurozentrischen Blicks angestrebt, sondern auch den Manifestationen von Globalisierungsprozessen sowohl auf Mikro- als auch auf Makroebene nachgegangen. Welche Triebkräfte bestimmen sie, wie wirken sie auf spezifische Kulturen, soziale Systeme und Regionen?

Die Publikationen der Edition WELTGESCHICHTE sind daher Themen gewidmet, die im Spannungsfeld globaler und lokaler Interaktionen angesiedelt sind. Sie beinhalten:

* Makrostudien zu globalen historischen Prozessen
* Mikrostudien zu den Wirkungen von Globalisierungsprozessen auf lokaler und regionaler Ebene
* Interkulturelle Vergleiche.

Die Reihe, die Monographien, Sammelbände sowie Übersetzungen wegweisender Arbeiten ins Deutsche enthält, ist einer historisch-sozialwissenschaftlichen Herangehensweise verpflichtet. Dies schließt Fragen der Methodologie und der Historiographiegeschichte mit ein. Der zeitliche Bogen reicht von der frühen Neuzeit bis in die unmittelbare Zeitgeschichte. Die AutorInnen sind in verschiedenen Sparten der Geschichtswissenschaften oder in anderen Sozial-, Wirtschafts- und Kulturwissenschaften tätig, ohne die Weltgeschichte angesichts der sämtliche Lebensbereiche erfassenden Globalisierungs- und Fragmentierungsprozesse nicht betrieben werden kann.

Die HerausgeberInnen

Der Autor:

Andreas Novy, 1962 in Wien geboren, studierte Volkswirtschaft an der Wirtschaftsuniversität Wien. Seit 1999 ist er außerordentlicher Universitätsprofessor an der Abteilung für Stadt- und Regionalentwicklung am Institut für Wirtschaftsgeographie der Wirtschaftsuniversität Wien.

Inhaltsverzeichnis

Über die Freundschaft

Ohne die vielen Brasilianerinnen und Brasilianer, mit denen ich über die letzten Jahre Freundschaft geschlossen habe, wäre dieses Buch nicht geschrieben worden. Ohne die enge emotionale Bindung an dieses Land, seine Menschen und seine Kultur wäre die brutale politökonomische Realität auf Dauer kaum zu ertragen. Mein Dank gilt daher in erster Linie Beth, Sueli, Vitte, Claudia, Ana, Caiado, Carlos, Dercy, Bacana, Reginaldo, Paul, Chico, Clelio, Luiz, Ingo *e muitos outros*. Der Ausgangspunkt des vorliegenden Buchs war aber ein viel banalerer, nämlich die Notwendigkeit, eine Habilitationsschrift zu verfassen, was eine einsame Arbeit darstellt, ist sie doch die größte und letzte Prüfungsarbeit. Im Herbst 1998 schloß ich die Forschungen mit einer Arbeit zum Thema „Macht, Raum und Entwicklung in Brasilien" ab. In den folgenden Monaten widmete ich mich der Buchfassung. Das einfach erscheinende Unterfangen, den ursprünglichen Text zu kürzen und klarer zu machen, erwies sich als eine Aufgabe, die nicht viel weniger Zeit erforderte als das Schreiben der Habilitation selbst. In welcher Form die zentralen Einsichten zu vermitteln sind, stellte sich als weit mehr heraus als bloß eine didaktische Zusatzaufgabe. Es erschien mir als eine politische Notwendigkeit, Erkenntnisse über Strukturen so zu vermitteln, daß Handlungsperspektiven nicht verlorengehen.

Wiewohl eine Habilitation eine Einzelarbeit ist, sind die Grenzen der individuellen Anstrengung doch offensichtlich. Wie Diskurse allgemein, so ist auch die vorliegende Arbeit wesentlich durch andere beeinflußt, Produkt vieler und langer Freundschaften. In erster Linie muß ich Joachim Becker danken, dem ich diese Arbeit widme, dessen Mitdenken die Qualität der vorliegenden Arbeit wesentlich erhöht hat und dessen Solidarität und Freundschaft mich immer wieder zum Weiterdenken ermutigten. Auch Johannes Jäger, Werner Raza und Vanessa Redak haben wesentlich zum vorliegenden Denkrahmen beigetragen. Im Rahmen des vom FWF unter P12378-OEK geförderten Projektes „Ökonomischer Raum und Territorialität politischer Regulierung" wurden wesentliche Denkleistungen für den vorliegenden konzeptuellen Rahmen einer Theorie von Raum-Macht geleistet.

Mein Dank gilt auch dem Institut, mittlerweile „Abteilung für Stadt- und Regionalentwicklung", an dem ich arbeite, und den beiden Professoren, die es in diesen Jahren leiteten: Walter Stöhr und Ed Bergman. Sie schufen für mich den Raum, in dem die vorliegenden Gedanken reifen konnten. Die Wirtschaftsuniversität, oft im Selbst- und Fremdbild eine Kaderschmiede für ManagerInnen oder eine höhere Handelsschule, gab mir einen nicht tagtäglich neu zu erkämpfenden, sondern über die Zeit gewährten Raum, weiter – in seiner räumlichen und zeitlichen Dimension – denken zu können. Es ist dies angesichts einer immer kurzsichtigeren Rationalität ein Privileg, und dessen bin ich mir bewußt.

Der Blick zurück erlaubt mir, eine Vielzahl an Personen und Ereignissen Revue passieren zu lassen, die zum Gelingen dieser Arbeit beigetragen haben und denen mein Dank gilt: Frau Lehner für das Korrekturlesen und die Arbeit am Literaturverzeichnis, Gunther Maier für die Rettung meiner virusverseuchten Dateien, Reginaldo Castela, Christof Parnreiter, Karin Fischer, Christine Mattl und Ana Fernandes für das gemeinsame Verfassen von Artikeln, die in diese Arbeit eingeflossen sind. Herwig Palme, Peter Feldbauer, Andrea Komlosy, Dieter Boris, Reinhard Pirker, Johanna Hofbauer, Manfred Lueger, Leonhard Bauer, Ingo Luger und Alex Hamedinger danke ich für das Lesen früherer Fassungen.

Meiner Familie, Beth, Marília, Francesco und Bernardo, verdanke ich den Blick über die Politökonomie hinaus. Sie relativieren die Bedeutung gescheiter Überlegungen und politökonomischer Veränderungen und ermöglichen einen breiteren Blick auf das Leben und seine Vielfalt, die einem bei Zu-viel-Bücher-Lesen abhanden kommt: Raum, Zeit und Macht bilden eine alles beherrschende Totalität und sind doch nicht das ganze Leben. Und nicht zuletzt verdanke ich Beth den Titel dieser Arbeit sowie den poetischen und kulturellen Feinschliff bei den Übersetzungen.

Andreas Novy — Wien, im Jänner 2001

Kapitel 1:

Macht und Raum

„Wir wollen eine Stimme haben
und unser Schicksal bestimmen,
aber da kommt die Dampfwalze
und trägt unser Schicksal davon“
(frei nach „Roda Viva“ von Chico Buarque)

Geschichte zu machen und nicht bloß ein Schicksal zu erleiden; darauf hofft wohl nicht nur der bekannte brasilianische Komponist Chico Buarque. Immer wieder erheben Menschen ihre Stimme, um ihr Schicksal zu bestimmen. Und immer wieder werden die Hoffnungen niedergewalzt; einer Dampfwalze gleich rollt das System – die Machtstrukturen – über diese Bemühungen hinweg. Und doch sind diese sozialen Bewegungen, durch die die Unterdrückten die Bühne des öffentlichen Lebens betreten, die großen Momente der Geschichte. Die 1980er Jahre waren in Brasilien so ein Jahrzehnt der Hoffnung auf einen grundlegenden Wandel in einer der ungerechtesten Gesellschaften der Welt. 1989 konnte ich den Präsidentschaftswahlkampf miterleben und die Begeisterung spüren, mit der Millionen BrasilianerInnen nach Jahrzehnten der Diktatur die Bühne der Wahlauseinandersetzung nutzten, um das eigene Schicksal in die Hand zu nehmen, Subjekt der Gesellschaftsveränderung zu werden. In diesem Moment, als es der ehemalige Metallarbeiter Lula, ein einfacher Mann aus dem Volk, fast schaffte, Präsident zu werden, bestand bei vielen die Hoffnung auf einen grundlegenden gesellschaftlichen Wandel. Lula verlor knapp, aber er verlor. Danach ähnelte kein zweiter Wahlkampf mehr diesem, die Menschen verloren das Interesse an dieser Bühne. Macht schien zunehmend anderswo zu Hause zu sein.

Dieses Buch reflektiert den Verlust einer Illusion – der Illusion, innerhalb relativ kurzer Zeiträume einen Wandel herbeiführen zu können. Als ich Brasilien entdeckte, war es ein Ort der Veränderung, der Möglichkeit und des Wandels. Die Ränder der Städte, die Landlosen des Hinterlandes, die besten KünstlerInnen und die intellektuelle Opposition, sie alle rüttelten an den Grundfesten der alten Ordnung. Zehn Jahre später, im Rückblick, mischen sich Wut und Enttäuschung: Es bedurfte in den 1990er Jahren nicht einmal der Militärs, um dem Traum von der Veränderung ein Ende zu setzen. Zerstörung à la Pinochet, aber ohne Pinochet. Wie war das möglich? Welche Macht bewirkt dies? Die erneute Wahlniederlage Lulas 1994 war für mich eine Zäsur. Ich erkannte, daß das Establishment keinen Wandel will, der die gesellschaftliche Hierarchie auch nur in Teilbereichen oder symbolisch antastet. Der Standesdünkel der Sklavenhaltermentalität, verseucht mit einem kapitalistischen Eigennutzdenken, ergibt eine besonders schlimme Form von Herrschaft. Brasilien, „Weltmeister der Einkommensungleichheit“, zeugt davon. Mit der vorliegenden Arbeit lege ich einen Denkrahmen vor, diese Prozesse zu verstehen.

Heute noch finden sich in den Medien Nachrichten über Hungersnöte, Sklaverei und Arbeitsbrigaden gleich neben denen über Handys, Fettsucht bei Brasiliens Kindern und Verkaufsrekorden der Automobilindustrie. Warum, so fragt man sich, ist dies am Anfang des 21. Jahrhunderts noch möglich? Warum sind die bescheidenen Mittel nicht auftreibbar, um zumindest die ärgsten Auswüchse dieses Systems zu vermeiden? Aus der Sicht der vor Ort Herrschenden jedoch liegt in diesem scheinbar irrationalen Handeln durchaus eine Rationalität. Es ist der Versuch der vor Ort Bessergestellten, Juniorpartner der im Zentrum Herrschenden zu bleiben und damit weiter an der Warenwelt des Kapitalismus teilzuhaben. Der Großgrundbesitzer in der Dürreregion des Nordostens ist selbst ständig vom sozialen Abstieg bedroht. Wie soll er das Geld für das Studium der Kinder auftreiben? Wie soll er aus dem Teufelskreis der Wucherzinsen herauskommen, in den er aufgrund von Mißernten geraten ist? Vor Ort herrscht er, aber die Strukturen weisen ihm weltweit einen bloß untergeordneten Platz zu. Diese Doppelrolle von mächtig/ohnmächtig wurzelt in einer doppelten Räumlichkeit: Er agiert vor Ort und ist in eine größere – nationale und globale – Raumstruktur eingebunden, in der er nichts zu reden hat.

Die Herrschenden an der Peripherie bauen ihre Machtstrategien auf ihrer Macht vor Ort auf; wissend um ihre Machtlosigkeit auf der internationalen Ebene. Sie managen eine immer labile soziale Lage vor Ort und vermeiden so, daß es zu radikalen Umbrüchen des Bestehenden kommt. Der Preis ist das Ausblenden der bestehenden Struktur. Aber auch die Machtlosen und Unterdrückten ziehen oft das Handeln vor Ort dem Verändern raumübergreifender Strukturen vor. Beispiele dafür sind die Dörfer entflohener SklavInnen im Hinterland Brasiliens, Landbesetzungsprojekte oder die Indianer- und Extraktionsreservate im Amazonasgebiet. Auch Stadtteilbewegungen kämpfen wirkungsvoller für eine neue Schule in ihrem Viertel als für eine neue Bildungspolitik. Die Ungerechtigkeit vor Ort ist wahrnehmbar, es ist ein Skandal, der nach Veränderung ruft, während die globale Struktur weit weg und übermächtig scheint. Das Handeln reduziert sich dann auf eine Korrektur von Unordnungen, von Dingen, die aus dem Lot geraten sind. Der Staat soll mehr in Schulen investieren, die Arbeiterinnen sollen mehr Mitspracherechte und die Bauern bessere Kredite erhalten. Die Geschichte mit ihren zahlreichen vergeblichen Versuchen, die Unordnung nachhaltig zu verändern, zeigt aber, daß diese Struktur der Peripherie eine Un-Ordnung mit einem großen O darstellt. Sie ist strukturell. Es ist daher ein Irrtum zu glauben, es müsse bloß die eine oder andere Maßnahme gesetzt werden, damit Brasiliens Unordnung überwunden werde. Diese Strategie des kontrollierten Wandels basierend auf kleinen Veränderungen scheint verführerisch und ist doch wesentlich für die gegenwärtige Misere verantwortlich.

Gerade die letzten Präsidenten Brasiliens sind allesamt angetreten, die Unordnung zu überwinden und Brasilien zu modernisieren. Gleichzeitig waren Krise, Chaos und verschärfte Unordnung die Folge. Um dieses gegenwärtige Desaster zu verstehen, ist ein Blick in die Vergangenheit notwendig. Im Lauf der Jahrhunderte zementierte sich im Verhältnis Brasiliens zur Welt eine räumliche Hierarchie von Zentrum und Peripherie. Diese verfestigte Struktur – eine Un-Ordnung – engt die Handlungsspielräume der AkteurInnen vor Ort stark ein. In Brasilien selbst schafft sie zwar ein geordnetes Territorium mit einer stabilen Sozialstruktur: oben die Landbesitzer, Bankiers, Großhändler und Industriellen, unten die arbeitende Bevölkerung. Die Wirtschaftsdaten dieses Territoriums – Budget, Inflation und Zahlungsbilanz – sind aber regelmäßig aus dem Lot. Budgetkrise, Inflationskrise und Zahlungsbilanzkrise begleiten die scheinbare Stabilität von Brasiliens Sozialstruktur. Diese ökonomischen Ungleichgewichte resultieren aus der Interaktion Brasiliens mit dem kapitalistischen Weltsystem. Weil Brasilien nicht nur ein Territorium ist, in dem seine Machthaber souverän herrschen, sondern auch Teil des Verflechtungsraumes der kapitalistischen Weltwirtschaft, steht Brasiliens Stabilität auf tönernen Füßen. Die Beben, die Preisverfall, Börsen- und Währungskrisen auslösen, erschüttern Brasiliens Ordnung so regelmäßig, daß es angemessen scheint, von einer Un-Ordnung zu sprechen.

Die Un-Ordnung hat räumliche und soziale Wurzeln. Karl Marx hat einmal behauptet, „das industriell entwickeltere Land zeigt dem minder entwickelten nur das Bild der eignen Zukunft" (Marx 1983: 12). Tatsächlich aber zeigen die Zentren der Welt dem Rest nur sehr teilweise das Bild seiner eigenen Zukunft: Brasilien heute ist keineswegs Österreich vor 20 oder die

USA vor 40 Jahren. Brasilien ist nicht bloß eine Stufe hintennach, sondern in jeder historischen Periode schlicht in einer anderen Position; sie verkörpert die andere Seite der gleichen Medaille. Goldabbau an der Peripherie, Reichtumsanhäufung im Zentrum; Landwirtschaft an der Peripherie, Industrialisierung im Zentrum. Zentrum-Peripherie-Beziehungen lösen sich im Entwicklungsprozeß nicht auf, sondern verändern nur ihre Form. Lateinamerika, schon früh als Peripherie zugerichtet, begann nach Jahrhunderten gehorsamer Unterordnung nach dem Zweiten Weltkrieg, den universellen Segen des dominanten liberalen Entwicklungsmodells abzustreiten: Was für das Zentrum gut sein mag, muß dies keineswegs auch für die Peripherie sein, lautete die Kritik am „falschen Universalismus" der ökonomischen Theorie (Furtado 1997c: 12). Im Rahmen der UN-Kommission für die wirtschaftliche Entwicklung Lateinamerikas (Cepal[1]) entstanden ab den 1950er Jahren eigenständige Theorieproduktionen. Diese sahen den Raum Lateinamerika nicht nur als ein geographisches Gebiet, sondern ordneten ihm eine spezifische sozioökonomische Struktur zu.[2] Der Cepalismus und die ihn kritisierenden lateinamerikanischen Theorien[3] unterschieden sich in ihrer Konzeption von Raum, Zeit und Macht ganz wesentlich vom damals wie heute vorherrschenden liberalen und modernisierungsorientierten Paradigma.

Es handelt sich bei diesem Theoriezugang um den Versuch, die Gegenwart durch Berücksichtigung der Vergangenheit zu verstehen. Strukturen werden in diesen Ansätzen als die „Last der Geschichte", als „harter Zement" (Furtado 1997b: 50) verstanden, als gewachsene gesellschaftliche Beziehungen, die die gegenwärtige Entwicklung belasten. Die Bodenbesitzverhältnisse behindern die Landwirtschaft, die Sklaverei hemmt die demokratische Entwicklung, die Importabhängigkeit bremst die Industrialisierung. Phasen der sozioökonomischen Entwicklung legen sich demnach wie Schichten übereinander, die Geschichte bestimmt den gegenwärtigen Handlungsspielraum. Das erste Anliegen der vorliegenden Interpretation ist, die Räumlichkeit der historisch-strukturellen Entwicklung aufzuzeigen.[4] Es gibt einen Widerspruch zwischen der Nation als Territorium mit einem internen Machtsystem einerseits und dem globusumspannenden Prozeß der Einbindung in eine von den Zentren dominierte Struktur andererseits (Cardoso, Faletto 1976: 38). Im Strukturalismus geht es darum, das Besondere der lateinamerikanischen und insbesondere der brasilianischen Entwicklung nicht bloß als Abweichung von einer Norm festzuhalten.[5] Mit dem Strukturalismus wird somit auf einen zentralen raumwissenschaftlichen Gedanken verwiesen: Gleicher technischer Fortschritt und die selbe marktwirtschaftliche Steuerung führen in verschiedenen Räumen aufgrund spezifischer sozialer Situationen zu unterschiedlichen Ergebnissen (Cardoso 1993: 38). Der jeweilige Kontext führt auch bei gleichen globalen Entwicklungen zu unterschiedlichen konkreten Ergebnissen: Ungleiche Entwicklung ist Teil der Dynamik kapitalistischer Ökonomien.

Der zweite Aspekt, dem die lateinamerikanische Theorie ungenügend Rechnung trägt, ist das Problem der Macht. Furtado (1997b: 21) unterscheidet klar zwischen einer personalen und einer systemischen Macht und verortet die Entscheidungsmacht über die strukturellen Entwicklungen im Nationalstaat. Ein Präsident mit einem guten Beraterstab könne so Maßnahmen setzen, die Unordnung in seinem Territorium zu verringern. Eine Reformpolitik sei demnach eine Politik, die innerhalb der Grenzen eines Machtraumes in die Infrastruktur investiert, soziale Dienste bereitstellt und eine kulturelle Modernisierung ermöglicht. Eine Sichtweise von Staat, die diesem Macht über ein Territorium zuspricht, reduziert Macht jedoch auf das „Ausüben" von Macht, auf eine simple Mechanik, wonach der Machthaber seinen Untergebenen „anschafft". Der Machthaber betätige das Räderwerk der Sozialtechnik und führte ein bestimmtes Ergebnis herbei. Dies ist aber eine starke Überschätzung politischer Handlungsspielräume, weil das bewußte Handeln der Machthaber unbeabsichtigte Konsequenzen hat. Die tieferliegende Struktur der Raum-Macht kann die „vernünftigsten" Maßnahmen im Sozialbereich verhindern, indem sie z.B. dem Machthaber die notwendigen Ressourcen entzieht, sei es via Kapitalflucht oder Steuerhinterziehung.

Damit ist der konzeptuelle Rahmen einer Analyse von Raum und Macht in Brasilien abgesteckt. Basierend auf der Vielzahl vorhandener Studien wird eine Neuinterpretation Brasiliens vorgenommen, die davon ausgeht, daß Menschen innerhalb bestimmter Strukturen nicht nur ihre eigene Geschichte, sondern auch ihre eigene Geographie machen. Wenn sich GummizapferInnen gegen die Rodung des Regenwaldes wehren und die Errichtung von Extraktionsreservaten durchsetzen, so verändern sie den Lauf der Geschichte und schaffen gleichzeitig einen neuen Raum, ein Reservat, in dem Abholzung und Vertreibung nicht länger möglich sind. Widerstand und Ermächtigung in den Kern der Gesellschaftsanalyse zu stellen, macht eine im ursprünglichen Sinn des Wortes „radikale" Raum-Zeit-Analyse notwendig.

Eine Machtanalyse kann nicht einzig die Oberfläche des Bestehenden objektiv wiedergeben, sondern muß zu den „Wurzeln“ gesellschaftlicher Probleme vordringen. Dies ist, wie das Bild von der Wurzel schon anzeigt, ein historisches Unterfangen, ein Nachspüren der Ursprünge und ein geographisches Unterfangen eines Forschens in die Tiefe (Giddens 1988: 422). Eine historisch-geographische Machtanalyse[6] verharrt nicht an der Oberfläche der Phänomene, sondern legt die Tiefe, die Strukturen gesellschaftlicher Ordnungen offen: denn – „der Tote packt den Lebenden“ (Marx 1983: 15).

Der Dualismus von Macht-Raum und Raum-Macht

Die beiden in dieser Arbeit zentralen Begriffe, Raum und Macht, haben im konkreten Wissenschaftsbetrieb wenig miteinander zu tun, denn Raum- und Machttheorien ordnen sich zwei miteinander kaum verbundenen Forschungsbereichen zu.[7] In dieser Untersuchung werden Raum und Macht jedoch als dialektische Einheit – als Raum-Macht und Macht-Raum – konzeptualisiert, um sowohl das Wirken von Raum als auch von Macht besser verstehen zu können. Machttheoretische Einblicke werden mit der räumlichen Problematik konfrontiert, d.h. Machtfragen unter Einbeziehung der räumlichen Perspektive gedacht.[8] Dies scheint unüblich, wiewohl es unbewußt sehr oft geschieht. Der Nationalstaat ist zweifelsfrei der klassische Machtbehälter. In den Grenzen eines Raumes, der Nation, übt ein Akteur, der Staat, souverän Macht aus. Dies ist das klassische Bild des Hobbesschen Leviathan, aber es ist auch das Konzept von Macht und Raum, um das sich die Volkswirtschaftslehre und die Politikwissenschaft weitgehend ranken. Die Schaffung eines Machtraumes repräsentiert den Versuch sozialer AkteurInnen, einen bestimmten Raum abzugrenzen, damit innerhalb des Raumes das Handeln nach bestimmten Regeln ablaufen kann. Es wird ein Raum abgegrenzt, damit dort Handeln wirksam werden kann. Während in Europa die Grenze als Barriere für die Wanderung von Menschen im Vordergrund steht, geht es in Brasilien bei Grenze wesentlich um die wirtschaftliche Abgrenzung der Nation zum Weltmarkt. Wesentliche soziale Auseinandersetzungen in der Geschichte Brasiliens kreisten um die Frage, welche Bedeutung die Grenze für den Warenaustausch, den Kapital- und Technologietransfer sowie den Geld- und Finanzmarkt hat. Als Streit von Binnen- versus Außenorientierung waren die Grenzen des brasilianischen Machtraumes immer hoch politisch. Siege und Niederlagen hingen oft wesentlich mit der Konstitution oder der Aushöhlung von Grenzen zusammen.

Um all diese Fragen wird es in der konkreten Analyse Brasiliens immer wieder gehen. Davor ist es jedoch notwendig, die verschiedenen Konzepte von Raum und Macht zu ordnen, einen theoretischen Rahmen zu schaffen. Zum Einstieg in die Problematik von Raum und Macht möchte ich zwei grundlegend verschiedene Zugänge dualistisch gegenüberstellen. Später dann

Tabelle 1: Der klassische Dualismus von Raum und Macht bei Hobbes und Foucault

	MACHT-RAUM	RAUM-MACHT
	Hobbes	**Foucault**
Frage:	Wo hat wer Macht?	Wie wirkt Macht wo?
Grundkonzepte der Raumtheorie:	Territorium	Verflechtungsraum
	Behälterraum	Netzwerke
Ort der Auseinandersetzung:	„Bühne"	„Feld"
Grundkonzepte der Machttheorie:	Leviathan als Körper	Panopticum als Struktur
	Machtmechanik	Machtfelder
	AkteurInnen	Struktur/Praktiken
Methodik:	quantitativ	Methodenpluralismus

Quelle: Eigene Systematik nach Clegg 1989: 34

sollen sie in eine Dialektik übergeführt werden (vgl. Hamedinger 1998). Thomas Hobbes ist der Vordenker handlungsorientierter Ansätze der Machttheorie, Michel Foucault von strukturorientierten. Im herkömmlichen Sinn wird, in Anlehnung an den Leviathan von Thomas Hobbes, persönliche Macht ganz „oben" verortet. Der Souverän, der Mächtige, zwingt den anderen innerhalb seines Einflußgebiets seinen Willen auf; dies ist das Standardmodell der Machtmechanik. Michel Foucault war zeit seines Lebens bestrebt, diese Konzeption von Macht zu kritisieren. Dem Leviathan stellte er das Benthamsche Panopticum als Leitbild der Macht entgegen. Demnach wirkt Macht über Felder und Strukturen, die das Alltagsleben normieren. Wer in diesen Strukturen „oben" sitzt, ist gleichgültig. Hobbes und seine Machtmechanik, Foucault und seine Felder der Macht stellen anschaulich zwei entgegengesetzte Ansätze zum Verstehen von Macht dar. In der Gegenüberstellung dieser Theorien werden die großen Denktraditionen einfach und vereinfacht zusammengefaßt.[9] Graphisch geschieht dies in Tabelle 1.

Thomas Hobbes und der Macht-Raum

Thomas Hobbes ist der klassische Macht-Raum-Analytiker. Das Individuum ist für ihn ein soziales Atom, unabhängig und fest abgegrenzt zur Außenwelt. Seine Herangehensweise bildet die Grundlage des umgangssprachlichen Verständnisses von Raum und Macht als Macht-Raum. Nation als Raum und Staat als Macht konstituieren den klassischen Macht-Raum als ein Konzept der Mechanik. Auch an Gesellschaftsveränderung Interessierte tasten dieses Macht-Raum-Konzept an sich zumeist nicht an, sie wollen einzig die Schalthebel der Macht in diesem Raum zu ihren Gunsten beeinflussen. Ohne die Macht des Souveräns versinkt der Raum in Unordnung und Chaos, in einem „Krieg eines jeden gegen jeden" (Hobbes 1996: 96). Der Staat ist eine mächtige Maschine, ein künstliches Tier – der „Leviathan", der den Egoismus der Einzelmenschen bändigen sowie die Einheit des Staates und des Territoriums herstellen kann. Seine Macht ist absolut, unteilbar und unübertragbar (Hobbes 1996: 136 ff.).[10] Dieser Staat wird in einzelne Elemente und Atome zerlegt und als Körper verstanden: der Souverän als Seele, die BeamtInnen als Gelenke, Belohnungen und Strafe sind wie Nerven und so weiter. Macht geht dann von Handlungen einzelner aus, wobei diese mit der Absicht erfolgen, andere zu einem bestimmten Handeln zu bewegen.[11] Zwar wohnt Macht grundsätzlich allen Individuen inne. Aber es gibt im Macht-Raum nur einen Akteur, der souverän agieren kann: Der Staat ist die Macht. Um „Macht" zu haben, muß man diesen Staat kontrollieren, ihn „haben", ihn besitzen. Die in der Hobbesschen Tradition stehenden Machttheorien hängen der Sichtweise von Macht als einem Ort, von dem aus souverän geherrscht wird, bis heute an; Macht als „something possessed by unitary, sovereign political forces" (Clegg 1989: 159).

Große Teile der Auseinandersetzungen über Macht in der politischen Theorie des 20. Jahrhunderts können als Variationen von Hobbes' Grundmodell verstanden werden. So war die Frage bedeutsam, wer die Macht hat, ob es ein Zentrum oder mehrere Zentren gibt und wo Macht verortet ist. Antidemokratische Theoretiker wie Pareto stellen hierbei die Herrschaft einer Minderheit als unausweichlich dar (Clegg 1989: 46-48), progressive Machtmechaniker wie Bachrach und Baratz (1977) kritisieren diese elitäre Konzeption. Für Pareto ist der Platz an der Spitze der Gesellschaftspyramide beschränkt, weshalb nur wenige hinaufkämen. „Die Kurve der Verteilung des Reichtums weist in unseren Gesellschaften von einer Epoche zur anderen sehr wenige Veränderungen auf. Das, was man die *soziale Pyramide* genannt hat, ist in Wirklichkeit eine Art Kreisel ... Die Reichen nehmen die Spitze ein, die Armen befinden sich an der Basis ... Die Form der Kurve entspringt keineswegs dem Zufall, das ist sicher. Sie hängt wahrscheinlich von der Verteilung der physiologischen und psychologischen Merkmale der Menschen ab" (Pareto 1975: 111 f.). Die Reichen sind die Mächtigen, und sie sind auch die, die in der Regel die anspruchsvolleren Bedürfnisse haben. Wer aber konkret die Position an der Spitze der Gesellschaftspyramide ausübt, variiert, denn innerhalb der Elite kommt es immer wieder zu einem Wechsel und gelegentlich auch zur Herausbildung neuer Eliten. Da es sich bei der Machtstruktur um eine natürliche Ordnung handelt, steht Pareto auch der Demokratie, die auf konsensuale und nicht auf auf Waffengewalt basierende Konfliktlösungen setzt, kritisch gegenüber:[12] Der progressive Ast der Machtmechanik beharrt gegen die beschönigende elitäre Sichtweise auf der Existenz latenter Machtbeziehungen, z.B. durch die „Mobilisierung von Vorurteilen". Vorherrschende Werte, Rituale und institutionelle Verfahren („Spielregeln") wirken sich systematisch und in sich kohärent zugunsten bestimmter Personen und Gruppen auf Kosten anderer aus (Bachrach, Baratz 1977: 78). Macht wirkt allgegenwärtig, ohne ausgeübt zu werden, was dazu führt, daß die Unterdrückten still bleiben, weil sie heftigen Widerstand erwarten (Clegg 1989: 83).[13] Diese kritischen Ansätze, obwohl weiter der Machtmechanik verhaftet, stellen schon Zugänge dar, die die Brücke zu einem strukturellen Machtbegriff schlagen.

Michel Foucault und Raum-Macht

Michel Foucault ist berühmt geworden als ein Philosoph, der den Tod des Subjekts proklamierte. Damit entpuppt sich Foucault aber nicht als Strukturalist, er stellt sich nicht gegen Individualität an sich. Vielmehr verwehrt er sich einzig gegen die irreführende Überschätzung des Menschen als von seinem sozialen Umfeld unabhängig. Foucaults Forschungsinteresse gilt deshalb – je älter er wird, desto mehr – den individuellen Handlungsspielräumen innerhalb einer mächtigen Struktur. Aus diesem Grund muß in einem ersten Schritt die Mächtigkeit der Struktur schonungslos offengelegt werden. Ausgangspunkt dieser Kritik ist das Modell der Machtmechanik, eines Machtraumes, in dem der Souverän vermeintlich herrscht. „Im Grunde ist die Repräsentation der Macht über die unterschiedlichen Epochen und Zielsetzungen hinweg doch im Bann der Monarchie verblieben. Im politischen Denken und in der politischen Analyse ist der Kopf des Königs noch immer nicht gerollt“ (Foucault 1983: 110). Die zahlreichen Versuche, die Macht – sprich: den Staat – zu erobern und den Machtraum zu beherrschen, sind anschauliche Beispiele für gescheiterte Versuche der praktischen Umsetzung. Gegen diese Sichtweise von Macht und Raum stellt Foucault dar, welche Vorteile es hat, Raum und Macht als Raum-Macht zu denken.[14] Dabei hat er keine Definitionen anzubieten, sondern er beschreibt Macht und Raum – oft als konkrete geographische Machträume. In einem Lager als einem militärisch definierten Machtraum herrscht zum Beispiel eine bestimmte Raumordnung, die Machtverhältnisse begründet. Das Panopticum, ein Turm mit kleinen Zellen am Rand und einem Kontrollraum in der Mitte, konstituiert einen neuen Typus von Macht-Raum (Foucault 1977: 256 ff.). In der konkreten architektonischen Anordnung des Panopticums werden den Menschen, die sich darin bewegen (müssen), bestimmte Räume zugewiesen. Ein Panopticum kann verschiedene Funktionen erfüllen – Gefängnis, Schule, Krankenhaus oder Fabrik.

Anders als bei Hobbes gibt es innerhalb der Grenzen dieses Macht-Raumes nicht die Möglichkeit, autonom zu handeln. Der Machtraum ist etwas Gegebenes, und die Menschen haben sich dem anzupassen. Das Panopticum konstituiert eine Raum-Macht, die handlungsleitend wirkt. Es kann von Machthabern nicht einfach umgebaut, „menschlicher“ gemacht oder „den Bedürfnissen angepaßt“ werden. Weil Foucault das Souveränitätsmodell verwirft, gibt es für ihn kein „Machtzentrum“ mehr, auch keinen Mittelpunkt der Kräfte, „sondern ein komplexes Netz aus unterschiedlichen Elementen – Mauern, Raum, Institutionen, Regeln, Diskursen“ (Foucault 1977: 395). Jeder Beliebige kann kommen und eine Überwachungsfunktion im Zentralturm des Panopticums wahrnehmen. Deshalb ist die Frage, wer die Macht ausübt, irrelevant. Die Macht wohnt der Struktur inne, und es ist diese Struktur, die Wirklichkeiten produziert. Veränderungen passieren nicht, indem „Bessere“ die Machtpositionen einnehmen, vielmehr kommt dem Platz der Vorrang zu gegenüber dem, der ihn einnimmt (Deleuze 1992: 19). Es gibt zwar einen Machtraum; dieser ist aber durch nicht sofort erkennbare strukturelle Kräfte bestimmt, die erst offengelegt werden müssen. Im Rahmen dieser Arbeit spreche ich von Raum-Macht, wenn es um die Kräfte geht, die Macht-Räume schaffen, aufbauen, stärken, entwerten und zerstören. Es ist eine strukturelle Macht.

Während die Schaffung von Machträumen vom Bestreben geleitet ist, einen Raum zu schaffen, in dem gehandelt werden kann, ist Raum-Macht die strukturelle Kraft, die dieses Bestreben der Territorialisierung immer aufs neue untergräbt. Raum-Macht kann die Bedingungen dafür schaffen, daß Machthaber herrschen können; sie kann aber auch Macht-Räume so weit untergraben, daß sich Macht aufzulösen scheint: Getúlio Vargas hatte Macht, José Sarney verwaltete eine Struktur. Macht, verstanden als Raum-Macht, ist nicht etwas, das anderen Handeln verbietet, sondern sie ist produktiv und regt zum Handeln an (Foucault 1977: 250). Sie mobilisiert. Die Macht des Kapitals, einer besonders mächtigen Raum-Macht, besteht nicht

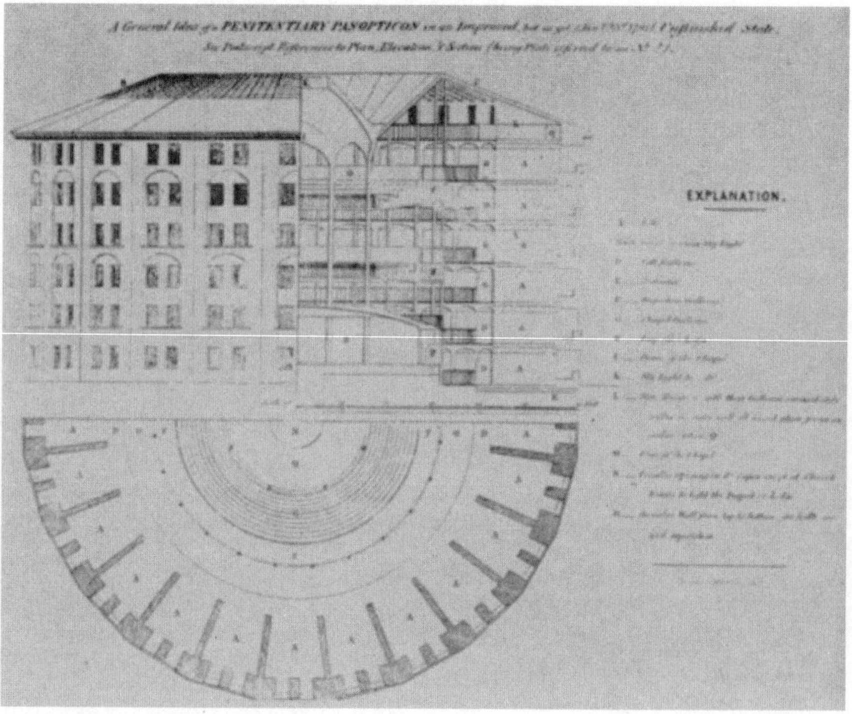

Graphik 1: Das Panopticum
Quelle: Foucault 1977: Abbildung 17

sosehr darin, daß sie ArbeiterInnen unterdrückt, sondern daß sie dazu anregt, ermutigt, zwingt, die Arbeitskraft an ein Unternehmen zu verkaufen, Energie und Kreativität für eine Firma zu verwenden. Raum-Macht wirkt als Kraft der Normalisierung, der Vereinheitlichung und Disziplinierung. Foucault untersucht die Kräfteverhältnisse, in denen Macht und Wissen in konkreten Praktiken zusammenwirken (Foucault 1983: 113 f.)[15], denn Wissen bringt immer Macht hervor[16]. Foucault beschreibt Räume und Mächte, um sie bloßzustellen – und zwar in viel mehr Bereichen als in Standardsituationen der Unterdrückung. Daher gerät sowohl die Produktion des Alltags als auch die Politik des Alltagslebens und daher die Mikropolitik verstärkt ins Blickfeld. Foucault zeigt die Brüche und Zufälligkeiten auf, die die Herausbildung von Machträumen und struktureller Macht ermöglichten. „Wo es Macht gibt, gibt es Widerstand. Und doch oder vielmehr gerade deswegen liegt der Widerstand niemals außerhalb der Macht ... Diese Widerstandspunkte sind überall im Machtnetz präsent. Darum gibt es im Verhältnis zur Macht nicht den einen Ort der Großen Weigerung – die Seele der Revolte, den Brennpunkt aller Rebellionen, das reine Gesetz des Revolutionärs. Sondern es gibt einzelne Widerstände: mögliche, notwendige, kriecherische, gewalttätige, unversöhnliche, kompromißbereite, interessierte oder opferbereite Widerstände, die nur im strategischen Feld der Machtbeziehungen existieren können ... die Widerstandspunkte, -knoten und -herde sind mit größerer oder geringerer Dichte in Raum und Zeit verteilt, gelegentlich kristallisieren sie sich dauerhaft in Gruppen oder Individuen“ (Foucault 1983: 116 f.).

Die Bühne der Macht, die für machtmechanische Auseinandersetzungen so bedeutsam ist, spielt bei Foucault keine Rolle. Er kommt in seinen Analysen auch ohne den Begriff des Territoriums als eines abgegrenzten Machtraumes aus. Statt dessen untersucht er die netzwerkartige Anordnung von Praktiken in einem Machtfeld.[17] Im Kontrollturm des Panopticums laufen die Fäden der Macht zusammen, an seinen Rändern passen sich die InsassInnen an eine vorgegebene Norm an. Macht ergibt sich somit aus unterschiedlichen räumlichen Verteilungen und Reichweiten von diskursiven und organisatorischen Praktiken. Macht schafft einen Verflechtungsraum, der verschiedene Teilräume in eine hierarchische Beziehung zueinander bringt. Der Kontrollturm beherrscht die Zellen am Rand des Panopticums. Damit verfügt Macht als Raum-Macht über das Potential, jeglichen Machtraum, der sich als gegenüber der Raum-Macht eigenständig konstituieren will, zu unterminieren. Aber umgekehrt haben die Insassen die Möglichkeit, und darauf weist Foucault nicht ausreichend hin, die Mauern niederzureißen oder das Panopticum abzubrennen. Strukturen sind wie Gebäude verfestigte Formen, aber sie sind nicht für ewig angelegt. Auch die Foucaultsche Raum-Macht ist dem Handlungszugriff nicht gänzlich entzogen. Nicht zuletzt deshalb bleibt Foucaults Arbeit für konkrete Machtanalysen zu vage. Darüber hinaus untersucht er im Verflechtungsraum Verteilungen, ohne die Struktur dieser Verteilungen erklären zu können. Deshalb wird sich die vorliegende Arbeit weder auf Hobbes noch auf Foucault explizit beziehen. Sowohl das Theoretisieren über Macht als auch das über den Raum bedarf der Vertiefung.

Raum

Bis jetzt stellte ich die Beziehung von Macht-Raum und Raum-Macht als einen Dualismus vor. Von nun an soll eine dialektische Herangehensweise im Vordergrund stehen, wobei sich diese Dialektik sowohl auf das Wechselspiel von einer verorteten und einer raumübergreifenden Macht als auch auf das Wechselspiel von Raum und Macht beziehen wird. Um ersteres geht es in diesem, um zweiteres im folgenden Kapitel. Dabei wird das Wechselspiel in verschiedenen Facetten und mit verschiedenen Konzepten vorgestellt. Hierbei wird sich eine Sichtweise, die von einer Regulation von Territorium und Verflechtungsraum spricht, als die brauchbarste erweisen.

Macht-Spiele

Der folgenden Raum-Macht-Analyse liegen bestimmte Raumbilder und räumliche Metaphern zugrunde. Ein Beispiel aus der Welt des Sports soll diese verdeutlichen helfen. Machtspiele haben Ähnlichkeiten mit Fußballspielen (Graphik 2). Zwei Seiten stehen gegeneinander; zweidimensional ergibt dies ein Feld (eindimensional, z.B. beim Fechten, handelt es sich um einen Laufsteg, eine Bühne). Die Handelnden orientieren sich an den Regeln, die das Spiel strukturieren. Wer besser ist, d.h. den Regeln folgend wirksam agiert, schießt Tore und gewinnt. Wollen wir uns der Wirklichkeit annähern, so muß die Vorstellung eines ebenen Feldes, das beiden Teams – der Macht und der Gegenmacht – die gleichen Chancen gibt, aufgegeben werden. Das Feld ist hügelig, eine bestimmte Topologie verteilt die Chancen ungleich (Graphik 3). Wer ermächtigt wurde, von oben nach unten zu spielen, hat beste Chancen, auch bei „fairen" Regeln zu gewinnen. Aber auch dieses Bild blendet noch vieles von politökonomischen Machtspielen aus. Es wird nämlich nicht nur auf einem Feld Fußball, sondern es werden auch auf anderen Feldern andere Sportarten gespielt (Graphik 4): Wenn nun Fußball auf dem einen und Basketball auf dem anderen Feld gespielt wird, so ermißt sich der Stellenwert der SpielerInnen danach, welche Sportart eine höhere gesellschaftliche Wertschätzung genießt: mehr ZuschauerInnen, mehr Sponsoren, mehr Geld. Verliert Fußball gegenüber Basketball an Einfluß, so nützt es nur wenig, die beste Fußballmannschaft zu sein, wenn nun

Grafiken 2, 3, 4, 5

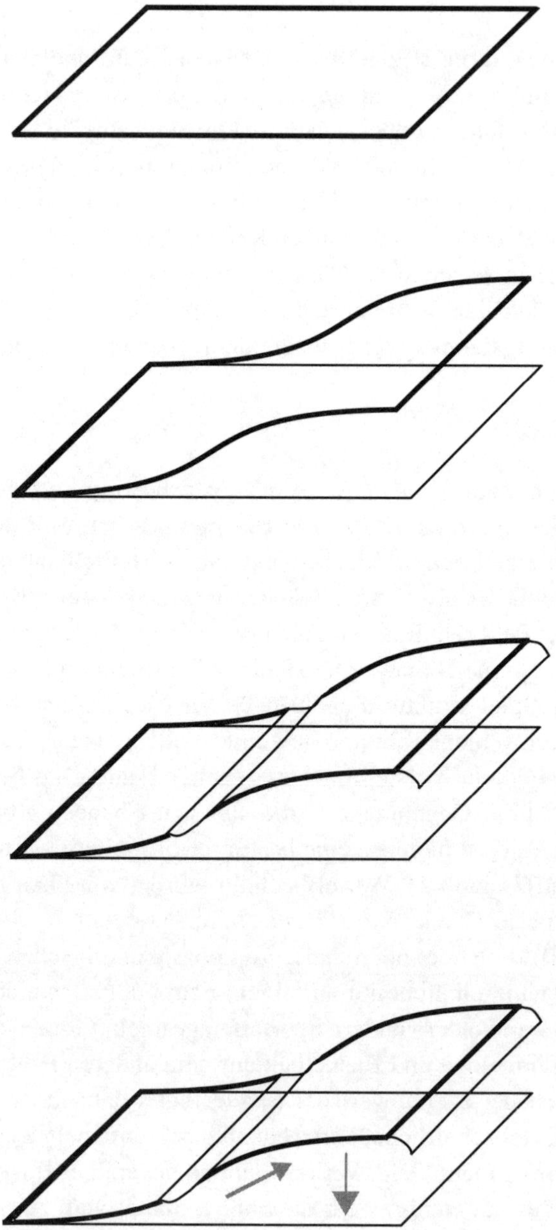

in leeren Fußballstadien gespielt wird und die Basketballspiele live übertragen werden. Ja es kann sogar so weit kommen, daß die Art des Basketballspielens – in der Halle, schnelles Spiel mit vielen Pausen für Werbeeinschaltungen – die Art des Fußballspielens beeinflußt. Wenn Fernsehübertragungen es erfordern, müssen eben auch Fußballregeln dem Bedarf angepaßt und muß die Topologie des Feldes umgemodelt werden (Graphik 5). Diese vier Bilder zeigen einige der Prozesse, die ich im Lauf der Arbeit als Dialektik von Macht-Raum und Raum-Macht darstellen werde. Das Fußballfeld ist ein Macht-Raum, klar abgegrenzt, mit klar definierten AkteurInnen und Regeln. Doch dieser Macht-Raum steht in Beziehung zu anderen Macht-Räumen, wobei dies eine strukturelle Beziehung ist, die ich als Raum-Macht bezeichne. Diese ist für die Auf- und Abwertung von Macht-Räumen sowie für die spezifische Ausgestaltung der Felder in Macht-Räumen zuständig. Raum-Macht bezeichnet all die strukturellen Kräfte, die unterhalb der Felder und Bühnen der Macht wirken, diese umgestalten, hinaufheben oder abstürzen lassen. Raum-Macht ist mit dem Bild von in der Tiefe liegenden historisch-geographischen Schichten verständlich zu machen, die die gegenwärtige Erscheinungsform hervorbringen (vgl. Massey 1984: 117 f.).

Behälterraum und Netzwerk

Hobbes begründet den Macht-Raum als einen absoluten Raum, Foucault beschreibt Raum-Macht als Beziehungsraum. Macht-Raum wird hierbei als Behälterraum, Raum-Macht als Netzwerk verstanden. Die Theorie der Machtmechanik basiert wie die Newtonsche Physik auf einem Verständnis von Raum als absolutem Raum, d.h. als selbständigem Ding neben den körperlichen Objekten (Dunford, Perrons 1983: 9). Diese Vorstellung führt dazu, Raum als einen Behälter zu sehen, der mit Menschen und Dingen angefüllt wird (Läpple 1991: 191). Der Macht-Raum erscheint aufs erste als ein derartiger Behälter. Machtkämpfe streben demnach nach der Kontrolle über den Behälter sowie über die darin befindlichen Individuen und Ressourcen. Während des Wahlkampfes kämpfen die KandidatInnen auf der Bühne der Macht erbittert um die „Macht im Staat“. Wer gewinnt, erklimmt die Höhen der Macht, um fortan über sein Territorium, seinen Machtbehälter zu regieren. Räumliche Phänomene sind in dieser Konzeption gegenüber den Dingen und sozialen Prozessen an sich zweitrangig. Es ist „logisch“ und „selbstverständlich“, daß Macht innerhalb eines Behälters ausgeübt wird und daß außerhalb des Behälters diese Macht nicht mehr wirkt. Pinochet mußte dies in London schmerzhaft zur Kenntnis nehmen. Diese Art von Analyse untersucht daher bestimmte soziale Mechaniken, die in bestimmten Macht-Räumen – Städten, Regionen oder Nationen – als Territorien im Sinn von Behältern wirken.[18] Damit werden Macht-Räume in einem Vakuum, ohne jeglichen Bezug zu anderen Teil-Räumen untersucht. Macht-Räume müssen aber konstituiert werden, indem eine Grenze errichtet und innerhalb der Grenzen eine Ordnung durchgesetzt wird. Dies ist keinesfalls einfach.[19] Die Reduktion von Raum auf seine Behälterfunktion führt auch dazu, Zeit nicht als historische Zeit wahrnehmen zu können. Werden Räume demgegenüber als Behälter gesehen, die produziert werden, tritt die historische Dimension von Räumen in den Vordergrund. Vor 200 Jahren gab es keine Nationen; heute gibt es keine Räume mehr, die zu keinem Nationalstaat gehören. Diesem historischen Prozeß der Produktion von Macht-Räumen müssen das veränderungsorientierte Handeln und eine kritische Wissenschaft breiten Raum einräumen. Ernsthafte Erklärungen dürfen sich nicht mit der oberflächlichen Feststellung zufriedengeben, daß Macht gegenwärtig auf bestimmten Bühnen bzw. innerhalb eines bestimmten Behälters ausgeübt wird.[20] Zu schnell können sich scheinbar stabile Felder verschieben und Handlungen ihren Routinecharakter verlieren. Was auf der Bühne passiert, muß zwar wahrgenommen werden. Aber es dürfen die tieferliegenden, strukturierenden Elemente nicht aus den Augen verloren werden. Die Felder, so wie sie sich darstellen, ergeben sich durch die tieferliegenden, strukturell bestimmten Schichtungen. Diese schaffen ungleiche Bedingungen für diejenigen, die diese Felder benützen. „Realism would have been greatly facilitated in the past if some conception of structural power had metaphorically skewed and made uneven and fissured that level table on which conceptual billiard balls from Hobbes to Dahl have moved so easily“ (Clegg 1989: 209). Hobbes' Modell bildet den Grundstein einer Theorie der Regulierung bzw. Steuerung ökonomischer Prozesse durch ein politisches Machtzentrum. Foucault weist den Blick über diese mechanisch-akteursbezogenen Zugänge hinaus hin zur Macht der Ökonomie. Macht ist für ihn nicht ein steuerbares Phänomen der Regulierung von Handlungen. Macht legt vielmehr Kräfte frei, die zu Handlungen anregen.

Bühne und Felder

Es gibt vielfältige Bühnen, auf denen Macht ausgeübt werden kann: Die Familie, die Fabrik und das Parlament sind Standardbühnen, aber darüber hinaus kann jeder Ort zur Bühne werden, wenn es AkteurInnen gelingt, strukturelle Kräfte an einem Ort zu bündeln. Wenn sich KautschukzapferInnen an Bäumen festbinden und die Holzarbeiter am Schlägern des Regenwaldes hindern, wird der Regenwald zur Bühne der Macht. Wenn ein Gewerkschaftsführer vor den Toren der Fabrik einen Streikbeschluß verkündet, steht er im wahrsten Sinn des Wortes auf einer Bühne, aber auch im übertragenen Sinn werden die Fabrik und der Ort vor der Fabrik zum Austragungsort von Konflikten. In Diktaturen tendieren die Bühnen dazu, aus der Öffentlichkeit zu verschwinden, die Machtkämpfe entziehen sich der kollektiven Wahrnehmung, nichtsdestotrotz bleiben sie bedeutsam.

Der Begriff „soziales Feld“, wie er in der französischen Soziologie breit verwendet wird, bezeichnet demgegenüber einen als „Kräftefeld“ strukturierten sozialen Raum. Soziale Felder, Fußballfelder genauso wie Machtfelder, legen die Aktionsweise der AkteurInnen fest und strukturieren Praktiken und Diskurse: Was ist erlaubt und was verboten, was ist wirksam und was fällt nicht einmal auf. Im Strafraum wird jeder Schritt beobachtet; auf der Ersatzbank kann in der Nase gebohrt werden. Ein Feld definiert sich somit dadurch, daß durch die feldspezifischen Regeln bestimmte Elemente im Zentrum und andere am Rand stehen. Dazu zählen im Sport die offiziellen Spielregeln und in der Politik die Gesetze. Doch daneben gibt es Regeln, die befolgt werden, weil es eben so üblich ist. Daß der Ball ins Out geschossen wird, wenn ein Spieler verletzt ist, gehört zum guten Stil. Daß ein Bauernvertreter das Landwirtschafts-, eine Frau das Familien- und ein Gewerkschafter das Sozialministerium übernimmt, ist üblich, aber kein festgeschriebenes Gesetz. Felder bestehen aus verfestigten Kanälen, deren sich die Handelnden regelmäßig bedienen. Als ein hierarchisches Netzwerk von Institutionen stellen sie aber mehr dar als die bloße Summe von verfestigten Handlungen. Ganz wesentlich geht es nämlich um die Beziehung der Elemente des Feldes, um die hierarchisierten Verflechtungen, d.h. um die Anordnung im Kern oder am Rand. Die Zentren dieses Verflechtungsraumes – Knotenpunkte, wie sie oft genannt werden – verleihen dem Feld Stabilität. Der Nationalstaat stellt einen derartigen Knoten dar, aber in anderen Kontexten kann ein Extraktionsreservat oder die Rohstoffbörse eine Schlüsselrolle spielen. In einer Analyse, die Raum, Zeit und Soziales als Einheit denkt, sind soziale Felder gleichzeitig auch historisch-geographische Felder, denn die gegenwärtig wahrnehmbare Oberfläche sozialer Felder baut auf sich überlagernden Schichten auf, die in langdauernden Prozessen entstanden sind (vgl. Graphik 5). „So verbirgt sich hinter einem 'Staat', der zum Symbol des Absolutismus geworden ist und der dem Monarchen selbst ('der Staat bin ich'), der an dieser Vorstellung am unmittelbarsten interessiert ist, in höchstem Grad den Anschein eines Apparats bietet, in Wirklichkeit ein Feld von Kämpfen; und der Träger der 'absoluten Gewalt' muß sich in diesem Kampffeld zumindest soweit selbst engagieren, daß die Teilungen und Spaltungen, d.h. das Feld selbst, aufrechterhalten und die aus dem Spannungsgleichgewicht entstehende Energie mobilisiert werden. Dieses Prinzip der fortwährenden Bewegungen, die das Feld durchziehen, hat seinen Sitz nicht in irgendeinem ersten unbewegten Beweger – hier dem Sonnenkönig –, sondern findet sich im Kampf selbst, der, von den konstitutiven Strukturen des Feldes produziert, dessen Strukturen, die Hierarchien, reproduziert. Es findet sich in den Aktionen und Reaktionen der AkteurInnen, die bei Strafe, sich aus dem Spiel auszuschließen und ins Nichts zu fallen, keine andere Wahl haben als zu kämpfen, um ihre Position im Feld zu behaupten oder zu verbessern, d.h. ihr spezifisches, nur im Feld entstehendes Kapital zu erhalten oder zu akkumulieren" (Bourdieu 1997: 31). Wie selbstverständlich bemüht Bourdieu räumliche Begriffe, um den Umstand einer sozialen Situation anzusprechen, in der es um Regulation, d.h. eine Art „Orchestrierung ohne Dirigent" geht. Das Feld stellt ein Konzept dar, das die fixe Anordnung einer Bühne relativiert. Felder bilden die Umgebung der Bühne und strukturieren den Boden der Bühne, auf der gehandelt wird.[21]

Place and Space

Im Englischsprachigen wird die räumliche Dialektik oft als ein Wechselspiel zwischen *place* (Ort) und *space* (Raum) diskutiert. Besonders schön arbeitet dies David Harvey heraus (Harvey 1996: 291-326). Obwohl Räume immer produziert sind, wird unter Orten oft das Fixe und Stabile verstanden. Mit Festschreibungen von Breiten- und Längengraden sowie von klimatischen und ökologischen Eigenschaften werden vermeintlich ewige und natürliche Charakterzüge von Orten festgehalten. Im Soziokulturellen bildet sich um einen Ort eine Gemeinschaft mit ihren historischen Wurzeln, ihren Bräuchen und Traditionen, die im öffentlichen Diskurs bei Bedarf ebenfalls einen derart dauerhaften und unabänderlichen Charakter erhalten können. Orte sind identitätsstiftend, weil sie das Eigene vom Anderen trennen. Ganz anders verhält es sich mit *space*, denn dieser wird als Raum-Macht, als die Kraft der Veränderung und der Umwandlung gesehen. *Space* ist die Macht der Vereinheitlichung, die den Ort als besonderen Platz zerstört, die alles, was fest ist, in Luft auflöst. Die für jeden Stadtteil typischen Geschäfte müssen weltweit vereinheitlichten Shoppingcenters weichen. Bettenburgen, aber auch traditionsreiche Hotels werden durch in allen Weltstädten anzutreffende Hotelketten ersetzt. Spekulanten, absiedlungswillige Industrielle und technologische Innovatoren, sie alle untergraben gewachsene örtliche Strukturen. Aber die größte Antriebskraft der Veränderung ist die Suche nach gewinnbringenden Veranlagungen des eingesetzten Kapitals. Goldgräberstädte werden zu Geisterstädten, reiche Industrieregionen zu alten Industriegebieten und verlassene Indianersiedlungen zu beliebten Ausflugszielen. Harvey zeigt, daß sich in dieser Dialektik der fundamentale Widerspruch des Kapitals widerspiegelt: Es muß sich verorten und treibt ständig danach, immer neue und attraktivere Formen und Orte zur Veranlagung zu finden. Nur wenn Fabriken und Büros gebaut werden, kann der Akkumulationsprozeß in Gang gesetzt werden. Sind diese Investitionen in Anlagen und Maschinen aber einmal getätigt, können schon viele andere Möglichkeiten offenstehen, das Geld besser zu veranlagen. Besonders geeignet sind hierbei Finanzanlagen, die den Wunsch des Kapitals, an keinen Ort mehr gebunden zu sein, scheinbar in Erfüllung gehen lassen. Scheinbar deshalb, weil die Realisierung dieser Gewinne die KapitalbesitzerInnen mit dem Umstand konfrontiert, der Verortung nicht dauerhaft entkommen zu können.

Politischer und wirtschaftlicher Raum

Für politökonomische Fragestellungen stellt sich die räumliche Dialektik anders dar. Der Kapitalismus zeichnet sich ja dadurch aus, daß die wirtschaftliche von der politischen Macht getrennt ist; der Präsident übt politische, der Unternehmer wirtschaftliche Macht aus. Diese Gesellschaftsstruktur entstand in einem Prozeß der kreativen Zerstörung aus vorkapitalistischen

Ordnungen. Die „ursprüngliche Akkumulation“ beraubte Teile der Bevölkerung ihrer Subsistenzmittel (vgl. Marx 1983: 24. Kap.). Sie wurden durch den stummen Zwang der Verhältnisse oder durch staatliche Zwangsgewalt dazu gebracht, ihre Arbeitskraft den Besitzern von Produktionsmitteln zu verkaufen. Ausbeutung, verstanden als wirtschaftliche Herrschaft im engeren Sinn, erfolgt über den Produktionsprozeß und die Abschöpfung von Mehrwert. Damit konstituierte sich eine in Klassen gespaltene Gesellschaft.

Diese spezifisch kapitalistische Machtstruktur beruht auf der Trennung der wirtschaftlichen Macht des Kapitals von der politischen Macht des Staates. Die zentrale Kategorie der Politökonomie ist das Kapital, seine Reproduktion bildet die Grundlage gesellschaftlicher Entwicklung; es ist „die alles beherrschende ökonomische Macht der bürgerlichen Gesellschaft“ (Marx 1974: 27). Das Kapital regiert, könnte eine radikalisierte Hobbessche Machtanalyse nahelegen. Tatsächlich richtet sich der Befreiungskampf sozialer Bewegungen oft gegen das Kapital, als wären es Dinge oder Personen. Maschinen wurden gestürmt, Kapitalisten entführt und ermordet. Doch dies ist eine beschränkte Analyse und verleitet zu mechanischem politischen Verhalten. Das Übel wird in Parteien geortet, die dem Kapital nahestehen, der Rechten also. Die Ersetzung des Kapitals durch progressive Kräfte wird als ein simpler Prozeß des Machthabertausches mißverstanden. Wenn die Linke die Macht ergreife, werde die Macht des Kapitals gebrochen oder zumindest geschwächt. Diese soziale Mechanik wäre gleichzeitig eine räumliche Dynamik. Ein Machtraum erscheint dann als ein politischer Raum, während Raum-Macht als wirtschaftlicher Raum verstanden werden kann. Ermächtigung im politischen Machtraum erscheint als ein geographischer Prozeß des Erklimmens der Spitze der Gesellschaft – sagen wir: der Präsidentschaft. Der wirtschaftliche Raum wiederum wird von denen kontrolliert, die die Waren-, Geld- und Investitionsflüsse kontrollieren, d.h. die großen multinationalen Firmen und Banken. Politik und Wirtschaft, politischer und wirtschaftlicher Raum stehen scheinbar unverbunden nebeneinander. Dieser Ansatz übersieht somit, daß wirtschaftlich Mächtige massiven Einfluß auf den politischen Entscheidungsprozeß ausüben, um Geld zu bekommen und die Regeln zu beeinflussen. Bei Medienkonzernen ist diese Einflußnahme offen, ansonsten erfolgt das unternehmerische Lobbying meist indirekter. Umgekehrt ergibt sich die Struktur des Wirtschaftsraumes aus einer Fülle politischer Regulierungen. Der Welthandel, wie er gegenwärtig praktiziert wird, ist das Ergebnis vieler nationaler Entscheidungen, Märkte zu liberalisieren und zu deregulieren. Der Freiheit der Märkte von Industriewaren steht die starke Kontrolle bei landwirtschaftlichen Gütern und die starke Regulierung eines globalen Arbeitsmarktes gegenüber. Auch der politische und der wirtschaftliche Raum stehen folglich in einem dialektischen Verhältnis zueinander.

Territorium und Verflechtungsraum

Altvater (1987) konzeptualisiert Entwicklungsprozesse ausgehend von Funktionsräumen. Auf identischem Territorium[22] verflechten sich demnach die Ökologie der Region, die Politik des Nationalstaates und die Ökonomie des Weltmarktes zu einem bestimmten „Artikulationsmuster" (Altvater 1987: 94). Jeder Funktionsraum habe seinen eigenen Raum und seine eigene Zeit. Die Ökologie sei regional und die ökologische Zeit der Regeneration natürlicher Ressourcen lange. Auf der anderen Seite sei die Zirkulationszeit von Kapital kurz und der Raum des Kapitals global. Die zwischengelagerte politische Ebene wiederum vermittle zwischen der Kurz- und der Langfristigkeit sowie zwischen Region und Weltmarkt. Es ergebe sich somit ein Muster, das Räumen Funktionen zuordne: der Region die Ökologie, der Nation die Politik und der Welt die Ökonomie. Doch wie der Funktionalismus grundsätzlich, so hängt dieser Konzeption ein ahistorisches Verständnis über scheinbar stabile politökonomische Muster an. Das Konzept der Funktionsräume weist auf den Zusammenhang von Raum und sozialem Prozeß hin. Dies ist zwar richtig, aber noch nicht klar genug, denn dieser Zusammenhang kann nur als eine dialektische Zuordnung von Funktionen zu Räumen verstanden werden. Form und Räumlichkeit von ökosozialen, politischen und wirtschaftlichen Prozessen unterliegen einem Wandel, der sich in Krisenzeiten beschleunigt. Altvater selbst geht über ein enges Funktionsraumkonzept hinaus, indem er festhält, „daß auf identischem territorialen Raum unterschiedliche funktionale Räume (nicht friedlich, sondern widersprüchlich-konfliktiv) koexistieren" (Altvater 1987: 88). Daraus ergibt sich für das Lokale eine doppelte Bedeutung: Das Lokale ist sowohl eine Zusammenfassung von relativ homogenen Orten als auch der Ort, an dem sich die Widersprüche der Funktionsräume konkretisieren (Altvater 1987: 80). Das Forschungsprogramm dieser dialektischen Raumanalyse, die über eine funktionalistische Verkürzung hinausgeht, formuliert Altvater, ganz auf der Linie des lateinamerikanischen historisch-strukturellen Ansatzes, selbst folgendermaßen: „Es bleibt noch zu klären, durch welche Wirkungsmechanismen sich Weltmarkttendenzen in nationale und regionale Realitäten transponieren; in anderen Worten: wie exogene Faktoren endogenisiert werden" (Altvater 1987: 87); d.h., wie sich Weltmarkt, Politik und Sozioökologie bzw. Welt, Nation und Region artikulieren. Statt von einem ökonomischen Funktionsraum zu sprechen, ist es somit angebrachter, das Konzept des Verflechtungsraumes heranzuziehen. Mit neuen Informations- und Transporttechnologien sind ausgedehntere Vernetzungen des ökonomischen Raumes möglich; die verringerten Raumüberwindungskosten führen zu einer „Raum-Zeit-Kompression", zu einer „Vernichtung des Raumes" durch die Zeit (Harvey 1996: 242 ff.).

Der von Altvater als Funktionsraum konzipierte politische Raum ist wiederum besser mit dem Konzept von Territorium zu fassen. In diesem werden durch staatliche Macht Regeln institutionalisiert, die für die in einem klar definierten geographischen Raum Lebenden bindend sind. Territoriale Macht ist zentralisierter als Macht im Verflechtungsraum. Während letzterer durchlässig ist, braucht das Territorium die Grenze. Konkret gibt es verschiedene politische Grenzen, wobei die nationale zwar die wichtigste, aber nicht die einzige ist. Auf unteren räumlichen Ebenen gibt es in föderativen Staaten Länder und Gemeinden mit einem eigenen Kompetenzbereich.[23] Gegenwärtig werden vor kurzem noch selbstverständliche Zuordnungen von Funktionen zu Räumen in Frage gestellt. Was ist somit die Gesamtheit der politischen Regulation des nationalen Territoriums? Geographisch decken sich die Grenzen von nationalstaatlichem Territorium mit denen der Gesamtheit der politischen Regulation. Aber inhaltlich gibt es einen Überschuß, gibt es Überlagerungen und Überlappungen des Territoriums, die dieses zu einem relationalen Raum machen. Bürgermeisterin und Gouverneur verhandeln; Gemeinderäte benutzen ihren Posten als Sprungbrett für die nationale Politik usw. Auch das Territorium ist ein durch Beziehungen strukturiertes Feld, ein relationaler Raum. Aber im Unterschied zum ökonomischen Verflechtungsraum spitzen sich die Konflikte im staatlichen System in zentralisierten Entscheidungen zu: im Treffen oder Nicht-Treffen von Entscheidungen durch zuständige, verortete staatliche Stellen. Werden jedoch der zivilgesellschaftliche Raum und die Regelsetzung durch Normen in die

Analyse von Regulation einbezogen, verliert selbst dieses Unterscheidungsmerkmal des politischen Raumes an Relevanz, das relationale Element gewinnt noch mehr an Bedeutung. Menschen machen Geographie, wenngleich auch niemals unter selbstgewählten Umständen. Der politische Raum ist niemals endgültig, sondern immer nur vorübergehend als Territorium fixiert (Jessop 1990: 268). Was für den wirtschaftlichen Raum gilt, gilt auch für den politischen: Ständig besteht die Möglichkeit seiner Umwälzung, seiner Auf- und Abwertung.[24] Es gibt eine Dialektik zwischen ökonomischem und politischem Raum; und zwar als Dialektik von Territorium und Verflechtungsraum sowie von der Produktion von Territorium und der Produktion des Verflechtungsraumes. Diese Dialektik bestimmt, wie die empirische Analyse zeigen wird, die Entwicklung Brasiliens ganz wesentlich.

Macht

Im vorigen Kapitel bildete der Raum den Ausgangspunkt einer dialektischen Analyse von Raum und Macht. Nun verschiebe ich den Fokus hin zum Pol der Macht und damit auch zu einer Reihe neuer dualistischer Konzepte, die in ein dialektisches Wechselspiel übergeführt werden müssen. Konkret geht es um die verschiedenen Aspekte der Dualismen von Politik und Ökonomie, nämlich den von Handlung und Struktur, von Staat und Kapital sowie von Regulation und Akkumulation.

Handlung und Struktur

Die Frage nach der Macht ist immer auch eine Frage nach Handlungsmöglichkeiten. *Poder* bedeutet im Portugiesischen sowohl „Macht" als auch „können". Wer Macht hat, kann handeln. Wie groß Handlungsspielräume angesichts jahrhundertelang gewachsener Strukturen sind, kann erst eine empirische Analyse zeigen.[25] Können Wahlen Machtstrukturen beeinflussen? Gibt es einen Selbstlauf der Struktur, ein Schicksal, dem niemand entkommt und das jeden Versuch der Gesellschaftsgestaltung unterbindet? In den Sozialwissenschaften erwachte das Interesse an räumlichen Fragen in den 1970er Jahren im Zuge der Diskussion über Struktur- und Handlungstheorien. Hierbei kreiste die Auseinandersetzung um die Frage, ob Gesellschaft durch das Handeln von Individuen zu erklären sei oder ob diese Individuen bloß Träger von Strukturen seien. Kann Lula, können Basisinitiativen Geschichte machen? Handlungstheorien beschäftigen sich demnach mit Praktiken vor Ort, während es sich bei Strukturen um raumübergreifende Regelmäßigkeiten handle. Mir geht es um zweierlei. Zum einen möchte ich Handlungsspielräume ausloten, ohne die Macht von Strukturen auszublenden. Wenn Marx festhält, daß Menschen Geschichte machen, so vergißt er nicht, darauf hinzuweisen, daß dies nur in vorgegebenen Strukturen möglich ist. Jedes Handeln wirkt auf gesellschaftliche Strukturen, aber nicht unbedingt in der Art, wie es die Handelnden wollen. Wer Mißstände in Demokratien beklagt, kann Diktaturen Vorschub leisten. Das Eintreten für Pressefreiheit kann zu Informationsmonopolen führen, und die Forderung nach Lohnerhöhungen kann die Betriebsschließung zur Folge haben. Soziales

Handeln hat unintendierte Konsequenzen, Strukturen beeinflussen das Handeln. Zum anderen sind Strukturen aber keine Dinge irgendwo „da oben“, die unser Handeln „hier unten“ festlegen, als wären die Handelnden bloße Marionetten in einem für die einen göttlichen, für die anderen teuflischen Drama. Diskurse wie der über Globalisierung vermitteln aber oft genau diesen Eindruck von der Entfaltung von Technologien und Produktivkräften als einer verdinglicht-allmächtigen Struktur und befördern damit ein Gefühl der Ohnmacht (Novy, Mattl 1999). Angesichts der ungeheuren Macht der „Globalisierung“ gäbe es keinen Raum mehr für alternatives Handeln, ein zynischer Pragmatismus scheint der einzige Ausweg zu sein. Die Erarbeitung eines Strukturbegriffs ist daher nicht bloß eine wissenschaftliche Herausforderung, sondern Voraussetzung einer wirksamen politischen Praxis. Hierbei muß klar werden, daß Strukturen nicht bloß verbietend, sondern auch handlungsanleitend wirken. Aus diesem Grund werden die Überlegungen Foucaults zu Macht und Raum für den politökonomischen Strukturbegriff bedeutsam bleiben, und dies, obwohl bei letzterem, anders als bei Foucault, das Kapital eine Schlüsselrolle spielt.

Macht ist die menschliche Fähigkeit, etwas zu gestalten, zu handeln, Geschichte und Geographie zu machen. Einen Versuch, Struktur und Handlung zusammenzudenken, unternahm Giddens mit seiner „Dualität der Strukturen“. Es ist dies ein Wechselspiel von Handlung und Institutionen, wobei letztere verfestigte, routinisierte Handlungsmuster darstellen. Damit werden bestimmte Praktiken über Raum- und Zeitspannen hinweg verallgemeinert (Giddens 1988: 76). Weil viele Menschen über lange Zeit in Brasilien portugiesisch sprachen, institutionalisierte sich die portugiesische Sprache. Weil viele Menschen heiraten, gibt es die Institution Ehe. Institution in diesem Sinn wird oft fälschlicherweise mit Struktur gleichgesetzt. Damit wird aber das Programm der Strukturveränderung zu einem simplen Prozeß der Verweigerung, die bestehende Struktur zu reproduzieren: Ich spreche wieder die Indianersprache Guarani bzw. heirate nicht. Beides hat in der gesellschaftlichen Auseinandersetzung Auswirkungen, aber es ist keineswegs klar, ob hiermit die Institutionen „portugiesische Sprache“ und „Ehe“ wackeln. Es verdient zumindest eine Überlegung, ob nicht hinter dem Herrschaftsinstrument „portugiesische Sprache“ eine abendländische Weltsicht steht, die von der Sprache entkoppelbar ist. Vielleicht wird auch mittels indianischer Sprachen in Indianerreservaten das abendländische Weltbild vermittelt, und vielleicht steht hinter der Ehe eine Tiefenstruktur der Geschlechterverhältnisse, die noch fortbestehen wird, wenn es schon lange keine Standesämter mehr gibt. Was Giddens somit ausblendet, sind derartige Tiefenstrukturen, die die Gesellschaft in ihrer Gesamtheit strukturieren (Hamedinger 1998: 208 ff.).[26] Wenn eine Raum-Macht-Analyse einzig institutionelle Formen untersucht, so geht der Blick für das Ganze verloren. Während Institutionen für ihr Fortbestehen alltäglich durch Routinehandeln erneuert und durch Widerstand in Frage gestellt werden, entziehen sich Strukturen diesem einfachen Zugriff durch menschliche Praxis.

Staat und Kapital

Staat

Als die Europäer um 1500 die Welt für sich entdeckten, begannen sie auch, ein weltumspannendes System zu schaffen, das als Kapitalismus bezeichnet wird. Die Strukturen, die wir heute in Brasilien antreffen, spiegeln die Art und Weise wider, wie sich dieser Kapitalismus in Brasilien konkretisierte. Doch von Anfang an entstanden kapitalistische Strukturen zusammen mit dem Aufbau einer staaatlichen Ordnung. Staat und Kapital bilden zwei dialektische Momente eines Prozesses; ohne Staat kein Kapital und ohne Kapital kein Staat (in der Form, wie wir ihn heute kennen). Beide Grundformen des Kapitalismus werden im folgenden eingehender untersucht. Der Staat wird gemeinhin als der Machthaber schlechthin wahrgenommen. Der Staat herrsche, ganz im Sinn der Hobbesschen Mechanik, über sein Territorium. Doch anders als in den Reichen der Vergangenheit sind Staaten heute komplizierte Gebilde. An die Stelle der herrschenden Einzelperson – des Königs – ist heute eine Gewaltentrennung zwischen Exekutive, Legislative und Gerichtsbarkeit getreten. Die Regierung symbolisiert hierbei das Zentrum der Macht, sie ist die Bühne der Macht *par excellence*. Die politische Grundfrage lautet demnach: Wer regiert in diesem Land? Aber der Kampf um die Exekutive, um die sogenannte Macht im Staat, ist nur Teil historisch-geographischer Machtkämpfe. Allzu bekannt ist, daß immer mehr Macht bei der Verwaltung liegt, die ja mit der keineswegs neutralen Ausführung von Macht beauftragt ist. Regierungen wechseln, Beamte bleiben, weshalb es letztlich die Verwaltung ist, die dem Staat Bestand gibt. Doch innerhalb der Verwaltung gelten eigene Regeln und werden Eigeninteressen verfolgt. All dies kann von außen nur langsam und indirekt umgestaltet werden. Die Gesetzgebung wiederum obliegt einer anderen Organisation, dem Parlament als der Versammlung von VolksvertreterInnen. Wenn das Parlament die Gesellschaft mit ihren vielen und widerstreitenden Interessen repräsentiert, besteht die Gefahr, daß auch im Parlament eine Vielzahl von Partikularinteressen vertreten wird. Bestimmte Abgeordnete vertreten dann jeweils die Interessen einer Region oder Religion, eines Wirtschaftssektors oder einer Bevölkerungsgruppe – die Unordnung ist vorprogrammiert, dem Stimmenkauf wird Tür und Tor geöffnet. Ohne die Bündelung dieser Interessen im Rahmen von Parteien ist es schwierig, aus diesen vielfältigen Interessen mehrheitsfähige Strategien für Staat und Gesellschaft zu erarbeiten (Jessop 1990: 364).

Doch wo ist die Grenze des Staates zu ziehen? Was gehört dazu, was fällt heraus? Nehmen wir an, die Magistratsabteilung „Abfall" wandelt sich zum im Besitz der Kommune befindlichen Unternehmen „Abfall GmbH", das einige Jahre später privatisiert wird und einen staatlichen Versorgungsauftrag erhält. Ist das von der Landesregierung geführte Spital staatlich und der zu 100% subventionierte Gesundheitsposten, den ein Verein betreibt, nicht? Ist eine Wirtschaftskammer Teil des Staates, weil es eine gesetzlich festgelegte Zwangsmitgliedschaft gibt, und eine privatrechtlich organisierte Industriellenvereinigung nicht? Nach welchen Kriterien sind hier Grenzen zu ziehen? Erneut ist ein tiefergehender Blick auf die Struktur des Staates notwendig. Hilfreich erscheint hierbei in Anlehnung an den italienischen Kommunisten Antonio Gramsci (1971: 12) der Rückgriff auf eine alte Tradition der politischen Theorie, die zwei Formen von Herrschaft unterscheidet: Konsens und Zwang. Dem Staat obliegt es, eine bestimmte Ordnung mit Zwang durchzusetzen. Von besonderer Bedeutung ist hierbei das Gewalt- und das Regelsetzungsmonopol, wobei die wichtigsten Medien hierbei Waffen, Recht und Geld sind. Ein souveräner Staat kämpft darum, daß es nur ein Militär und eine Polizei, ein Organ der Gesetzgebung und eine Stelle, die Geld emittiert, gibt. Wird dies in Frage gestellt, wird der Souverän herausgefordert. Als Reaktion bekämpft er die Guerilla und das organisierte Verbrechen, oder die Bevölkerung verliert das Vertrauen in den Staat. Der Souverän verbietet die Dollarisierung oder akzeptiert den Schwarzmarkt. Doch neben dem Kerngeschäft des Staates, das auf Zwang basiert, spielt die Herstellung von Konsens mittelfristig eine ebenso bedeutsame Rolle. Das

Bildungswesen nimmt hierbei eine Schlüsselrolle ein, aber auch die Fürsorge und später der Sozialstaat waren bedeutsam, um die bestehende Ordnung zu stabilisieren. Weiters kommen den staatlichen Machthabern oft nichtstaatliche Akteure wie Kirchen und die Medien zu Hilfe, um den *Status quo* abzusegnen und gesellschaftliche Hegemonie herzustellen. Hegemonie als Vorherrschaft ist demnach nicht bloß der Besitz von Macht, sondern beschreibt die Eroberung der Herzen, die „Hoheit über die Stammtische“ und die dergestalt gewonnene aktive Zustimmung derjenigen, von denen zu vermuten wäre, daß sie von der bestehenden Ordnung nicht profitieren. Dieser Bereich wird als Zivilgesellschaft bezeichnet, wobei das Fehlen direkten Zwangs es möglich macht, daß sich einzelne zivilgesellschaftliche Akteure auch gegen die bestehende Ordnung wenden. Die Kirche kann Ort des Widerstands sein, Gewerkschaften können Zentren der Opposition werden, und manchmal bilden Basisinitiativen den Kern einer die gesamte Gesellschaft verändernden sozialen Bewegung (vgl. Novy 1996).

Zusammen bilden Staatsapparat und Zivilgesellschaft das, was Gramsci als erweiterten Staat bezeichnet. Dieser umfaßt ein Machtfeld, das von allen relevanten gesellschaftlichen Gruppen umkämpft ist. Alle wollen am Budget mitnaschen und die politischen Spielregeln beeinflussen. Dies gilt auch für die ökonomisch und gesellschaftlich Mächtigen. Wollen diese nämlich politisch bestimmend werden, müssen sie sich im Machtfeld des Staates Positionen sichern. Der Staat muß gesellschaftliche Projekte und Strategien sanktionieren oder zumindest tolerieren. Neoliberale Kräfte können die Freiheit des Staates nicht einfach praktizieren, weil Gewerkschaften, Gerichte und andere dies nicht akzeptieren würden. Sie können versuchen, die Arbeitsgesetze einfach zu mißachten, aber dies könnte teuer kommen. Wollen Neoliberale dies nicht riskieren, müssen sie den Weg durch die politischen Institutionen gehen und eine neue Arbeitsgesetzgebung durchsetzen. Ob dies gelingt oder scheitert, hängt von der organisatorischen Ausgestaltung des Staatsapparats ab, aber auch von den sozialen Gruppen, die bestimmte Staatsprojekte betreiben (Jessop 1990: 161). Anfang der 1980er Jahre änderten Thatcher und Reagan erfolgreich die politischen Spielregeln, wobei sie keineswegs weniger Staat brachten, sondern einzig eine andere Staatsstruktur schufen. Die neoliberalen VorreiterInnen übernahmen die gesellschaftliche Führung, weil sie wußten, was sie wollten, d.h., sie hatten ein Projekt für Staat und Gesellschaft. Deshalb ist die Rolle von Intellektuellen zentral, denn diese entwerfen Gesellschaftsentwürfe, die für Gruppen und Klassen handlungsleitend werden. Wiewohl neue Staats- und Gesellschaftsprojekte außerhalb des Staates entworfen werden können, müssen diese Anstrengungen, um wirksam zu werden, ihren Widerhall in der Staatsstruktur finden (Jessop 1990: 210). Staatsprojekte legen die funktionalen Grenzen des Staates fest und geben dem staatlichen Handeln Sinn, Orientierung und Ordnung. Der Wohlfahrtsstaat, der die Akkumulation durch soziale Homogenisierung stabilisieren will, beruht auf einem grundlegend anderen Staatsprojekt als der neoliberale Wettbewerbsstaat, dessen Aufgabe in der optimalen Positionierung eines Raumes in der Weltwirtschaft liegt. Staatsprojekte legen fest, wozu der Staat da ist und wo seine Tätigkeitsfelder liegen. Dies ist selbstverständlich eng verwoben mit Vorstellungen über die Gesellschaft in ihrer Gesamtheit. Mit derartigen Vorschlägen für die Organisation der Gesamtgesellschaft beschäftigen sich hegemoniale Projekte. Dabei geht es um den erweiterten Staat, um Staat und Zivilgesellschaft. Hegemonie als ein sozial stabiler Zustand bezeichnet eine Periode stabiler Entwicklung und verfestigter Machtstrukturen. Eine derartige soziale und kulturelle Stabilisierung ist aber aufgrund der kapitalistischen Dynamik schwierig. Deshalb sind zumeist verschiedene hegemoniale Projekte und widerstreitende Hegemonialstrategien feststellbar, die im umkämpften Feld des erweiterten Staates aufeinander treffen. Der Staat ist somit nicht nur ein klar definierter Machtraum, der von Machthabern besetzt wird, sondern auch Raum-Macht im Sinn eines Beziehungs-, Kräfte- bzw. organisatorischen Feldes.

Kapital

Die Feldanalyse weist darauf hin, daß der Staat nicht ohne die Analyse von Wirtschaft und Gesellschaft verstanden werden kann. Macht ist zu vielschichtig, als daß ein Machthaber ihrer habhaft werden könnte. Die Machtergreifung als ein politischer Prozeß der Erringung der Staatsmacht ist immer bloß ein Moment einer Dialektik, die von aus Gesellschaft und Wirtschaft kommenden Mächten untergraben wird. Das Kapital, verstanden als eine produktive Kraft, die Berge versetzen kann, stellt die strukturelle Form dar, der in dieser Arbeit das Hauptaugenmerk gewidmet wird.[27] Manche sprechen davon, daß Brasilien schon die gesamte Zeitspanne seit dem Beginn der Zuckerproduktion für Europa in das kapitalistische Weltsystem eingebunden war. Das europäische Herrschaftssystem, das in der Abschöpfung von Reichtum bestand, konstituierte tatsächlich eine strukturelle Raum-Macht, die Brasilien eine periphere Position in der weltweiten Hierarchie zuordnete. Es ist dies aber eine zu abstrakte Konzeptualisierung von Kapital, weil es der Kapitallogik eine gar zu unabänderliche Mächtigkeit zuweist. Diese vereinfachende Analyse untersucht vor allem den wirtschaftlichen Verflechtungsraum und negiert die Notwendigkeit des Kapitals, sich zu verorten. Kapital muß aber in Plantagen oder Fabriken – d.h. vor Ort – investiert werden. Der Selbstlauf der Struktur, das rastlose Streben des Kapitals nach bestmöglicher Verwertung ist deshalb keinesfalls die gesamte Geschichte. Daß Unternehmer in Brasiliens Geschichte immer Reichtum angehäuft haben, ist eine zu allgemeine Aussage für das Verständnis sozialer Prozesse. Daß Brasiliens Geschichte eine Geschichte der Unterdrückung ist, ebenfalls. Im übrigen wird derartiges auch von durchaus reaktionären Personen vertreten und – zumindest in der Öffentlichkeit – bedauert.

Diese Herrschaftsanalyse, in kritischer Absicht vorgebracht, mündet dann darin, daß „ohnehin nichts zu ändern sei". Um Menschen nicht zu reinen Trägern von Strukturen zu degradieren, kann diese Sichtweise deshalb nicht alleine stehen. Es gibt auch Menschen, die Geschichte machen, indem sie soziale Auseinandersetzungen führen. Im speziellen begleitet der Klassenkampf die Bewegung des Kapitals ständig. Am Ende des Arbeitsjahres steht in der Bilanz der Gewinn, dahinter stehen aber Auseinandersetzungen zum Drücken oder Anheben von Löhnen, Streiks und Aussperrungen, schikanöse Anordnungen oder Teamwork-Experimente. Handlungstheorien betonen deshalb die Dominanz des Politischen. Als Analyse der Klassenkämpfe konzentrieren sie sich auf die sozialen Kämpfe an konkreten Orten. Diese Kämpfe auf den Bühnen der Macht modifizieren die Form der Kapitalverwertung; ein gewonnener Streik erhöht die Lohnquote. Strukturen verändern sich in einem Prozeß der ständigen räumlichen Neuanordnung von Handels- und Kreditbeziehungen ebenso wie durch territorial begrenzte Gesetze und Militärinterventionen. Daher sehe ich Kapitalismus als eine spezifische Form von Herrschaft und Reichtumsanhäufung. Herrschaft im Kapitalismus beruht auf der Trennung von politischer und wirtschaftlicher Macht, die in einem historischen Prozeß produziert wurde. Selbst Diktatoren können nicht beliebig in Eigentumsrechte eingreifen, ohne die kapitalistische Grundstruktur zu gefährden. Der gute Gang der Geschäfte mag es Unternehmern möglich machen, Gesetze zu umgehen. Um Gesetze zu erlassen, bedarf es aber der Legislative. Politische und wirtschaftliche Macht sind zwar eng verwoben, fallen aber nur ausnahmsweise zusammen. Auch in Brasilien gibt es die *Citizen Canes*, die wie der Baron von Mauá als Großunternehmer vergeblich nach der ganzen, d.h. auch der politischen Macht streben (Caldeira 1999). Wirtschaftliche AkteurInnen müssen sich die politische Macht „erkaufen", PolitikerInnen müssen ihren ökonomischen Machtgewinn „regeln".

In einer politökonomischen Analyse ist Macht im Akkumulationsimperativ verdinglicht. Kapital ist eine Struktur, auf die einzelne nicht einfach zugreifen können. Es ist ein Prozeß, ein Zwang zum ständig neuen Streben nach Profit, und keine „mächtige" Person oder Organisation. Von diesem Profitstreben geht keine eindeutige, generalisierbare Kausalität aus, sondern die konkreten Machtstrategien verschiedener Gruppen werden in bestimmte Richtungen massiv beeinflußt. Kapital ist eine soziale Bewegung und darf nicht einzig als etwas Materielles, als die Anhäufung von Geld und Besitztümern verstanden werden. Die üblichste Form der Anhäufung von Reichtum war historisch die politische Aneignung durch die Herrschenden. Der Tauschprozeß stellt eine weitere Form der möglichen Reichtumsaneignung dar. Beide Formen – politische Aneignung und Aneignung von Reichtum durch Tausch – können in Brasilien bis heute beobachtet werden. Sie sind aber nicht der Kern kapitalistischer Reichtumsanhäufung, denn dieser findet sich im Produktionsprozeß, in dem sich Menschen, die an sich frei sind, der wirtschaftlichen Macht unterordnen. Dort wird vor Ort durch die konzentrierte und organisierte Produktion mehr Wert produziert, als in den Prozeß investiert wurde. Es kann von einem wirtschaftlichen Machtraum gesprochen werden, in dem es zur Produktion von Werten kommt. Dieser Mehrwert ist die Basis der Akkumulation und konstituiert den Reichtum eines Raumes. Diese dialektische Konzeptualisierung von Kapitalismus erlaubt es, die räumliche Dialektik von Territorium und Verflechtungsraum, von politischen Auseinandersetzungen und wirtschaftlichen Dynamiken, vom Handeln und Produzieren vor Ort und den raumübergreifenden Strukturen von Kredit und Handel zuzulassen. Strukturen verfügen über eine Dauerhaftigkeit, und trotzdem gibt es ständig die Möglichkeit, daß die Struktur durch Handeln oder Nicht-Handeln untergraben wird.

Zum Wesen der Struktur des Kapitals muß noch ein Punkt festgehalten werden. Es stimmt, daß Kapital, verstanden als Eigentumsrecht, andere ausschließt, von Grund und Boden, von Produktionsmitteln usw. Aber darüber hinaus ist Kapital handlungsanregend, produktiv. Es schafft Wirklichkeiten, verändert Dinge, Menschen, Landschaften und Räume. Das Kapital produziert eine Gesellschaft, das Ökonomische wirkt auf das Soziale zurück, indem es Menschen erzieht, unternehmerisch zu handeln, ständig zu kaufen und zu verkaufen – und sei es nur die eigene Arbeitskraft. Die produzierten Strukturen treten den Menschen als verdinglicht und unabänderlich gegenüber, was als „Objektivitätsüberhang" bezeichnet wird (Görg 1995: 628; Esser et al. 1994: 216). Hier erweist sich die Stärke eines politökonomischen Kapitalbegriffs. Demnach ist Kapital kein Ding, keine Ansammlung von Ressourcen, sondern eine formbestimmte soziale Beziehung (Jessop 1990: 197), eine Bewegung, nämlich die Reproduktion einer Gesellschaft (Oliveira 1989: 2). Die antreibende Kraft dieser Gesellschaft besteht darin, daß Anreize internalisiert werden. So betreiben ArbeiterInnen aus eigenem Antrieb die Reproduktion kapitalistischer Gesellschaften, indem sie ihre Arbeitskraft verkaufen wollen. Der Glanz der Warenwelt verführt zu einer immer weitergehenden Identifikation mit einer warenbasierten Lebenswelt. Die Zerstörung der Nahversorgung und der Produktion für den Eigenbedarf wird hingenommen, weil ja gleichzeitig in Supermärkten und Monokulturanbaugebieten Neues und Modernes produziert wird. Es ist dies eine subtilere Macht als die von Diktatoren und politischen Machthabern ausgeübte Macht des Verbietens.

Staat und Kapital

Staat und Kapital als Grundformen des Kapitalismus entstanden in einem jahrhundertelangen Prozeß. Staaten, wie wir sie heute kennen, unterscheiden sich wesentlich von den verschiedenen politischen Systemen wie der griechischen Polis oder dem mittelalterlichen Reich (Rotermundt 1997).[28] Bis in die Neuzeit waren Territorien immer nur ungefähr und diffus abgegrenzt. Kirchliche und weltliche Macht überlagerten sich und unterbanden jeglichen Absolutheitsanspruch. Die mittelalterlichen Städte, die sich der feudalen Ordnung zu entziehen begannen, stellten erste räumliche Knotenpunkte im sich herausbildenden Kapitalismus dar (Clegg 1989: 244). Gegen die Städte als dezentrale Macht-Räume bildete sich der Hof der Monarchen als Knotenpunkt einer neuen Raum-Macht. Die Monarchen begannen, ihr Territorium zu kontrollieren und die Steuereinhebung zu zentralisieren. „Stark vereinfacht kann man die Nationalstaaten als die neuen Machtbehälter bezeichnen, die an die Stelle der Städte treten" (Giddens 1988: 252). Es entstand mit Staat und Kapital eine gespaltene Form von Macht und Raum. Hier der politische, dort der wirtschaftliche Raum. Zum einen die Macht des Staates, zum anderen die wirtschaftliche Macht der Gesellschaft, die Macht besitzt, weil in ihr durch den Kapitalverwertungsprozeß der Reichtum – unabhängig von direkter staatlicher Aneignung – geschaffen wird. Wenn der Staat seinen Souveränitätsanspruch durchsetzt, kann er die Regeln des Machtraumes festzulegen und die Veränderungen der Regulation sanktionieren. Allgemein gesprochen kontrolliert er Waffen, Geld und Recht. Die konkrete Staatlichkeit, bezogen auf die Bereiche Ökonomie und Politik, äußert sich in einer bestimmten Art der staatlichen Intervention in die Wirtschaft; hierbei können der Sicherheits- und der Wettbewerbsstaat, ein Minimalstaat oder ein Keynesianischer Wohlfahrtsstaat, Nachfragemanagement oder Angebots- und Standortpolitik als konkrete Formen unterschieden werden. Die politischen Machthaber herrschen aber nur eingeschränkt über ihr Territorium. Die spezifisch kapitalistische Staatsform ergibt sich aus dem Umstand, daß an den Staat der Anspruch gestellt wird, über den Klassen und Klassenfraktionen zu stehen, daß er aber gleichzeitig vom produktiven Zentrum der Ökonomie ausgeschlossen ist. Über das Steuersystem ist der Staat vom guten Gang der Geschäfte abhängig und kann daher den verschiedenen, über den demokratischen Prozeß an ihn herangetragenen Interessen nicht „neutral" gegenüberstehen. Das Drohpotential von Investitionsstreiks gibt dem Kapital strukturell eine dominante Stellung gegenüber der Arbeiterschaft; der „Vater Staat" vertritt nicht das Allgemeininteresse, sondern agiert strategisch-selektiv. Staat ist somit auf der einen Seite etwas Verfestigtes und Verortetes, das von Personen benützt wird und von dem aus Macht ausgeübt wird – Verwaltungsapparat und Gerichtsbarkeit (Demirovic 1997: 45). Auf der anderen Seite ist er ein Feld der sozialen Auseinandersetzung, ein spezifisches, strukturell bestimmtes und konkret jeweils durch soziale Kämpfe ausgestaltetes Kräftegleichgewicht.

Diese dialektische Sichtweise ermöglicht die Überwindung einer simplen Trennung von Ökonomie/Gesellschaft und Staat. So kann die Behauptung widerlegt werden, der Staat sei Instrument der herrschenden Klasse. Das Feld des Staates ist zu komplex und folgt auch intern festgelegten Regeln, um imstande zu sein, einfach den Erfordernissen einer imaginären Kapitallogik zu folgen. Es stimmt aber, daß staatliches Handeln eine Schräglage zugunsten der Kapitalinteressen hat. Das Kapital hat kein universelles Wesen oder eine klar abgegrenzte Identität. Das Großkapital will oft etwas anderes als die Kleinbetriebe, Banken fordern anderes als Industrieunternehmen. Im Staat treffen die Interessen der verschiedenen Klassen, aber auch die Interessen verschiedener Fraktionen innerhalb einer Klasse aufeinander. Beamte verteidigen ihre Pragmatisierung und stehen damit vielleicht gegen Angestellte in Kleinbetrieben, die weniger Sozialversicherungsbeiträge zahlen wollen. Der Staat ist Ort des Klassenkampfes und gleichzeitig dessen Ergebnis, Ausdruck dessen, wie verschiedene Fraktionen und Gruppen imstande sind, ihre eigenen Interessen in verschiedenen Teilen des Staatsapparats zu verankern.[29] Eine konkrete Staatsstruktur und konkretes staatliches Handeln sind daher immer Ausdruck eines sozialen Kompromisses vor Ort und einer bestimmten Positionierung im Weltsystem.

Akkumulationsregime und Regulationsweise

Die Theorie, die die Struktur von Staat und Kapital am besten beschreiben kann, ist die Regulationstheorie. Diese in Frankreich angesichts der Krise des Fordismus entwickelte Theorie ist imstande, eine politökonomische Konzeptualisierung meines Schlüsselproblems vorzunehmen: Wann sind Strukturen unumstößlich, und wann geraten sie ins Wanken? Wann rennt gesellschaftsveränderndes Handeln gegen Wände, und wann entlarven sich Burgen als Kartenhäuser? Die Frage nach der Stabilität von Raum und Macht ist eine Schlüsselfrage im Entwicklungsprozeß, wobei die Regulationstheorie konkret stabile Entwicklungsphasen im Behälterraum Nation untersucht.[30] Im Behälter funktioniert die kapitalistische Reproduktion über lange Zeiträume wie von selbst, um nach Ablauf einer bestimmten Zeit in eine große Krise zu münden (Lipietz 1992: 49). In ihrem Grundkonzept konzentriert sich die Regulationstheorie aber auf Stabilitätsphasen. Ein Akkumulationsregime benennt hierbei eine Phase stabiler Akkumulation, eine Regulationsweise eine Phase stabilisierter sozialer Beziehungen. Bei der Analyse des Akkumulationsregimes geht es um die Darlegung des gesamten Verwertungsprozesses. Bei der Regulationsweise stehen die verschiedenen strukturellen Formen im Vordergrund. Das Konzept der Regulation lehnt sich an das der Reproduktion an, wie es in der klassischen politischen Ökonomie und bei Marx verwendet wird. Es ist dies der Kreislauf G (Geld)–W(Ware)–

G' (mehr Geld), den das Kapital durchlaufen muß, damit am Ende mehr herauskommt, als der Kapitalist anfangs in sein Unternehmen investierte. Der Händler kauft Waren, um nach deren Verkauf einen Gewinn einstreifen zu können. Da im reinen Tausch aber keine Wertvermehrung erfolgen kann, weil freie Subjekte ohne Zwang nur Gleichwertiges tauschen werden, muß die Wertvermehrung im Produktionsprozeß erfolgen. In diesem produziert die Ware Arbeitskraft organisatorisch verbunden mit den Produktionsmitteln eine Wertsteigerung. Stockt der Prozeß, weil niemand Waren kauft, die ArbeiterInnen streiken oder der Unternehmer das Geld versäuft, gerät das gesamte System in eine Krise. Regulation ist ein Mechanismus, der dies verhindern soll. Durch routinisierte Verhaltensmuster soll sichergestellt werden, daß sich alle AkteurInnen an ihre Rollen halten: KonsumentInnen kaufen Waren, ArbeiterInnen arbeiten und UnternehmerInnen investieren.

Akkumulationsregime

Der Prozeß der Akkumulation umfaßt den Arbeitsprozeß, in dem in einem Mensch und Natur nutzenden Vorgang Gebrauchsgüter hergestellt werden, und den Verwertungsprozeß, in dem das Kapital gewinnbringend eingesetzt wird. Der Akkumulationsprozeß ist für Machtstrukturen deshalb so bedeutsam, weil dort immer mehr der zum Leben notwendigen Gebrauchsgüter hergestellt werden. Je geringer die Möglichkeit ist, sich auf die Subsistenzwirtschaft zu stützen und Gebrauchsgüter in Eigenarbeit zu produzieren, umso bedeutsamer ist die Akkumulation für das Alltagsleben im Kapitalismus. Der Akkumulationsprozeß als Kreislauf von G–W–G' umfaßt den gesamten wirtschaftlichen Prozeß von der Produktion über die Vermarktung bis zum Konsum. Deshalb führen dauerhafte Veränderungen des Produktionsprozesses auch zu nachhaltig veränderten Konsummustern und Lebensstilen. Eine stabile Akkumulation basiert auf dem routinisierten Verhalten der SchlüsselakteurInnen. Unternehmungen treffen ständig unterschiedliche Investitionsentscheidungen, die trotzdem einem bestimmten Muster folgen. Erfolgt das unternehmerische Handeln routinisiert, wird von Akkumulationsstrategien gesprochen. Das routinisierte Handeln der Unternehmen alleine schafft aber noch kein Akkumulationsregime als eine stabilisierte Gesamtstruktur.[31]

Akkumulation als Anhäufung von Werten erfolgt auf verschiedenste Weisen, Ausbeutung im strengen Sinn erfolgt aber einzig im Produktionsprozeß, indem der Unternehmer einen Teil des erarbeiteten Werts für sich einstreift. Im Marxismus wurzelt hierin die Quelle von Macht. Es können zwei unterschiedliche Arten der Aneignung von absolutem und relativem Mehrwert unterschieden werden (Marx 1983: 3. u. 4. Abschnitt). Der absolute Mehrwert erhöht sich durch die Eingliederung neuer Bevölkerungsgruppen in den Verwertungsprozeß, eine Steigerung des absoluten Mehrwerts beruht auf der Ausdehnung des Kapitalismus, auf Extensivierungsstrategien. Indem mehr Menschen kapitalistisch produzieren, wird absolut mehr Mehrwert produziert. Der relative Mehrwert kann durch Produktivitätssteigerungen oder durch eine Verbilligung der Konsumgüter erhöht werden, was beides durch Intensivierungsstrategien möglich wird; sei dies eine intensivere Nutzung von Raum oder Zeit, von Natur oder Mensch.

Idealtypisch unterscheidet Aglietta (1987: 69 ff.) somit zwei Akkumulationsregimes: Das dominant *extensive Akkumulationsregime* zeichnet eine Dynamik der sozialen und räumlichen Expansion des Kapitalismus aus. Im Weltmaßstab ist dies die Raum-Macht des Imperialismus, der an der Wende zum 20. Jahrhundert seine größte Dynamik hatte. Innerhalb der sich konsolidierenden nationalen Macht-Räume vergrößert sich die Masse der LohnarbeiterInnen. Die gesamtgesellschaftlich geleisteten Arbeitsstunden nehmen zu. Der Produktionsprozeß zeichnet sich durch einfache Kooperation aus, die Produktionstechniken bleiben – von der Mechanisierung abgesehen – großteils unverändert, weshalb nur schwache Produktionszuwächse erzielt werden können. Konsumgüter- und Kapitalgüterindustrie entwickeln sich weitgehend unverbunden, ohne daß es zu einer Integration des gesamten Produktionsprozesses käme.[32] Ein Großteil des Konsums wird noch mit Waren aus dem nicht-kapitalistischen Sektor gedeckt. Der kompetitive Arbeitsmarkt und die große Reservearmee erlauben kaum ein Ansteigen der Löhne über das Subsistenzniveau hinaus. Auch räumlich ist die Akkumulationsdynamik extensiv und besteht eher im Besitznehmen neuer als in der intensiveren Nutzung der bestehenden Räume (in Form von Verstädterung). Das dominant *intensive Akkumulationsregime* ist als der zweite Idealtypus nach innen orientiert. Es ist durch nachhaltig hohe Steigerungsraten der Arbeitsproduktivität charakterisiert, da sich die technologischen und sozialen Produktionsbedingungen, v.a. durch den Taylorismus und das Fließband, verändern.[33] Die Lebensbedingungen der Beschäftigten wandeln sich grundlegend, denn die fordistische Massenproduktion für den Massenkonsum führt zu einer neuen Konsumnorm der Lohnabhängigen. Das Auto und die rasante Urbanisierung revolutionieren in dieser – Fordismus genannten – Entwicklungsweise den Alltag der Haushalte und erhöhen die Abhängigkeit eines größer werdenden Teils der Bevölkerung von einem Geldeinkommen.[34] Räumlich ist dieses Akkumulationsregime durch die Intensivierung der räumlichen Nutzungen und durch einen massiven Urbanisierungsprozeß gekennzeichnet. Es ist wichtig festzuhalten, daß es sich beim extensiven und intensiven Akkumulationsregime um Idealtypen handelt, die in historisch-geographischen Kontexten immer eine bestimmte Kombination eingehen. Beim dominant extensiven Akkumulationsregime sind in der Fabriksorganisation schon Elemente der Intensivierung zu beobachten, wie auch beim dominant intensiven Regime extensive Strategien nicht vollkommen aufgegeben werden. So war z.B. die Inwertsetzung der nationalen Peripherien – das wirtschaftliche Vordringen in neue Räume – eine weitverbreitete Strategie fordistischer Regulation, d.h. einer an sich auf Intensivierung beruhenden politischen Strategie.

Da Kapital eine soziale Beziehung ist, ist die Analyse des Akkumulationsregimes eine integrale Analyse. Ein Reproduktionsschema, das Produktion und Reproduktion untersucht, ist an einen geschlossenen Behälterraum gebunden und abstrahiert vom internationalen Verflechtungsraum; so kann z.B. nur investiert werden, was im Land erspart wurde. Vom Blickwinkel der Machtmechanik aus führt eine bestimmte Ursache zur immer gleichen Wirkung; z.B. erhöhen höhere Zinsen den Preis von Geld und senken so die Inflationsrate. Dieser Zugang ist aber höchst mangelhaft und muß durch eine Sichtweise des Akkumulationsregimes ersetzt werden, wonach dieses als ökonomisches Machtfeld verstanden wird. Dieses Feld weist bestimmte Knotenpunkte auf, z.B. die Entscheidungen über Geld oder Investitionen. Seine Grenzen sind aber nicht länger klar festgelegt; Migration untergräbt den nationalen Arbeitsmarkt, Direktinvestitionen untergraben den nationalen Finanzmarkt. Deshalb kann auch nicht länger ein Reproduktionsschema als Summe mathematischer Gleichungen erstellt werden. Kapital ist eine Raum-Macht. Reproduktionsschemata tun aber so, als agiere das Kapital in einem Behälterraum.

Regulationsweise

Eine Regulationsweise – dies ist neben dem Akkumulationsregime das zweite Kernkonzept der Regulationstheorie – stabilisiert soziale Beziehungen in einem Machtraum; scheinbar ähnlich, wie ein Thermostat die Temperatur im Haus regeln soll.[35] Es handelt sich um Selbstorganisation, wobei gesellschaftliche Regulation ein Prozeß der Stabilisierung von Handlungsmustern ist. Regulation ist aber komplexer als Regulierung, bei der es bloß um einen gesteuerten Einsatz von Mitteln geht. Einzig ein souveräner Herrscher könnte, einem Thermostat gleich, Gesellschaftsprozesse regeln. Der Satz „Der Staat reguliert" wäre die Anwendung dieses Regelungsdenkens. Regulation ist aber ein komplexer Prozeß, an dem eine Vielzahl von AkteurInnen beteiligt ist. Regulierung ist bloß der staatliche, geplante Teilbereich von Regulation. Macht produziert Verhalten, schafft Routinen und Normen, kurz: Macht produziert nicht Regulierung, sondern Regulation (Hübner 1990: 33 ff.). Eine Regulationsweise kann als eine qualitative Verknüpfung von expliziten Regeln, Aushandlungsmodi und sozialen Normen definiert werden. Weil dies komplexe Prozesse bedingt, entzieht sich Regulation teilweise dem direkten Handlungszugriff und erscheint dann als unsichtbare Hand. Vier[36] verschiedene strukturelle Formen – d.h. stabilisierte gesellschaftliche Beziehungen – gewährleisten, daß das individuelle Handeln mit den strukturellen und systemischen Anforderungen vereinbar ist (Hübner 1990: 174): der schon ausführlich beschriebene Staat, das Lohn-, das Geld- und das Konkurrenzverhältnis. Das Lohnverhältnis, d.h. die Kapital-Arbeits-Beziehung, wird vielfach als die „fundamentale" strukturelle Form angesehen, weil sie über die Verteilung des Mehrwerts entscheidet (Aglietta 1987: 111 ff.). Das Lohnverhältnis gibt Auskunft über die je spezifische Produktion und Aneignung des Wertprodukts (Hübner 1990: 177-188) und ist wegen des stofflichen Charakters des Produktionsprozesses an einen konkreten Raum und an Territorialisierung gebunden. Im wesentlichen ist konkret zwischen kompetitiven und korporatistischen Formen zu unterscheiden. Ökonomien, in denen die Lohnarbeit nicht den Produktionsprozeß strukturiert, sind demnach keine kapitalistischen Ökonomien. Wenn sie dennoch in die kapitalistische Weltwirtschaft integriert sind, ist anzunehmen, daß die interne und externe Struktur nicht zusammenpassen und Krisen ein Normalzustand sind. Sklaverei ist zwar eine Form der Reichtumsanhäufung, aber die direkte Abhängigkeit der SklavInnen hemmt die Entfaltung kapitalistischer Produktions-

und Konsumnormen. Eine sklavereibasierte Produktionsweise ist auf Dauer mit der kapitalistischen Grundstruktur, die freie Wirtschaftssubjekte benötigt, nicht vereinbar; auch in diesem Fall wird das System krisenanfällig. Geld ist die dritte strukturelle Form des Kapitalismus. Es ist die Voraussetzung der Vereinheitlichung sozialer Werte im Verwertungsprozeß (Aglietta 1987: 328 ff.). Im Reproduktionsschema G–W–G' wird das Geld Ware, nämlich Produktionsmittel und Arbeitskraft. Diese werden im Produktionsprozeß eingesetzt, um zu G' – d.h. mehr Geld, als ursprünglich eingesetzt – zu werden. Das Geldverhältnis erlaubt die Realisierung von Werten und stellt die Verbindung zwischen vergangener, gegenwärtiger und zukünftiger Akkumulation her (Görg 1994b: 121-127). Souveräne Geldpolitik betreiben zu können, gehört zu den Kernkompetenzen moderner Nationalstaaten und trug zur Homogenisierung des nationalen Raumes als Raum der Warenzirkulation bei. „Das Geld stellt eine der Hauptformen einer kollektiven, territorialen Repräsentation dar, weil es den Status eines jeden einzelnen Mitglieds als Warenbesitzer bestimmt. Denn das Geld erlaubt ihm, mit seiner Kaufkraft das zu erlangen, was er will, und ermöglicht ihm gleichfalls, seine Arbeitskraft zu verkaufen. Aber der Wert des Tauschobjekts ist durch die interne und externe Stabilität des Geldwertes bestimmt, den wiederum die jeweilige Regulierungsinstanz garantiert. Der Wert ist somit Ausdruck der Souveränität dieser Instanz. Das Geldregime ist damit strukturell an Legitimität gebunden" (Pereira 1998: 141). Wenn Geld seine Funktionen nicht erfüllt, stockt der Akkumulationsprozeß, und es kommt auch in diesem Fall zu Krisen bzw. zum Zusammenbruch kapitalistischer Strukturen. Das Konkurrenzverhältnis regelt den Wettbewerb unter den Eigentümern. Es informiert über das Maß der Konzentration und Zentralisation von Kapital und über die Art der Preisbildung (Aglietta 1987: 215 ff.). Ihm liegt die private Aneigung von Land im Prozeß der ursprünglichen Akkumulation zugrunde; konkret sind Staats- und Privat-, internationales und nationales, Finanz- und Produktiv- sowie Groß- und Kleinkapital zu unterscheiden, die auf atomistischen, oligopolistischen oder monopolistischen Märkten konkurrieren.

Abschließend möchte ich noch aufzeigen, was es bedeutet, von Regulation als Produktion von Territorien zu sprechen. Regulation legt über den Staat oder die Zivilgesellschaft Regeln für ein Territorium fest und führt zu territorial verfestigten Handlungsmustern. Das Forschungsprogramm der Regulationstheorie impliziert eine räumliche Analyse, da die konkreten

Ausprägungen des Zwangs zur Kapitalakkumulation untersucht werden. Dabei konzentriert sich die Analyse auf einen bestimmten Machtraum, nämlich die Nation. Diese stelle einen Behälter dar, in dem bestimmte politökonomische Prozesse stattfinden.[37] Im Behälter „Nation“ schließe sich die Reproduktion des Kapitals – Produktion und Konsum. In diesem Sinn ist die Regulationstheorie als Theorieproduktion durch die fordistischen Rahmenbedingungen geprägt. Weder die supra- noch die subnationale Ebene werden in ihrer Bedeutung hinreichend erkannt. Eine räumliche Theorie der Regulation muß derartige Verkürzungen vermeiden und zweierlei leisten: zum einen Räumlichkeit in die ehemals a-räumliche Nationalanalyse integrieren und zum anderen eine Theorie von räumlicher Regulation generieren, die die Regionalisierung sozialer Prozesse berücksichtigt. So können Akkumulationsregimes und Regulationsweisen auf verschiedenen räumlichen Ebenen untersucht werden. Die nationale Analyse ist nicht nur auf der nationalen Ebene angesiedelt, sondern muß auch die wirtschaftlichen und politischen Verflechtungen regionaler Produktionssysteme und sozialer Regulationen untersuchen. Diese wirken auf die nationale Akkumulation und Regulation ein und schaffen eine bestimmte nationale Raum-Macht. Eine regionale Analyse widmet sich einem nationalen Teil-Territorium. Dabei werden vor allem die konkrete regionale Akkumulation und Regulation sowie deren Stellung im nationalen Machtraum untersucht.[38] Eine Theorie regionaler Regulation muß sich daher auf den Aspekt der regionalen Produktionsorganisation und -struktur konzentrieren. Ferner sind der erweiterte Staat, d.h. Staat und Zivilgesellschaft, und die Arbeit als zwei stark regional differenzierte soziale Formen zu untersuchen. Weiters sind die regionale Konkurrenzsituation und die Einbindung der Region in supraregionale Regulationen, Märkte und regionsübergreifende Kapitalverflechtungen wichtig.

Empirisch ist eine historisch-geographische Darstellung von Raum und Macht aus mehreren Gründen schwierig. Erstens hat eine Präsentation des Akkumulationsregimes zwangsläufig auf die strukturellen Formen einzugehen, die zu seiner Stabilisierung führen. Regulation und Akkumulation beziehen sich aufeinander, werden aber textlich nacheinander dargestellt. Es sind chronologisch dargestellte Bereiche, die als Prozesse zueinander in Beziehung stehen. Die Gesamtheit der sozialen Formen ergibt eine mehr oder weniger stabile Gesellschaftsordnung. Zweitens erschwert die Asynchronität der Entwicklungen in den verschiedenen Bereichen die Periodisierung. Jede soziale Form hat ihre eigene Logik und verändert sich nach eigenen Gesetzmäßigkeiten. Die einzelnen Formen haben aber unterschiedliche Mächtigkeiten. Es müssen daher auch die Hierarchie der einzelnen Formen offengelegt, die dominante, die Veränderungen antreibende strukturelle Form identifiziert und die Entwicklungsbrüche zu diesem Zeitpunkt datiert werden. Mit dem Zusammenbruch der dominanten Form(en) beginnt zumeist eine Krise, unabhängig davon, wie stabil andere gesellschaftliche Bereiche kurzfristig bleiben. Daraus ergibt sich, daß in der textlichen und graphischen Darstellung die gesamtgesellschaftlichen Periodisierungen für die nicht als bestimmend identifizierten sozialen Formen nicht exakt zutreffen. Drittens wäre auch die chronologische Darstellung einzelner Momente wünschenswert, da sich das Neue gleichsam als Schicht auf das Alte legt und daher im Neuen das Alte in unterschiedlicher Form und Intensität fortbesteht.

Zeit

Über 500 Jahre hinweg die Entwicklung Brasiliens zu analysieren ist ein geschichtswissenschaftliches Unterfangen, eine Reise durch die Zeit. Das Freilegen geologischer Schichten, das Graben nach den Wurzeln, wie dies im Rahmen einer Analyse von Raum und Macht geschieht, erfordert auch eine spezifische Konzeptualisierung von Zeit. Die Regulationstheorie entstand in Abgrenzung zu einem Konzept von logischer und daher jederzeit wiederholbarer Zeit. Statt dessen arbeitet sie mit dem Konzept der historischen Zeit und beruht auf einem Phasenmodell historischer Entwicklung, die, bestimmte Stufen durchlaufend, zu einem Ziel hinstrebt. Die handlungstheoretische Komponente dieses historischen Zugangs betont aber, daß der Kapitalismus keiner vermeintlichen Eigengesetzlichkeit der Kapitalakkumulation folgt. Aber es gibt einen strukturellen Zwang, der die konkrete Ausgestaltung der sozialen Formen immer wieder an ihre Grenze treibt (Görg 1994a: 56). Wann und wo Stabilität und Brüche verortet werden, ist daher für die Regulationstheorie, die stabile von instabilen Phasen – d.h. Krisen – unterscheidet, zentral. Regulation produziert Stabilität in einer Gesellschaftsformation, die sehr krisenanfällig ist. Krisen manifestieren sich als Brüche in der Reproduktion sozialer Beziehungen in einem geographischen Raum (Boyer 1987: 61), der gleichzeitig ein konkreter Machtraum ist. Krisen sind deshalb historisch-geographische Phänomene und münden oft in große gesellschaftliche Auseinandersetzungen. Das Alte ist diskreditiert (Gramsci 1971: 276), und eine Wende scheint möglich (Hirsch 1992: 230 f.).

In solchen Momenten gewinnt das Handeln gegenüber Strukturen an Bedeutung. Wenn nicht bloß das eine oder andere institutionelle Arrangement in Frage gestellt wird, sondern alle strukturellen Formen ihre Stabilität verlieren, spricht die Regulationstheorie von „großen Krisen". Diese beenden eine Stabilitätsphase und leiten vielleicht zu einer neuen Phase der Stabilität mit einer neuen Ausgestaltung der strukturellen Formen über. Die ausschließliche Analyse stabiler Zustände läßt kaum Raum für AkteurInnen; sei dies, weil bloß Strukturen analysiert werden oder weil sich diese mechanisch und Routinen folgend verhalten. In Krisen jedoch und bei der Suche nach neuen institutionellen und strukturellen Ordnungen gewinnen AkteurInnen und damit die Handlungsseite (Fiori 1995: 40) an Bedeutung. Strukturen, die in stabilen Phasen oft nicht hinterfragt bzw. nicht einmal wahrgenommen werden, scheinen in Krisenzeiten veränderbar. Vieles scheint möglich, das Bewußtsein verbreitet sich, daß „Menschen Geschichte machen", und die Zwänge, denen dieses geschichtliche Handeln unterworfen ist, geraten aus dem Blickfeld.

Doch ist die Lösung dieser Krisen kein Zufall, keine simple „Fundsache" (Lipietz 1992: 29). Vielmehr wirken die Strukturen aus früheren, stabilen Phasen auch in Zeiten der Krise fort. Nicht zuletzt die strategische Selektivität des Staates begünstigt einen Ausgang der Krise, der die Kontinuität der Machtstruktur gewährleistet. Transformierendes Handeln erfolgt niemals in allen sozialen Formen synchron; d.h., in manchen gesellschaftlichen Bereichen zeigen sich Krisenerscheinungen, während andere Bereiche ihre Stabilität erhalten. Die Offenheit von Krisensituationen macht diese für das politische Handeln interessant, die unklare Struktur von Krisen und die Auseinandersetzung um die Sinngebung dieser zu beobachtenden Prozesse erschweren aber die Theorieproduktion.

Die Stärke einer Analyse von Akkumulationsregime und Regulationsweise ist es, eine brauchbare Strukturtheorie zu liefern. Gerade deshalb muß sich diese Analyse den Vorwurf struktureller Einseitigkeit gefallen lassen. Es können tiefliegende Strukturen von Raum-Macht analysiert werden, der Bezug zur Handlungsebene geht aber verloren. Das handlungstheoretische Element muß im Rahmen der Konjunkturanalyse auf eine über die Regulationstheorie hinausgehende Art und Weise sichergestellt werden. Eine Konjunktur ist eine spezifische Raum-Zeit, eine konkrete Zeit, eine „Gegenwart", die sich in einer langen Welle, einer Struktur verwirklicht (Fiori 1995: 12 ff.). In diesem konjunkturellen Moment der „Gegenwart" ist die Geschichte offen, kann die Zukunft der Struktur nur unscharf wahrgenommen werden; es ist dies die Zeit und der Ort, wo Menschen „Geographie und Geschichte machen". Auch Jessop (1996: 124 f.) berücksichtigt das Handlungselement im Rahmen seines „strategisch-relationalen" Ansatzes. Neben strukturellen gibt es für ihn auch konkrete Momente, die ähnlich den Institutionen dem Zugriff der Praxis offen sind. Dies ist von entscheidender Bedeutung für Raum-Macht-Analysen. Kontextuelle Machtanalysen, die dazu tendieren, die jeweilige Bühne der Macht und das „Ausüben" von Macht zu überschätzen, gewinnen erst durch eine Strukturanalyse, die gleichzeitig mit der konkreten Analyse erfolgt, ihre Erklärungskraft.[39]

Die Berücksichtigung der strukturellen Einbettung konkreter Ereignisse unterscheidet eine Konjunkturanalyse als wissenschaftliche Arbeit von der oft hervorragenden empirischen Arbeit von JournalistInnen sowie von politischen und WirtschaftskommentatorInnen. Letztere verfügen über ein unersetzbares Detailwissen, über Fakten und Informationen, ohne die eine Konjunkturanalyse nicht möglich ist. Da sie aber auf eine Strukturanalyse verzichten, überschätzen sie den Freiheitsgrad der AkteurInnen und unterschätzen die Beharrungskraft des Bestehenden. Ähnliches gilt für die konkreten lokalen AkteurInnen. Umgekehrt tendieren StrukturanalytikerInnen dazu, ebendiese konjunkturelle Dimension, die – selektive – Offenheit von konkreten politischen und ideologischen Auseinandersetzungen auszublenden und die Macht von sozialen Gesetzmäßigkeiten zu überschätzen. Eine Raum-Macht-Analyse ist daher eine Gratwanderung, ständig gefährdet, das dialektische Spannungsverhältnis zugunsten der Handlungsoptionen oder der Strukturlogik aufzuheben. Nur wenn es gelingt, diese Spannung auszuhalten, kann Raum-Macht verstanden werden. In diesem Sinn gipfelt die vorliegende Arbeit in der Konjunkturanalyse in Kapitel 4 (Die Neuordnung der Un-Ordnung), wo Analysen, die entweder die Struktur- oder die Handlungsseite bevorzugen, zusammengeführt werden. Eine Raum-Macht-Analyse kann von der Integration marxistischer gesamtgesellschaftlicher Analysen sowie von einer Foucaultschen Analyse der Mikropolitik und der im Organisationalen und im Diskursiven wirkenden Macht profitieren (vgl. dazu Jessop 1990: Kap. 8 und 9). Es bleibt jedoch eine Hierarchie zwischen marxistischer Theorie und Foucaultscher Kritik. Erstere bietet ein Theoriegebäude an, um die Gesellschaft als Gesamtheit, als Totalität, zu verstehen, d.h., insbesondere Ökonomie und Politik als Einheit zu untersuchen, zweitere liefert demgegenüber den Stachel der Kritik, die kreative Infragestellung des marxistischen Modells sowie die vertiefte Einsicht in Handlungslogiken und -strategien, d.h. in die Mikrophysik der Macht.[40] Dies spiegelt sich auch in dieser Arbeit wider. Marx liefert den roten Faden und Foucault einige Blitzlichter.

Für die Frage nach den vorhandenen Handlungsspielräumen ist die scheinbar sehr abstrakte Auseinandersetzung, ob die sozialen Formen des Kapitalismus institutionell oder strukturell sind, von großer Bedeutung. Eine Analyse „struktureller Formen“ unterstellt für bestimmte längerdauernde Raum-Zeiten konstitutive Zusammenhänge zwischen den verschiedenen sozialen

Formen (Aglietta 1987; Becker 1998b). In 500 Jahren verfestigte Strukturen entziehen sich dem einfachen Handlungszugriff, weil sie sich aus einer gesellschaftlichen Tiefenstruktur ergeben. Innerhalb dieser in Raum und Zeit tief eingeschriebenen strukturellen Formen sind jedoch verschiedene institutionelle Arrangements und unterschiedliche Handlungslogiken zu beobachten, deren raum-zeitliche Reichweiten beschränkter sind (Görg 1994b: 111-115).[41] Der Stimmenkauf oder der Paternalismus sind derartige Institutionen, deren Form sich im Modernisierungsprozeß rasch wandeln kann. Umgekehrt tendiert eine strukturelle Analyse dazu, die Handlungsspielräume der AkteurInnen in konkreten Situationen zu unterschätzen. Scherrer (1995: 462) baut darauf in Anlehnung an den Begriff der „radikalen Kontingenz" eine diskursanalytische Kritik: Alle Beziehungen zwischen gesellschaftlicher Identität, Interesse und Position müßten als kontingent gedacht werden. Er warnt davor, die Kontingenz gesellschaftlicher Entwicklungen in die (Lipietzsche) historische „Fundgrube" zu verbannen, wonach aus einer alten „zufällig" eine neue Ordnung entstehe und danach wieder der Zwang der Struktur herrsche (Scherrer 1995: 473).

Die Warnung Scherrers vor strukturalistischen Verengungen und die Betonung einer grundsätzlichen Offenheit der Zukunft sind richtig. Doch seine Leugnung der Existenz von Tiefenstrukturen ist falsch. In Anlehnung an Jessop definiere ich die Beziehung zwischen Wirtschaft und Politik als eine „kontingent notwendige".[42] Damit wird vermieden, Struktur mit Notwendigkeit sowie Handeln und Subjekt mit Kontingenz gleichzusetzen. „In Strukturen sind Notwendigkeiten und Kontingenz vielmehr immer miteinander verbunden" (Görg 1995: 629). Mit dem Begriff der Kontingenz wird statt dessen der Kontextgebundenheit des Handelns Rechnung getragen, mit dem Begriff der Notwendigkeit auf die Ordnung der Struktur verwiesen. Die Konjunkturanalyse beinhaltet die grundsätzliche Offenheit der Zukunft. Da die gegenwärtige Gesellschaftsordnung konfliktiv ist, gibt es immer Prozesse, die in Richtung Veränderung wirken; gesellschaftliche Gleichgewichte sind Ausnahmezustände. Aber dem Möglichkeitsraum für die Veränderung sozialer Felder sind durch die weiter oben erarbeiteten Strukturen Grenzen gesetzt. Die Offenheit ist nicht beliebig, d.h., eine vereinzelte Änderung konkreter Ausprägungen struktureller Formen ist auf Dauer nicht haltbar. Damit weisen auch Konjunkturanalysen die radikale Offenheit der Geschichte, die „radikale Kontingenz", zurück: Auch Konjunkturen unterliegen Regeln, wenngleich diese weniger beharrend sind als Strukturen.[43] Im politökonomischen Ansatz kommt vor allem in Konjunkturanalysen Strategien eine zentrale Rolle zu, um das Abstraktionsniveau der Analyse zu verringern und zur Analyse konkreter Situationen zu kommen. Derartige Analysen erlauben es, die historische Zeit mit den sich über Raum und Zeit erstreckenden strukturellen Bewegungen zusammenzubringen (Fiori 1995: 10). Macht- und Akkumulationsstrategien werden von kollektiven, wesentlich durch Klasseninteressen definierten AkteurInnen verfolgt, deren Bedeutungen sich aus der Strukturanalyse ergeben. Vor allem bei der Analyse von Übergängen sind Konjunkturanalysen wichtig (Fiori 1995: 54 f.). Die Weltwirtschaftskrise 1930 und die Globalisierungskrise nach 1980 stellen derartige offene historische Momente dar (vgl. Feldbauer et al. 1999), denen im Kapitel 4 viel Raum gewidmet wird.

Anmerkungen

1 *Comisión Económica para America Latina,* englisch: ECLA – *Economic Commission for Latin America.* Die Geschichte der ersten Jahre der Cepal beschreibt Furtado (1997a) in seiner Autobiographie.

2 „'Latin America' ceased to be a geographical term and became a historical reality as a result of the break in the traditional pattern of the international division of labour, the problems created by the belated process of industrialisation, and the evolution of its relations with the United States which, in becoming a hegemonic world power, drew up a special code for the region involving more direct and open control, while at the same time requiring increased co-operation among countries in the area" (Furtado 1976: 3).

3 Die unter der Leitung von Raul Prebisch arbeitende Cepal begründete den Strukturalismus (auch als Cepalismus) als eine ökonomische Theorie, die nur einzelne Annahmen des *Mainstreams* in Frage stellte. Die Dependenztheorie bzw. der historisch-strukturelle Ansatz – ein in der Zeit der Militärdiktaturen verwendeter Codename für politökonomische bzw. marxistische Forschung – radikalisierten die Kritik des Strukturalismus (Cardoso, Faletto 1976: 21) und sahen die Wurzeln der Unterentwicklung in der kapitalistischen Struktur der Weltwirtschaft (vgl. Lehmann 1990; Kay 1989).

4 Der historisch-strukturelle Ansatz blendet zwar den Raum nicht aus; aber dieser bleibt seltsam sekundär. Wiewohl Furtado sein ökonomisches Werk durchaus auch als wirtschaftshistorisches sieht, wäre es für ihn wahrscheinlich schwierig, seine Theorieproduktion als eine wirtschaftsgeographische wahrzunehmen. Dabei sind in diesen Ansätzen zentrale raumwissenschaftliche Einsichten angelegt; allen voran die Analyse der Zentrum-Peripherie-Beziehung im Weltmaßstab.

5 Eine kontextuelle Analyse unterscheidet den lateinamerikanischen Strukturalismus vom ökonomischen Mainstream (Cardoso, Faletto 1976: 37); das zentrale Thema war „the distinctiveness of development paths in the periphery and the leading role of the state in an industrialization process" (Lehmann 1990: 3).

6 „Stellt man die Raum-Zeit-Problematik in den Mittelpunkt der Sozialtheorie, kommt man nicht umhin, erneut über die Grenzen zwischen Soziologie, Geschichtswissenschaft und Geographie nachzudenken" (Giddens 1988: 34 f.).

7 Hier die Regionalwissenschaft, dort die Soziologie und Politologie. In regionalwissenschaftlichen Arbeiten finden sich gemeinhin kaum Verweise auf Fragen der Macht. Eine Ausnahme bildet John Friedmann (siehe u.a. Friedmann 1992). Die Disziplinen, die sich mit Macht theoretisch auseinandersetzen, widmen sich wiederum nur selten den für die Raumwissenschaft relevanten empirischen Phänomenen.

8 Die folgenden Darlegungen beabsichtigen weder, einen vollständigen Überblick über Machttheorien zu geben (hierzu: Clegg 1989), noch, eine historisch erschöpfende Analyse vorzunehmen (hierzu: Mann 1986).

9 Nicht nur die Machttheorien, sondern das abendländische Denken allgemein zeichnen sich durch das Denken in Dichotomien aus. Die Dichotomien von Struktur und Handlung, Objektivismus und Subjektivismus, von allgemein und konkret, von quantitativ und qualitativ bestimmen das wissenschaftliche Denken. Bernstein (1983: 16) ortet die Wurzel dieses dichotomistischen Denkens bei Descartes und seiner Suche nach dem Archimedischen Punkt, der fix bleibt, auch wenn Archimedes die Welt aus den Angeln hebt.

10 Da die Menschen von Natur aus nach immer mehr Macht streben, würde es in einer Gesellschaft ohne Zentralisierung des Gewaltmonopols zu einem manifesten Kriegszustand kommen. Ein solches souveränes Machtzentrum „muß als theoretisches Konstrukt gesetzt werden, das die Realisierung der Begierden und Leidenschaften, die auf dem Prinzip der Bewegung beruhen, kanalisiert" (Bauer, Matis 1988: 399).

11 Jedes Atom verfügt über Macht, ist Akteur im Machtspiel. Auch im Kleinen ahmen die Menschen diese Macht nach, um anderen ihren Willen aufzwingen zu können. Für Hobbes ist Macht so zentral, daß die einem Menschen innewohnende Macht auch seinen Wert, seinen „Preis" am „Arbeitsmarkt", bestimmt (Hobbes 1996: 67). Eine Machtbeziehung ist wie die Beziehung zwischen Billardkugeln: So wie eine Billardkugel eine andere anstoßen und – „gegen deren Willen" – in eine bestimmte Richtung stoßen kann, so haben Menschen über andere Macht (Clegg 1989: 41). Es gibt, um beim Bild der Billardkugeln zu bleiben, Ursache und Wirkung, eine stoßende und eine angestoßene Kugel. Im Mittelpunkt einer machtmechanischen Analyse stehen Akteure und deren konkretes beobachtbares Verhalten (Lukes 1977: 12). Auch Dahls Definition von Macht paßt treffend in die liberale Tradition: „A has power over B to the extent that he can get B to do something B would not otherwise do" (Dahl, zit. in Lukes 1977: 11). In diesem Kausalitätsmodell nehmen Ressourcen eine Schlüsselrolle ein, sei dies Geld, Popularität, die Kontrolle über Arbeitsplätze oder Information.

12 „Ein Regime, bei dem das 'Volk' seinen 'Willen' ausdrückt – vorausgesetzt, aber nicht eingeräumt, es habe einen –, ohne politische 'Maschine', Intrigen und Cliquen, existiert allein als frommer Wunsch von Theoretikern" (Pareto 1975: 286).

13 Demnach können nicht stattgefundene Ereignisse kausalen Status beanspruchen. Beispiele für das Nicht-Entscheiden bei an sich wichtigen Problemen sind das gesellschaftliche „Überhören" von Forderungen von machtlosen Gruppen, die Enthaltung bei und die Nicht-Teilnahme an Entscheidungen durch die Unterdrückten. Gründe dafür liegen in Apathie, Fatalismus und Resignation der Unterschichten, aber auch in der fehlenden politischen Praxis und dem unstrukturierten Verständnis der Gesellschaft (Clegg 1989: 109). In der öffentlichen Diskussion gibt es immer eine Einseitigkeit *(bias)* in Richtung bestimmter Fragen bzw. im Willen zur Lösung bestimmter, von den Herrschenden als solcher empfun-

dener Probleme. Nicht-Entscheidungen betreffen andererseits solche Felder, die nicht problematisiert werden konnten. Bevor ein Anliegen abgelehnt wird, gibt es nämlich eine Reihe von anderen, subtileren Formen, die unterbinden, daß es zu einem offenen Konflikt kommt. So kann verhindert werden, daß sich die Menschen ihrer Bedürfnisse bewußt und diese Bedürfnisse als private Interessen im öffentlichen Raum artikuliert werden. Eine derartige Artikulation ist dann unwahrscheinlich, wenn die Beherrschten erwarten, daß es zu unliebsamen Gegenmaßnahmen der Herrschenden kommen würde. Erst wenn die Barriere der Problematisierung überschritten ist, kommt es zur direkten Konfrontation von Interessen, zum Aufeinandertreffen der Billardkugeln. Wie sich die einzelnen angesichts all dieser Hindernisse verhalten, ob sie trotzdem für die Herrschenden unliebsame Probleme aufwerfen, hängt sehr stark von ihren organisatorischen Fähigkeiten ab.

14 Aber auch bezogen auf den Raum ist es nicht einfach, Foucault festzunageln: Raum ist grundlegend für jede Form von gemeinsamem Leben und für jede Ausübung von Macht (Schmid 1991: 203 f.). Foucaults Kritik an der Newtonschen Mechanik geht mit einem neu erwachten Interesse für die verschiedenen Dimensionen und Aspekte von Raum einher. Foucaultsches Denken ist ohne Raum nicht vorstellbar, denn Gesellschaftsanalyse ist für ihn Raumanalyse, das Soziale beinhaltet wesensmäßig den Raum. Foucault steht tief in der französischen Tradition der Vorliebe für räumliche Metaphern. Wenn Lévi-Strauss (1996: 113) meint, „der Raum besitzt seinen eigenen Wert, so wie die Töne und Düfte Farben und die Gefühle ein Gewicht haben“, und Bourdieu (1997: 106) feststellt, „die soziale Welt kann als ein multidimensionaler Raum konzipiert werden“, sieht man die Bedeutung, die Raum im Denken dieser hoch zentralisierten *Grande Nation* einnimmt. Hier ist der Raum nicht wie im angelsächsischen liberalen Diskurs eine Dimension sozialen Handelns, sondern wesensmäßiger Teil dieses Handelns.

15 Mit dem Wandel z.B. in der Funktion des Spitals gewinnt der Arzt an Bedeutung, und das Spital wird zum Ort der Erkenntnisbildung – bezogen auf die Disziplin der Medizin. Genauso wie die Schule „als pausenlos funktionierender Prüfungsapparat“ (Foucault 1977: 240) zum Ort wird, an dem die Pädagogik erarbeitet wird. Wissen ist somit unlösbar mit Macht verbunden.

16 Dabei können zwei Momente unterschieden werden. Zum einen die „Definitionsmacht“; „denn eine diskursive Praxis formiert das Wissen, das heißt, dieses wird so und nicht anders konstituiert. Zum anderen bildet das Wissen ein Kapital und auf dieser Basis die Legitimation, um sich den Zugang zu weiteren Wissensgebieten und noch nicht erschlossenen oder weitergehend zu erschließenden Feldern zu eröffnen“ (Krasmann 1995: 246). In einem Wechselspiel verschafft sich die Macht ein Wissen, das umgekehrt wiederum die Rechte dieser Macht begründet (vgl. Schmid 1991: 56). Deshalb kritisiert Foucault die dieser Macht-Wissens-Formation zugrundeliegende Konstruktion des neuzeitlichen Subjekts als autonom denkendes und handelndes Wesen und lehnt den darauf aufbauenden methodologischen Individualismus ab.

17 Gelegentlich verwendet Foucault bloß räumliche Metaphern, um Phänomene verständlich zu machen; fast kann von einer Besessenheit gesprochen werden. Damit zusammenhängend spricht Foucault aber auch den konkreten geographischen Raum an; z.B. im Panopticum oder in den Lagern (Foucault 1977).

18 In abgeschlossenen lokalen Gemeinschaften ist die direkte soziale Kontrolle vor Ort vorherrschend. Doch in einer zunehmend verbundeneren Welt wird der Behälter-Raum durchlässiger; die Abgrenzungen werden unklarer: Wer zu einer lokalen Gemeinschaft zählt, wird situations- und problemabhängig und leitet sich nicht einzig aus der Verortung

im oder außerhalb des jeweiligen Behälter-Raumes ab (Clegg 1989: 64). Indirekte und ungewollte Beeinflussungen gewinnen hierbei an Bedeutung; außerhalb der Gemeinde angesiedelte Personen können zentrale lokale AkteurInnen sein. Eine Lokalanalyse muß daher auch externe AkteurInnen berücksichtigen, da diese in die Region hineinwirken, ohne physisch anwesend zu sein.

19 „Against the assumption that a given social space is a community displaying ordered totality, one would want to propose instead that ordered totality is an achievement and resource of power rather than its tacit frame" (Clegg 1989: 64).

20 „Reality may possess, as it were, both an apparent surface and a deep structure which cannot immediately be apprehended" (Clegg 1989: 120).

21 Neben dem Raum als Verflechtungsraum, als das sich Verteilende, ist Foucaults Denken noch auf zwei andere Räume ausgerichtet. Utopien sind als Orte ohne Platz im wesentlichen „unwirkliche Räume" (Foucault 1994: 14). Heterotopien sind hingegen reale Orte, die anders sind als die Orte der bestehenden Struktur (vgl. Foucault 1994: 15). Foucault richtet sich gegen die moderne, allgegenwärtige disziplinierende Macht, gegen den Willen des Menschen zur Wahrheit und zur Macht, der die Welt beherrschbar macht. Heterotopien als Räume, die sich dem Zugriff von Strukturen zu entziehen trachten, sind sowohl als ein politisches Programm, als Zielvorstellung, als auch als konkrete beobachtbare Räume zu verstehen. Sie stellen das andere, ein „Außen" zum Bestehenden dar.

22 Die breite Diskussion über das Territorium konnte in dieser Arbeit nicht berücksichtigt werden (vgl. Sack 1986). Zu spät für eine systematische Einarbeitung stieß ich auf die sehr interessanten Ausführungen von Taylor (1994 und 1995) über das Territorium als Behälter von Macht, Reichtum, Kultur und Gesellschaft. Die Schwäche seines Ansatzes liegt darin, die AkteurInnen im Behälter nicht zu thematisieren. Die Kritik, die sich aus seinem Ansatz an der vorliegenden Arbeit ergibt, ist, daß die Beziehung zu anderen Territorien, d.h. Inter-Territorialität, nicht ausreichend untersucht wird.

23 Tendenziell verorten sich auf Länder- und Gemeindeebene Kompetenzen in den Bereichen Ökologie (v.a. die Bodenregulierung) und Soziales (v.a. die Bereitstellung sozialer Dienste). Saunders (1987) sah – ebenfalls funktionalistisch verkürzend – in der Bereitstellung des „kollektiven Konsums" (Gesundheit, Wohnen, Bildung, Verkehr) das stadtsoziologische Analysefeld. Auf Bundesebene sind traditionell die Regelung der Außenbeziehungen und ökonomische Kompetenzen verankert.

24 Die Ausweitung des ökonomischen Verflechtungsraumes führte ab den 1960er Jahren zu zunehmend instabileren politischen Regulierungsformen, da die nationalen Regierungen Liberalisierungsschritte einleiteten und auf die Regulierung der Geld- und Investitionsverflechtungen verzichteten. Ab einem bestimmten Moment blockieren alte politische Regulationen den Wirtschaftsraum und machen Entscheidungen über den Pfad zukünftiger Entwicklungen erforderlich: Die Liberalisierung nationaler Regelungen erlaubt die Freisetzung des Veränderungspotentials; eine Beibehaltung der alten Regulierung schwächt hingegen die Kräfte, die auf die Internationalisierung drängen, und blockiert die Ausweitung des wirtschaftlichen Verflechtungsraumes.

25 Die vorliegende Arbeit schließt an meine Dissertation zum Thema „Lokaler Widerstand und struktureller Wandel in Brasilien" an (Novy 1994). Schon damals beschäftigte ich mich anhand des Fallstudiengebietes São Paulo mit ähnlichen Problemen. Viele der damals gewonnenen Erkenntnisse finden sich auch in dieser Arbeit. Doch gleichzeitig hat das Festhalten an der Erforschung eines Landes – das, nebenbei gesagt, 104mal so groß ist wie Österreich – und einer Region (São Paulo) ganz wesentliche Vorteile für die wissen-

schaftliche Arbeit. Die Vorteile bezogen auf das empirische Material und die Qualität der Feldforschung sind offensichtlich und brauchen nicht extra erwähnt zu werden – obwohl der überwiegende Teil der in dieser Arbeit verwendeten Daten in meiner Dissertation noch nicht verwendet wurde. Aber auch auf theoretischem Gebiet erleichterte die jahrelange Beschäftigung mit dem gleichen räumlichen Kontext die Klärung mancher Probleme und die Vertiefung einiger Einsichten. Diese Arbeit baut auf den Erkenntnissen der Dissertation auf, geht aber weit über diese hinaus. Die klare Unterscheidung zwischen einer mechanischen und einer feldtheoretischen Sicht von Macht, eines eindimensionalen und eines produktionsorientierten Raumbegriffs, die Aufarbeitung und Re-Interpretation der vorhandenen Analysen über die brasilianische politökonomische Entwicklung, die Fundierung der politökonomischen Regionalgeschichte in einer kritischen Rezeption der Regulationstheorie und die Budgetanalyse stellen wesentliche konzeptuelle Forschritte dar.

26 Diese von Giddens (1988: 240) Strukturprinzipien genannten Beziehungen sind „Prinzipien der Organisation gesellschaftlicher Totalitäten".

27 Strukturelle Formen resultieren aus allgemeinen Vergesellschaftungsprinzipien und sind Objektivierungen des gesellschaftlichen Zusammenhangs, die den Individuen in fetischisierter und verdinglichter Weise gegenüberstehen (Hirsch 1992: 212).

28 Bis ins 18. Jahrhundert hinein gab es in England eine Reihe von Begriffen für den Staat: „regnum", „res publica", „monarchia", „commonwealth", „nation", „civil society" (Jessop 1990: 348). Dann diente der Begriff im wesentlichen dazu, zwischen dem Herrscher und seinem Apparat zu unterscheiden. Während ersterer sterblich ist, ist der Staat als Apparat dauerhaft. Staat diente aber auch zur Unterscheidung zwischen dem Apparat und dem diesen Unterworfenen, d.h. der Gesellschaft. Die Macht des Staates ist demnach doppelt unpersönlich: Sie ist nicht die Macht des Herrschers und auch nicht die der Unterworfenen.

29 „Dennoch hat der kapitalistische Staat Klassencharakter – insofern nämlich, als er in ein und demselben Vorgang den Kompromiß der gesellschaftlichen Klassen verkörpert und ihn, seine Form bildend, organisiert" (Demirovic 1997: 39). Die Konzeptionalisierung des Staates als „strategisches Feld" soll verhindern, vorschnell dem Staat Akteurscharakter zuzuschreiben (Demirovic 1997: 44).

30 Die folgende kritische Lesart der Regulationisten verdankt Joachim Becker wesentliche Einsichten, die in dessen Habilitation systematisiert werden (vgl. Becker 1999).

31 In Anlehnung an Boyer (1987: 46) unterscheidet Hübner (1990: 140) die folgenden fünf Dimensionen eines Akkumulationsregimes:

* der Typus von *Produktionsorganisation* und die Stellung der Lohnabhängigen innerhalb des Produktionsprozesses;
* der zeitliche Horizont der Kapitalbildung und -verwertung, insbesondere auch die Frage der Finanzierung;
* die *Aufteilung des Wertprodukts in Löhne und Profite* (sowie Steuern), die die dynamische Reproduktion von Klassen und gesellschaftlichen Gruppen ermöglichen;
* die *Zusammensetzung der gesellschaftlichen Nachfrage*, auch bezogen auf die Entwicklung der Produktionskapazitäten in den verschiedenen Branchen;
* der Artikulationsmodus mit nicht-kapitalistischen Formen.

Demnach zeichnet sich ein Akkumulationsregime durch Regelmäßigkeiten des Akkumulationsprozesses aus, die Untersuchung der Integration von Produktions- und Konsumnormen verliert aber gegenüber einer Analyse der makroökonomischen Struktur an Bedeutung.

32 Faria (1995: 10) bezeichnet als typische Industriesparten, auf die die extensive Akkumulation aufbaut, die Textil- und Bekleidungs-, die Lebensmittel- und Getränke- sowie die

Schuh- und Möbelindustrie. Damit spielt er auf den Umstand an, daß in einer Phase der Durchkapitalisierung ehemals nicht-kapitalistischer Bereiche obengenannte Industriesparten bedeutsam sind. Entscheidender aber als die branchenspezifische Dynamik ist, daß die Ausweitung der Konsummöglichkeiten nicht direkt mit einer Veränderung der Lebensbedingungen der Lohnabhängigen einhergeht.

33 „[Ford] fragmented tasks and distributed them in space so as to maximize efficiency and minimize the friction of flow in production. In effect, he used a certain form of spatial organization to accelerate the turnover time of capital in production" (Harvey 1989: 266).

34 Typische Beispiele des intensiven Akkumulationsregimes sind für Faria (1995: 10) die metallverarbeitende und die Chemieindustrie sowie die Papier- und Elektronikindustrie (vgl. Hübner 1990: 141).

35 Eine Regulationsweise charakterisiert sich gemeinhin durch die folgenden fünf strukturellen (institutionellen) Formen:

* der *Staat* und dessen Organisation geben Auskunft über die Art der staatlichen Intervention in die Wirtschaft;
* das *Geldverhältnis* stellt die Verbindung zwischen vergangener, gegenwärtiger und zukünftiger Akkumulation her;
* die *Form des internationalen Regimes* befindet über die Artikulation nationaler Akkumulationsregimes mit der kapitalistischen Weltwirtschaft;
* das *Lohnverhältnis* gibt Auskunft über die je spezifische Produktion und Aneignung des Wertprodukts;
* das *Konkurrenzverhältnis* informiert über das Maß der Konzentration und Zentralisation von Kapital und die Art der Preisbildung.

36 An sich ist es üblich, von fünf strukturellen Formen zu sprechen und hierbei die *Form des internationalen Regimes* zu analysieren. Sie befindet über die Artikulation nationaler Akkumulationsregimes mit der kapitalistischen Weltwirtschaft (Arrighi 1993; Faria 1998: 171-175). „Das internationale Regime ist eine Konfiguration von Wirtschaftsräumen und ihres Zusammenhanges, der auf der Existenz von stabilen Komplementaritäten beruht und die fortschreitende Akkumulation des Kapitals garantiert und die Intensivierung der internationalen Arbeitsteilung ermöglicht. Dabei kommt es auch zu einer Verteilung von Wachstumspotentialen auf die jeweiligen Wirtschaftsräume ... Die Voraussetzung für die Stabilität des internationalen Regimes ist das Übereinstimmen der Karte der internationalen Arbeitsteilung mit den Formen der internationalen Regulation, also wirtschaftliche und politische Stellung" (Nasr 1998: 36 und 39). Joachim Becker (1999) folgend ist in einer Raum-Macht-Analyse für diese Kategorie kein Platz. Das Räumliche bildet mit Zeit und Sozialem eine Einheit. Die räumliche Dimension und daher auch die internationale Einbindung ist bei der Analyse der vier anderen strukturellen Formen mitzudenken (zur Herleitung der Formen vgl. Becker 1999).

37 Auch wenn aufgrund der institutionellen Form der „internationalen Einbindung" dieser Behälter als durchlässig verstanden wurde.

38 Bezogen auf das Akkumulationsregime ist der allgemeine Analyserahmen auf die regionale Ebene nicht einfach übertragbar. Da es um die Verteilung des Wertprodukts geht, ist sie in wesentlichen Teilen auf das statistische Material der Volkswirtschaftlichen Gesamtrechnung und auf eine mathematische Darstellung angewiesen. Aufgrund der Schwächen von Regionalstatistiken kann eine Untersuchung nicht annähernd so genau erfolgen wie auf nationaler Ebene. Eine exakte Analyse von quantitativen Reproduktionsprozessen ist nicht möglich.

39 Dazu reichen aber politökonomische Ansätze allein nicht aus. Wichtige der rezipierten Zusammenhänge, vor allem, was organisatorische und diskursive Probleme betrifft, müssen mit anderen sozialwissenschaftlichen Theorien und einem breiteren methodischen Zugang im konkreten Fall untersucht werden (vgl. Novy 1998: Kap.4).

40 In Konjunkturanalysen geht es um die Analyse konkreter politökonomischer Entwicklungen, den „Moment der Unbestimmtheit in der Bewegung der strukturellen Zeit" (Fiori 1995: 11). Es werden in einer konkreten Raum-Zeit strukturelle und institutionelle Prozesse ebenso untersucht wie Ereignisse, d.h., die Analyse erfolgt auf drei Ebenen gleichzeitig, indem alle drei Ebenen miteinander artikuliert, d.h. verknüpft und verbunden werden. Die marxistische Analyse liefert mit dem Verwertungsprozeß die einende Struktur des Prozesses; sie ist aber allein ungenügend, die Konjunktur erschöpfend zu verstehen, und muß um andere interdisziplinäre Ansätze ergänzt werden. Ich möchte vor allem versuchen, das in den Arbeiten von Foucault steckende Potential nutzbringend zu machen. Damit muß aber so mancher Dogmatismus und so manche konventionelle Abgrenzung über Bord geworfen werden. Ein genaues Lesen vor allem von Foucaults letzten Schriften wirft ein neues Licht auf dessen Beziehung zum Marxismus und relativiert seinen „Strukturalismus". Lange Zeit wurde der Streit zwischen Jean-Paul Sartre und Michel Foucault über den „Tod des Subjekts" als der zwischen zwei unversöhnlichen Positionen gesehen. Sartre stand hierbei für die Verteidigung der Politik, die des Subjekts als bewußt handelnden Akteurs bedarf; Foucault hingegen wurde als apolitisch und als an verändernder Praxis uninteressiert abgestempelt. Dabei waren sie Weggefährten in der konkreten politischen Auseinandersetzung (Schmid 1991: 109-111). Obwohl beide zeitweise Mitglieder der Kommunistischen Partei waren, interessierte sie jeweils etwas anderes: Sartre, so wie die meisten MarxistInnen, war an der gesamtgesellschaftlichen Entwicklung und an den dort wirkenden Herrschaftsverhältnissen interessiert; dies hilft für eine Raum-Macht-Analyse als Strukturanalyse. Foucault hingegen interessierte sich immer schon mehr für das Kleine, für das scheinbar unwichtige Ereignis, für die internen Organisationsstrukturen. Kein Wunder, daß eine leninistische Partei an einem derartigen Kritiker wenig Interesse hatte und *vice versa*.

41 Für das Verständnis von „Strukturveränderung" ist die raumzeitliche Reichweite von Strukturen zu definieren. Im Rahmen räumlicher Strukturanalysen werden die während einer Periode über Raum und Zeit konstant bleibenden konkreten Ausformungen von Strukturen dargestellt. Der Marxismus spricht von formationsspezifischen Strukturen, d.h. Strukturen, die konstituierende Elemente des Kapitalismus darstellen. Neben diesem Strukturbegriff der „langen Dauer" spreche ich auch von konkreten Ausprägungen der strukturellen Formen in verschiedenen Entwicklungsweisen, die jeweils über einzelne Jahrzehnte an einem Ort relativ konstant bleiben. Bei einer Veränderung aller Ausprägungen der strukturellen Formen spreche ich ebenfalls von struktureller Änderung, da eine neue Gesamtstruktur entsteht.

42 „Whereas 'contingency' is a logical concept and concerned with *theoretical indeterminability*, 'necessity' is an ontological concept and refers to *determination in the real world.* Thus 'contingent' means 'indeterminable within the terms of a single theoretical system'; it can properly be juxtaposed to the notion of 'necessity', which signifies the assumption underpinning any realist scientific enquiry that 'everything that happens is caused'" (Jessop 1990: 12).

43 „Indeed, a rigorous application of discourse-theoretical principles would question the necessary fixity of the macro-level as well as the apparent fluidity of the micro level" (Jessop 1990: 246).

Kapitel 2:

Aufbau und Zerstörung des Nationalen in Brasilien

„Die Ruinen einer Nation haben ihren Ursprung im Haus ihrer kleinen BürgerInnen"
(Afrikanisches Sprichwort nach Couto 2000: 416)

Was ist Brasilien? Ein Behälter, angefüllt mit Natur, Dingen und Menschen? Als geographischer Raum in Amerika existiert Brasilien schon lange und diente verschiedenen menschlichen Gemeinschaften als Lebensraum. Im Behälter Brasilien herrscht tropisches und subtropisches Klima, finden sich tausende Kilometer Küste und eine riesige Hochebene. Was hier aber interessiert, sind die Veränderungen in diesem Behälter, sprich: die Produktion von Raum. Und hier stehen nicht Naturereignisse wie *El Nino* oder die globale Erwärmung, sondern Veränderungen im sozialen Raum im Vordergrund. Mit der Landung der Portugiesen 1500 änderte sich die Bedeutung des Behälters grundlegend. Neue Menschen und neue Dinge kamen nach Brasilien; andere Dinge, die im globalen Raum zu Rohstoffen und Waren wurden, wurden ausgeführt. Auf diese Weise konstituierte die von Europa nach Amerika wirkende Raum-Macht von Anfang an einen Verflechtungsraum, einzelne Orte wurde zu Militärstützpunkten, Handelsknoten und Produktionsenklaven. Noch war es kein Territorium, kein klar abgegrenzter Machtraum, in dem und über den geherrscht wurde. Die Produktion der Nation als Territorium war vielmehr ein jahrhundertelanger Prozeß, bei dem aus einem Teil Südamerikas Brasilien als ein eigener Machtraum wurde. Seine heutigen Grenzen wurden erst im 20. Jahrhundert endgültig festgelegt. Aus dem Raum an sich wurde in einem historischen Prozeß ein Raum, der für die darin Lebenden als Machtraum Bedeutung hatte (Furtado 1976: 1). Der Raum strukturierte sich dergestalt, daß bestimmte zentral getroffene Entscheidungen für den gesamten Raum Bedeutung hatten; bestimmte Handlungsmuster, etwa Kleiderordnungen und Anstandsregeln, vereinheitlichten sich über den Raum ebenso wie die Art der Abwicklung des Fernhandels oder der Bodennutzung. Der Behälterraum Nation, angefüllt mit sozialen, politischen und wirtschaftlichen AkteurInnen und Prozessen, bildet den Ausgangspunkt der folgenden Analyse. Das Territorium der Nation ist aber ein historisch-geographisches Produkt und kein Behälter; es wurde produziert und kann zerstört werden. Daher muß neben dem konkreten Raum auch sein Umfeld, d.h. die Raum-Macht der internationalen Entwicklung, mitanalysiert werden. Die Analyse der Herstellung von Territorien ist genauso wichtig wie die Untersuchung des konkreten Territoriums. Das Nationale ist sozial konstruiert bzw. wird dekonstruiert, es unterliegt einer ständigen Veränderung (vgl. Fernandes 1987: 27).

Die vorliegende Analyse wurde geschrieben, als in Brasilien nach 1994 ein Stabilisierungsprogramm, der *Plano Real*, durchgeführt wurde. Dieser Plan, der die Inflation für Jahre radikal senkte, galt anfangs als großer Erfolg; nach der Abwertung 1999 und der Rezession von 1998 und 1999 war die Einschätzung schon weit weniger euphorisch. Die kurzfristigen Auswirkungen auf Inflation, Arbeitslosigkeit, Verschuldung und Armut sind die eine Seite. Vor dem Hintergrund einer 500jährigen Geschichte von Raum und Macht stellen diese aber bloß die oberflächlichen Veränderungen dar. Erst unter Berücksichtigung der zweiten Seite, der tiefen und strukturellen Dimension des *Plano Real,* wird verständlich, warum mit diesem Plan eine Zäsur in der Nationsbildung Brasiliens erfolgte. Dem jahrhundertelangen Aufbau von Nation und Staat folgten wenige, aber äußerst intensive Jahre der Zerstörung. Diese Zerstörung war ein struktureller Prozeß, seine Wirkung entfaltete diese historisch-geographische Macht aber in der Ideologie der Globalisierung, in der es vor lauter Fortschritt für die Kleinen keinen Platz mehr zu geben schien. Der *Plano Real* verstand sich als Stabilisierungsplan und half tatsächlich, eine bestimmte Art der Ordnung, die ich als Un-Ordnung entlarven möchte, zu stabilisieren. Konzeptuell ist daher eine klare Begrifflichkeit erforderlich, um dauerhafte – sprich: über längere Zeiträume hinweg wirksame – Institutionen und Strukturen zu erkennen. Entwicklungsweise, Akkumulationsregime und Regulationsweise sind die drei Grundbegriffe, mit denen Stabilitätsphasen bezeichnet werden. Eine Entwicklungsweise ist ein Machtfeld, dem stabilisierte Akkumulationsstrategien, routinisierte Handlungslogiken, normierte Produktions- und Konsumnormen sowie unhinterfragte Politikmuster zugrunde liegen. Ein Akkumulationsregime und eine Regulationsweise liefern die konkrete Ausprägung der strukturellen Formen Kapital, Geld, Staat und Arbeit, mit denen diese Entwicklungsweise stabilisiert wird. In stabilen Phasen läuft Entwicklung in relativ festen Bahnen ab, da die strukturellen Formen Handlungsmuster vorgeben, die von Individuen routinemäßig und ohne Infragestellung aufgegriffen werden. In einer konfliktiven Gesellschaft, und dies ist der Kern meiner These von der Un-Ordnung, muß ein derart stabiles Feld aber ein

Idealtypus sein, dessen Ordnung durch widersprüchliche Prozesse ständig untergraben wird. Die Stabilität besteht daher nicht in der vollkommenen Abwesenheit jeglicher Krise, sondern in der Fähigkeit eines Machtfeldes, seine Machtknoten und Institutionen über längere Zeiten und größere Räume hinweg stabilisieren zu können. Als nach 1980 ein altes Machtfeld zusammenbrach, wurden Krise und Stabilisierung zu neuen politischen Schlüsselbegriffen.

Die vorliegende Arbeit re-interpretiert die brasilianische Geschichte, um aktuelle Brüche und Kontinuitäten, Krisen und Stabilisierungen besser zu verstehen. Gegenwart und Zukunft der Nation sollen durch den Blick zurück besser verstanden werden. Die Nationsbildung Brasiliens ist ohne das Standardwerk von Celso Furtado über „Die wirtschaftliche Entwicklung Brasiliens" (Original: 1959; deutsch: 1975) nicht zu verstehen.[1] Die cepalinische Tradition, in der Furtado steht, legt nämlich das Hauptaugenmerk auf die Endogenisierung bzw. Nationalisierung des Produktionssystems. Furtados historische Analyse ist deshalb implizit auch eine geographische Analyse des Wechselspiels von national und international, von außen und innen. Intern schufen die brasilianischen Boomphasen als spezifische Raum-Zeiten jeweils unterschiedliche Macht-Räume.[2] Bei allen Vorzügen weist dieser Zugang aber eine wesentliche Schwäche auf, da den internen politökonomischen Prozessen zu wenig Bedeutung beigemessen wird. Die Analyse dieser internen Prozesse bildet aber genau den Kern regulationstheoretischer Überlegungen. Hierbei steht die Stabilisierung von Ökonomie und Politik nach innen im Vordergrund. Stabilität wird durch eine Übereinstimmung von Akkumulationsregimes und Regulationsweisen erreicht. Krisen wiederum resultieren in der Regulationstheorie aus Brüchen in Akkumulation und Regulation, während für die Cepal Krisen bei einer geänderten Einbindung in die Weltwirtschaft stattfinden.[3]

In dieser Arbeit werden regulationstheoretische und cepalinische Zugänge aufgegriffen und für die Analyse von struktureller Macht und Machträumen nutzbringend eingesetzt. Grundlage meiner eigenen Periodisierung ist nämlich die Unterscheidung zwischen der Raum-Macht einerseits, die das gesamte Machtfeld umfaßt und die gesellschaftliche Entwicklung in der Tiefe strukturiert, sowie andererseits den Bühnen der Macht, den Macht-Räumen, auf denen an der Oberfläche die gesellschaftlichen Konflikte ausgetragen werden. Die Art des ökonomischen Verflechtungsraumes, seine mehr oder

Graphik 6: Brasilien, gegliedert nach Bundesstaaten

Bundesstaaten, Großregionen und deren Abkürzungen

BR Brasilien

NO Norte (Norden):
RO Rondônia
AC Acre
AM Amazonas
RR Roraima
PA Pará
AP Amapá
TO Tocantins

NE Nordeste (Nordosten):
MA Maranhão
PI Piauí
CE Ceará
RN Rio Grande do Norte
PB Paraíba
PE Pernambuco
AL Alagoas
SE Sergipe
BA Bahia

SE Sudeste (Südosten):
MG Minas Gerais
ES Espírito Santo
RJ Rio de Janeiro
SP São Paulo
PR Paraná
SC Santa Catarina
RS Rio Grande do Sul

CO – Centro-Oeste (Zentrumswesten):
MS – Mato Grosso do Sul
MT – Mato Grosso
GO – Goiás
DF – Distrito Federal

Quelle: IBGE. In: Novy 1994: 161

weniger ausgeprägte Endogenisierung ist für Raum-Macht bedeutsam. Aber auch der Akkumulationstypus und die Art der Abstimmung von Produktion und Konsum konstituieren Raum-Macht. Regulation wiederum versucht, diese Raum-Mächte zu verfestigen, zu ordnen und zu territorialisieren. Dies gelingt bei endogenen Produktionssystemen leichter, da die Knotenpunkte des Machtfeldes vermehrt intern sind, und wirkt bei außenorientierten Produktionssystemen besonders polarisierend und fragmentierend, weil die Kontrolle über wichtige Entscheidungen extern erfolgt. Die politische Geschichte Brasiliens würde nahelegen, die Brüche 1822 (Unabhängigkeit), 1889 (Republik), 1930 (Vargassche Revolution), 1964 („Aprilrevolution" bzw. Militärputsch) und in den 1980er Jahren (Demokratisierung) anzusetzen. In der Terminologie einer politökonomischen Raum-Macht-Analyse wird damit einzig die Analyse der Bühnen der Macht, d.h. der Oberfläche gesellschaftlicher Auseinandersetzungen angesprochen. Diese konkreten Siege und Niederlagen, Konflikte und Strategien, Diskurse, Organisationsformen und Widerstandsnester haben in der Regel eine viel kürzere Dauer als die tieferliegenden Schichten des Machtfeldes, seien es Akkumulationsregimes oder strukturelle Formen. Das Handeln auf den Bühnen, den konkreten geographischen und sozialen Räumen, beinhaltet aber nicht nur das routinisierte Spielen von Rollen in einer vorgegebenen Aufführung. Die AkteurInnen sind keine bloßen TrägerInnen von Strukturen, ihr Leben läuft nicht nach einem *Skript* ab. Handeln ist Teil eines Prozesses, der das zugrundeliegende Machtfeld, die Strukturen von Raum-Macht, verfestigt oder verwandelt. Nur in einer Konjunkturanalyse ist es möglich, diese Dialektik von Raum-Macht und Macht-Raum herausarbeiten zu können.

Im 19. Jahrhundert gibt es an sich zwei große politische Brüche, nämlich das Ende des Kolonialstatus und damit die Erlangung der nationalen Unabhängigkeit 1822 sowie die Ausrufung der Republik und damit das Ende des Kaiserreichs 1889. Trotzdem war es weitgehend eine Phase des Übergangs. Der Bruch 1822 bewahrte zwar anfangs das alte wirtschaftliche Beziehungsgeflecht. Er konstituierte aber Brasilien als eigenständiges Territorium, was in der Folge schrittweise auch zu einer Umstrukturierung des Verflechtungsraumes führte. Die einzelnen strukturellen Formen veränderten sich mit unterschiedlicher Geschwindigkeit und Intensität. Abgesegnet wurde der Übergang schließlich durch eine Änderung des Regimes – die Ausrufung der Republik 1889. Das dominant extensive Akkumulationsregime und die damit kompatible Regulation konstituierten nicht zuletzt deshalb eine relativ stabile Ordnung, weil sie von der britischen Vorherrschaft abgesichert wurden. 1930 war es wiederum eine Änderung der Staatlichkeit, die für eine da und dort schon ansatzweise vorhandene neue Ordnung einen Pfad ausrichtete, dessen Richtung in Folge unumkehrbar wurde: die nationalstaatszentrierte Phase. Doch in der Tiefe des Machtfeldes, konzentriert im aufstrebenden Zentrum São Paulo, kündigte sich schon mit dem Ende des Goldstandards und der dynamischer werdenden Industrialisierung in den 1920er Jahren eine strukturelle Veränderung an. Die Krise der intensiven Akkumulation setzte vor dem Militärputsch 1964 bzw. spätestens 1974 ein. Bis Anfang der 1980er Jahre waren diese tiefliegenden Veränderungen an der Oberfläche noch nicht wahrnehmbar, und der Nationalstaat blieb der Knotenpunkt der Regulation. Die Krise brach erst 1981 aus.

Es sollen im folgenden die Vorzüge einer dialektischen Analyse erkennbar werden. So stabilisierte der *Plano Real* eine Un-Ordnung, die strukturell instabil ist. Der *Plano Real* zeigte, was die gesamte Geschichte Brasiliens durchzieht: Im Aufrechterhalten von Ordnung und Stabilität stecken die Keime von Brüchen; genauso wie die Umwälzung konkreter struktureller Formen die Voraussetzung ist, um wesentliche Elemente der alten Un-Ordnung zu bewahren. Es geht somit um eine Analyse, die die gesellschaftliche Entwicklung als widersprüchlich versteht (Cardoso, Faletto 1976: 210 ff.). Es ist wichtig, diesen Umstand voranzustellen. Eine regulationstheoretische Periodisierung, wie sie zur Strukturierung der historisch-geographischen Darstellung verwendet wird, kann nämlich als hintereinander erfolgende Darstellung von Akkumulationsregimes und Regulationsweisen diese Dialektik aufs erste nicht wiedergeben. Die in Anlehnung an Conceição (1989a: 204) und Faria (1995: 30) erstellte Tabelle 2 dient somit auch nur als Ausgangs- und Orientierungspunkt der folgenden ausführlichen Überlegung. Die nationale Studie beginnt mit einer Strukturanalyse, wobei verschiedene Entwicklungsweisen als stabilisierte, über eine gewisse Zeitspanne dominante Ausprägungen des Kapitalismus in Brasilien dargestellt werden. Diese mit den Konzepten der Regulationstheorie systematisierten Machtfelder ergeben sich aus der Tiefenstruktur der brasilianischen Gesellschaft. Wie Kapital, Staat, Geld und Arbeit organisiert und untereinander verbunden sind, strukturiert das Machtfeld, auf dem Haupt- und Nebenbühnen der Macht zu beobachten sind. Die Strukturanalyse untersucht Brasilien, als gäbe es

Tabelle 2: Brasilianische Entwicklungsweisen im Überblick, 1500-1998

BRASILIEN	Akkumulationsregime	Regulationsweise
1500-1822 **Koloniale Entwicklungsweise unter europäischer Vorherrschaft**	**Sklavereibasierte Akkumulation** Zuckergut (später: Bergbau) Handelskapital „Sklavenrente“ Konzentrierte Nachfrage des Zuckerbarons nach Importgütern Indianergemeinschaften (Reservearmee); Viehwirtschaft	**Koloniale Regulation** Portugiesische Kolonie: merkantilistische Wirtschaftspolitik Tausch- und Goldökonomie Sklaverei (System der Landvergabe durch König) Enklavenökonomie (fehlender Binnenmarkt)
1822-1929 **Außenorientierte Entwicklungsweise unter britischer Vorherrschaft**	**Extensive Akkumulation** Kaffeeplantage (Ansätze lokaler Industrialisierung) Finanzkapital finanziert langfristige Investitionen und kurzfristige Verschuldung Internationale Migration belebt Arbeitsmarkt Verstärkte Nachfrage der städtischen Mittelschicht (importabhängig) Erschwerter Zugang zu Land behindert Produktion für die Subsistenz	**National außenorientierte Regulation** Föderative Republik und zunehmender lokaler Interventionismus Goldstandard (mit Geld- und Währungsinstabilitäten) Übergang zur Lohnarbeit (nachdem freier Zugang zu Land nicht mehr möglich war) Enklavenökonomie (Ansätze eines – regionalisierten – Binnenmarktes)
1929-1982 **Nationalstaatszentrierte Entwicklungsweise unter US-Hegemonie („Peripherer Fordismus“)**	**Intensive nationalstaatszentrierte Akkumulation** Industrieunternehmen Langfristige staatliche (und ausländische) Investitionsfinanzierung Ungerechte, „tropisch-fordistische“ Verteilung Urbanisierung und Komplettierung der Produktionsstruktur sichern Binnennachfrage Landkonzentration sichert industrielle Reservearmee	**Nationale entwicklungsstaatsorientierte Regulation** Nationaler Entwicklungsstaat Autonome nationale Geld- und Währungspolitik Korporatismus Politische Konkurrenz auf dem Binnenmarkt
Ab 1982 **Krise der nationalstaatlichen Entwicklungsweise bei fortgesetzter US-Hegemonie**	**Stagnierende, sich internationalisierende Akkumulation** Krise der intensiven, Förderung der extensiven Akkumulation, Zunahme der Finanztransaktionen Verschlechterung der Einkommensverteilung Erschöpfung von Urbanisierung & Produktionsstrukturausweitung Durchkapitalisierte und urbanisierte Gesellschaft ohne Zugang zu Subsistenzproduktion	**Schwächung des Nationalsstaates** Krise des nationalen Entwicklungsstaates Quasi-Dollarisierung Vom korporativen zum kompetitiven Arbeitsmarkt Privatisierung und Öffnung des Binnenmarktes

Quelle: Conceição (1989a, b), Faria (1995). Eigene Adaptierung

keine AkteurInnen. Die Analyse der nationalen Bühne der Macht nähert sich der Frage von Raum und Macht vom anderen Extrem her und beschreibt Geschichte als Geschichten über viele große Männer und vereinzelte Frauen. Analysen von Bühnen und Tiefenstruktur verzerren die Entwicklungsdynamik, die nur in einer Zusammenschau ihr gesamtes Interpretationspotential entfalten kann. In diesem Sinn bereiten die Kapitel 2 und 3 den Boden für die Konjunkturanalyse in Kapitel 4. Dort werden Tiefenstruktur und Bühnen, nationale und regionale Entwicklungen gleichzeitig analysiert, und damit wird die geschichtliche Bedeutung der politischen und gesellschaftlichen Auseinandersetzungen verständlich gemacht.

Geschichte der Tiefenstruktur

Koloniale Entwicklungsweise unter europäischer Vorherrschaft (1500-1822)

Portugal war die treibende Kraft, die Europa das Tor zur Welt öffnete. Befestigte Häfen an der afrikanischen Atlantikküste legten den Grundstein für die asiatische und amerikanische Kolonisierung. 1500 stieß der Portugiese Cabral bei einer Weltumseglung bis nach Brasilien vor. Amerikas Küste wurde damit ein Teil des europäischen Macht-Raumes. Die Verflechtungen mit Europa veränderten die traditionelle indianische Sozialstruktur und Raumnutzung, die auf Nomadismus ohne fixe Territorialansprüche beruhten. In einen relationalen Raum eingegliedert, wurde Brasilien Teil der Peripherie eines zunehmend weltumspannenden Systems. Jedoch wurde es in das kapitalistische Handelssystem eingebunden, ohne daß sich die kapitalistische Produktionsweise durchsetzte.

Das brasilianische Wirtschaftssystem nach 1500 war ein Handelskapitalismus. Der transatlantische Handel mit Zucker, SklavInnen und verarbeiteten Produkten stellte die Basis einer sklavereibasierten fiskalischen Akkumulation dar. Die Sklaverei bildete die grundlegende Produktionsnorm und die fiskalische Kontrolle des Handels die Art, wie die Überschüsse angeeignet wurden. Ökonomisch kontrollierten Holland und England den Handel sowie via Verschuldung die portugiesische Krone, politisch streifte Portugal via Steuern, Abgaben und Monopole einen Teil des Überschusses ein. Portugal war nach innen ein starker Souverän mit einem mächtigen bürokratisch-militärischen Staatsapparat: Vom König diffundierte Portugals Macht über den Generalgouverneur (Vizekönig) und die Kapitäne bis zu den kommunalen Autoritäten (Faoro 1997: 176). Dieser Apparat gewährleistete den Reichtumsabfluß aus den Kolonien. Rund 30% des Endpreises des Zuckers flossen in die königlichen Kassen. Der ständische Lebensstil derjenigen an der Spitze der sozialen Pyramide imitierte denjenigen des europäischen Adels. Für die Bevölkerungsmehrheit an der Basis bestand der europäische Einfluß vor allem in der lebensstilprägenden Christianisierung (Faoro 1997: 199). Systematisch kam es zur Vernichtung des Anderen, der fremden Kultur, Religion und Wirtschaftsweise. Die Zahl der integrierten IndianerInnen erreichte noch 1800 einzig 500.000, während die Zahl der nicht-integrierten von fünf auf eine Million sank (Ribeiro 1995: 151). Die neue Macht vor Ort vernichtete die IndianerInnen und zerstörte ihre traditionellen Lebensweisen. Ebensowenig wurde den importierten SklavInnen eine öffentlich gelebte Kultur zugestanden. Die europäische Zivilisation bildete damit die Grundlage der territorialen Ordnung. Mit dem Ende der Sklaverei zeigte sich aber, wieviel an Volkskultur und -religion die Jahrhunderte überlebt hatte. Die afrikanische Kultur lebte nämlich im privaten und halb-öffentlichen Raum fort.

Zölle, Abgaben und Steuern lasteten ebenso schwer auf den brasilianischen ProduzentInnen wie die ungleichen Handelsbeziehungen, deren Ursache in – politisch gewährten – Privilegien und Monopolen wurzelte. Die merkantilistische Wirtschaftsweise Portugals basierte an seiner Peripherie auf einer Form der ursprünglichen Akkumulation. Die Schlüsselinstitution war das aus Portugal übernommene System der *Sesmarias*. Der Machthaber stellte den Siedlern Land zur Nutzung zur Verfügung, solange es im Sinn der Krone – d.h. für Exportproduktion – genutzt wurde (Becker, Egler 1992: 20). Die politische Kontrolle diente den fiskalischen Interessen des Zentrums. Dies unterband die Herausbildung des Privateigentums an Grund und Boden und damit einer eigenständigen ökonomischen Machtbasis der lokalen Produzenten. Deshalb häuften die Vermögensbesitzer Wert in der Form des Eigentums an SklavInnen an. Es wurden SklavInnen gekauft, um mehr SklavInnen zu kaufen (Smith 1990: 151 ff.).[4] Ein Viertel der Ausgaben für Importe entfiel auf SklavInnen (Becker, Egler 1992: 26). Die Produktionsorganisation basierte auf dem Zuckergut.[5] „Wer Zuckermühlen installierte, erfuhr ... eine besondere Bevorzugung, wie Steuerfreiheit, Garantien gegen die Pfändung der Produktionsmittel, Auszeichnungen, Titel usw." (Furtado 1975: 47). Deshalb war bis ins 17. Jahrhundert der Raum-Macht-Komplex aus Zuckerrohr-Zuckergut-Nordosten bestimmend. Eine bestimmte Form der wirtschaftlichen Macht ging mit der Dominanz des Raumes einher, in dem sich diese Produktionsprozesse konzentrierten.

Nach außen war Portugal deutlich schwächer als nach innen. Da es ihm an einer eigenen produktiven Basis fehlte, ging es ihm darum, sich als merkantilistische Weltmacht zu behaupten. Es unternahm große fiskale und kommerzielle Anstrengungen, um den Reichtumsabfluß in den Norden Europas gering zu halten. Der Abstieg von einer zentralen zu einer peripheren Macht sollte durch die Erträge aus der Exportwirtschaft verhindert werden. Weiters sollte die Produktion für den Eigenbedarf unterbunden werden, weil der Handel mit lebensnotwendigen Gütern den portugiesischen Händlern große Gewinnspannen ermöglichte. 90% des erwirtschafteten Einkommens konzentrierten sich in der Hand der Besitzer von Zuckermühlen und -plantagen (Furtado 1975: 51). Die Verfügbarkeit von Land führte zu einer extensiven Landnutzung, die weitgehend ohne technologische Veränderungen auskam. Steigende Nachfrage wurde durch Ausdehnung der bearbeiteten Flächen befriedigt. Auf diese Weise wurden immer neue Räume in das europäische Machtfeld integriert. Solange die Zuckerwirtschaft produktiv war, stellte dies kein Problem dar. Nach dem Niedergang der Zuckerpreise[6] fiel vor allem die Viehwirtschaft im Landesinneren, die die Zuckergüter mit Fleisch und Arbeitstieren versorgt hatte, auf das Niveau der Subsistenzwirtschaft zurück[7] (Furtado 1975: 63). Es gelang jedoch, einen neuen Zyklus merkantilistischer Produktion einzuleiten, denn es fanden sich in den heutigen Bundesstaaten Mato Grosso und Minas Gerais große Goldvorkommen. Die im 18. Jahrhundert mit dem Bergbauboom einsetzende strukturelle Verschiebung von Raum und Macht manifestierte sich 1763 in der Verlagerung des Sitzes des Vizekönigtums von Salvador de Bahia nach Rio de Janeiro als dem Ort, an dem der Großteil der Steuereinnahmen erzielt wurde (Conniff et al. 1971: 40). Der wirtschaftliche Niedergang führte zur Abwertung des Nordostens als politischem Raum. Der Südosten konstituierte sich als Zentrum Brasiliens – eine Stellung, die er auch unter einer sich wandelnden Raum-Macht nicht mehr abgeben sollte.

Stabile Akkumulation definiert sich durch das Zusammenspiel von aufeinander abgestimmten Produktions- und Konsumptionsnormen. Auf den Zuckerplantagen wurde nach bestimmten Methoden produziert, die Lebensstile der Zuckerbarone ähnelten einander. Vor dem Hintergrund cepalinischer und regulationstheoretischer Überlegungen kann die koloniale Produktionsweise trotzdem nur rudimentär als Akkumulationsregime verstanden werden. Ein erstes wichtiges Gegenargument ist, daß die Produktionsnorm sklavenbasiert und daher vorkapitalistisch war. SklavInnen waren rein rechtlich Dinge und daher vollkommen unfrei. Sowohl Unterdrückung als auch Reichtumsanhäufung erfolgten wesentlich über politische Herrschaft. Beide, sowohl Reichtumsanhäufung als auch Herrschaft, bedürfen nicht des Kapitalismus. Die koloniale Produktionsweise stellt in dieser Hinsicht ein derartiges vorkapitalistisches Herrschaftssystem dar. Obwohl es sich um eine vorkapitalistische Produktionsweise handelte, war diese Entwicklungsweise, was die Zirkulationsweise betrifft, kapitalistisch. Sie basierte auf einem durch die Preissetzungsmacht der europäischen Großmächte bestimmten Tausch zwischen Zentrum und Peripherie. Kredit spielte von Anfang an eine wichtige Rolle, was auf verschiedenen Ebenen Verschuldungsverhältnisse und in der Folge die Dominanz des Handelskapitals begründete (Smith 1990: 214 f.). Schließlich weist der Cepalismus zu Recht darauf hin, daß eine räumliche Verdichtung wirtschaftlicher Aktivitäten und von Kapitalkreisläufen in einem bestimmten Raum eine wichtige Voraussetzung für Akkumulationsregimes darstellt. Der brasilianische Wirtschaftsraum beschränkte sich aber in dieser Zeit auf die Küste, und die relevanten Kreisläufe bestanden aus transatlantischen Verflechtungen. All dies hatte zur Folge, daß dem sklavereibasierten, fiskalischen Akkumulationsregime wesentliche Voraussetzungen zu seiner Stabilisierung fehlten. Gerade deshalb ist diese Phase unter dem Gesichtspunkt der Produktion von Räumen und sozialen Formen besonders interessant. Diese Jahrhunderte mündeten nämlich in der Konstitution der Nation als Machtraum. Ein Machtfeld, dessen Knotenpunkt das Nationale und der Staat waren, bestand nicht von Anfang an, sondern mußte erst geschaffen werden. Brasilien konstituierte sich von der Küste aus als Territorium, nachdem es in die europäischen Wirtschaftskreisläufe eingebunden worden war. Territorialität und Vernetzungsraum entwickelten sich somit von Anfang an parallel.

Was die Form der Staatlichkeit betrifft, so herrschte in der kolonialen Entwicklungsweise der Souverän von außen in den brasilianischen Raum hinein, denn die Staatlichkeit hatte ihren Knoten auf einem anderen Kontinent. Die zentralen Institutionen zur Regulierung des Wirtschaftsablaufes waren durch den Status als Kolonie bestimmt. Nach innen stabilisierte der portugiesische Staat eine ständische Struktur, dessen Spitze eine parasitäre, aus Politikern, Juristen und Handelsbeamten bestehende Staatsbürokratie bildete. Selbst die Autonomie der Kirche war beschränkt; Experimente wie der Jesuitenstaat an der Grenze zu Paraguay wurden daher bald unterbunden (Faoro 1997: 201). Diese Staatsstruktur dominierte über die territorialen Interessen vor Ort. Die Produzenten, selbst die großen unter ihnen, erlangten nur dann Macht, wenn sie sich in die portugiesische Macht-Raum-Struktur eingliederten. Die Stärke Portugals lag in seiner politisch durchgesetzten Kontrolle über den ökonomischen Verflechtungsraum.

Zur an sich schon fehlenden eigenständigen ökonomischen Macht Portugals kam der Verlust der asiatischen Kolonien. Daraufhin mußte sich Portugal auf Brasilien konzentrieren.[8] Dort verfolgte es zwei Zielsetzungen: das Territorium abzusichern bzw. zu erweitern und Zwischenhändler hin zu den wirtschaftlichen Großmächten Europas zu sein. Ersterem lagen fiskalische Ursachen zugrunde, zweiterem die kommerziellen Interessen, einen Teil der kolonialen Wertschöpfung einzubehalten, bevor der Großteil der Einnahmen nach Holland oder England transferiert wurde. Für ersteres bediente sich der portugiesische Staat geschickter Territorialstrategien, um wichtige Punkte an der Atlantikküste unter Kontrolle zu bringen. Anfangs respektierten die Portugiesen den Vertrag von Tordesillas von 1494, der die Grenze zu Spanisch-Amerika definierte. Mit diesem Vertrag hatte der Papst Amerika großzügig zwischen Spanien und Portugal aufgeteilt, indem er den 50. Meridian zur Grenze erklärte (Becker, Egler 1992:16 ff.). Doch damit wären die beiden großen kontinentalen Flußbecken, der Amazonas und der Rio de la Plata, in spanischer Hand geblieben und der Ostküstenbesiedlung das Hinterland entzogen gewesen. Holland leistete im Nordosten einen wichtigen Beitrag zur Ausweitung der Zuckerwirtschaft, sowohl durch die Aufbringung von Kapital als auch durch die Handelsorganisation und die Veredelung in Raffinerien in Antwerpen und Amsterdam (Furtado 1975: 24 f.). Anfang des 17. Jahrhunderts kontrollierten die Holländer fast den gesamten europäischen Seehandel. Portugal setzte viel daran, die Holländer aus dem Nordosten zu vertreiben, den diese von 1630 bis 1654 besetzten. Dann eroberten die Portugiesen die holländischen Stützpunkte. Portugal begann mit Hilfe von Missionen den Amazonas zu besiedeln und wirtschaftlich zu nutzen (Becker, Egler 1992: 21 f.). Im Süden dauerte der Kampf um das Plata-Becken ebenfalls Jahrhunderte. 1828 wurde Uruguay als Pufferstaat errichtet und 1750 Rio Grande do Sul als südlichstes Gebiet in das portugiesische Reich eingegliedert (Becker, Egler 1992: 23 f., 34). Nach der Vertreibung der Holländer wurden die Briten weltweit zur dominanten Macht. Gegenüber Portugal setzten sie ihre Interessen vor allem via Kreditpolitik durch. Sowohl der Staat als auch die großen Händler waren allesamt bei England verschuldet. Die fiskalische Akkumulation basierte auf dem Reichtumstransfer via Handel oder Fiskus von Brasilien nach Portugal. Doch von der portugiesischen Staatskasse und den Großhändlern wanderten das Gold und die Waren sofort weiter nach London (Faoro 1997: 143).

Der ökonomische Verflechtungsraum konstituierte sich durch den Warenhandel. In der Zuckerwirtschaft hatten die Einkommensflüsse großteils rein buchhalterischen Charakter. Da es kaum freie ArbeiterInnen gab, bestand vor Ort kein Bedarf an Geld als Zahlungsmittel. Indem die SklavInnen nach Brasilien kamen, wurden sie in der Regel im Tausch gegen Zucker gehandelt. Das Handelskapital unterwarf das Zuckergut seiner auf der Verwertung auf dem Weltmarkt orientierten Logik, was bis ins 19. Jahrhundert die Herausbildung eines nationalen Bankwesens unnötig machte (Freyre 1990: 20 f.). Die englischen Ausfuhren wurden mit Gold bezahlt, was es England erlaubte, beträchtliche Goldreserven anzusammeln (Furtado 1975: 77) und für das Goldstandard-Regime des 19. Jahrhunderts gut gerüstet zu sein. In diesem Regime waren die Zwänge für die nationale Wirtschaftspolitik vor allem monetärer Art (Vidal 1998: 30). Der Theorie des Goldstandards folgend müsse ein Land, wenn es mehr importierte als exportierte – also bei einer negativen Handelsbilanz –, Gold exportieren, was den Geldumlauf im Land verringere. Dies führe zu einem Preisrückgang, was die Entsprechung für die Verteuerung des Goldes wäre. Somit würden die Exporte gefördert und die Importe gedrosselt, wodurch das Ungleichgewicht korrigiert würde (Furtado 1975: 128). Diese Sichtweise übersah die Bedeutung der Kapitalflüsse, der Kreditvergabe und der Rückzahlungsverpflichtungen. Brasilien war aufgrund dieser finanziellen Abhängigkeiten von England zu regelmäßigen Goldabflüssen verpflichtet. Dies behinderte die wirtschaftliche Dynamik, weil es ständig an Geld fehlte. Brasiliens dominante Gruppen beschieden sich deshalb schon bald mit der Rolle des „Juniorpartners“ (Fernandes 1987: 93). Einzig die Exporteure verfügten über Kaufkraft, und sie importierten nach Maßgabe ihrer Exporteinnahmen. Im 19. Jahrhundert stieg jedoch die Binnennachfrage, weil sich die Konsummuster änderten. Die Krisen wurden nun durch einen Rückgang des Exportwerts von außen ins Land getragen. Da die Importnachfrage nicht sofort zurückging, kam es oft prompt zu einer Verschlechterung der Zahlungsbilanz. Dies wurde verschärft durch den Umstand, daß der Preisrückgang bei den importierten Manufakturprodukten langsamer und weniger intensiv erfolgte als bei den exportierten Rohstoffen, was in einer Verschlechterung der *Terms of Trade* mündete. Schließlich verschärften feste Kapitaldienste gegenüber dem Ausland und der verringerte Zufluß ausländischen Kapitals die Zahlungsbilanzprobleme (Furtado 1975: 130).

Wie schon begründet, war die koloniale Wirtschaftsweise Brasiliens vom Gesichtspunkt der Regulation der Arbeitsbeziehungen vor-kapitalistisch (Becker, Egler 1992: 20). Da die Arbeitskraft noch keine Ware war, erfolgte die Aneignung des Mehrprodukts durch direkten Zwang. Die Sklavenwirtschaft erlaubte es, das Schlüsselproblem des Arbeitskräftemangels zu lösen. „In der Tat hätten sich die Siedler ohne Sklavenarbeit in Subsistenzgemeinschaften organisieren müssen, was jedoch nur möglich gewesen wäre, wenn man die Einwanderung auf einer völlig anderen Grundlage unternommen hätte" (Furtado 1975: 47). Rund ein Drittel aller nach Amerika verschifften SklavInnen ging nach Brasilien, wobei der Höhepunkt im 18. Jahrhundert erreicht wurde. Insgesamt überlebten rund 1,9 Mio. SklavInnen die Überfahrt von Afrika, wobei der Handel zwischen 1701 und 1750 mit 790.200 und zwischen 1751 und 1780 mit 495.300 lebend verschifften SklavInnen einen Höhepunkt erreichte (vgl. Becker, Egler 1992: 26). Jedoch wiesen verschiedene historisch-geographische Formen von Sklaverei wesentliche Unterschiede auf. „Wenn auch der koloniale Bergbau auf der Sklavenwirtschaft basierte, so unterschied er sich doch sehr stark von der Zuckerwirtschaft. Die Sklaven bildeten im Bergbau zu keiner Zeit die Mehrheit der Bevölkerung. Andererseits erlaubte die Arbeitsorganisation den Sklaven eine größere Initiative und eine größere Bewegungsfreiheit in einem komplexeren sozialen System" (Furtado 1975: 70). Im Süden wiederum war aufgrund der extensiven Viehwirtschaft, der ständigen kriegerischen Grenzkonflikte und der großen indianischen Bevölkerung, die aus den aufgelösten Jesuitenmissionen vertrieben wurde, auch die Form der Sklaverei verschieden. Eine organisierte Produktion war, anders als auf den Zucker- und Kaffeeplantagen, weder möglich noch notwendig. In der Herstellung von Trockenfleisch war die Sklaverei sehr wohl bedeutsam (Targa 1996a).

Allgemein hing die Frage der Arbeitsorganisation eng mit der Organisation von Grund und Boden zusammen. Als in England das Industriekapital an Einfluß gewann, wurde die Sklaverei zunehmend ein Hindernis zur weitergehenden Marktdurchdringung der Peripherie. Die Agraroligarchie, ansonsten enge Verbündete Englands, leistete jedoch massiven Widerstand gegen die Abschaffung der Sklaverei. Sie mußte erst eine neue, ihre Vorherrschaft weiter garantierende Regulierung des Zugangs zu Grund und Boden finden. Wenngleich der Besitz an Land auch schon vor 1850 eigentumsähnliche Rechte verlieh, blieb eine Unsicherheit bestehen, die die Vermarktbarkeit von Boden einschränkte. Wert stellte hingegen ein Sklave dar, denn mit ihm konnte „organisiert“ produziert werden. Die Agraroligarchie orientierte sich in der ersten Hälfte des 19. Jahrhunderts stark an den Argumenten des englischen Ökonomen Wakefield, des Theoretikers einer „organisierten Kolonisierung“, wonach es entscheidend war, zwischen einer organisierten und einer vereinzelten Produktion zu unterscheiden. „Die Arbeit der Sklaven ist, indem sie kombiniert werden kann, viel produktiver als die der freien Menschen. Die Arbeit der freien Menschen ist nur dann produktiver als die Sklavenarbeit, wenn sie – vermittels des hohen Preises von Land und dem System der Lohnarbeit – kombiniert eingesetzt wird“ (Wakefield, zit. in Smith 1990: 143). Die kleinbäuerliche Subsistenzproduktion hätte hingegen auf einem anderen, egalitären Produktionssystem basiert. Um ihre Macht zu zementieren, war die Agraroligarchie aber bestrebt, die Produktion für den Eigenbedarf möglichst zu unterbinden. Damit waren die Voraussetzungen dafür geschaffen, daß die Mehrzahl der Bevölkerung aufgrund fehlender Subsistenzmittel für andere arbeiten mußte. Wir können somit festhalten, daß die Konstanz der brasilianischen Un-Ordnung in einer Produktionsweise begründet ist, die eine extreme, auf Privilegien basierende soziale Hierarchie erforderte (Fernandes 1987: 191-197). Diese beharrliche Un-Ordnung liegt tiefer und relativiert den scheinbar grundlegenden Widerspruch zwischen Sklaverei und Lohnarbeit.

Das Konkurrenzverhältnis war durch den Atlantikhandel bestimmt. Brasilien präsentierte sich als eine Reihe von Knotenpunkten, die mit Afrika und Europa Waren austauschten. Als ökonomischer Verflechtungsraum war die Kolonie eine Summe von außenorientierten Produktionskomplexen, Enklaven für den Export. Einzelne Produkte bildeten mit einzelnen Regionen einen wirtschaftlichen Machtraum mit einer eigenen Struktur: der Zukkerrohranbau im Nordosten, die Viehwirtschaft im Landesinneren und im Süden, der Goldbergbau in Minas Gerais und der Extraktivismus im Amazonas. Diese Enklaven dürfen aber nicht als Archipel, als Inselgruppe mißverstanden werden. Es gab nämlich eine über das Flußsystem des São Francisco bis tief ins Hinterland vordringende Viehwirtschaft einerseits und den politisch kontrollierten Sklavenhandel andererseits, die räumlich-ökonomische Verflechtungen über das ganze Gebiet der Kolonie hinweg begründeten. Das Konkurrenzverhältnis war trotzdem nicht nach innen, d.h. weder lokal noch national strukturiert. Bestimmend war die Eingliederung in die

Weltwirtschaft, die aber vermittelt über die portugiesische Verwaltung erfolgte. Die einzelnen Regionen waren jedoch teilweise komplementär strukturiert. Nach der Vertreibung der Holländer mußte der Nordosten mit den neu entstehenden Anbaugebieten auf den Antillen konkurrieren und geriet zunehmend ins Hintertreffen. Die Viehwirtschaft des Südens wiederum stand mit derjenigen der La Plata-Region in Wettbewerb. Rio Grande do Sul nahm nicht nur politisch als Grenzregion eine Sonderrolle ein, sondern auch seine ökonomische Funktion war umstritten. Buenos Aires und Montevideo förderten den Handel mit Leder und anderen Viehderivaten, während die Bergbauregion im Landesinneren Lastenvieh und Transporttiere nachfragte (Targa 1996b: 20). Die südliche Grenzregion war daher von zwei unterschiedlichen ökonomischen Feldern umkämpft. Im Amazonasgebiet hingegen kam es zu einer schleichenden Aneignung (Novy 2000). Furtado ortete im fehlenden lokalen Markt bzw. im Fehlen eines integrierten lokalen Produktionssystems ein Haupthindernis für eine dynamische regionale Entwicklung in den ersten Boomphasen von Zuckerrohr und Bergbau. „Der wirtschaftliche Mechanismus, der keine direkte Verbindung zwischen Produktion und Konsum erlaubte, verhinderte die Nutzung des demographischen Wachstums als dynamisches Element für die wirtschaftliche Entwicklung“, es kam zu einem „Wachstum ohne größere Veränderungen der Wirtschaftsstruktur“ (Furtado 1975: 55).

Nationale, außenorientierte Entwicklungsweise unter britischer Vorherrschaft (1822-1929)

1822 konstituierte sich die Nation Brasilien als Abspaltung von Portugal. So lächerlich der Schrei der Unabhängigkeit oder die neue Rolle von Dom Pedro I. als „ewiger Verteidiger Brasiliens“ erscheinen mögen – die formale Konstituierung als autonomer politischer Raum markiert eine Zäsur (Fernandes 1987). Aus einem Appendix wurde ein eigenständiger politischer Machtraum, die Dialektik von Verflechtungsraum und Territorium trat in ein neues Stadium. Das bedeutete aber nicht, daß sich die Struktur des Machtfeldes sofort verändert hätte. Die Nation als Behälter des souverän herrschenden Monarchen wandelte sich im Lauf der ersten Hälfte des 19. Jahrhunderts kaum und danach nur langsam. Das ganze Jahrhundert war eine Periode des Übergangs. Die Brüche in den verschiedenen strukturellen Formen erfolgten nicht gleichzeitig und gingen außerdem nur sehr langsam vonstatten. Der Übergang von der Kolonie zur Monarchie und schließlich zur Republik sowie die Suche nach einer neuen Raum-Macht waren mühsam. Die zugrundeliegenden Widersprüche konnten immer nur kurzfristig gelöst werden. Während die Regulierung der Arbeitsorganisation nur langsam zur freien Lohnarbeit überging und auch die Staatlichkeit erst 1891 mit einer neuen föderalen Verfassung stabilisiert wurde, müssen im Bereich des Akkumulationsregimes die Veränderungen schon deutlich früher angesetzt werden.

Zwar war Brasilien seit 1500 in einer peripheren Position in den handelskapitalistischen und fiskalischen Verflechtungsraum des Weltmarktes integriert. Doch nach 1822 muß trotzdem von einem qualitativen Wandel des Machtfeldes gesprochen werden. Im 19. Jahrhundert wurde die Mittlerrolle Portugals zunehmend obsolet. Der neue Bündnispartner des englischen Kapitals war nun direkt vor Ort die Agraroligarchie. Dieser gelang es 1822 mit der Ausrufung der Monarchie und damit der Unabhängigkeit, ein System der lokalen Kontrolle über das exportorientierte Produktionssystem aufrechtzuerhalten. Es wurde eine Art Konföderation der verschiedenen bestimmenden Gruppen der ehemaligen Kolonie gebildet – ein Sklavenhalterpakt (Bekker, Egler 1992: 12). Durch den nationalen Souverän konnte der historisch-geographische Prozeß der Umwandlung einer Sklavenökonomie zu einer kapitalistischen Produktionsweise mit freier Lohnarbeit derart gestaltet werden, daß sowohl Machthaber als auch Machtfeld in vielen Bereichen unverändert blieben. An die Stelle einer sklavereibasierten Akkumulation, die mit einer politischen Aneignung der Wertschöpfung einherging, kam es zur Durchsetzung von Kapital-Arbeitsbeziehungen im Produktionsprozeß. Damit wurde es theoretisch möglich, daß sich ein nationales Akkumulationsregime herausbildete, was auch in einem langsamen, das ganze Jahrhundert andauernden Prozeß ansatzweise geschah. Ein Akkumulationsregime, das in einem nationalen Territorium eine Vereinheitlichung der Arbeitsbeziehungen in Gang setzt, wird dominant extensives Akkumulationsregime genannt (Aglietta 1987: 69). Es gewinnt seine Dynamik wesentlich aus der „existence of an immense reserve of unappropriated agricultural land" (Aglietta 1987: 73). Seine Dynamik liegt im Produktionsgütersektor, dessen Expansion die Form kapitalistischer Ökonomien grundlegend verändert. In Brasilien können diese Prozesse ab 1850 beobachtet werden. In

Europa produzierte Maschinen kamen – wahrscheinlich infolge des 1844 erhöhten Textilimportzolls – in Brasilien zum Einsatz und führten zu einem ersten Industrialisierungsprozeß.[9] Vor allem der Infrastrukturausbau dynamisierte die Produktion, wiewohl die anhaltende Außenabhängigkeit im Produktionsgütersektor keine integrierte Reproduktion ermöglichte. Brasilien überwand den peripheren Status einer unvollständig integrierten Ökonomie nicht. Die Überschüsse wurden weiterhin teilweise von einem nun nationalen Beamtenstand vereinnahmt. Das Import-Export-Geschäft konzentrierte sich auch nach der Ausschaltung Portugals in der Hand einer kleinen, vom Ausland kontrollierten Minderheit. All dies verhinderte nicht, daß der nun nationale Staat und die nun nationalen Händler ihrem Territorium vermehrt Augenmerk schenkten. Die Aufrechterhaltung der alten Struktur von Macht und Raum erforderte Veränderungen. Für die Produktivitätssteigerung der landwirtschaftlichen Produktion und die Verbesserung der Handelsverflechtungen waren massive Investitionen in die Infrastruktur notwendig. Mit dem schleichenden Ende der Sklaverei dynamisierte sich gegen Ende des Jahrhunderts auch die Urbanisierung. Die urbane Mittelschicht, vor allem das Militär, begann sich als intermediäre soziale Kraft zu etablieren und eignete sich eine an Europa angelehnte Konsumnorm an (Becker, Egler 1992: 37).

Das Zuckergut als zentrale Produktionseinheit wurde im 19. Jahrhundert endgültig von der Kaffeeplantage des Südostens abgelöst. Der Kaffee wurde zum wichtigsten Exportprodukt. Von 1831-1840 bis 1881-1890 konnte er seinen Anteil an den Gesamtexporten von 43,8% auf 61,5% erhöhen. Der Anteil der Zuckerexporte wiederum sank in diesem Zeitraum von 24,0% auf 9,9%. Während Baumwolle, Leder und Felle vor allem gegen Ende des Jahrhunderts massiv an Bedeutung verloren, verzeichnete der Kautschuk einen rasanten Anstieg von 0,3% auf 8,0% (vgl. Tab. 3). Auf den Kaffeeplantagen basierte die Produktionsorganisation noch lange auf SklavInnen. Aber langsam wurde sie durch freie Lohnarbeit von ImmigrantInnen ersetzt.

Die Finanzierung der Entwicklungsbemühungen erfolgte vor allem außerhalb von São Paulo wesentlich durch britisches Kapital (vgl. Tab. A-1). Die britische Vorherrschaft verlagerte sich vom Warenhandel hin zur Kontrolle der Entwicklungsfinanzierung. Die sich seit 1850 dynamisierende Entwicklung schuf attraktive Anlageformen (Cardoso, Faletto 1976: 68 f.). Das internationale Kapital konzentrierte sich auf den Ausbau des Eisen-

Tabelle 3: Anteil verschiedener Produkte am brasilianischen Gesamtexport, in Prozent

Jahrzehnt	Kaffee	Baumwolle	Zucker	Kautschuk	Kakao	Leder und Felle	Tabak	Mate
1831-1840	43,8	10,8	24,0	0,3	0,6	7,9	1,9	0,5
1841-1850	41,4	7,5	26,7	0,4	1,0	8,5	1,8	0,9
1851-1860	48,8	6,2	21,2	2,3	1,0	7,2	2,6	1,6
1861-1870	45,5	18,3	12,3	3,1	0,9	6,0	3,0	1,2
1871-1880	56,6	9,5	11,8	5,5	1,2	5,6	3,4	1,5
1881-1890	61,5	4,2	9,9	8,0	1,6	3,2	2,7	1,2

Quelle: Pessoa 1983: 96

bahnnetzes, was mit Ausnahme der Kaffeeregion die Finanzkraft der lokalen Unternehmerschaft überschritt, und auf den Handel mit Staatsschuldscheinen (Silva 1986: 91).[10] Direktinvestitionen, der Export von Industriewaren und die Vergabe von Staatsanleihen durch die Briten waren für Brasilien von großer Bedeutung. Damit blockierte die Agrarökonomie die interne Arbeitsteilung und die Binnenfinanzierung. Die landwirtschaftliche „Berufung" Brasiliens entwickelte sich mit massiver ausländischer Unterstützung – denn die gesamte Kaffeestützungspolitik wurde extra-budgetär, d.h. durch Kredit finanziert. Bei größeren und langfristigeren Investitionen – z.B. Eisenbahnen und Häfen –, die für die Agrarexportökonomie wichtig waren, beteiligte sich das ausländische Kapital. Die hohen Schuldendienstzahlungen zogen einen wichtigen Teil der Wertschöpfung ab und limitierten so die Investitionen in den produktiven Bereich. Die neue Form peripherer Abhängigkeit war demnach durch intensivere Verflechtungen im Kapitalverkehr charakterisiert, als dies im Export-Import-Geschäft allein üblich war.

Die Produktionstechnologie der Kaffeewirtschaft war weitgehend standardisiert, ökologisches Wissen war unwichtig, denn ausgelaugte Böden wurden aufgegeben, und der Kaffee drang, von Rio ausgehend, über das Vale do Paraíba nach São Paulo und von dort weiter gegen Westen und Norden vor. Wegen der hohen Gewinnspannen konnte ein Teil der Produktion aus Eigenmitteln finanziert und darüber hinaus auch in die Herausbildung einer lokalen Industriestruktur investiert werden. Die lokale Industrie wurde rentabler, da aufgrund von Zahlungsbilanzschwierigkeiten die Einfuhr von Konsumgütern seit 1900 erschwert wurde (Silva 1986: 100).[11] Die brasilianische Industriestruktur war allgemein von Anfang an durch Großbetriebe dominiert, die importierte Maschinen einsetzten (Herrlein, Dias 1996: 146, 164). 1907 waren alle größeren brasilianischen Unternehmen und 1920 noch 85% in der Konsumgüterindustrie tätig (Silva 1986: 107). Der Konsum weitete sich langsam aus, da die städtische Mittelschicht einen guten Teil der – großteils – importierten Konsumgüter verbrauchte. Die Konsumnorm und das Konsumverhalten an sich änderten sich aber nur wenig – und einzig im kleinen städtischen Bereich. Der hohe Importkoeffizient, hervorgerufen durch die städtischen KonsumentInnen, bedrohte ständig die außenwirtschaftliche Stabilität. Die Herstellung von Konsumgütern vor Ort war nämlich nur lose mit der von Produktionsgütern in Europa verbunden, was zu starken Schwankungen der wirtschaftlichen Aktivität führte. Weiters fehlten dem nationalen Akkumulationsregime auch interne Finanzquellen.

Das bis zur Weltwirtschaftskrise dominante Machtfeld erlaubte es, die Kontrolle in dem riesigen und gleichzeitig massiv fragmentierten Raum aufrechtzuerhalten. Nach 1822 wurde dem Nationalen die Rolle der moderierenden Macht zugewiesen. Es sollte die Heterogenität des Lokalen aufrechterhalten werden, solange vor Ort die ständische Macht einer Sklavengesellschaft unangetastet blieb. Im Gefolge der Regimewechsel 1822 und 1889 schufen sich die neuen Machthaber sogar geldpolitische Spielräume, indem sie sich von den Fesseln einer rigiden Geldpolitik lösten. Nach 1822 wurde die *Banco do Brasil* gegründet, nach 1889 erhielten zahlreiche regionale Banken Emissionsrechte. Die Geldemission stieg in beiden Fällen stark an. Die Folge war eine starke wirtschaftliche Belebung, aber auch Inflation und eine Zunahme der Außenverschuldung. Danach monopolisierte der Staat die Geldemission aber rasch wieder und setzte Stabilisierungsmaßnahmen durch (Cano 1998a: 161). Die Orthodoxie – d.h. die „rechtgläubige" liberale Theorie von der Neutralität des Geldes – wurde erneut zum Leitprinzip der Wirtschaftspolitik.

Auch ein peripheres Land wie Brasilien konnte nach 1850 auf Auslandsanleihen zurückgreifen. Dadurch erlangte die Regierung eine gewisse Unabhängigkeit von den ländlichen Sektoren, die die traditionelle Steuereinnahmequelle gewesen waren; der Staat konsolidierte sich als Institution, die

Bühne der nationalen Politik gewann an Bedeutung (Cardoso, Faletto 1976: 76).[12] Die freihändlerische *Laissez-faire*-Position Englands verlor schon gegen Ende des 19. Jahrhunderts ihre ideologische Vorherrschaft (Vidal 1998: 30), und auch in Brasilien setzten sich unter der „Alten Republik" *(República Velha)* (1889-1930) vermehrt pragmatische Positionen durch. Es war eine Wirtschaftspolitik, bei der die Verbesserung der Standortbedingungen für die Konkurrenz mit anderen Regionen im Vordergrund stand. Diese Standortpolitik verlangte größere Investitionen und zum Teil auch Verstaatlichungen im Bereich der produktiven Infrastruktur. Insgesamt wandelte sich Brasiliens Lokalstruktur langsam von einer ländlich dominierten Gesellschaft – von „Herrenhaus und Sklavenhütte" (Freyre 1965) – zu einer städtischen Zivilisation. Die Großgrundbesitzer verloren gegenüber den Banken und Zwischenhändlern an Bedeutung und damit die Produktions- gegenüber der Zirkulationssphäre (Oliveira 1987: 49).

Außenwirtschaftspolitisch waren der Zentralregierung in der ersten Hälfte des 19. Jahrhunderts die Hände gebunden, da sie weder die Ausfuhrzölle (dies verhinderte die Agraroligarchie) noch die Einfuhrzölle (dies verhinderte England) erhöhen konnte. Da der Spielraum autonomer Steuer- und Zollpolitik gering war, weitete der Staat seinen Handlungsspielraum durch Kreditaufnahme im Ausland aus. Die Auslandsverschuldung nahm in der zweiten Hälfte des 19. Jahrhunderts kontinuierlich zu. Die Auslandskredite stiegen von 4.100 *Contos* in den 1850er Jahren auf 63.300 *Contos* in den 1890er Jahren. Der Schuldendienst stieg in diesem Zeitraum von 5.300 auf 57.300 *Contos* (vgl. Tab. 4). Diese Kredite dienten der Unterstützung der verschiedenen regionalen Produktionssysteme. Es wurde unter anderem die Massenmigration von Arbeitskräften, die Errichtung von Eisenbahnlinien sowie die Einführung zahlreicher anderer öffentlicher und industrieller Dienste wie Strom, Gas und öffentlicher Verkehr finanziert (Silva 1986: 28). Die Steuer- und Zollpolitik mit ihren vorrangig fiskalischen Zielsetzungen förderte den Industrieprotektionismus. Das Bestreben, die alte politische ständische Raum-Macht durch rein wirtschaftliche Modernisierung zu bewahren, untergrub diese trotzdem. Die Sklavenbesitzer mußten sich in Großgrundbesitzer und Primärgüterexporteure verwandeln, um in der neuen Machtstruktur nicht marginalisiert zu werden. Der Staat diente fortan sowohl den bewahrenden Interessen der Agraroligarchie, die als Personen den Machtraum dominierten, als auch den kommerziellen urbanen Interessen,

Tabelle 4: Brasilien, Schuldendienst für Auslandsschulden und Neuverschuldung, 1851-1900, in *Contos*

Jahrzehnt	Schuldendienst	Neuverschuldung
1851-1860	5.300	4.100
1861-1870	12.000	10.100
1871-1880	16.700	9.300
1881-1890	30.500	38.100
1891-1900	57.300	63.300

Quelle. Silva 1986: 28

die jeweils indirekt von staatlichen Maßnahmen im Bereich der Infrastruktur- und Migrationspolitik profitierten.

Das Landrecht von 1850 begründete das absolute Eigentum an Land auf den bewohnten Flächen Brasiliens und definierte den Rest als unbewohnt. Für dieses als Grenze *(fronteira)* bezeichnete Land galt, daß es im Besitz des Staates stünde und von diesem zu veräußern wäre. Indem der Staat einen entsprechend hohen Preis festlegte, konnte gesteuert werden, daß nur wenige Zugang zu dem an sich im Überfluß vorhandenen Land hatten: Der Mangel an Land wurde produziert. Freigekommene SklavInnen und EinwandererInnen waren gezwungen, ihre Arbeitskraft in „organisierter" Form, d.h. als Lohnarbeit – zuerst in den Kaffeeplantagen und dann in der Industrie – zu verkaufen. Die konkrete Form, wie der Boden- und Arbeitsmarkt geschaffen wurde, diente zur Stabilisierung der Un-Ordnung (Becker, Egler 1992: 32).[13] Das Ende der Sklaverei und der Monarchie bedeutete trotzdem einen Modernisierungsschub. Die lokale Macht der Großgrundbesitzer mußte sich der regionalen Macht der Gouverneure unterordnen, die vor Ort die Klasseninteressen artikulierten. Die Vormachtstellung des Kaffeekapitals war so groß, daß die Auseinandersetzungen um die Zentralmacht bis nach der Revolution von 1930 weniger zwischen Klassen und Klassenfraktionen, sondern zwischen Regionen stattfanden (Fausto 1981: 90 f., 112). Die regional fragmentierte Regulierung, die sich als neuer sozialer Kompromiß durchsetzte, schuf erstmals die Voraussetzung für eine aktive staatliche Politik, die in den einzelnen Bundesstaaten bewußt die jeweils dominanten wirtschaftlichen Interessen unterstützte. Gegen Ende des 19. Jahrhunderts wurden Maßnahmen im Bereich des öffentlichen Dienstes, der Bildung, der Gesundheit, der Berufsausbildung, des Bankwesens usw. immer notwendiger. Die kaiserliche Regierung war an diesen Fragen jedoch nur wenig interessiert (Furtado 1975: 140), was zu ihrem Scheitern beitrug.

Nach 1889 konnte erstmals eine eigenständige regionale Wirtschafts- und Finanzpolitik betrieben werden. Mit der von Campos Salles entworfenen „Politik der Gouverneure" wurde eine Formel gefunden, wie sich die zivilen Gruppen – mit Ausnahme Rio Grande do Suls – der Einflußnahme der jakobinisch-zentralistisch ausgerichteten Militärs entziehen konnten (Fiori 1995: 74). Letztere strebten eine radikalere Zentralisierung und Modernisierung an, die Oligarchie war jedoch an der Aufrechterhaltung ihrer lokalen Macht interessiert. Bis 1930 hielt dieser Herrschaftspakt, wobei die Kaffeeinteressen des Südostens bestimmend waren, ohne daß die anderen Exportinteressen, v.a. die der unproduktiven *Latifundios*, deshalb ausgeschlossen wurden (Fiori 1994). Es war kein „reiner", sondern ein „realer", tropischer, durch die brasilianische Machtstruktur bestimmter Liberalismus (Decca 1997: 151 f.). Durch die Interessenkonstellation von Landoligarchie im Inneren und englischen metropolitanen Interessen außen war die chronische Finanzkrise des brasilianischen Staates nur mittels britischer Anleihen hinausschiebbar. Der Anteil des Schuldendienstes an den Gesamtausgaben der Bundesregierung stieg kontinuierlich von 10,2% (1890-1894) auf 20,3% (1922-1929) (Oliveira 1989: 33). Zwischen 1907 und 1919 war eine dynamische Wirtschaftsentwicklung zu beobachten. Die Produktion stieg stetig, wovon aber nicht in erster Linie die Produzenten profitierten, sondern das vom Ausland kontrollierte Handels- und Finanzkapital. Den Anstiegen der Exporte stand nämlich ein fast gleich großer Anstieg der Außenschuld gegenüber. Die in dieser Zeit erzielten, teilweise beachtlichen Handelsbilanzüberschüsse (vgl. Silva 1986: 58) reichten immer weniger dazu aus, den wachsenden Schuldendienst zu begleichen. 1927-1930 war letzterer mehr als doppelt so groß wie erstere (Oliveira 1989: 32 f.).

1906 kam es zum – von der Landesregierung São Paulos initiierten – Abkommen von Tabuaté (Cano 1998a: 55 ff.). Es war dies eine anfangs regional und außerbudgetär und ab 1922 von der Bundesregierung finanzierte Politik der Kaffeepreisstützung, deren Höhepunkt die Vernichtung von Kaffee während der Weltwirtschaftskrise bildete. Hierbei sozialisierte der Staat die Verluste der Kaffeewirtschaft.[14] Die regional fragmentierte Staatlichkeit darf nicht darüber hinwegtäuschen, daß der Staat in seiner Gesamtheit 1930 schon ungleich bedeutsamer war, als dies gemeinhin behauptet wird. Ein Gutteil der Banken, Eisenbahnen, Schiffahrtslinien und der Kommunikationsnetze war staatlich verwaltet. Der Einfluß auf Kredit-, Wechselkurs- und Außenhandelspolitik war groß. Der Staat wurde somit in den 40 Jahren der *República Velha* zur wirtschaftlichen Regulierungsinstanz und zum Produzenten wesentlicher Teile der wirtschaftlichen Infrastruktur (Pereira 1996: 212). Langsam gewann auch eine pragmatische Position in der Geld- und Währungspolitik an Einfluß. Das letzte Jahrzehnt der Alten Republik war durch eine Abwertungspolitik gekennzeichnet, die eine Aufweichung des Goldstandards bedeutete.

Bezogen auf den Produktionsprozeß wurde die Einführung der freien Lohnarbeit immer dringender notwendig. Kompliziertere Arbeitsprozesse waren mit unfreien und daher kaum motivierbaren SklavInnen nicht durchführbar. Subtilere Formen der Herrschaft können erst bei freien Subjekten wirksam werden, indem diese gezwungen werden, ihr Schicksal in die eigene Hand zu nehmen. Umgekehrt ermöglicht diese Freiheit den nun nicht länger Versklavten auch, anders zu handeln und sich als politische und kollektive Subjekte zu konstituieren. Nachdem 1850 der Sklavenhandel verboten wurde, förderte die Zentralregierung zur Lösung des immer drängender werdenden Problems des „Arbeitskräftemangels" die Einwanderung aus Europa.[15] Die gelenkte Migration zielte darauf ab, die Produktion für die Subsistenz zu unterbinden, um der organisierten Produktion möglichst hohe Gewinne zu sichern (Silva 1986: 65). Nach einigen mißglückten Versuchen gewann die Migration ab 1870 an Dynamik. Im letzten Jahrzehnt vor 1900 wanderten über eine Million Menschen nach Brasilien aus; danach verharrte die Zuwanderung bis 1950 auf hohem Niveau. Bis 1930 war die Migration das dynamisierende Element der brasilianischen Wirtschaftsentwicklung, ab dann ging die Zuwanderung zurück – abgeschwächt sicherlich durch die Wanderungsbewegungen vor, während und nach dem Zweiten Weltkrieg (Singer 1987: 122). Die Binnenmigration von Nord nach Süd und die Bevölkerungskonzentration im Süden und Südosten war ab 1870 zu beobachten (Baer et al. 1978: 68). Um teure und oft gewerkschaftlich organisierte MigrantInnen zu ersetzen, wurde ab den 1920er Jahren die Binnenmigration vor allem aus dem stagnierenden Nordosten forciert und der Arbeitsmarkt national (Rolnik 1980: 53). Dieser rege Arbeitskräftezufluß ermöglichte, daß in der prosperierendsten Region nicht die höchsten Löhne gezahlt wurden (Cano 1998a: 246 ff.). Der Arbeitsmarkt war kompetitiv und „frei" jeglicher Schutzbestimmungen geregelt, was aber nicht mit fehlender Staatsintervention verwechselt werden darf – denn die Unternehmen konnten sich stets auf die Kooperation der Polizei stützen.

Auch das Konkurrenzverhältnis fügte sich in die übergeordnete Zielsetzung der Machtstabilisierung ein. Mit der Ausschaltung der ungeliebten portugiesischen Zwischenhändler wurde nun die Agraroligarchie zur Nutznießerin der ungleichen Tauschbeziehungen. Sie integrierte sich einerseits in die staatliche Bürokratie, andererseits diente die Dezentralisierung der Macht dazu, vor Ort ihre Herrschaft über die Zirkulationssphäre auszubauen. Dies geschah über politisch-soziale Mechanismen der Kontrolle, deren typischstes Beispiel mit Gewalt durchgesetzte Aufkaufs- und Verkaufsmonopole waren. Auf dem Land dominierte weiterhin der Warentausch ohne Geld (Oliveira 1989: 16). Nach der Ausrufung der Republik 1889 reorganisierte sich das Verhältnis lokal-national. An die Stelle einer zentralen Macht, die die dispersen Räume des Territoriums zusammenhielt, traten starke dezentrale Macht-Räume, die Provinzen, die vor Ort die jeweils gewachsene Herrschaftsstruktur reproduzierten. Die dezentralen Macht-Räume, obwohl mit großer Autonomie ausgestattet, verfolgten mit einer einzigen Ausnahme – Rio Grande do Sul – und in unterschiedlicher Intensität die gleiche Politik: Machtsicherung und damit Stabilität im eigenen Machtraum; Standortpolitik und damit dynamische regionale Wettbewerbspolitik zur bestmöglichen Positionierung im Feld der Raum-Macht. Die Wirtschaftspolitik hatte eine zunehmend regionale Basis. Die Industrie war relativ dezentralisiert, da eine nationale Integration des Binnenmarktes aufgrund des fehlenden Transportnetzes unmöglich war. Hinzu kamen Steuern auf den zwischenstaatlichen Handel (Cano 1998b: 178 f.). In den einzelnen Regionen hatten jeweils wenige Industrieunternehmen eine Oligopol- oder Monopolstellung (Cano, Neto 1986: 176 f.); São Paulo war national noch keineswegs vorherrschend.[16]

Die Entwicklungsbemühungen, vor allem die Infrastrukturinvestitionen, waren auf den Außenhandel ausgerichtet. Technische Neuerungen wie neue Maschinen, Eisenbahn, Dampfschiff und Telegraph kamen schon bald nach ihrer Einführung nach Brasilien (Silva 1986: 52).[17] Die rasant expandierenden Eisenbahnlinien, bei denen es sich vorrangig um Stichbahnen handelte,

Tabelle 5: Exporte, Importe und Saldo der Handelsbilanz, ausgewählte Jahre, Brasilien, 1829-1900, in *Contos*

Jahr	Exporte	Importe	Saldo
1829	33.400	35.500	-2.100
1834/35	33.000	36.300	-3.600
1838/39	41.600	49.500	-7.900
1850/51	67.800	76.900	-9.100
1860/61	123.200	123.700	-0.500
1869/70	197.100	168.300	+28.800
1880/81	231.000	179.700	+51.300
1885/86	195.000	197.500	-2.500
1889	259.100	217.800	+31.300
1900	850.300	548.900	+301.400

Quelle: Pessoa 1983: 96-98.

senkten die Transportkosten vor allem von Kaffee und gewährleisteten die Weltmarkteinbindung. Dieses Transportnetz verfestigte eine Raumstruktur, die sich in Enklaven auf den Export weniger Agrarprodukte konzentrierte. Die verstärkte Weltmarktintegration wurde durch neue Transportmittel, vor allem das Dampfschiff, erleichtert. Die in der zweiten Hälfte des 19. Jahrhunderts erzielten Handelsbilanzüberschüsse resultierten wesentlich aus der mengenmäßig günstigen Entwicklung des Kaffeehandels. Die Exporte stiegen bis zur Jahrhundertwende an, was Brasilien Mittel für die Entwicklungsfinanzierung brachte. Bei anderen Ausfuhrprodukten war die Entwicklung weniger erfreulich. Bei Zucker kam es zu einem Preisverfall, der durch Exportmengensteigerungen nur teilweise abgefangen werden konnte. Auch der expandierende Baumwollanbau im Nordosten war international nicht konkurrenzfähig und konzentrierte sich deshalb auf den Binnenmarkt (Cano 1998b: 51 f.).

1914 endete die Phase stabiler internationaler Einbindung, denn die britische Vorherrschaft in der Welt brach zusammen. Nach 1918 verfügten die USA bereits über mehr als die Hälfte der Weltgoldbestände; 1929 hatte sie einen Anteil von 42% der Weltproduktion in der verarbeitenden Industrie

(Altvater 1987: 199 und 201). So wuchsen die USA langsam in eine weltwirtschaftliche Führungsrolle, die nach dem Zweiten Weltkrieg in Lateinamerika weitgehend unbestritten war.

Nationalstaatszentrierte Entwicklungsweise unter US-Hegemonie (1929-1982)

Die Periode, die nach dem Ersten Weltkrieg bzw. in voller Intensität in den 1930er Jahren einsetzte, war durch die – erstmalige – Herausbildung eines kompletten und stabilen nationalen Akkumulationsregimes und die Dominanz des Nationalstaates als zentralem Akteur geprägt. Von einem nationalen Akkumulationsregime kann aus mehreren Gründen gesprochen werden. Die Devisenbewirtschaftung erlaubte es, das nationale Geld zur Grundlage des Reproduktionsschemas G–W–G' zu machen. Bescheidene Außenhandelsverflechtungen begründeten die Nation als bestimmenden Raum der Reproduktion, da Importe und Exporte quantitativ unbedeutend waren. Es kam zu einer Endogenisierung der wirtschaftlichen Dynamik und zu einer Aufwertung des Politischen. Die Grenze des Territoriums wurde bedeutsam, innen und außen wurde zur entscheidenden Trennlinie. Am wichtigsten war aber wohl die schrittweise Nationalisierung des Produktionssystems, die durch die Integration von Produktions- und Konsumgütersektor 1980 weitgehend abgeschlossen wurde. Die Schwäche der extensiven Akkumulation vor 1930 hatte ja darin bestanden, daß Produktionsgüter- und Konsumgütersektor nicht miteinander verbunden wurden (Aglietta 1987: 71). Die Expansion des ersteren stieß aufgrund des geringen Konsumgütersektors immer wieder an Grenzen, die zu Krisen führten: Eisenbahnlinien mußten geschlossen werden, weil Passagiere fehlten, Zementfabriken mangelte es an Abnehmern, und der Ausbau der städtischen Infrastruktur fand seine Grenze in der fehlenden Kaufkraft der BewohnerInnen. Erst eine Dynamisierung des Konsumgütersektors, der eine geänderte Konsumnorm der Arbeitskraft voraussetzte, konnte eine nachhaltige Stabilisierung der Akkumulation sichern. Ein derartiges intensives Akkumulationsregime strebt nach einer Veränderung des Reproduktionsbereichs, der Konsumgewohnheiten und Lebensstile. Dies setzte in Brasilien mit der Urbanisierung und der Ausdehnung marktlicher Beziehungen schon im 19. Jahrhundert ein (Fernandes 1987: 77). Dynamisch und zu einem breiten gesellschaftlichen Phänomen wurde diese neue Konsumnorm aber erst nach 1930. Die Weltwirtschaftskrise führte zu einem Sinken des Anteils des Importwerts am Volkseinkommen von 14% (1929) auf 8% (1932), wohingegen die nationale Industrieproduktion in der internationalen Krise den entscheidenden Impuls erhielt.[18] Es wurde unumgänglich, eine nationale Produktionsgüterindustrie aufzubauen (Tavares 1983: 41). Die folgenden Jahre ungewollter Abgeschottetheit – nachdem der Verflechtungsraum eines Zentrum-Peripherie-Nexus aufgrund der Krisen und Kriege im Zentrum zerbrochen war – erlaubten bis zum Ende des Koreakrieges den Übergang zu einem dominant intensiven Akkumulationsregime. Dieses konkretisierte sich in Brasilien als importsubstituierende Industrialisierung und als binnenorientierte Entwicklungsstrategie.[19] Das Kapital reproduzierte sich zunehmend im Behälterraum der Nation selbst. Ein neues, dominant endogenes Reproduktionsschema etablierte sich (Conceição 1989b: 216 ff.). Im intensiven Akkumulationsregime spielten die Veränderungen im Konsumbereich eine herausragende Rolle. Die rasante Land-Stadt-Wanderung führte zu massiven Umwälzungen im Lebensstil der BrasilianerInnen. Lebten 1940 31,2% in Städten, so waren es 1980 66% und 1997 80% (IBRD 1999: 192; Novy 1994: 168). Die archaischen ländlichen Strukturen – basierend auf dem territorialen Abhängigkeitsverhältnis von der lokalen Macht, verkörpert im Großgrundbesitzer – genossen politischen Schutz. Der ländliche Machtraum entzog sich dem souveränen Zugriff des Nationalstaates. Ökonomisch jedoch modernisierte und kapitalisierte sich das Land. Es kam zur Landkonzentration; die Bodenbesitzstruktur erschwerte die Subsistenzlandwirtschaft. Die Landflucht von landlos gewordenen Bauern vergrößerte die städtische Arbeiterschaft, was wiederum ein Ansteigen der Löhne bremste. Da die Stadt Arbeit und soziale Bürgerrechte bot, wurde sie zum neuen wirtschaftlichen Machtraum. Die Einbindung immer größerer Bevölkerungsgruppen in den industriellen Produktionsprozeß erforderte eine veränderte Reproduktion der Arbeitskraft. Billige und ausreichend vorhandene Lebensmittel, die nun vermehrt von der Konsumgüterindustrie hergestellt wurden, waren wichtige Voraussetzungen für ein verläßliches Arbeitskraftreservoir, das keine Rückzugsmöglichkeit in den Subsistenzsektor mehr hatte.

Brasiliens Unternehmerschaft war ohne staatliche Intervention überfordert, die komplexe Regulation eines intensiven Akkumulationsregimes allein vorzunehmen. Die sich modernisierende, urbanisierende und industrialisierende Nation bedurfte einer stärkeren politischen Steuerung. Hierbei erwies sich der Umstand als hilfreich, daß der Nationalstaat von den Fesseln des Goldstandards befreit wurde. Ihm kam nun die Rolle zu, den Wert des Geldes im nationalen Behälterraum festzulegen (Fiori 1995: 79). Über die Geld-, Währungs- und Kreditpolitik beeinflußte er die Verteilung des Sozialprodukts in vielerlei Weise – er subventionierte Investitionen, begünstigte den Import von Produktionsgütern und verhinderte den Konsumgüterimport. Er beeinflußte den Reallohn nicht nur durch die Festlegung des Mindestlohns, sondern auch durch Inflation und Indexierungspolitik. Der Staat übernahm Verantwortung für die Reproduktionsbedingungen der Arbeiterschaft. Die Arbeitsgesetze und die Mindestlohnregelungen schufen im städtischen Bereich die Grundlage der neuen Massenkonsumnorm. Schon per Gesetz war jedoch festgelegt, daß es sich beim Mindestlohn um einen Subsistenzlohn, d.h. um ein zum Überleben notwendiges Minimum handelte. Die Koppelung an Produktivitätssteigerungen war nicht vorgesehen. Der Konsum richtete sich auf standardisierte Massengüter aus, v.a. die Schaffung von Wohnraum und den motorisierten Individualverkehr. In einem positiven Verstärkungsprozeß führte die steigende Kaufkraft zu intensiver und billigerer Produktion, was aufgrund von Größenvorteilen möglich wurde. In dieser Massenproduktion für den Massenkonsum bestand die Dynamik keynesianischer Wirtschaftspolitik, die vor allem im Zentrum funktionierte. Aber auch an der Peripherie konnten positive Verstärkungseffekte realisiert werden, wiewohl in Brasilien der Massenkonsum auf die Ober- und Mittelschicht beschränkt blieb, was der Massenproduktion an Dynamik nahm. Darüber hinaus war das Land per Gesetz von der Modernisierung ausgeschlossen, die „innere Landnahme" war unvollständig. Da sich auch unter der städtischen Bevölkerung das Einkommen und damit die Konsumchancen konzentrierten, profitierte von der dominant intensiven Akkumulation vor allem das reichste Fünftel der Bevölkerung, das seinen Anteil am Volkseinkommen erhöhen konnte. Die restlichen 80% mußten zwischen 1960 und 1980 Anteilsverluste hinnehmen (vgl. Tab. 6). Die hohen Wachstumsraten erlaubten aber trotzdem einen Wohlfahrtsgewinn für breitere Schichten. Es war somit eine Form von Fordismus, aber eben ein peripherer, weil sich die Produktion auf die Ober- und Mittelschicht ausrichtete (Lipietz 1986: 32 f.).

Es war die Militärdiktatur von 1964 bis 1982/1989, die die Akkumulation durch neue staatliche Finanzierungsformen auf neue Füße stellte.[20] Mit

Tabelle 6: Personelle Einkommensverteilung, Brasilien, 1960-1980, in Prozent

	1960	1970	1980
1. Quintil	3,49	3,16	2,80
2. Quintil	8,07	6,85	5,00
Untere 40% (1. und 2. Quintil)	11,56	10,01	7,80
3. Quintil	13,81	10,81	9,60
4. Quintil	20,86	16,94	16,90
Mittlere 40% (3. und 4. Quntil)	34,67	27,75	26,50
5. Quintil	53,77	62,24	65,70
Verhältnis 5. Quintil zu 1. Quintil	15,40	19,70	23,46
Oberste 5%	28,30	34,10	37,90
Oberstes 1%	11,90	14,70	16,90

Quelle: Rojas 1998. Basierend auf Welt Bank Development Report 1996

der Schaffung eines Kapitalmarktes und der Gründung verstaatlichter Betriebe konstituierte sich der brasilianische Finanzkapitalismus. Die Zahl verstaatlichter Betriebe nahm rasant zu[21], die Beschäftigung in der Industrie stieg bis 1970. Der Staat finanzierte langfristig diese Entwicklung und forcierte die Industrialisierung in Richtung fordistischer Massenproduktion. Darüber hinaus verbesserte er die Infrastruktur. Das asphaltierte Straßennetz z.B. erhöhte sich von 3.133 km (1955) auf 67.607 km (1973) (Robock 1976: 47). Innerhalb der Industrie erfolgte eine Verlagerung der besonders expandierenden Industriebranchen hin zu den im intensiven Akkumulationsregime bestimmenden Bereichen[22], der Einsatz von Maschinen und moderner Technologie nahm zu. Hierbei spielten die expandierenden multinationalen Unternehmungen eine Schlüsselrolle.[23] Der Staat engagierte sich in der Bereitstellung der Infrastruktur und der Produktion von Zwischengütern. Das große private brasilianische Kapital wiederum kontrollierte die Bereiche Handel und Dienstleistungen (Senghaas 1980: 132). Zahlreiche neue, oft extern kontrollierte industrielle Komplexe – Petrochemie, Agroindustrie, militärisch-industrieller Komplex, Hochtechnologie- und Computerindustrie – erlaubten die Komplettierung der Produktionsstruktur (Bekker, Egler 1992: 130 ff.).

Tabelle 7: Verteilung der industriellen Wertschöpfung, Brasilien, 1949-1980

Jahr	1949	1967	1975	1980
Traditionelle Sektoren	65,5	44,6	39,6	37,0
Nicht traditionelle Sektoren	34,5	55,4	60,4	63,0
– Papier und Zellstoff	2,1	2,9	2,5	3,0
– Nicht metallische Mineralien	7,4	5,2	6,2	5,8
– Metallverarbeitung	9,4	12,0	12,6	11,5
Chemie	4,7	10,9	16,7	18,7
Maschinen	2,2	3,2	10,3	10,1
Elektrische Ausstattung	1,7	6,1	5,8	6,3
Transportausstattung	2,3	10,5	6,3	7,6

Quelle: Baer et al. 1978: 278

Schon um die Jahrhundertwende begann die Abwendung Brasiliens von England und die Annäherung an die USA (Faria 1996: 62 ff.). Die Vorherrschaft der USA in den Jahrzehnten nach dem Zweiten Weltkrieg begünstigte den Welthandel, weil sie dem ökonomischen Verflechtungsraum klare Regeln gab. Die Cepal erkannte jedoch schon früh, daß der Wechsel des weltwirtschaftlichen Hegemons für den Kontinent keineswegs so positiv war. Die Strategie der USA gegenüber den größeren lateinamerikanischen Ländern unterschied sich wesentlich von derjenigen Englands im 19. Jahrhundert. England war außen- und welthandelsorientiert und hatte eine komplementäre Außenhandelsstruktur. Die USA blieben lange Zeit eine weitgehend binnenorientierte Ökonomie und verfügten über eine ähnliche Exportpalette wie Südamerika. Daraus resultierte auch eine Zentrum-Peripherie-Struktur, in der der Handel eine geringere Rolle spielte als die Kapitalverflechtungen. Die Konstitution bzw. Aufweichung von ökonomischen Grenzen kann anhand der Entwicklung der Zahlungsbilanz gut dargestellt werden (vgl. Tab. 8, S. 108). In dieser steht die Leistungsbilanz, die sich aus der Dienstleistungs- und der Handelsbilanz zusammensetzt, der Kapitalbilanz gegenüber, in der Kredite und Direktinvestitionen verbucht werden. Diese beiden Bilanzen müssen sich ausgleichen, wenn sich die Währungsreserven nicht verändern sollen. Direktinvestitionen verstärken die Kapitalverflechtungen. Sie stellen in der Kapitalbilanz Aktiva dar und führen in der Leistungsbilanz aufgrund von Gewinnausfuhren zu Abflüssen. Der Zufluß an ausländischen Direktinvestitionen erfuhr einen ersten Anstieg Ende der 1950er Jahre und dann erneut unter der Militärdiktatur am Beginn der 1970er Jahre (Fritsch, Franco 1991: 23).[24] Beide Male führten diese Investitionen in der Folge aufgrund von Gewinntransfers zu einer Passivierung der Dienstleistungsbilanz. In den 1970er Jahren wurde der zentrale Widerspruch offensichtlich, daß die auf den Binnenmarkt orientierte Industrialisierung von extern kontrolliertem Kapital getragen wurde, das zur regelmäßigen Rückzahlung von Gewinnen und Zinsen ans Ausland verpflichtet war. Das Defizit in der Dienstleistungsbilanz verschärfte sich in den 1970er Jahren und bereitete den Boden für die Verschuldungskrise der 1980er Jahre.

Das intensive Akkumulationsregime hätte sich in Brasilien nicht dauerhaft etablieren können, wäre nicht im Gefolge von Weltwirtschaftskrise und Weltkrieg der Welthandel zwischen 1929 und 1945 weitgehend zusammengebrochen. Mit dem Bretton Woods-Abkommen 1944, den neuen Schlüsselorganisationen Weltbank und Währungsfonds einerseits und der Institutionalisierung des US-Dollars als Leitwährung andererseits begann eine neue Phase der internationalen Wirtschaftsbeziehungen. Die UNO ergänzte dieses Ensemble supranationaler Organisationen, das die Nicht-Einmischung in die inneren Angelegenheiten souveräner Staaten zumindest völkerrechtlich festhielt. Zusammen mit der zunehmenden Binnenorientierung des Akkumulationsregimes verlagerte sich die politische Macht in die Behälterräume der Nationalstaaten. Mit bestimmten internationalen Rahmenbedingungen als Spielregeln erlangten auch periphere Staaten einen bis dahin nur in den Zentren vorhandenen Handlungsspielraum. Der Ausgleich divergierender Interessen erfolgte nun via Nationalstaat, der aber nicht unbedingt der Demokratisierung und Vereinheitlichung sozioökonomischer Bedingungen diente. Die nationalstaatliche Ideologie orientierte sich z.B. in den 1930er Jahren am Faschismus (Fausto 1981: 110). Der neue Machtblock war aber größer als derjenige der „Alten Republik“, weil im neuen Akkumulationsregime größere Bevölkerungsgruppen integriert werden konnten. Die Oligarchien bewahrten ihre auf dem Latifundium basierende Macht, indem sie sich schrittweise den nationalen Entwicklungs- und Industrialisierungsinteressen unterordneten. An die Stelle unabhängiger Gewerkschaften traten dem Arbeitsministerium unterstellte Gewerkschaften, deren Spitzen in den Machtblock integriert wurden. Die Arbeiterschaft bekam im 1943 festgeschriebenen Arbeitsrecht (CLT – *Consolidação das Leis de Trabalho*) klar definierte soziale Rechte.[25] Mit einer nationalstaatsgeleiteten Industrialisierung wurde ein spezifischer Interessenausgleich innerhalb der herrschenden Gruppen möglich: nämlich durch „die Flucht nach vorne“, Wachsen und Zentralisieren (Fiori 1995: 78). Konservative, an die USA angelehnte und mit der exportorientierten Agraroligarchie verbundene Kräfte verhinderten die Durchsetzung dieser Politik. In der nach 1956 verwirklichten Form der Industrialisierung spielte das Auslandskapital, unterstützt vom Staatskapital, eine deutlich größere Rolle.[26] Der Nationalstaat vertiefte seine Bemühungen, den Machtraum umfassend zu entwickeln und zu kontrollieren. Nach dem Anstieg der Energiepreise 1973 begann ein großangelegtes Programm der Importsubstitution von Energie (Atom, Wasserkraft und Biosprit). Der Staat investierte im Rahmen seines nationalen Integrationsprojekts in die Inwertsetzung des Amazonas – ein Projekt, das nicht nur die Nutzung der Bodenschätze und der Wasserkraft beabsichtigte, sondern auch dem Zweck diente, die Grenzregionen militärisch zu erschließen, um die Führungsmacht im Amazonas zu werden. Finanzierungsengpässe wurden mittels Außenverschuldung „gelöst“, was sich intern als Inflation bemerkbar machte. Die Inflation war das „Ei des Kolumbus“, um die alten Bündnisse mit neuen Zielen vereinbar zu machen: so konnte der Staat seine Ausgaben erhöhen, ohne seine Einnahmen via Schuldscheine oder andere Mechanismen zu finanzieren (Fiori 1995: 96). Bei der Konstituierung eines nationalen Finanzmarktes unter Kubitschek und später den Militärs spielte der Staat eine Schlüsselrolle, indem er Schuldscheine an Private verkaufte (Oliveira 1989: 94). Staatliche Investitionsbanken erhöhten ihren Anteil an den Privatkrediten von 1964 bis 1970 von 6,0 auf 17,9% (Tavares 1983: 224). Sie finanzierten Produktiv- und Infrastrukturinvestitionen. Kreditgeld gewann gegenüber Papiergeld an Bedeutung.[27] Neben den massiv geförderten, teilweise verpflichtenden und stark gestiegenen Sparguthaben waren die Staatsschuldscheine die zweite wesentliche Quelle zur Finanzierung eines neuen krisenüberwindenden Wachstumsschubs. Die indexierten Staatsschuldscheine konnten ihren Anteil an den Finanzguthaben von 0,7% (1964) auf 10,9% (1970) erhöhen. Diese erlaubten den zahlungskräftigen Gruppen sichere und hochverzinste Anlagen. Damit erlangte das an sich schon erschöpfte Akkumulationsregime eine letzte Dynamik. Die ArbeitnehmerInnen wurden zum Zwangssparen veranlaßt, indem Teile des Lohns für einen

Abfertigungs- und Wohnbaufinanzierungsfonds (FGTS – *Fundo de Garantia por Tempo de Serviço*) zurückbehalten wurden. Schließlich zielte die Devisenbewirtschaftung darauf, die Importe von Produktionsgütern, nicht aber von Konsumgütern zu ermöglichen. Die Agrargüterexporte dienten der Devisenbeschaffung für den Industrialisierungs- und Entwicklungsprozeß.[28]

Die divergierenden Interessen wurden akkommodiert, indem ehemals autonome gesellschaftliche Bereiche auf jeweils unterschiedliche Weise in den Nationalstaat eingebunden wurden. Der Staat – genauer gesagt: die Exekutive – war somit kein einheitlicher Akteur: Die verschiedenen Ministerien konkurrierten, verschiedene Staatsorgane verfolgten Partikularinteressen, die in Widerspruch zu anderen standen; Konflikte zwischen den politisch besetzten Spitzenpositionen und den BeamtInnen, die eine innerministerielle Laufbahn hinter sich hatten, waren ständiger Anlaß für interne Auseinandersetzungen und führten zur Fragmentierung staatlichen Handelns (Diniz 1997: 108). Die bald verbotenen autonomen Gewerkschaften wurden durch korporativistische, d.h. vom Staat kontrollierte Gewerkschaften ersetzt (Fiori, Jaguaribe 1987: 36). Die Aufgaben der Unternehmung gegenüber ihren Beschäftigten reduzierten sich auf die Zahlung des gesetzlich vorgeschriebenen Mindestlohns. Für die sonstigen sozialen Verpflichtungen war der Staat verantwortlich, der als Gegenleistung die Akzeptanz der bestehenden Struktur einforderte (Cardoso, Faletto 1976: 112 f.). Die politische Interessenvertretung erfolgte per Gesetz sektoral und territorial beschränkt, ein Gewerkschaftsdachverband war verboten. Trotzdem erlangten die Organisationen der Arbeiterschaft eine gewisse Unabhängigkeit und ansatzweise Zugang zum politischen System.[29] Via Klientelismus konnte auf die Legislative und via Populismus auf die Exekutive Einfluß genommen werden. Die Legislative, die in den 1950er und beginnenden 1960er Jahren an Einfluß gewann, verlor diesen mit dem Putsch 1964 wieder. Unter der Militärdiktatur konzentrierten sich Ressourcen und Entscheidungen bei der Zentralregierung. Jedoch betraf dies vor allem Einzelvorhaben; bei der Gestaltung politischer Programme und globaler Strategien blieb die Arbeiterschaft marginalisiert. Die nationalstaatlich zentralisierte Interessenvertretung der Unternehmerschaft wurde ebenso unterbunden wie die der Arbeiterschaft. Noch 1988 gab es acht nationale städtische und drei ländliche Interessenvertretungen (Diniz 1997: 164). Für die Unternehmer als Individuen sowie als sektorale und Territorialinteressen vertretende Klassenfraktionen war der Staat aber offen. Er war die Bühne, auf der Unternehmerinteressen eingebracht werden konnten – ja angesichts der politisch bestimmten Akkumulation eingebracht werden mußten.[30]

Mit der Zentralisierung der Macht bei der Exekutive und auf nationaler Ebene ging die interne Fragmentierung des Staates einher.[31] 1985 gab es auf Bundesebene 25.000 staatliche Organe (Diniz 1997: 17). Die Zahl der beratenden Gremien, in denen die Präsenz von Unternehmern sehr groß war, wurde erhöht. Diese führte zu einer direkten Artikulation zwischen dem öffentlichen und privaten Sektor via Korporatismus, ohne daß die Parteien hierbei eine Vermittlungsrolle spielten (Diniz 1997: 162 ff.). Den brasilianischen Korporatismus kennzeichnete somit eine stark fragmentierte Struktur, die Privilegierung von Unternehmerinteressen im Staatsapparat, der Ausschluß der Arbeiterschaft, das Primat der Exekutive im Festlegen der politischen Strategien und die Konzentration der Entscheidungsmacht bei der Staatsbürokratie. Indem die Konkurrenz im nationalen Behälterraum organisiert wurde, wurde sie gleichzeitig zunehmend politisiert. Die gesellschaftliche Auseinandersetzung verschob sich in die Institutionen des Nationalstaates: „Dort kämpft man, täglich, um das Recht zu überleben und um das 'Recht' auf seine Subventionen und seine besondere Rentabilität. Diese Auseinandersetzung ist verantwortlich für die vielfach unorganisierte Ausdehnung der Staatsinterventionen und für die zyklische Instabilität der politischen Institutionen" (Fiori 1995: 81). Erfolg und Mißerfolg dieses politischen Handelns maß sich einerseits an den getroffenen geld- und fiskalpolitischen Maßnahmen, andererseits an den das Territorium konstituierenden Rechtsvorschriften. Die nationalstaatliche Zentralisierung sicherte Kapitalfraktionen, die sich auf dem internationalen Markt nicht länger behaupten hätten können, durch eine nationale Regulierung das Überleben: Ein radikaler Protektionismus schottete die Märkte für nationale Unternehmen ab, billige Kredite subventionierten unter internationalem Druck stehende Branchen. Die mit rückständigen Produktionsmethoden wirtschaftende Agraroligarchie des Nordostens wurde geschützt, indem sich die Arbeitsgesetzgebung auf die städtischen ArbeitnehmerInnen beschränkte. Dies erlaubte auf dem Land weiterhin die Bezahlung von Löhnen unter dem (städtischen) Mindestlohn.

Die sich herausbildende Industriebourgeoisie organisierte sich von Anfang an in enger Symbiose mit dem Staat, dessen Entscheidungen Erfolg oder Mißerfolg der privaten Initiativen beeinflußten. Weil es ein korporatistisches System war, setzten die Unternehmer auf den Staat als Beschützer. Weil dies aber eine Machtkonzentration bei der staatlichen Bürokratie zur Folge hatte, hegte das Bürgertum gleichzeitig einen tiefen Haß gegen diese obrigkeitsstaatliche Regulierung (Fiori 1995: 89).[32] Die *Tripé* – die „dreibeinige“ Allianz – aus internationalem Kapital, zuständig für den dynamischen Markt dauerhafter Konsumgüter, das staatliche Kapital, zuständig für Infrastruktur und die Grundstoffindustrie, und das nationale Kapital, zuständig für kurzlebige Konsumgüter, die Bau- und Landwirtschaft, aber auch das private Bankwesen –, war eine Art Nichtangriffspakt. Die Heterogenität dieser Kapitalien, ihr unterschiedlicher Modernisierungsgrad, wurde nicht in Frage gestellt und somit reproduziert. Das internationale Kapital sollte mit der Produktion von dauerhaften Konsumgütern zum Motor der Entwicklung sowie aufgrund seiner technologischen und finanziellen Ressourcen zum Knotenpunkt der Macht werden. Bei dieser „Internationalisierung der Binnenmärkte“ blieben die Märkte weiterhin für den Import geschlossen; die Produktion der lokal konsumierten Produkte erfolgte aber durch multinationale Unternehmen in Brasilien selbst. So konnten diese Unternehmen staatliche Ansiedlungssubventionen einstreifen und gleichzeitig die Vorteile einer oligopolistischen Marktstruktur ausnützen.

Die regionale Entwicklung polarisierte sich; der Bevölkerungsanteil im Nordosten an der Gesamtbevölkerung sank von 1872 bis 1970 von 46,7% auf 30,3%, derjenige des Südens stieg von 7,3% auf 17,7% (Baer et al. 1978: 68). Diese Polarisierung wurde zunehmend als Entwicklungshindernis für die gesamte Nation wahrgenommen. Die fehlende Homogenisierung des nationalen Territoriums, das riesige ungenutzte Land des Amazonasbeckens sowie die immer noch archaische Wirtschafts- und Sozialstruktur des Nordostens blockierten schon in den 1950er Jahren eine weitergehende binnenorientierte Entwicklung. Die Regionalpolitik wurde zunehmend wichtiger, um brachliegende Ressourcen inwertzusetzen (Cano 1998b: 19 ff.). Eine Schlüsselrolle nahm die Regionalentwicklungsbehörde für den Nordosten, Sudene *(Superintendência para o Desenvolvimento do Nordeste)*, ein (Fernandes 1998: 194). Die Grundüberlegungen der für Nationen entworfenen Cepal-Strategie wurden auf Regionen übertragen. An die Stelle von Hilfsprogrammen – z.B. die *Ad-hoc*-Bekämpfung von Dürre und Hunger – sollte eine regionale Entwicklungsplanung treten (vgl. Furtado 1997b). Dieser

Gedanke wurde von den industrialisierten Regionen des Südens unterstützt und von den dominanten Gruppen des Nordostens bekämpft. Mit dem Militärputsch 1964 änderte sich deren Einstellung zur Regionalpolitik aber grundlegend. Unter diktatorischen und damit machtzementierenden Rahmenbedingungen wurde diese zu einem Schlüsselbereich der Wirtschaftspolitik, wobei von nun an die Inwertsetzung der Peripherie im Interesse der nationalen Entwicklung im Vordergrund stand. Die den großen Unternehmungen eröffnete Möglichkeit, Gewinne steuerbegünstigt im Nordosten zu investieren, förderte in den 1960er Jahren die Verlagerung von Produktionsstätten in das „Armenhaus" Brasiliens (Cano 1998b: 242). Den Höhepunkt dieser nationalen Homogenisierungsstrategie bildete der Zweite Nationale Entwicklungsplan (II PND) in den 1970er Jahren, der die Produktionsstruktur Brasiliens komplettierte: Mittels großzügiger Aufnahme von billig verfügbaren Auslandskrediten siedelten die Militärs Branchen der Grundstoffindustrie an der Peripherie an und begannen dort auch Energie im großen Maßstab zu produzieren. Intensive Bemühungen im Hochtechnologiebereich komplettierten das Investitionspaket. Aus einer Nationalökonomie, die sich aus einer Reihe von Regionalökonomien zusammensetzte, wurde durch die Brachialgewalt der Militärs eine Nationalökonomie, die in verschiedenen Teilen des Landes lokalisiert und funktional integriert war (Oliveira 1989: 55). Mit der Expansion des paulistanischen und des staatlichen Kapitals in den Nordosten entstand ein nationaler Akkumulationsraum, dem ein landesweit einheitlicher Verwertungsprozeß des Kapitals zugrunde lag.

Zerstörung der nationalstaatszentrierten Entwicklungsweise und US-Vorherrschaft (ab 1982)

Es wäre eine starke Vereinfachung, das intensive Akkumulationsregime als eine einheitliche und stabile Phase wirtschaftlicher Entwicklung von 1930 bis 1982 zu beschreiben. Auf Phasen seiner Erschöpfung folgten versuchte Adaptierungen. Der Militärputsch 1964, der mitten in einer schweren wirtschaftlichen Krise stattfand, war hierbei eine besondere Zäsur. Landreform und Umverteilung wurden *ad acta* gelegt. Damit konnte die Dynamik der intensiven Akkumulation nur durch eine Ausweitung des Mittel- und Oberschichtskonsums erhalten bleiben. Deshalb setzten die Militärs verstärkt auch auf Extensivierungsstrategien. Hierbei bot sich der Übergang bzw. die Rückkehr zu einem außenorientierten Akkumulationsregime an – sprich: zu verstärkter Exportorientierung. Eine andere Strategie bestand in der Homogenisierung und Extensivierung innerhalb der nationalen und der von der Machtstruktur gesetzten Grenzen. Die Zentrumsökonomien, wo ebenfalls Krisenphänomene wahrnehmbar waren, setzten auf beide Strategien. Sie versuchten, ihre interne Akkumulationsdynamik aufrechtzuerhalten und gleichzeitig verstärkt überschüssiges Kapital in Produktivinvestitionen in den Schwellenländern anzulegen (Lipietz 1986: 30 f.). Trotzdem waren die 1970er Jahre in den Zentrumsökonomien schon Krisenjahre. Mit der monetaristischen Wende unter Thatcher und Reagan wurde 1980 weltweit eine Rezession provoziert, die das alte Feld der Akkumulation zerstörte. Brasilien durchlebte aber ungeachtet der Aufweichung des nationalen ökonomischen Raumes und der internationalen Krise auch noch nach 1973 eine dynamische Entwicklung. Doch als die nationalstaatlichen Anstrengungen nicht länger – extern – finanzierbar waren, erschöpfte sich die Akkumulationsdynamik. Mit dem Einbruch des Volkseinkommens 1981 (-4,3%) setzte die Rezession, im internationalen Vergleich gesehen, verspätet, dann jedoch besonders hart ein (vgl. Tab. 9). In den 1960er Jahren blieb die Entwicklungsweise und damit das Machtfeld noch unangetastet; bei der Krise der 1980er Jahre geriet auch die nationalstaatszentrierte Entwicklungsweise ins Wanken. Erneut kann wie in den 1930er Jahren von einer „großen" Krise, dem Zusammenbruch einer relativ stabilen Ordnung gesprochen werden. Die Tiefenstruktur der Raum-Macht, wie sie jahrzehntelang um den Nationalstaat eine Einheit bildete, zerbrach. Die Nation als Wirtschaftsraum war untergraben, der Staat als Schlüsselakteur delegitimiert. In dieser Krisensituation zeichneten sich die Akkumulationsstrategien allesamt durch ihre Inkonsistenz aus; die Flucht in kurzfristige Kapitalanlagen führte zur rasanten Expansion des Finanzkapitals. Die physische Produktion hingegen stagnierte, die Kapitalgüterproduktion im Inland ging zurück und wurde teilweise durch vermehrte Importe ersetzt[33]; die fast komplette nationale Produktionsstruktur desintegrierte sich. Das Territorium verlor als politische und ökonomische Einheit an Bedeutung, seine Grenzen wurden durchlässig.

Peripherkapitalistische Länder, in denen die strukturellen Formen Kapital, Staat, Geld und Arbeit oft nicht zusammenpassen, tendieren zu außenwirtschaftlichen Ungleichgewichten (vgl. Tab. 8). Obwohl die offizielle politische Strategie darin bestand, Importe zu substituieren, war die Han-

Tabelle 8: Zahlungsbilanz, in Mio. US$, 1970-1999, ausgewählte Jahre

	1970	1974	1981	1988	1994	1995	1996	1997	1998	1999
A. Handelsbilanz	232	-4.690	1.202	19.184	10.466	-3.351	-5.554	-6.765	-6.591	-1.198
Export	n.d.	n.d.	n.d.	n.d.	43.545	46.506	47.747	52.990	51.140	48.011
Import	n.d.	n.d.	n.d.	n.d.	33.079	49.858	53.301	59.755	57.731	49.209
B. Dienstleistungsbilanz	-815	-2.433	-13.135	-15.103	-14.743	-18.594	-20.483	-26.284	-28.798	-25.212
Zinsen	-234	-514	-9.161	-9.832	-6.338	-8.158	-9.173	-10.390	-11.948	-15.170
Div. Dienste (Gewinnrückfluß, Reisen)	-119	-198	-1.111	-2.253	-8405	-10.437	-11.310	-15.894	-16.850	-10.042
E. Saldo der Leistungsbilanz	-562	-7.122	-11.734	4.175	-1.689	-17.972	-23.137	-30.833	-33.611	-24.375
F. Kapitalbilanz	1.015	6.254	12.773	-8.685	14.294	29.359	33.863	25.881	19.881	13.578
Direktinvestitionen	132	887	2.326	2.984	8.131	4.663	15.540	20.662	20.520	30.130
Mittel- und langfristig angelegtes Kapital	1.443	6.891	n.d.	2.845	54.832	14.736	22.886	28.964	41.596	27.963
Kurzfristig angelegtes Kapital	77	464	1.229	447	909	18.834	5.358	-18.929	-27.300	-5.958
I. Überschuß (+) / Defizit (-)[1]	545	-936	625	-5.343	12.939	13.480	9.017	-7.845	-17.285	-10.758
WÄHRUNGSRESERVEN[2]	1,7[3]	5,3	7,5	9,1	38,8	51,8	60,1	52,2	44,6	36,3
AUSLANDSVERSCHULDUNG[2]	5,3	20,0	74,0	114,4	148,3	159,3	179,9	200,0	243,2	241,1

1) Überschuß und Defizit in der Zahlungsbilanz entsprechen aufgrund zusätzlicher Korrekturen nicht exakt den Veränderungen in den Währungsreserven.
2) In Mrd. US$.
3) Dezember 1971.

Quelle: www.ipea.gov.br/ftp/tabelas/ltab88.html (für 1970-1995), www.bcb.gov.br; für die Zahlen für die fehlenden Jahre siehe: Novy (1998: 191-193)

Tabelle 9: Ökonomische Eckdaten, Brasilien, 1990-1999

	1990	1991	1992	1993	1994	1995	1996	1997	1998	1999
BIP[1]	n.d.	n.d.	n.d.	429,7	543,1	705,4	775,5	801,7	775,5	556,8
BIP-Wachstum (%)	-4,3	1,0	-0,5	4,9	5,9	4,2	2,7	3,6	- 0,1	0,8
BIP per capita[2]	5.628	5.596	5.480	5.664	5.909	6.072	6.148	6.283	6.192	6.161
BIP per capita (%)	-5,5	-0,6	-2,1	3,4	4,3	2,8	1,2	2,2	-1,4	-0,5
Inflation[3]	1476,6	480,2	1157,9	2708,2	1093,8	14,8	9,3	7,5	1,7	20,0
Arbeitslosigkeit[4]	3,9	4,2	4,5	4,4	3,4	4,4	3,8	4,8	6,3	6,3
Formale Beschäftigungsquote	110,0	107,3	104,2	105,0	106,3	104,4	103,2	102,7	100,0	99,1
Zinssatz real[5]	-4,8	6,7	30,2	7,1	56,4	38,9	23,9	42,0	31,2	19,0

1) In Mrd. US$, zu laufenden Preisen.
2) In konstanten Preisen, R$ (Real) 1999.
3) Deflator IGP-DI Geral, FGV, Veränderung in Periode in %.
4) Offene Arbeitslosigkeit, nach IBGE.
5) Selic/Over, Dezember.

Quelle: www.bcb.gov.br

delsbilanz in den 1970er Jahren tendenziell negativ. In den 1980er Jahren, als es aufgrund des geringen Wirtschaftswachstums zu einem Zusammenbruch der Importe und einer Diversifizierung der Exporte kam, war sie zumeist positiv. 1988 erreichte sie mit US$ 19,2 Mrd. einen Höhepunkt. Mit dem *Plano Real* passivierte sie sich aufgrund des überhöhten Wechselkurses und des daraus resultierenden Importbooms erneut.[34] Die billigen Importe ermöglichten es kurzfristig, globale Konsummuster *up to date* vor Ort zu übernehmen. Wie für eine Peripherieökonomie typisch, ist die Dienstleistungsbilanz chronisch negativ, wobei das Defizit seit den 1980er Jahren zwischen US$ 10 und 20 Mrd. liegt. Der größte Teil entfällt hierbei auf Zinszahlungen, aber auch die Gewinnrückflüsse sind beachtlich. Die Direktinvestitionen, neben den Auslandskreditaufnahmen wesentlicher Bestandteil der Kapitalbilanz, stiegen in den Jahren vor dem Krisenausbruch 1981 besonders stark. In den 1980er Jahren sanken sie kontinuierlich, um zwischen 1986 und 1991 weitgehend zum Erliegen zu kommen. 1992, d.h. schon in einem Jahr großer „Unregierbarkeit", aber gleichzeitig auch einer Rezession in den Industrieländern, betrugen die Direktinvestitionen US$ 2,97 Mrd., danach stiegen sie vor allem wegen der großen Privatisierungen – von Einbrüchen 1995 und 1998 abgesehen. 1997 überschritten sie die US$-20-Mrd.-Marke. Die Verfügbarkeit international anlegbaren Kapitals war für den Boom ebenso wichtig wie das erst später mit dem *Plano Real* geschaffene anlegerfreundliche Umfeld.

90% der Bevölkerung mußten ihren Anteil am Einkommen von 53,4% (1981) kontinuierlich auf 46,8% (1989) reduzieren (vgl. Tab. 10). Hohe Inflationsraten gingen mit einer sich verschlechternden Einkommensverteilung einher. Einzig im Gefolge von Inflationsbekämpfungsprogrammen wie 1986 (im Jahr des *Plano Cruzado*) und 1990 (mit dem Einfrieren von Sparguthaben im ersten Regierungsjahr Collor de Mellos) verbesserte sich die Einkommensverteilung. Trotzdem konnten über die gesamte Dekade hinweg die reichsten 10% ihr Einkommen deutlich, das 2. Dezil leicht erhöhen; die restlichen 80% verloren. Im Gefolge des *Plano Real* verbesserte sich die Einkommensverteilung erneut kurzfristig, um sich danach wieder zu verschlechtern.[35] Grundlage der langfristigen Verschlechterung der Einkommensverteilung ist die tief in die Raum-Macht eingeschriebene Vermögensverteilung. So kontrolliert 1% der Bevölkerung rund die Hälfte des Vermögens. Das Vermögen konzentriert sich v.a. bei Unternehmensbesitz, Finanzaktiva und Landbesitz. Die verschiedenen Anlagefonds z.B. erhöhten allein von 1994 bis Mai 1997 ihr Volumen von US$ 54 Mrd. auf US$ 119 Mrd. (Gonçalves 1999: 58 ff.). Die daraus resultierende Verschlechterung der Einkommensverteilung blockierte die Massennachfrage als Ausweg aus der Wachstumskrise. Die Urbanisierung war so weit vorangeschritten, daß sie nicht länger ein Wachstumsmotor sein konnte; auch die Industriestruktur war komplettiert. Damit waren die konventionellen und auch alle typisch brasilianischen Krisenüberwindungsstrategien von der Nachfrageseite her erschöpft.

Über ein Jahrzehnt stabilisierten die Militärs noch die nationalstaatszentrierte Entwicklungsweise durch keynesianische Nachfragepolitik und durch das Vorantreiben der räumlichen Homogenisierung mittels Regionalpolitik. Damit wurden an der nationalen Peripherie neue Märkte eröffnet und die fordistische Dynamik aufrechterhalten, ohne für alle Schichten den Zugang zum Massenkonsum öffnen zu müssen. Als Folge dieser Politik räumlicher, aber nicht sozialer Homogenisierung wurde die regionale Einkommensverteilung ausgeglichener (vgl. Tab. 11), die personelle aber ungleicher (vgl. Tab. 10). São Paulo, dessen Pro-Kopf-Einkommen 1939 schon um 79% über dem brasilianischen Durchschnitt lag, erhöhte diesen Vorsprung bis 1970 auf 100%, um dann bis 1995 auf einen Vorsprung von 65% abzusacken. São Paulo schien ab 1970 zunehmend seinen dominanten Platz im Regionalgefüge Brasiliens zu verlieren.[36]

Die bis jetzt beschriebenen Dimensionen der Krise zeigen Aspekte einer Unterkonsumptionskrise. Aber auch auf der Angebotsseite vertieften sich die Krisensymptome, was mit der Schwächung der nationalen Industrie, dem Motor der fordistischen Wachstumsdynamik, zusammenhängt. Ab 1980 war die Industrie wesentlich für die schweren Einbrüche und die nicht ausreichend nachhaltigen Aufschwünge im Volkseinkommen verantwortlich (vgl. www.ipea.gov.br/ftp/tabelas). Der Nationalstaat, durch staatliche Infrastrukturinvestitionen und mittels der verstaatlichten Betriebe wesentlich für die langfristige Kapitalbildung verantwortlich, konnte seine Rolle im alten Feld der Regulation nicht länger ausfüllen. Die Fiskalkrise führte zu einer starken Drosselung staatlicher Investitionen und damit zu einer Senkung der Investitionsraten.[37] Auch die privaten Investoren hielten sich zurück und wichen aufgrund der Unsicherheit und der lukrativen Optionen in Finanzkapitalanlagen aus. Auf dem Finanzmarkt wurden fortan Firmengewinne

Tabelle 10: Personelle Einkommensverteilung, Brasilien, 1981-1990*

Anteil am Einkommen in (%)	1981	1983	1984	1985	1986	1987	1988	1989	1990
DEZIL									
Bis 10	0,9	0,9	0,8	0,7	1,0	0,7	0,6	0,6	0,8
Von 10 bis 20	1,8	1,7	1,7	1,7	1,7	1,5	1,4	1,4	1,6
Von 20 bis 30	2,6	2,5	2,5	2,4	2,6	2,4	2,3	2,2	2,2
Von 30 bis 40	3,6	3,4	3,4	3,2	3,1	3,1	3,0	2,7	2,7
Von 40 bis 50	4,5	4,1	4,1	4,0	4,1	4,0	3,8	3,5	3,9
Von 50 bis 60	5,8	5,4	5,5	5,4	5,5	5,4	5,1	4,7	5,2
Von 60 bis 70	7,6	7,2	7,3	7,2	7,3	7,3	6,9	6,5	7,2
Von 70 bis 80	10,5	10,2	10,3	10,2	10,1	10,3	9,8	9,4	10,3
Von 80 bis 90	16,1	16,5	16,3	16,4	15,8	16,3	15,9	15,8	16,4
Von 90 bis 100	46,6	48,1	48,1	48,8	48,8	49,0	51,2	53,2	49,7
AKKUMULIERT									
Die ärmsten 50%	13,4	12,6	12,5	12,0	12,5	11,7	11,1	10,4	11,2
Die ärmsten 80%	37,3	35,4	35,6	34,8	35,4	34,7	32,9	31,0	33,9
Die ärmsten 90%	53,4	51,9	51,9	51,2	51,2	51,0	48,8	46,8	50,3

* Monatseinkommen erwerbstätiger Personen ab 10 Jahren.

Quelle: www.ipea.gov.br/ftp/tabelas/ltab80.html

Tabelle 11: Regionales Pro-Kopf-Einkommen, Brasilien, 1939-1995

	1939	1970	1995
NO	79	56	68
NE	33	38	49
MG	61	69	88
ES	62	69	90
RJ	239	163	123
SP	179	200	165
PR	96	75	119
SC	78	88	109
RS	127	119	119
CO	69	67	84
DF	–	175	206

Brasilien = 100 (für Abkürzungen siehe Graphik 6, Seite 72)
* NO beinhaltet von 1985-1995 Tocantins
* CO beinhaltet von 1939-1970 Tocantins

Quelle: Cano 1998b: 316

erwirtschaftet, während die hohen Fremdkapitalzinsen die Unternehmen dazu veranlaßten, produktive Investitionen hauptsächlich aus Eigenmitteln zu tätigen. In Summe blieb die Entwicklung der Profite unbefriedigend, obwohl die Reallöhne auch nach dem Ende der Diktatur kaum stiegen.[38] Die Erklärung dafür ist bis 1990 im bescheidenen Produktivitätswachstum zu suchen[39], denn während der industrielle Output stagnierte, sanken die gearbeiteten Stunden zumeist deutlich mehr. Wiewohl die Produktivität danach deutlich stieg, ist unklar, wieweit dies eine dynamisierende Wirkung hatte und wieweit bloß Arbeitskraft eingespart wurde.[40]

Die von der Militärdiktatur auf die Spitze getriebene Zentralisierung des Machtraumes schuf einen scheinbar übermächtigen Nationalstaat. Das zentralisierte Machtfeld verhinderte aber nicht, daß der Nationalstaat als Knoten des Machtnetzwerks gegenüber einflußreichen zivilgesellschaftlichen Interessen weitgehend machtlos blieb. Diese dominanten Klassenfraktionen agierten, wenn notwendig, am Staat vorbei, bedienten sich aber seiner als Garant der Stabilisierung der Machtstruktur. Diese Funktion verlor der

Staat mit dem Ende der Diktatur. Die verschiedenen gesellschaftlichen Gruppen betrieben, zum Teil bewußt und zum Teil unbewußt, die Schwächung des Nationalstaates und bereiteten damit den Boden für seinen Umbau. Die Fiskal- und Geldpolitik spielte dabei eine Schlüsselrolle. Die Sanierung des Staatshaushalts galt seit der Militärdiktatur als weitgehend unumstrittenes politisches Ziel.[41] Dies erklärt sich aus der Vorstellung, daß das Staatsdefizit inflationsfördernd wäre. Tatsächlich wurden die zahlreichen Stabilisierungsprogramme immer mit der Bekämpfung des Budgetdefizits gerechtfertigt. Eine genauere Analyse zeigt gänzlich andere Zusammenhänge. Der Staat konnte seine laufenden Einnahmen und Ausgaben nämlich auch in den 1980er und 1990er Jahren gut kontrollieren. Noch 1994 wurde mit 5,1% ein beachtlicher Überschuß erzielt. Diese Berechnung der laufenden Einnahmen und Ausgaben wurde aber für Brasilien zunehmend unbedeutender. Das operationale bzw. nominelle Budgetdefizit explodierte unter dem *Plano Real* aufgrund der hohen Zinsen: 1998 mußten 7,5% des BIP für Zinszahlungen aufgewendet werden, ein massiver Aderlaß für den Staat (vgl. Tab. 12). Diese Verschuldung des Bundes verlagerte sich von der Außen- hin zur Binnenverschuldung, die 1998 US$ 218,9 Mrd. betrug. Die staatliche Außenschuld belief sich einzig auf R$ *(Reais)*[42] 16,9 Mrd. (www.seplan.gov.br/sof/orc98). Die Hochzinspolitik verursachte somit den dramatischen Anstieg der Staatsverschuldung von 29,9% (1995) auf 47,0% (1999) (www.bcb.gov.br). Gemessen am Volkseinkommen und im internationalen Vergleich ist diese Staatsverschuldung weiterhin nicht hoch. Jedoch sind das Anwachsen der Verschuldung und die kurze Laufzeit der Verbindlichkeiten besorgniserregend. Wiewohl die Sanierung des Staatshaushalts das große selbstgesteckte Ziel der Regierung war, mit dem viele Einschnitte im Sozialstaat gerechtfertigt wurden, war das Ergebnis äußerst negativ.

Eine Budgetanalyse, die erst seit 1995 seriös möglich ist, stellt selbst für diese Jahre kein leichtes Unterfangen dar. So ist ein großer Teil der Ausgaben im Posten „Finanzverwaltung", d.h. dem Schuldendienstmanagement, verbucht (vgl. Tab. A-9). Bei diesen Ausgaben handelt es sich um Durchlauferposten, und es kann nicht direkt auf die Schuldendienstbelastung geschlossen werden. Einige Trends sind trotzdem erkennbar. So zeigt sich eine Stagnation bei den Sozialausgaben: Die Ausgaben für Bildung und Gesundheit waren 1998 real geringer als 1995, was bedeutet, daß die Pro-Kopf-Ausgaben deutlich zurückgingen. Viele Investitionstätigkeiten – mit Aus-

Tabelle 12: Finanzierungsbedarf der öffentlichen Haushalte, Brasilien, 1993-1999, in % des BIP, gerundet

Typus	1993	1994	1995	1996	1997	1998	1999
Nominell	58,1*	43,7*	7,2	5,9	6,1	8,0	5,6
Operational	-0,2	-1,3	4,9	3,8	4,3	7,5	3,2
Primär	-2,6	-5,1	-0,4	0,1	1,0	0,0	-3,1
Realzinsen	2,4	3,8	5,2	3,8	3,3	7,5	6,3

* Die hohen Zahlen ergeben sich rechentechnisch aufgrund der hohen Inflation.

Quelle: www.bcb.gov.br/htms/banual96/banual.htm

nahme der Regionalentwicklung – wurden zurückgestutzt. Der einzige Posten im Bereich der Sozialausgaben, der deutlich anstieg, war derjenige der Sozialversicherung. Dort erhöhten sich die Ausgaben – denen auch Einnahmen durch Beitragszahlungen von Bundesbediensteten gegenüberstehen – zu konstanten Preisen von 66,42 auf 82,95 Mrd. R$. Auf der Einnahmenseite war der Staat in den 1990er Jahren erfolgreich (vgl. Tab. 14, S. 118) – dies trotz fehlender Reform des äußerst regressiven und ineffizienten Steuerwesens. Laut ministeriumsinternen Studien zahlen weder die „100 Reichsten“ noch die Großunternehmen Steuern.[43] Im Steuersystem, an sich ein Schlüsselbereich zur Sanierung der Staatsfinanzen, wurden einzig bestimmte negative Strukturen verschärft – so setzte der Grenzsteuersatz in der Einkommensteuer bei R$ 1.800 ein und traf daher die Mittelschicht schwer (Fritz 1996: 29). Vor allem die Großgrundbesitzer zahlten ihre Steuern nicht bzw. waren bei der staatlichen *Banco do Brasil* hoch verschuldet. Auch im Bereich der Kultur liefen die Vorschläge im wesentlichen auf – einnahmenmindernde – Steuerbefreiungen für Kultursponsoring hinaus. Der von der Bundesregierung offiziell bedauerte, *de facto* aber unterstützte Steuersenkungswettbewerb um Industrieansiedlungen ist ebenfalls sehr kostspielig.[44] Das besonders Bedenkliche an diesen Maßnahmen ist, daß der Staat nicht nur in der Gegenwart Zuschüsse gewährt, sondern auch in Zukunft auf Einnahmen verzichtet.[45]

Die 1991 begonnene Entstaatlichung war im wesentlichen ideologisch begründet.[46] Der Staat solle sich von der Kontrolle über nicht-essentielle

Tabelle 13: Nationales Entstaatlichungsprogramm, Brasilien, 1991-1998, in Mio. US$

	Anzahl der Firmen	Verkäufe	Transferierte Schulden	Gesamt
Stahl	8	5562	2.626	8.188
Petrochemie	27	2.135	1.003	3.701
Strom	3	3.828	1.670	5.498
Bahn	6	1.491	–	1.491
Bergbau	2	3.305	3.559	6.864
Telekom	22	26.557	2.125	28.682
Andere	16	1.401	343	1.744
Minderheit	–	1.039	–	1.039
BUND	83	45.81	11.326	57.207
LAND	21	22.367	5.223	27.590
GESAMT	**111**	**68.248**	**16.549**	**84.797**

Quelle: www.bndes.gov.br/pndnew/sectors.htm, www.fazenda.gov.br

Branchen wie Stahl, Petrochemie und Bergbau trennen, um sich seinen eigentlichen Aufgaben im Bereich von Bildung und Gesundheit zuwenden zu können. Gleichzeitig sollte die Privatisierung aber zur Sanierung des Staatshaushalts beitragen. Nun zeigte die Analyse, daß die größte Privatisierungswelle mit dem größten Budgetdefizitanstieg in Brasiliens Geschichte Hand in Hand ging. Dieser Umstand läßt es plausibel erscheinen, daß der Staat für die Entstaatlichung letztendlich mehr aufwenden mußte, als er bezahlt erhielt. Biondi (1999: 41) berechnete, daß der Staat offiziell R$ 85,2 Mrd. als Einnahmen verbuchte, wozu er neben dem eingenommenen Geld auch die Übertragung von Schulden an die neuen Eigentümer rechnete. Dem stellte Biondi – neben anderen, unkalkulierbaren Kosten – berechenbare Kosten der Privatisierung in der Höhe von R$ 87,6 Mrd. gegenüber.[47] Anfangs wurde nur ein Teil des Kaufpreises bar gezahlt, die restlichen Zahlungen erfolgten mit Schuldscheinen, v.a. des Staates, deren Marktwert auf dem Parallelmarkt weit unter dem Nominalwert lag. Von lächerlichen 1,2% Bareinnahmen (1991/92) erhöhte sich Anteil auf 34,6% (1993/94) bzw. 32,6% (1995).

1996 und vor allem 1997 war der Großteil bar zu zahlen (Tab. A-10). Der Staat investierte vor der Privatisierung massiv in seine Unternehmungen, um deren Attraktivität zu steigern. Daraufhin erwirtschafteten die ehemals „ineffizienten" Staatsunternehmen 1996 (R$ 2,6 Mrd.) und 1997 (R$ 7,2 Mrd.) stattliche Gewinne (vgl. Tab. A-11). Derart sanierte Firmen billig übernehmen zu können, wurde zu einem lukrativen Geschäft.[48]

Auch bei der Umstrukturierung des Bankensektors spielte der Staat eine Schlüsselrolle, indem er Verluste sozialisierte. Die nun sanierten Banken wurden in der Folge an die großen inländischen und vermehrt auch an ausländische Banken verkauft. Ende 1999 befanden sich schon 40% des Kapitals der Privatbanken in ausländischem Besitz (www.zerohora.com.br vom 10. 1. 2000). Zwei eigene Programme, eines für die privaten und eines für die staatlichen Banken, wurden ins Leben gerufen. Proer (*Programa de Estímulo à Reestruturação e ao Fortalecimento do Sistema Financeiro Nacional* – Nationales Privatbankenstützungsprogramm) kostete dem Bund R$ 21 Mrd., von denen bis Anfang 1998 erst R$ 1,2 Mrd. in Geld zurückgezahlt wurden; weitere R$ 13,2 Mrd. erhielt der Bund aus „faulen" Schuldscheinen, deren Marktwert gering ist (FSP 20. 1. 1998). Das Programm zur Rettung der Landesbanken Proes *(Programa de Estímulo à Reestruturação e ao Fortalecimento do Sistema Financeiro Estadual)* kann bis zu R$ 50 Mrd. kosten (FSP 30. 1. 1998). Im Jahr 2000 wird Banrisul aus Rio Grande do Sul die einzige verbleibende Landesbank sein. Alle anderen Bundesstaaten wurden im Zuge der Umschuldungsverhandlungen zum Verkauf ihrer Landesbank gezwungen. Hätte ein Gouverneur dem Drängen der Zentralbank nicht nachgegeben, hätte dies schlechtere Konditionen für die Neuverschuldung bedeutet. Bundesstaaten, die privatisierten, erhielten subventionierte Kredite. Dies war eine neue Form des politischen Geldregimes. Weiters stellte die BNDES (*Banco Nacional de Desenvolvimento Econômico e Social* – Nationale Bank für wirtschaftliche und soziale Entwicklung) eigene Kreditlinien für die Privatisierung zur Verfügung, indem den Bundesstaaten Vorauszahlungen geleistet wurden (FSP 4. 7. 1998). Trotz aller Rhetorik eines Minimalstaates nahm die Rolle der öffentlichen Hand eher zu. Die Finanzverwaltung erwirtschaftete 1995 mit 30,58% des BIP deutlich mehr Einnahmen als 1988 (22,43%). Für die Gemeinden verdoppelten sich die verfügbaren Einnahmen fast. Als Anteil am BIP war die Steigerung des Bundes mit 3,07 Prozentpunkten am höchsten.

Tabelle 14: Verfügbare Einnahmen, nach Gebietskörperschaft, in Prozent des BIP, 1988-1995

	1988	1995	Veränderung 1988/1995
Verfügbare Einnahmen	**22,43**	**30,58**	**8,15**
Bund	13,98	17,05	3,07
Bundesstaaten	6,04	8,39	2,35
Gemeinden	2,41	5,14	2,73

Quelle: Affonso 1996: 8

Die Budgetanalyse zeigt keinerlei Sanierungsbemühungen bei der Sozialversicherung; vielmehr wurden alle Energien dafür verwendet, die Sozialverfassung zu verändern. Die steigenden Ausgaben dienten der Regierung als Begründung, die staatliche Sozialversicherung als ein universales Bürgerrecht zu untergraben und den Weg für ihre Privatisierung zu legen. Trotz der Rückgänge der Ausgaben im Sozialbereich waren die quantitativen Veränderungen weniger bedeutsam als die qualitativen. Die Strukturbrüche sind im Organisatorischen feststellbar. Das von der Präsidentengattin geleitete, als innovativ gepriesene sozialpolitische Aushängeschild, die *Comunidade Solidária,* versteht sich als ein Modell der Zusammenarbeit zwischen Staat und Zivilgesellschaft. In Wahrheit ist es ein Fürsorgemodell, das das universell ausgerichtete Sozialsystem weiter untergräbt und die Sozialleistungen fragmentiert. Der Partizipation bei der Ausführung steht die Staatskontrolle bei der Strukturierung gegenüber. Soziale Rechte oder zumindest Sozialhilfe als Bürgerrecht gibt es immer weniger.[49] Die Sozialpolitik des Bundes wurde durch eine die Verfassung zeitweilig modifizierende Zentralisierung von Mitteln finanziert. Mit dem FEF (*Fundo de Estabilização Econômica* – Fonds zur fiskalischen Stabilisierung) griff die Regierung auf Ressourcen zurück, die laut Verfassung den Bundesstaaten und Gemeinden zustehen. Was damit erreicht wurde, war, daß die Bundesstaaten und Gemeinden von diskretionären Maßnahmen, Zuwendungen, Verhandlungen über Schuldenstreckung usw. abhängiger wurden.[50] Diese politische und wirtschaftliche Abhängigkeit traf besonders die armen Staaten und Gemeinden, die kaum über ein eigenes Steueraufkommen verfügen. So kann festgehalten werden, daß der Staat durchaus weiterhin eine aktive Rolle spielt. Die

Selbstbeschränkung staatlichen Handelns betrifft vor allem die Fähigkeit des Staates, seinen sozialen Verpflichtungen in den Bereichen Gesundheit und Bildung nachzukommen und die notwendigen Infrastrukturinvestitionen zu tätigen.

Kernproblem der Regulierung des Geldes wurde ab den 1970er Jahren die Inflation. Die vorherrschenden Inflationstheorien konzentrierten das Hauptaugenmerk der Öffentlichkeit auf die Frage der Indexierung der Löhne (Lohn-Preis-Spirale) und auf die Trägheitsinflation (aufbauend auf Inflationserwartungen) (Baer 1989: 134-163). Erstere bekämpfte man mit – immer gescheiterten – Sozialpakten und einer schleichenden Reallohnkürzung; zweitere wurde mit dem als heterodox bezeichneten Lohn-Preis-Stop des *Plano Cruzado* nur vorübergehend gestoppt. Als drittes Problem, zunehmend als Hauptursache identifiziert, galt die Fiskalkrise. Die vorherrschende ökonomische Theorie, deren religiöser Charakter aus der Selbstbezeichnung als Orthodoxie (Rechtgläubigkeit) durchschimmert, sieht Geld als neutrales „Schmiermittel" für das Funktionieren der Realwirtschaft. Nur wenn die Politik Fehler macht, erfüllt Geld seine Funktionen als Recheneinheit, Zahlungsmittel und Wertaufbewahrungsmittel nicht (Schelkle 1995). Ein „Überangebot" an Geld, hervorgerufen durch zu großzügige Staatsausgaben im Zuge der Demokratisierung, wurde für den Wertverfall des Geldes verantwortlich gemacht. Es konnte aber sowohl eine Hyperinflation als auch eine vollkommene Dollarisierung der Ökonomie verhindert werden, indem die Landeswährung mittels Hochzinspolitik für InvestorInnen attraktiv blieb. Das zentrale Merkmal der Krise des Geldes war nämlich in der besonderen Form des brasilianischen Kreditmarktes begründet. Ein wesentlicher Impuls des Marktes ging von privaten InvestorInnen aus, die Schuldscheine des brasilianischen Staates kauften. „Die wichtige Rolle, die Kapitalerträge aus öffentlichen Schuldtiteln für die Inflationsbeschleunigung spielten, wurde jedoch in den Debatten ausgeklammert, und so blieben die tatsächlich Verantwortlichen einer Anpassungspolitik zugunsten der Besitzenden im Dunkeln. Die von internationalen Organisationen vorgebrachte Kritik am verschwenderischen Staat kam ihnen gerade recht, um sich vor ihrer eigenen Verantwortung für die wirtschaftliche Destabilisierung während der 1980er Jahre zu drücken" (Pereira 1998: 143). Nachdem der *Cruzado* nicht mehr imstande war, die klassischen Funktionen von Geld wahrzunehmen, traten die Staatsschuldscheine an seine Stelle und wurden zu einer Parallelwährung. Der einzige wichtige Preis, der weitgehend in *Cruzados* berechnet wurde, war der Lohn. Der bestimmende Druck auf die Preise erfolgte indirekt über den Anstieg der Staatsverschuldung. Die Fristigkeit der Schuld wurde kürzer, die Zinssätze stiegen. Beides begründete eine Verschuldungsspirale. Die Entwicklung der staatlichen Ausgaben allgemein war demgegenüber von geringer Bedeutung.

Die Analyse der Zahlungsbilanz zeigte, daß sich die weltwirtschaftliche Dynamik aus der Warte der Peripherie der Weltwirtschaft in letzter Zeit wesentlich als Krise präsentierte (Parnreiter et al. 1999). Der Kernmechanismus der Abhängigkeit liegt darin, daß die Zu- und Abflüsse von Kapital durch regionsexterne Faktoren – nämlich die Anlageentscheidung der Vermögensbesitzer in den Zentrumsökonomien – bestimmt werden. In den 1970er Jahren war Kapital in den Zentren überschüssig und wurde billig an die Peripherie verliehen. Durch die Dollaraufwertung und Zinssatzanhebung nach 1979 verteuerte sich das Kapital und konzentrierte sich im Zentrum. Statt Kapital zu erhalten, verlagerte sich Kapital von der Peripherie zurück ins Zentrum. Brasilien wurde ab 1985 zum Exporteur von Kapital. Da seine Kapitalbilanz negativ wurde, mußte die Leistungsbilanz Überschüsse erwirtschaften. Die Unterbewertung der Währung war hilfreich, um die Exportwirtschaft anzukurbeln und den Schuldendienst bedienen zu können. Dies gewährleistete den Kapitaltransfer vom Süden in den Norden. Vor allem in den 1980er Jahren wertete Brasilien in Übereinstimmung mit den Empfehlungen des Währungsfonds seine Währung ab, um die Exportwirtschaft zu fördern. Damals standen Produktionsinteressen noch im Vordergrund. Exporte waren wichtig, weil so der Kapitaltransfer vom Süden in den Norden gewährleistet wurde. Von der Weichwährungspolitik profitierte, unter der Hartwährungspolitik litt die Exportindustrie. In den 1990er Jahren verlor der Schuldendienst in der wirtschaftspolitischen Diskussion an Bedeutung. Im Vordergrund standen anlegerfreundliche Bedingungen. Sowohl in den Entwicklungsländern als auch in den ehemals sozialistischen Staaten Osteuropas mußten Stabilität und eine hohe Verzinsung gewährleistet werden, was eine massive Umverteilung zu den Besitzern von Finanzkapital bedeutete. Die mit dem *Plano Real* eingeleitete Stabilität führte dazu, daß internationale Anleger Brasilien als *„emerging market“* entdeckten. Die Inflation wurde 1994 mit einem traditionellen Konzept bekämpft: der Koppelung an die internationale Leitwährung. Damit unterwarf sich Brasilien nach 60 Jahren wieder den Regeln eines internationalen Geldregimes ohne nationale Geldsouveränität (Fiori 1995: 112). Der *Real* wurde im US-Dollar verankert, ohne daß die Koppelung je fixiert worden wäre. Die Hartwährungspolitik – man sprach von einer wechselkurs-basierten Stabilisierungsstrategie (Fritz 1996: 32) – stand in Gegensatz zur früher praktizierten Form der Weltmarktöffnung. In dieser Form der Geldregulation nahmen die Währungsreserven eine Schlüsselrolle ein, was sie grundlegend von der im binnenorientierten Modell praktizierten Devisenbewirtschaftung unterschied. Damals mußte Brasilien seinen Wechselkurs nicht durch teure, weil niedrigverzinste Währungsreserven absichern. Kapitalverkehrskontrollen limitierten den Handel mit Geld. Die Währungsreserven beliefen sich 1971 auf US$ 1,7 Mrd. und nahmen in den 1970er Jahren zu, ohne daß dies die Krise 1981 verhindert hätte. Bis 1992 pendelten sie um die US$ 10 Mrd., um dann sprunghaft anzusteigen (vgl. Tab. 8, S. 108). Abgesehen von – für die Zentralbank immer sehr teuren – spekulativen Angriffen auf die Währung erhöhten sich die Reserven. Dies war für den Staat äußerst teuer, denn er muß zu hohen Zinsen Schuldscheine ausgeben, um niedrigverzinste US-amerikanische Papiere als Währungsreserve zu erwerben. Die Anhäufung großer Währungsreserven wurde international durch verfügbares kurzfristig anlagesuchendes Kapital und national durch eine Hochzinspolitik ermöglicht. Auf kurzfristigen Gewinn orientierte nationale und internationale Anleger kamen nach Brasilien. Realzinsen – d.h. nach Abzug der Inflationsrate – von 56,4% (Dezember 1994) und immer noch 37,2% (Dezember 1998) waren nur auf wenigen Finanzmärkten der Welt zu erzielen (vgl. Tab. 9, S. 109).

Die Regulation der Arbeit war durch das Erstarken einer freien Gewerkschaftsbewegung Ende der 1970er Jahre gekennzeichnet. Der einseitig diktatorisch gelöste Klassenkampf gewann erneut an Dynamik, als die Arbeiterschaft ihre Bürgerrechte zurückerkämpfte. Die gewerkschaftlich organisierte Arbeiterschaft, ein Teil des Dienstleistungssektors und ein Großteil der öffentlich Bediensteten erkämpften sich die Indexierung der Löhne, was zwar Reallohnkürzungen nicht verhinderte, aber deren Effekte abmilderte. Einzig das reichste – und eingeschränkt das zweitreichste – Dezil der Bevölkerung konnte sich gegen die Inflation wirksam schützen. Auch die Mittelschicht, deren Konten und Gehälter weitgehend indexiert waren, verlor (vgl. Tab. 10, S. 112). Für die Armen kam dem Wert des Mindestlohns, d.h. eines staatlich festgesetzten Preises, immer eine besondere Bedeutung zu.

Das demokratische Feld des Staates eröffnete für die NiedriglohnbezieherInnen Handlungsoptionen, denen sich die Politik nur schwer verschließen konnte. Am Ende der Diktatur schrumpfte der monatliche Mindestlohn von 75 US$ (1980) auf 50 US$ (1985). Danach erhöhte er sich auf rund 100 US$ in der ersten Amtszeit Cardosos. Nach der Abwertung 1999 sackte auch der in Dollar gemessene Wert des Mindestlohns wieder stark ab. Das Anheben des Mindestlohns – eine durchaus nicht-neoliberale Maßnahme – war sicherlich wichtig, um die kurzfristigen positiven Verteilungswirkungen des *Plano Real* zu erzielen.[51] Gleichzeitig ist eine grundlegende Veränderung der Machtverhältnisse innerhalb der Betriebe zu beobachten. Dies hängt wesentlich mit dem Ansteigen der Arbeitslosigkeit zusammen. Die Arbeitslosigkeit wurde unter dem *Plano Real* zu einem sozialen Schlüsselproblem. Die offizielle Rate ist mit 7,6% (1998) zwar im internationalen Vergleich niedrig (Mattoso 1999: 128), aber eigentlich aussagelos – denn wer kann in kapitalistischen Gesellschaften ohne Sozialstaat darauf verzichten, seine Arbeitskraft, wie prekär auch immer, zu verkaufen?

Anfang der 1980er Jahre wurde die staatlich-korporatistische Arbeitsgesetzgebung noch im Sinn einer umfassenden Demokratisierung der Gesellschaft in Frage gestellt. Eine neue, einheitliche Regulation des Arbeitsmarktes sollte die soziale Homogenisierung des nationalen Machtraumes fördern. Die Arbeits- und Sozialgesetzgebung konnte nur den formellen Arbeitsmarkt regulieren. Die Zunahme informeller Arbeitsverhältnisse untergrub die Macht der Arbeits- und Sozialgesetzgebung. Auf dem Land hatte sich die Sozialgesetzgebung nie durchgesetzt, in den Städten gewannen informelle Beschäftigungsverhältnisse an Bedeutung. Dabei handelte es sich zumeist um Beschäftigungsverhältnisse, die sich nicht an das Arbeits-, Sozial- oder Gewerberecht hielten und daher von der Warte der Souveränität aus illegal waren. Der Andrang auf offene Stellen schuf eine so große Machtasymmetrie in der Arbeit-Kapital-Beziehung, daß Repression weitgehend unnötig wurde. In den Bereichen, wo es noch eine Gewerkschaftsbewegung gab, wurde auf Kampfmaßnahmen jedoch massiv reagiert, sei es durch gesetzliche Beschränkungen des Streikrechts für „essentielle Dienste“ wie Verkehr, Gesundheit usw. bis hin zu Polizei- und Militärintervention. Selbst in gewerkschaftlich gut organisierten Branchen und Regionen verzichteten die Beschäftigten aus Angst um ihre Arbeitsplätze „freiwillig“ auf die ihnen gesetzlich zustehenden Rechte (Jatobá et al. 1996). Die Auseinandersetzung zwischen Unternehmen und Gewerkschaften erreichte mit dem mit Militärgewalt niedergeschlagenen Ölarbeiterstreik 1995 seinen Höhepunkt (Fritz 1996: 40). Im Jänner 1996 unterschrieb die Regierung die ILO-Konvention 158, in der es um – individuelle – Kündigungsrechte geht. Zehn Monate später kündigte sie diese Maßnahme gegenüber der ILO auf, weil sie zu weitgehend sei (Neto 1997: 38 f.). Brasilien paßte sich somit nicht überall an die Modernität der Industriestaaten an, sondern setzte Akzente einer eigenen flexibel-gesetzesfreien Regulation der Arbeit-Kapital-Beziehungen. Die direkte Gewalt der Repression wurde durch die Freiheit und die Gewalt des Geldes ersetzt.

Der Beschäftigtenindex, der einzig die formal Beschäftigten mißt, zeigt die Flucht aus dem Arbeits- und Sozialrecht (vgl. Tab. A-16). Er stieg von 1984 bis 1990 um fast 13%. Nach 1990 ging er aber zurück. Besonders dramatisch war der Arbeitskräfteabbau im Bereich der verarbeitenden Industrie. Dem zehnprozentigen Anstieg der Beschäftigung von 1985 bis 1990 stand 1997 ein Rückgang unter den Wert von 1984 gegenüber. Dieser starke Rückgang formaler Arbeitsverhältnisse – vor allem in der Industrie – konnte in einem Land ohne soziale Grundsicherung nicht zu einem Anstieg der Arbeitslosigkeit in der gleichen Höhe führen. Da die Menschen arbeiten müssen, stieg die Zahl der im informellen Sektor Beschäftigten. Letzterer war aber eine ökonomische Organisationsform, die das Territorium unterminierte. Das Prinzip der universellen Gültigkeit des Rechts innerhalb der Grenzen des Territoriums wurde unterlaufen. Das brasilianische Arbeitsrecht CLT aus dem Jahr 1943 hatte den auf dem Land Beschäftigten schon wesentliche Rechte vorenthalten; nun wurde auch der informelle städtische Sektor Teil dieses „rechtsfreien“ Raumes innerhalb des Territoriums. Die national differenzierte Reproduktion der Arbeitskraft stellte immer ein wesentliches Merkmal der internationalen Regulation dar. Der Nationalstaat sah in den 1990er Jahren seine Aufgabe darin, die Gesetze an die realen Betriebsverfassungen anzupassen. In diesen wurde das Arbeitsrecht immer weitreichender unterlaufen. Der Machtraum war, bezogen auf die Arbeitsregulation, weder nach innen homogenisiert, noch unterschied er sich wesentlich von den ebenfalls liberalisierten Arbeitsmärkten anderer Schwellenländer.

In der Regulierung des Wettbewerbs wurde 1990 der Pakt zwischen staatlichem, nationalem und internationalem Kapital endgültig aufgekündigt. Solange das private Kapital nicht stark genug war, hatte der Staat eine wichtige Rolle in der Industrialisierung zu spielen, indem er die nötige Zentralisierung von Kapital und Ressourcen sicherstellte. In den 1980er Jahren benutzte die Wirtschaftspolitik die verstaatlichten Betriebe durch eine Niedrigpreispolitik zur Subventionierung der Privatwirtschaft und zur Dämpfung der Inflation. Der starke Einfluß des politischen Establishments förderte in Teilbereichen die Ressourcenverschwendung und führte zu einem übermäßigen Beschäftigtenstand, zu einem guten Teil bestehend aus Günstlingen von PolitikerInnen. Durch die Veränderungen in der Organisation des nationalen brasilianischen Kapitals und angesichts der neuen, über die Finanzmärkte erfolgenden Verflechtungen von nationalem und internationalem Kapital war eine neue Stufe der Zentralisierung möglich, die durch Privatisierung angestrebt wurde. Das Finanzkapital gesellte sich zum internationalen Kapital – wobei speziell die Automobilkonzerne ganz vorne mitspielen –, und beide hatten gegenüber dem nationalen Industriekapital eindeutig die Oberhand gewonnen.[52] In einer ersten Phase wurden vor allem Betriebe des Produktivsektors, in der zweiten Phase vor allem Infrastruktur und öffentliche Dienste privatisiert. Die zentrale Akteurin der Privatisierung war die BNDES, die in den 1980er Jahren bankrotte Privatfirmen verstaatlichte, in den 1990er Jahren die verstaatlichten Betriebe vor dem Verkauf modernisierte und danach auch an die privatisierten Betriebe großzügige Kredite vergab. Weiters erhielten die Bundesstaaten Vorauszahlungen auf geplante Privatisierungen. In einer Reihe von Branchen, in denen Betriebe privatisiert wurden, entstanden oligopolistische Märkte.[53] Waren früher verstaatlichte Banken für den Großteil der Kreditvergaben zuständig, so teilen sich nun die privaten Banken das Geschäft mit dem internationalen Finanzmarkt (Vermögensanlage, Börse, Devisenhandel). Es bildeten sich Finanzkonglomerate heraus, die sich massiv am Privatisierungsgeschäft beteiligten und in wichtigen Bereichen Oligopole bildeten.[54]

Für den Warenhandel war die Grenze des Territoriums konstitutiv. Hohe Zölle und andere Handelshemmnisse behinderten die Wareneinfuhr. Der Warenaustausch mit den Nachbarstaaten sackte unter der Militärdiktatur immer weiter ab. Mit der Demokratisierung setzte sich langsam eine offenere Handelspolitik durch. Die Importquote, 1990 auf 4,6% abgesackt, stieg trotz „Importboom" 1996 aber bloß auf 7,1%. Die Exportquote, die 1990 7% betrug, schwankte danach zwischen 9,6% (1992) und 6,4% (1996) (vgl. Tab. A-12). Doch diese geringen außenwirtschaftlichen Verflechtungen des kontinentalen Machtbehälters relativieren sich bei genauerem Hinsehen[55], denn schwache und bloß national organisierte Branchen wurden voll getroffen[56]. Ein dramatisches Beispiel ist Metal Léve, ein brasilianischer Zuliefererbetrieb. Schon früh untersuchte Amaral (1977: 182-189) diesen Mittelbetrieb, der damals bereits zu exportieren begann. Die Cepal zitierte ihn Anfang der 1990er Jahre erneut als erfolgreiches Beispiel der Anpassung nationaler Unternehmen an den Druck der Weltwirtschaft (Cepal 1992: 125 ff.). Umso größer war der Schock, als dieses Paradeunternehmen um US$ 65 Mio. an ein deutsches Unternehmen verkauft wurde (Veja 19. 6. 1996). Der einzige Sektor, der Ausnahmeregelungen von der rasanten Marktöffnung nach 1990 durchsetzen konnte, war die international vernetzte Automobilindustrie, die wichtige Elemente des alten Konkurrenzverhältnisses bewahren konnte. Die multinationalen Konzerne konnten schon seit den 1950er Jahren sehr gut mit der protektionistischen Politik leben. Ihre im Land produzierten Autos wurden auf dem geschützten Markt teurer und mit einer veralteten Technologie abgesetzt. Seit den 1980er Jahren und der Krise des Binnenmarktes war hier ein Wandel feststellbar; die Konzerne begannen vermehrt, mit neuen Technologien zu produzieren und den internationalen Markt zu beliefern. Der nationale Markt blieb aber weiterhin stark abgeschottet.[57] Gleichzeitig kam es zu massiven Veränderungen im Produktionsprozeß, was zu Produktivitätsgewinnen und Massenentlassungen führte. Seit 1985 hatte der an sich prosperierende Sektor fast ein Fünftel seiner Arbeitskräfte abgebaut. Gleichzeitig war dieser Bereich auch derjenige, in dem die größten ausländischen Direktinvestitionen erfolgten.

Eine andere Facette der Internationalisierung ist die regionale Blockbildung in Südamerika. 1995 trat der Mercosur (*Mercado Común del Sur*[58] – Gemeinsamer Markt des Südens), bestehend aus Brasilien, Argentinien, Uruguay und Paraguay, in Kraft; seit 1996 sind Chile und Bolivien assoziierte Mitglieder. Mit dieser wirtschaftlichen Integration sollte ein intermediärer Ort zwischen dem globalisierenden Raum der Welt und dem Territorium der Nationen geschaffen werden (Faria 1998: 188). Während das Finanzkapital eindeutig global orientiert war, spielte der Mercosur für die Automobilindustrie eine zentrale Rolle. Die Akkumulationsstrategien der Konzerne hatten den gesamten südamerikanischen Raum im Auge; komparative Vorteile wie Subventionen oder Wechselkursunterschiede wurden rasch ausgenützt (Pacheco 1998: 154). Als Handelsblock war der Mercosur erfolgreich. Der Außenhandel mit den Mitgliedsstaaten, aber auch der Handel mit den Nicht-Mitgliedsstaaten stieg deutlich an. Im Automobilsektor waren auch zunehmend integrierte Investitionsentscheidungen der Konzerne zu beobachten. Das große Problem war die fehlende Abstimmung der Wirtschaftspolitiken. Vor allem die schwankenden Wechselkurse gefährdeten den Integrationsprozeß immer wieder. Es gelang auch nicht, den Mercosur als Projekt von der von den USA propagierten Amerikanischen Freihandelszone *Alca* abzugrenzen. Brasilien schwankte zwischen Blockbildung und weltweiter Freihandelspolitik (vgl. JEP 2/98).

Nationale Bühne der Macht

Ich habe mich der Raum-Macht Brasiliens in einem ersten Schritt mit einer strukturellen Analyse der politökonomischen, aber im wesentlichen der ökonomischen Entwicklung genähert. Diese Analyse tendiert dazu, scheinbar unvermeidbare und unausweichliche Entwicklungen zu beschreiben (Fiori 1995: 18). Gegen diese Verkürzung von Geschichte auf die Entfaltung von strukturellen Notwendigkeiten gewinnt in der nun folgenden Analyse die Politik an Bedeutung. Mit dem Möglichkeitsraum politischen Handelns treten das Konkrete, Ereignisse, Strategien und Handlungslogiken in den Vordergrund. Eine Analyse der Bühnen der Macht beschäftigt sich vor allem mit dem Schauspiel, das einem auf der Bühne geboten wird. Es geht um das Spiel, dessen AkteurInnen und das Ergebnis des gespielten Stücks. Trotzdem wird es notwendig sein, auch der Beschreibung der Architektur und der Statik der Bühne Platz einzuräumen, da sonst nicht verstanden werden kann, was gespielt wird. Gleich zu Beginn ist nämlich die spezifisch brasilianische Staatsform zu erläutern, die sich stark an den Patrimonialismus anlehnt. Dieser bildet bis heute gleichsam das Skelett des brasilianischen politischen Systems. Er konstituierte eine Raum-Macht, deren Knoten der Staat ist. Weil die Kontrolle über den Staat von so großer Bedeutung ist, läuft die politische Auseinandersetzung auch anders ab als in Ländern mit einer starken Zivilgesellschaft. Im angelsächsischen Gesellschaftsmodell stellt die Zivilgesellschaft, in der sich mit Vermögen ausgestattete BürgerInnen organisieren, das Gegengewicht zur Staatsmacht dar.[59] In diesem System können BürgerInnen teilweise auch ohne Staat mächtig werden, was in Brasilien unmöglich ist. Weil in Brasilien der Staat der wichtigste Machtknoten ist, ist der eine – dominante – Teil der Zivilgesellschaft fest mit der Staatsmacht verwoben, und der andere – unterdrückte – Teil wird vom Zugang zur politischen und wirtschaftlichen Macht ferngehalten. In diesem Sinn liegt Fiori nicht falsch, wenn er zwischen einer Partei der Ordnung bzw. einer „Partei des Staates“, die die dominanten Kapitalinteressen repräsentiert, und einer „Partei der Zivilgesellschaft“ unterscheidet, der Opposition, die von diesem Machtblock ausgeschlossen ist (Fiori 1995: 101).[60] Sich als Zivilgesellschaft zu bezeichnen, wäre demnach Ausdruck von Schwäche, von Nicht-zum-Staat-Gehören. Diese Sichtweise wird ergänzt durch einen Zugang, wonach sich die Stärke oder Schwäche einer zivilen Organisation nicht an ideologischen Programmen und auch nicht an der simplen Größe mißt. Sie ergibt sich vielmehr aus der Fähigkeit, Teile des Staatsapparats kontrollieren zu können. Die politökonomische Machthierarchie spiegelt sich auch in der Zivilgesellschaft wider, und es gibt mächtige sowie unterdrückte Teile der Zivilgesellschaft. Eine derartige strukturelle Analyse hilft, die oft überzogen positive Besetzung des Begriffes Zivilgesellschaft zu relativieren. Diese übersieht nämlich die historische Struktur des brasilianischen politischen und ökonomischen Systems, das auf einer radikalen Hierarchisierung aufbaut und sich in Jahrhunderten verfestigt hat.

Handelskapital und Krone kontrollierten den ökonomischen Verflechtungsraum. Während der Feudalismus auf einem starken, territorial verankerten Adel und einem System von Rechten und Pflichten basierte, herrschte im Patrimonialismus der König uneingeschränkt über seine Untergebenen. Seine Machtbasis beruhte auf dem Besitz des Landes und der Kontrolle über den Handel. Da diese Macht nicht von einer Person allein ausgeübt werden konnte, sondern von einem ganzen Stand verwaltet werden mußte, war es der königliche Hof, an dem sich die Macht zentralisierte. Die territorialen Mächte vor Ort befanden sich gegenüber den Beamten und Adeligen des Hofes in einer schwachen Position; der König regierte, während die Herren vor Ort bloß im Rahmen der national strukturierten Raum-Macht herrschten (Faoro 1997: Kap. 1). Dies konstituierte eine klare Hierarchie der Herrschaft. Der König war politisch ein Souverän, ökonomisch ein Parasit. Die nationale Macht, der Staat, wiederum wurde zu einem Unternehmen des Königs; öffentliche und private Macht, öffentliches und privates Eigentum vermischten sich. Die Patriarchen, anfangs der Zuckerbaron, später Kaffee- und Kautschukbarone und die *Coroneis* des Nordostens, waren politisch untergeordnet, ökonomisch preßten sie ihren Untergebenen den notwendigen Überschuß für den Fortbestand des Gesamtsystems ab. Die Monetarisierung der Abpressung des Mehrprodukts war schon früh notwendig, weil die Herren vor Ort noch viel stärker als der feudale Adel zur Ablieferung an den König verpflichtet waren. Die lokale Macht, die Kommunen, bildeten sich in der portugiesischen Kolonie als gehorsame Dezentrale des Königs (Faoro 1997: 7). Vor Ort, in den abgelegenen Zuckergütern des brasilianischen Nordostens, war die politische, wirtschaftliche und religiöse Macht in der alltäglichen Routine in einer Hand konzentriert. Der lokale Macht-

Raum der Sklavenhaltergesellschaft basierte auf der Trennung von Herrenhaus und Sklavenhütte. Jedes Haus war eine Republik, wirtschaftlich und politisch autonom. Außerhalb der beiden lokalen Sozialräume Herrenhaus und Sklavenhütte sowie ständisch strukturierter Staat gab es kaum ein organisiertes Leben, geschweige denn eine Zivilgesellschaft (Holanda 1989: 49). Das sich nur langsam und gegen viel Widerstand herausbildende städtische Bürgertum blieb mit den Adelsfamilien und den Herren der Landgüter eng verwoben. Mit der Nationsbildung entstand nationale Politik als eine eigenständige Bühne der Macht; die AkteurInnen, die auf dieser Bühne spielen sollten, mußten aber erst in ihre Rollen hineinwachsen. Schritt für Schritt übernahmen diese aufstrebenden neuen Herren die Verwaltung des Staates und bildeten eine Zivilgesellschaft, die mit der alten ständischen Struktur verwoben blieb. Das aufstrebende Bürgertum bildete keinen eigenen Lebensstil heraus, sondern übernahm die alten, auf Privilegien basierenden Verhaltensweisen der Agrarherren. Sie und sonst niemand bildeten im 19. Jahrhundert die Zivilgesellschaft und die Nation (Fernandes 1987: 40 ff.). Sie agierten auf der Bühne der Macht, sei es in den Ministerien oder im Parlament. Der Rest, d.h. die Mehrheit, war ausgeschlossen.[61] Der Staat, die Gesellschaft und die Zivilgesellschaft waren durch eine spezifische Raum-Macht strukturiert. Jene, die seit dem 16. Jahrhundert alle Sphären des politischen, sozialen und ökonomischen Lebens dominierten, schafften es zu einem guten Teil bis heute, diese Macht zu behaupten. Um ihre Macht zu erhalten, benützten die dominanten Gruppen die verschiedensten Strategien, sei dies mittels des Staates oder auf anderen Wegen.

Schon im 19. Jahrhundert fanden die Auseinandersetzungen auf der sich konstituierenden nationalen Bühne der Macht im Rahmen eines Zweiparteiensystems statt. Die Liberalen waren stärker mit den territorialen Produktionsinteressen verwoben und deshalb für föderale Reformen in Richtung Dezentralisierung.[62] Die Konservativen wiederum repräsentierten vorrangig die Handels- und damit auch die Sklavereiinteressen (Faoro 1997: 341 f.). Eine wichtige Bühne der Auseinandersetzung waren die Wahlen, Kerninstitution des Machtraumes. Doch weit davon entfernt, den Willen eines wie immer eng definierten „Volkes“ zu repräsentieren, waren es der Kaiser und die Spitze des Staates, die die Wahlen vor Ort in ihrem Sinn manipulierten. Die Wahlbehörde wurde vom Provinzpräsidenten eingesetzt, der wiederum vom Ministerium bestellt wurde. Sie war mit allen Vollmachten ausgestattet, und ihre Zusammensetzung bestimmte den Ausgang der Wahlen (Faoro 1997: 370). So wechselten sich in fünfzig Jahren 19 liberale und 15 konservative Regierungen ab (Faoro 1997: 354). Sosehr sich die Parteien programmatisch ähnelten und das Machtfeld nicht in Frage stellten, so hart waren trotzdem die Auseinandersetzungen. Die Verfügung über die Staatsbürokratie war für die jeweiligen Parteimitglieder von entscheidender Bedeutung. Es war eine dritte Kraft, die Republikanische Partei, die die Monarchie und damit das Zweiparteiensystem unterminierte. Aber auch mit der Ausrufung der Republik 1889 änderte sich am elitären Politikstil nichts. 1898 waren 2,7%, 1930 5,7% der Bevölkerung wahlberechtigt (Cano 1997: 249). Die Wahlen liefen in der Alten Republik ähnlich ab wie unter der Monarchie. Die regional dominante Gruppe setzte ihre Kandidaten durch, die Opposition blieb vollkommen ausgeschlossen. In den Regionen erfolgte somit schon vorab unter den dominanten Gruppen eine Klärung über die Vorherrschaft bestimmter Interessen. Da überall die Agraroligarchie den politischen Apparat kontrollierte und der Gouverneur die Macht regional zentralisierte, agierten auf nationaler Ebene nur vereinheitlichte regionale Interessen. Die offiziell als „Politik der Staaten" bezeichnete Strategie wurde deshalb als „Politik der Gouverneure" bekannt. Dieses neue System stabilisierte in neuer Zusammensetzung die patrimoniale Struktur des Staates. Der Präsident wurde abwechselnd von Minas Gerais und von São Paulo gestellt, die 20 Gouverneure repräsentierten ihren jeweiligen Bundesstaat und unterstützten sich gegenseitig gegen allfällige interne Opposition.

Nach 1930 verlor die Agraroligarchie ihre monopolartige politische Stellung und mußte die Macht mit den neuen industriellen und urbanen Interessen teilen. In zwei Anläufen – unterbrochen durch den *Estado Novo* (1937-1945) – verbreiterte sich die demokratische Bühne. Das Machtfeld wurde komplexer. Die 1930er Jahre zeichneten sich durch ein heftiges, aber kurzes Aufflackern von Pluralismus, Liberalität und Demokratie aus. Aber Faschismus und Kommunismus untergruben rasch die Legitimität eines liberal-demokratischen Regimes. Durch die Schaffung von zentral kontrollierten und dezentral agierenden Behörden und Körperschaften, die *Inventorias,* stärkte der *Estado Novo* die Zentralregierung zu Lasten der Regionen. Nach 1945 erfolgte die Rückkehr zur Demokratie, ohne die vollzogene Zentralisierung rückgängig zu machen. Eine der beiden systemtragenden Parteien, die PSD *(Partido Social Democrático)*, war die Partei des Staates und gleichzeitig auf dem Land gut verwurzelt. Die zweite staatstragende Partei war die PTB (*Partido Trabalhista Brasileiro* – Brasilianische Partei des Arbeitertums), die sich auf die städtische Arbeiterschaft stützte. Diesen beiden Parteien, die fast bis zum Putsch 1964 koalierten, trugen das Modernisierungsprojekt der 1950er Jahre und schufen ihm eine Legitimationsbasis. Ihnen stand die UDN *(União Democrático Nacional)* gegenüber, die liberale und ebenfalls auf dem Land verankerte Oppositionspartei (Santos 1978: 40 ff.). Im Gefolge anhaltender Wahlniederlagen wurde sie zur subversiven Opposition, die die politischen Spielregeln wenn immer möglich umging und so die Voraussetzungen für den Putsch schuf. Die wirtschaftliche und politische Krise, die die Allianz von PTB und PSD zerbrechen ließ, brachte erstmals eine ideologische Polarisierung in rechts (UDN und PSD) und links (PTB und die neuen urbanen Parteien) (Souza 1985).

Ab 1964, d.h. unter der Militärdiktatur, waren erneut nur zwei Parteien erlaubt: die Regierungspartei ARENA *(Aliança Renovadora Nacional)* und die offizielle Opposition MDB *(Movimento Democrático Brasileiro)*. Die Bühne der Macht wurde unter der Militärdiktatur systemtreuen AkteurInnen vorbehalten. Es war ein Milieu, das, gestützt auf die traditionelle Zivilgesellschaft, die Politik in Brasilien zu monopolisieren trachtete. Im Zuge der Demokratisierung kam es zu einer Öffnung des politischen Systems, und die Stabilisierung der bestehenden Un-Ordnung mußte nun indirekt sichergestellt werden.

Hierbei spielten die Medien als ein bedeutsamer Teil der vermachteten, staatstragenden Zivilgesellschaft eine wichtige Rolle. Sie waren hoch konzentriert und weitgehend privatisiert (Costa 1997: 56 f.). Im Zeitschriftensektor gab ein einziger Verlag neun der zehn auflagenstärksten Zeitschriften heraus; bei den überregionalen Zeitungen gab es ein Oligopol; vier privatrechtlich organisierte Fernsehnetze kontrollierten fast den gesamten Markt; die Konzessionen für den Betrieb von Radiosendern (sowie Fernsehanstalten) wurden von der Regierung meist aufgrund politischer Kriterien erteilt. Den Kern der unternehmerischen Zivilgesellschaft bildeten lange Zeit die auf Branchen ausgerichteten „Verbände“ *(sindicatos)*.[63] Jedoch war deren Interessenvertretung immer speziell auf Branchennotwendigkeiten fixiert. Im Zuge der Demokratisierung und der Erarbeitung einer neuen Verfassung waren neue Organisationsstrukturen notwendig. Deshalb wurden gesamtgesellschaftlich ausgerichtete Unternehmerverbände wichtig, z.B. der nationale CNI *(Confederação Nacional de Indústrias)* und die paulistanische FIESP (*Federação das Indústrias do Estado de São Paulo*).[64]

Im folgenden wird die brasilianische Parteienlandschaft vorgestellt, wie sie sich heute gestaltet. Die ARENA änderte für die Wahl 1982 ihren Namen in PDS (*Partido Democrático-Social* – Demokratisch-soziale Partei), und nach weiteren Namensänderungen agiert sie heute als PPB (*Partido Progressista Brasileira* – Progressive Partei Brasiliens). 1998 errang sie fünf SenatorInnen und 60 Abgeordnetensitze. Ihr politisches Programm ist klar rechts orientiert, die PPB vertritt die Interessen der nationalen Unternehmerschaft, vor allem derjenigen São Paulos. Die Schlüsselfigur der PPB ist Paulo Maluf, Ex-Bürgermeister von São Paulo, weshalb die PPB dort, aber eben nur dort eine bestimmende Kraft ist.[65] Die liberale PFL (*Partido da Frente Liberal* – Partei der liberalen Front) scherte Anfang der 1980er Jahre aus der Allianz mit den Militärs aus und hat seit damals immer nur für sehr kurze Zeit die Räume der Macht verlassen müssen. Sie praktiziert am gekonntesten die traditionelle Politik des „Gebens und Nehmens". 1998 verfügte sie über 23 SenatorInnensitze und 106 Kongreßabgeordnete; sie regiert vor allem in Bahia und Paraná. Sie stellt den Vizepräsidenten, den Senatspräsidenten und wichtige Minister.[66] Die PFL ist heute eine moderne rechte Partei mit nationaler Präsenz. In letzter Zeit näherten sich PFL und PPB, die ja beide aus der Partei der Diktatur, ARENA, hervorgingen, erneut an. Die PMDB (*Partido do Movimento Democrático Brasileiro* – Partei der demokratischen Bewegung Brasiliens) wurde vom späteren Präsidenten Cardoso Anfang der 1980er Jahre als „Omnibuspartei" konzipiert, d.h. als klassenübergreifende Partei, in der für alle Platz sein müsse. 1986 errang sie bei den Gouverneurs- und Kongreßwahlen tatsächlich einen überragenden Wahlsieg. Aufgrund der von ihr repräsentierten widersprüchlichen Interessen gelang es ihr jedoch nicht, diese satten Mehrheiten in konsistente politische Maßnahmen umzusetzen; die Zahl der Abgeordneten im Kongreß sank nach 1986 kontinuierlich, um 1998 auf 81 abzusacken. Ihr Niedergang ging einher mit der Zerstörung der nationalstaatlichen Entwicklungsweise, die den ideologischen und institutionellen Kitt der Partei bildete. Die PSDB (*Partido da Social Democracia Brasileira* – Sozialdemokratische Partei Brasiliens) spaltete sich 1988 von der PMDB ab, als die Gruppe um Mario Covas und F. H. Cardoso im „Omnibus" PMDB zunehmend marginalisiert wurde. Der Parteiname „sozialdemokratisch", der noch auf ein linkeres politisches Spektrum in Brasilien verweist, war im wesentlichen als Abgrenzung zu radikaleren sozialen und sozialistischen Konzeptionen zu verstehen. Die PSDB ist eine Partei der oberen Mittelschicht. Anfangs war sie eher sozialliberal, heute ist sie eine wirtschaftsliberale Partei, die mehr noch als die traditionelle Rechte die Interessen des Finanzkapitals und des internationalen Kapitals vertritt. Ein Großteil der PSDB-Minister Cardosos sind in Unternehmen tätige Intellektuelle mit engen Bindungen an internationale Organisationen wie die Weltbank (Oliveira 1998a: 177).[67] Mit dem Präsidenten, 14 SenatorInnen und 99 Abgeordneten ist die PSDB neben der PFL in Brasília die bestimmende Kraft. In den Bundesstaaten hat sie aber 1998 an Einfluß verloren, da die wichtigen Bundesstaaten Rio de Janeiro, Rio Grande do Sul und Minas Gerais an die Opposition fielen.

Kristallisiert in den großen Streiks im Großraum ABC[68] entstand ein alternativer gesellschaftlicher Block, bestehend aus den vom Kern der Staatsmacht Ausgeschlossenen, getragen von den ArbeiterInnen und politisch organisiert in einer eigenen Partei, der PT (*Partido dos Trabalhadores* – Arbeiterpartei oder exakt: Werktätigenpartei). Die Armen betraten die Bühne der politischen Öffentlichkeit nicht bloß als Objekte, sondern als Subjekte (Sader 1988; Ottmann 1995). Berühmt geworden ist eine von armen Frauen an der Peripherie der großen Städte kreierte neue Form politischen Handelns (Castela, Novy 1996: 79 f.) – ein kollektives Handeln, das weder als privat noch als öffentlich bezeichnet werden kann. Die Frauen setzten sich vor Ort mit politischen Mitteln für Verbesserungen des Lebensumfeldes ein, d.h. mit Demonstrationen und Unterschriftenlisten für Schulen, Kanäle und Kindergärten (Novy 1994: 403-410). Die Gewerkschaften begannen sich aus der Kontrolle durch den Staat zu lösen und orientierten sich an Modellen der vom Staat autonomen Vertretung von Interessen. Die gesamten 1980er Jahre hindurch war ihr Drohpotential – ihre Fähigkeit zu streiken und zur Untergrabung der Regierungspolitik – groß. Eine nicht vom Staat gegängelte Zivilgesellschaft, ohne klare Führung und ohne klares Programm, forderte somit die klassischen AkteurInnen des nationalen Entwicklungsstaates heraus. Das Erstarken dieses sozialen Feldes, das sich dem Zweiparteiensystem der Diktatur entzog, das die Un-Ordnung einfach akzeptierte, stellt eine der größten sozialen Innovationen Brasiliens überhaupt dar. In den 1990er Jahren konsolidierten sich Zentrum und Rechte wie schon oft in Brasiliens Geschichte als „Partei des Staates“ bzw. Partei der Ordnung. Der

Linken kam, wie schon seit Jahrhunderten, die Rolle der Opposition zu. Eindeutig stärkste Kraft der Linken war die Arbeiterpartei PT, die sich als Partei der Zivilgesellschaft verstand und daher diejenigen Interessen vertreten wollte, die im Staatsapparat unterrepräsentiert waren. Sie war der parlamentarische Arm einer breiten sozialen Bewegung. Zu dieser gehörten so unterschiedliche Gruppierungen wie autonome Gewerkschaften, v.a. der Dachverband CUT *(Central Única dos Trabalhadores),* Volksbewegungen, alternative soziale Bewegungen der Mittelschicht (v.a. Ökologie- und Frauen), nicht in kommunistischen Parteien organisierte Mitglieder von Linksparteien und andere Gruppen der Zivilgesellschaft (vgl. Boris 1998). Mit den Jahren näherte sich die PT den konventionellen Parteien an. Die Zahl iher Abgeordneten hat kontinuierlich zugenommen. Sie regierte viele wichtige Städte Brasiliens und einige kleinere Bundesstaaten.[69] Ihr bisher größter Erfolg war der Wahlsieg bei den Gouverneurswahlen in Rio Grande do Sul 1998.[70]

Macht tendiert dazu, verortet zu werden, in der Regel irgendwo „da oben", an der Spitze des Staates. In Brasília – einer vom Kommunisten Oscar Niemeyer entworfenen und unter der Militärdiktatur fertiggestellten Stadt – bildet auf dem Reißbrett der Platz der drei Gewalten den Mittelpunkt eines städtischen Grundrisses, der einem Flugzeug als Symbol des Fortschritts nachgebaut ist; *de facto* konzentriert sich die Macht aber, wie umgangssprachlich und journalistisch gesagt wird, im *Planalto*, im Präsidentenpalast – als einem bestimmten geographischen Raum. Diese verortete Macht ruht beim Präsidenten bzw. einer kleinen Zahl von Personen, die zum Präsidenten einen direkten Zugang haben, und basiert auf einem bestimmten Ritual, demgemäß der Machthaber Macht ausübt (Dreifuss 1989: 34). Im folgenden geht es aus der Perspektive „von oben" um die Macht, verkörpert in den Regierungen der letzten vier zivilen Präsidenten: José Sarney, Fernando Collor de Mello, Itamar Franco und Fernando Henrique Cardoso.[71] Doch muß davor kurz die spezifische Beziehung zur Zivilgesellschaft angerissen werden, um die hierarchische und personalisierte Machtstruktur in Brasilien verstehen zu können. Es gehört zum bedeutsamsten und tragischsten Merkmal der brasilianischen Un-Ordnung, daß alle Organisationsformen des unterdrückten Teils der Gesellschaft immer erbarmungslos bekämpft wurden. Nicht zuletzt aus Angst vor Repression beharrt die Opposition immer wieder auf ihrem Status als zivile Gesellschaft. So stellte das mehrmalige Verbot der kommunistischen Partei die ArbeiterInnenbewegung immer wieder vor Organisationsprobleme (Oliveira 1999). Unter Getúlio Vargas entstand nach 1930 eine neue Form zivilgesellschaftlicher Organisation, die sich an ständestaatlichen Konzepten orientierte. Diese autoritäre Gesellschaftsorganisation war gut mit der von Portugal geerbten patrimonialen Staatsstruktur vereinbar. Es wurde eine dem Regime wohlgesonnene Zivilgesellschaft – insbesondere Gewerkschaften – geschaffen und an den Staat gebunden; Gramsci würde sagen, sie wurden in einen „erweiterten Staat" (Gramsci 1971: 160) integriert. Das hierarchische Gesellschaftsmodell wurde damit modifiziert, nicht aber in der Grundstruktur verändert. Die Teilhabe am Staat bestimmte über die Chancen, über seine eigenen privaten Ressourcen verfügen bzw. auf öffentliche Ressourcen zugreifen zu können. In den 1970er Jahren, wie schon in anderen Krisenmomenten in Brasiliens Geschichte, begann es an der Basis der Gesellschaft zu gären; vielfältige Experimente sozialer Organisierung wurden ausprobiert, und eine neue Beziehung von Staat und Zivilgesellschaft sollte geschaffen werden.[72] Der konservative Teil der Zivilgesellschaft agiert gänzlich anders, er scheut das Licht der Öffentlichkeit und agiert in einer Symbiose mit dem Staat. Insbesondere die konservative Zivilgesellschaft ist wie „bürokratische Ringe" (Cardoso 1993: 119) um den Staatsapparat im engeren Sinn angeordnet. Dort verorten sich in Kommissionen, Beiräten, Instituten und Weisenräten gesellschaftliche Gruppierungen, um politische Interessen und wirtschaftliche Notwendigkeiten aufeinander abzustimmen. Die Unternehmerschaft übte vor allem – aber nicht nur – unter der Militärdiktatur ihren Einfluß dergestalt privat und direkt aus (Dreifuss 1989: 40-44). Dies führte zu einer *Ad-hoc-Regulierung* (Oliveira 1996: 94), die keine zentralisierte und starke Regulierung war, wie man es sich unter einer Militärdiktatur erwarten könnte. Vielmehr waren Privatinteressen imstande, Teile des Staatsapparats für sich zu nützen. Unter diktatorischen Regierungen hatte die konservative Zivilgesellschaft kein Problem, Teil des erweiterten Staates zu sein. Im Zuge der Erschöpfung der Diktatur jedoch begann der liberale Diskurs der Autonomie von Staat und Zivilgesellschaft an Bedeutung zu gewinnen.[73] Es war dieser historische Moment, an dem die Demokratisierungsbewegung in den Mittelpunkt des politischen Geschehens trat.

Ab 1974 und verstärkt nach 1979 kam es zu einer Lockerung des diktatorischen Regimes. Die schwerste Wirtschaftskrise seit den 1930er Jahren hatte die Militärs delegitimiert. Nach den Wahlen 1982 kamen in den wichtigsten Bundesstaaten Gouverneure der Opposition an die Macht. In einem weiteren Schritt forderte eine breite Massenbewegung die Direktwahl des Präsidenten. Die Straße wurde zur Bühne der Politik; die Menschen stimmten mit den Füßen ab. Aber der Kongreß, institutionell weiterhin das Machtzentrum, beschloß gegen den Willen der überwiegenden Mehrheit der Bevölkerung, den Präsidenten indirekt mittels Wahlkollegium zu wählen. Kurzfristig ging die Rechnung des Mehrheitsblocks PDS nicht auf, denn ein Teil der PDS sprang ab und stimmte als neugegründete PFL mit der Opposition. So wurde 1984 nicht Paulo Maluf, Kandidat der Militärs, sondern Tancredo Neves zum Präsidenten gewählt. Doch Neves starb noch vor seinem Amtsantritt, und José Sarney, sein Vize und ein Mann der Militärdiktatur, wurde erster ziviler Präsident. Er symbolisierte damit den „paktierten Übergang" der „Neuen Republik" *(Nova República)*. Es kam zu einem Regimewechsel ohne Wechsel des Machtblocks.

Großteils erfolgte nicht einmal ein Wechsel des diesen Machtblock repräsentierenden Personals.[74] Kontinuität und nicht Wandel war das Leitmotiv der „Neuen Republik". Mit dem *Plano Cruzado,* einem heterodoxen[75] Stabilisierungsplan, 1986 und mit einem Schuldenmoratorium 1987 setzte Sarney anfangs populäre Schritte. Der Lohn- und Preisstop des *Plano Cruzado* führte zu einem Anstieg der Kaufkraft und zu einer Verbesserung der Einkommensverteilung[76], und das Schuldenmoratorium entlastete das Budget.

Die bis Ende 1986 anhaltende Euphorie sicherte der PMDB und damit Sarneys Regierung eine satte Mehrheit im Kongreß und in den Bundesstaaten. Dann zerbrach der Plan an seiner ökonomischen und politischen Inkonsistenz. Nach 1987 gewannen traditionelle PolitikerInnen, die während der Militärdiktatur bekannt geworden waren, auch in der Exekutive an Einfluß. Das Scheitern der heterodoxen Stabilisierungspläne wurde auf ein Zuviel an Interventionismus und – trotz einer sich verschlechternden Einkommensverteilung – auf eine „Überbetonung der sozialen Anliegen" zurückgeführt. Statt dessen wurde von nun an eine orthodoxe „Bohnen und Reis-Wirtschaftspolitik"[77] verfolgt. Dies stärkte die PFL gegenüber der PMDB. Ein Schlüsselminister Sarneys war Antonio Carlos Magalhães, ACM genannt, der als Kommunikationsminister für die nach politischen Kriterien erfolgte Vergabe von TV- und Radiolizenzen zuständig war. Dies war ein zentrales Instrument, mit dem sich die Regierung die Loyalität von Abgeordneten sicherte bzw. „erkaufte“. ExpertInnen der PFL ersetzten zunehmend diejenigen der PMDB. Die Intellektuellen, mit ihrer eigenen Marginalisierung und der konservativen Vereinnahmung der Regierung Sarney unzufrieden, waren das Milieu, aus dem sich 1988 die PSDB bildete.

Die ersten freien Präsidentschaftswahlen 1989 boten die Gelegenheit, dem Establishment eine Absage zu erteilen. Statt des Gewerkschafters Luis Inácio Lula da Silva, Kandidat der PT, gewann der bis dahin weitgehend unbekannte Rechtspopulist Fernando Collor de Mello. Er verordnete ein unerwartet radikales, *Plano Collor* genanntes Wirtschaftspaket und fror alle Sparguthaben ein, was zu einem kurzfristigen Ende der Inflation und zu einer tiefen Rezession führte. Der exzentrische Führungsstil Collors führte dazu, daß seine politische Leistung unterschätzt wurde. Unter ihm begann der systematische Angriff auf die Struktur des Staates, der Übergang von einer Rhetorik des Freihandels, der Privatisierung und der Marktwirtschaft hin zu einer konkreten Politik. Schon bald nach seinem Amtsantritt war aber die Rede davon, daß Collor die Korruption maßloser praktiziere als seine Vorgänger. 1992 bildete sich eine Massenbewegung zu seiner Absetzung. Erneut wurde die Straße zur Machtbühne; diesmal erfolgreich. Der Protest von Hunderttausenden engagierten BrasilianerInnen war wichtig für Collors Delegitimierung. Aber ohne die Unterstützung durch die paulistanische Unternehmerschaft und fast alle wichtigen Medien wäre es nicht so weit gekommen. Immer, wenn die verallgemeinerte Korruption in Brasilien an die Öffentlichkeit kommt, muß vermutet werden, daß konkrete Interessen einflußreicher Gruppen für die Publizität verantwortlich sind.[78] Als die Amtsenthebung Ende 1992 vom Parlament mit überwältigender Mehrheit beschlossen worden war, kam es unter Führung des Vizepräsidenten Itamar Franco zu einer Regierung des „nationalen Konsenses“, diesmal sogar unter Beteiligung des PT-Mitglieds Luiza Erundina, Ex-Bürgermeisterin von São Paulo. Die am Ende der Regierungszeit Sarneys kurzfristig marginalisierten SpitzentechnokratInnen der PSDB gewannen schon bei Collor und dann verstärkt unter Itamar Franco erneut an Einfluß. Finanzminister Cardosos Team entwarf einen Stabilisierungsplan, den *Plano Real*, der erstmals explizit auf die schon in anderen lateinamerikanischen Ländern praktizierte Koppelung der Landeswährung *Real* an den US-Dollar setzte. Nach Jahren der Unsicherheit versprach Cardoso Stabilität und Kompetenz. „Cardoso bezog sich während des Wahlkampfes unzweideutig auf das Hauptunter-

Tabelle 15: Präsidentschaftswahlen, Brasilien

	1989[1]	1994	1998
PPB[2]	8,9	2,7	–
PFL	0,9	–	–
Diverse Rechtsparteien	**28,5**	8,4	2,1
PSDB	9,0	**54,3**	**53,0**
PMDB	4,7	4,4	–
PT	17,2	27,0	31,8
Diverse Linksparteien	15,4	3,2	11,0

1) Im ersten Wahldurchgang.
2) 1989: PDS.

Quelle: Nicolau (1998)

scheidungsmerkmal gegenüber seinem Hauptopponenten: er ist Intellektueller, während der andere nichts weiter als ein gewöhnlicher Metallarbeiter war" (Oliveira 1998b: 95). Getragen von einer breiten Unterstützung, gewann Cardoso. Wichtige Verfassungsänderungen im Bereich der Privatisierung, der Verwaltungs-, Pensions- und Sozialreform konnten in den vier Jahren durchgebracht werden. Alle diese Reformen wurden bis 1998 als für die Konsolidierung der Staatsfinanzen unabdingbar hingestellt.[79] Dann hieß es, die Reformen würden ein neues Staats- und Wirtschaftsmodell schaffen, das erst langfristig seine positiven Auswirkungen zeigen werde. Trotz der Wirtschaftskrise gewann 1998 F. H. Cardoso erneut im 1. Durchgang.

Die Gewaltenteilung, Grundpfeiler einer liberalen Demokratie und des Föderalismus, wurde in der Regierung Cardoso systematisch untergraben. Der exzessive Erlaß von Notverordnungen *(Medidas Provisorias)*, d.h. von der Exekutive erlassenen und zeitlich befristeten Gesetzen, und die Praxis des Stimmenkaufs schwächten die Legislative. José Sarney erließ während seiner fünfjährigen Amtszeit jeden 13. Tag eine Notverordnung; Collor jeden 5. Tag. Unter Cardoso wurden 1995/96 jeden Tag zwei Notverordnungen erlassen (Suassuna 1996).[80] Cardoso kritisierte, als er noch Senator war, diese Maßnahmen scharf. „Es stimmt jedoch: Entweder setzt der Kongreß, auf welche Art auch immer, der fortgesetzten Respektlosigkeit sich selbst und der Verfassung gegenüber ein Ende, oder es ist besser anzuerkennen, daß es im Land nur eine wahre Macht gibt – die des Präsidenten. Und von da an vergessen wir auch, von 'Demokratie' zu reden" (Cardoso 1998). Während die Legislative ihrer eigentlichen Aufgabe, Gesetze zu beraten und zu beschließen, nicht nachkommt[81], benutzt die Regierung ihre satte Kongreßmehrheit dazu, Verfassungsänderungen durchzusetzen. Den Bundesstaaten wurden verfassungsmäßig zugesagte Mittel entzogen und ihre finanzielle Basis weiter geschmälert. Es kam via Wirtschaftspolitik zu einer Re-Zentralisierung. Das Wahlrecht wurde ein Jahr vor den Wahlen den Wünschen der Mehrheit angepaßt (FSP 12. 9. 1997).[82] Die Wiederwahl von Präsidenten, GouverneurInnen und BürgermeisterInnen, die als Schutz vor Patrimonialismus verboten war, wurde durch eine Verfassungsreform möglich.

Der brasilianische Kongreß besteht aus zwei Kammern: Senat und Abgeordnetenhaus. Waren Senatoren im Imperium auf Lebenszeit bestellt, so amtieren heute immer noch pro Bundesstaat drei SenatorInnen acht Jahre und daher doppelt so lang wie Kongreßabgeordnete. Es werden alle vier Jahre pro Bundesstaat abwechselnd ein oder zwei SenatorInnen nach dem Mehrheitswahlrecht im ersten Durchgang gewählt. Der Senat gewann in den letzten Jahren kontinuierlich an Einfluß. In dieser Funktion fanden sich viele der einflußreichsten PolitikerInnen Brasiliens, viele Ex-Gouverneure bzw. PolitikerInnen, die den Senat als Sprungbrett für andere Posten in der nationalen oder regionalen Exekutive ansehen. Mit 43 SenatorInnen lag die Mitte im Senat vor der Rechten, die nur 25 SenatorInnen stellte. Im wesentlichen liegt dies daran, daß die kleinen Rechtsparteien aufgrund des Mehrheitswahlrechts ihren Einfluß verloren und die PSDB Einfluß gewann. Den Vorsitz im Senat führte ACM, obwohl die PFL mit nur 20 SenatorInnen nicht den größten Klub stellte. Die Linke verfügte zwar mittlerweile über 13 SenatorInnen, was aber immer noch bloß ein Fünftel war (vgl. Tab. 16). Im Abgeordnetenhaus sind ähnliche Entwicklungen festzustellen wie im Senat, wenngleich manche Trends ausgeprägter sind (vgl. Tab. 17). Hervorzuheben ist der Verlust der bestimmenden Stellung, den die PMDB hinnehmen mußte. Wesentlich auf ihre Kosten vergrößerte die PSDB, die heute 99 Abgeordnete stellt, ihren Einfluß. Erneut an Bedeutung verloren haben die kleinen rechten Parteien, wohingegen die PPB mit 60 Abgeordneten die viertgrößte und die PFL mit 106 Abgeordneten die größte Partei ist. Die größte Linkspartei ist als fünftgrößte Partei die PT mit 58 Abgeordneten. Das Wachstum der Linken flachte 1998 ab, sie stellt kaum mehr als ein Fünftel der Abgeordneten. Das kontinuierliche Wachstum erhöhte den Ein-

Tabelle 16: Sitzverteilung im Senat, Brasilien, 1990-1998

	1990	1994	1998
PPB[1]	0	6	5
PFL	18	18	20
Diverse Rechtsparteien	8	11	0
RECHTE – INSGESAMT	**26**	**35**	**25**
PSDB	10	10	16
PMDB	24	23	27
MITTE – INSGESAMT	**34**	**33**	**43**
PT	1	5	7
Diverse Linksparteien	7	8	6
LINKE – INSGESAMT	**8**	**13**	**13**
GESAMT	**68**	**81**	**81**

1) Bis 1990 PDS.

Quelle: Brasilienausschnittdienst (10/90, 10/94 und 10/98), www.senado.gov.br (24. 4. 1998)

Tabelle 17: Sitzverteilung im Abgeordnetenhaus, Brasilien, 1986-1998

	1986	1990	1994	1998
PPB[1]	32	42	52	60
PFL	118	83	89	106
Diverse Rechtsparteien	29	132	92	52
RECHTE – INSGESAMT	**180**	**227**	**233**	**218**
PSDB		38	62	99
PMDB	260	108	107	82
MITTE – INSGESAMT	**260**	**146**	**169**	**181**
PT	16	35	49	58
Diverse Linksparteien	31	65	62	56
LINKE – INSGESAMT	**47**	**100**	**111**	**114**
GESAMT	487	503	513	513

1) Bis 1990 PDS.

Quelle: Nicolau (1998)

fluß der Linken nicht, weil diese seit Mitte 1994 systematisch mit der Rechten stimmte. Der Einfluß der deutlich kleineren PT im Prozeß der Verfassungserstellung 1987 und 1988 war aufgrund des uneinheitlichen Stimmverhaltens der Mitte und der Rechten größer.

Immer wieder wird die fragmentierte und irrationale Form der brasilianischen Politik beklagt. Der Kongreß als gesetzgebende Körperschaft ähnele mehr einem „Marktplatz" zur Umsetzung kurzfristiger Partikularinteressen denn einem „Forum" als Ort der rationalen Festlegung des nationalen Entwicklungsweges. Dies wird mit dem weitverbreiteten Klientelismus, dem Tausch von Gefälligkeiten gegen Stimmen, erklärt (Banck 1990). Nach dem brasilianischen Wahlrecht werden Personen gewählt, die auf einer Parteiliste kandidieren. Obwohl eine Parteizugehörigkeit von mindestens einem Jahr Voraussetzung für die Kandidatur ist, ist diese gegenüber den persönlichen Eigenschaften und Fähigkeiten zumeist zweitrangig. Daher sind Parteiwechsel kaum anrüchig und durchaus üblich.[83] Es gehört zur Aufgabe von Abgeordneten, als Mittler zwischen Exekutive und Bevölkerung zu wirken, d.h., die Zustimmung zu Projekten im Kongreß mit Zugeständnissen für die eigene Wählerklientel zu erkaufen. Bei der Wahl von Präsidenten, GouverneurInnen und BürgermeisterInnen andererseits spielen gesamtpolitische Überlegungen eine größere Rolle als bei Parlamentswahlen. Dies liegt daran, daß erstere aufgrund des Präsidentialismus gegenüber dem Kongreß, den Landtagen und Gemeinderäten dominieren. Die gewählte Exekutive sucht sich nach erfolgreicher Wahl die notwendige Mehrheit in der Legislative. Diese hat zwar seit der Verfassung 1988, die *de facto* ein Mischsystem zwischen Präsidentialismus und Parlamentarismus vorschreibt, *de jure* sehr an Bedeutung gewonnen; ihre grundlegende Funktionsweise hat sich aber nicht verändert.[84] Der Klientelismus ist so verbreitet und resistent gegenüber Veränderungen, weil er das relationale Element in der Politik verkörpert, das „Haus" auf der „Straße" im Sinn von DaMatta (1991). Das bringt aber nicht die Wärme und Geborgenheit des „Hauses" ins politische System, sondern verhindert, daß die Gesetze der Gleichheit und der Beschränkung von Macht im öffentlichen Raum durchgesetzt werden. Es ist eine „perverse Vertrautheit", da es den wirtschaftlich Mächtigen möglich ist, im politischen Prozeß Stimmen zu kaufen und so persönliche Beziehungen aufzubauen. Die Wählerbasis von Abgeordneten ist normalerweise auf ein Gebiet beschränkt, in dem sie sich für Infrastrukturverbesserungen einsetzen.[85] Mit der Fixierung auf mikropolitische Anliegen verhindern die Mächtigen, daß das politische System ihre wirtschaftliche Macht und vor allem ihr Eigentum in Frage stellt. Der Klientelismus ist eine nachhaltige und konsensuale Form der Herrschaft, da er über weite Strecken auf die Einwilligung der durch ihn langfristig Geschädigten zählen kann. Er ordnet langfristige Interessen, wie diese von Parteien repräsentiert werden, den kurzfristigen Interessen der Organisation eines komplizierten Netzwerks des „Gebens und Nehmens" unter. Die gesamte Struktur der Legislative ist somit auf einen politischen Tauschprozeß ausgerichtet. Korruption ist nur der juristisch als illegal definierte Sonderfall dieses politischen Verhaltens. In der gegenwärtigen Verflechtung von Kapital und Staat nimmt Korruption immer neue Formen an, z.B. die verallgemeinerte Einbindung von UnternehmensberaterInnen in politische Entscheidungsfindungsprozesse. Ein dramatischer Höhepunkt dieser konservativen Form politischen Handelns war ein Skandal im Frühjahr 1997. Die *Folha de São Paulo* konnte mittels Tonbandaufzeichnungen beweisen, daß zwei Abgeordnete Acres (von acht) jeweils 200.000 Dollar und andere Zuwendungen erhalten hatten, um für die Verfassungsänderung zu stimmen, die die Wiederwahl des Präsidenten erlaubt.[86] Bei drei anderen gab es starke Indizien, aber keine Beweise, da eine weiterführende Untersuchung unterbunden wurde.[87] Da kleine Bundesstaaten wie Acre keine eigene Wirtschaftskraft und kaum ein eigenes Steueraufkommen haben, sind ihre AkteurInnen in hohem Maß von legalen und illegalen Zuwendungen von Externen abhängig. Der Präsident wiederum, dessen politischer Diskurs um den Begriff der „Modernisierung" kreist, war für die Durchsetzung dieser „Modernisierung" auf Unterstützung durch die rückschrittlichsten politischen Kräfte Brasiliens angewiesen.[88] Das Modernisierungsbestreben der an Veränderung interessierten Teile des Establishments in Brasília fand seine Grenzen in den Allianzen, die zur Unterstützung einer derartigen Politik notwendig waren.

Die bürokratische Verwaltungsstruktur des brasilianischen Staates, die sich, inspiriert durch das positivistische Gedankengut, im 19. Jahrhundert zaghaft und dann, ausgehend von Rio Grande do Sul, verstärkt auf Bundesstaatsebene herausbildete, mündete nach 1930 im nationalstaatlichen Zentralismus. Offizielles Leitbild waren der französische Zentralstaat und die Webersche rationale Bürokratie. Dieses Modell wurde 1935 eingeführt, um die patrimoniale Staatsstruktur abzulösen, in der der Staat als Eigentum des

Herrschers gesehen wurde.[89] Die neue Bundesverfassung 1988 stand in der Tradition des rationalen und bürokratischen Staatsmodells und setzte ein einheitliches Dienst- und Besoldungsrecht durch. 400.000 Angestellte von ausgelagerten staatlichen Organisationen wurden zu Bundesbediensteten, die einheitlichen Verwaltungsregeln unterlagen (Bresser Pereira 1998: 4). Cardosos Vorstellungen waren dem entgegengesetzt. Er wollte die Dezentralisierung und Fragmentierung des Staates, wie sie schon unter Kubitschek und den Militärs begonnen worden war.[90] Die Administrationsreform bildete ein zentrales Element der Staatsreform hin zu einem „schlanken" Staat.

Die Dezentralisierung fand sowohl als Verlagerung von der nationalen zur regionalen und lokalen Ebene als auch als Auslagerung aus dem Staat statt (Mare 1997). Die Aufgaben werden an per Gesetz definierte „Sozialorganisationen" (OS – *Organização Social*) und „Ausführende Organisationen" *(Agências Executivas)* delegiert. Der Staat schuf sich somit in seinem Vorfeld für die öffentliche Leistungserbringung eine eigene Zivilgesellschaft. In dieser ist die Teilhabe der BürgerInnen erwünscht; Nicht-Teilhabe wird bestraft. Z.B. bekommen Schulen, die keinen Elternverein gründen, weniger staatliche Mittel. Die Sozialorganisationen sind für die nicht-ausschließlichen Dienste zuständig – u.a. für den Großteil der staatlichen Dienstleistungen in den Bereichen Gesundheit, Bildung, Kultur usw. (Lins 1997). Die „Ausführenden Organisationen" sind öffentliche, aber nicht staatliche Organisationen mit privatrechtlicher Grundlage. Sie sind für die ausschließlich staatlich bereitgestellten Aktivitäten verantwortlich, z.B. für die staatliche Sozialversicherungsansalt INSS *(Instituto Nacional de Seguridade Social)*. Sie werden gesetzlich beauftragt, eine Leistung für die Exekutive zu erbringen. Die früher vom Staat durchgeführte Produktion von Gütern und Dienstleistungen, die vierte Staatsfunktion, wurde sogar im Fall von natürlichen Monopolen an Privatunternehmen ausgelagert.[91] Im strategischen Kern des Staates bleibt das Dienstrecht samt Pragmatisierung erhalten (www. zerohora.com.br vom 12. 8. 1999): Dies umfaßt die Bereiche der Sicherheit, der Steuereinhebung, der Zentralbank und der Judikatur. Die oberste Ebene der Bürokratie wird managementgemäß umstrukturiert, da dort ein Zuviel an Regeln und v.a. an gewerkschaftlicher Mitbestimmung das effiziente Steuern behindere. Die direkte Teilhabe der BürgerInnen an den Entscheidungen des strategischen Kerns des Staates soll unterbunden werden. Daher reduziert sich für die bürokratischen EntscheidungsträgerInnen ihre Legitimation zum Tref-

Tabelle 18: Personalausgaben des Bundes in Mrd. R$ (Dez. 1997) und Personalstand

	R$ Mrd.	Index[1]	In % des BIP	Personalstand
1987	19,7	100,0	3,46	
1988	24,2	122,7	4,26	705.548
1989	29,9	151,6	6,68	712.740
1990	34,4	174,7	6,42	628.305
1991	28,2	143,3	4,83	592.375
1992	23,0	116,7	4,58	620.870
1993	31,1	157,7	4,89	592.897
1994	35,9	181,9	5,06	583.020
1995	46,6	236,5	5,76	567.689
1996	45,3	229,8	5,43	545.656
1997	45,7	231,7	5,47	531.725
1998[2]	45,8	232,5		526.166[3]

1) 1987 = 100.
2) Akkumuliert von Mai 1997 bis April 1998.
3) März 1998.

Quelle: www.mare.gov.br/Publicacoes/Boletim/index.htm (27. 7. 1998)

fen von Entscheidungen über das Allgemeinwohl auf die indirekt demokratische Legitimierung durch den Präsidenten. Im Mittelpunkt der Verwaltungsreform standen fiskalische Zielsetzungen, sprich: die Reduzierung der Personalausgaben. Diese stiegen unter Sarney von 3,46% des BIP auf 6,68% an (Tabelle 18). Unter Collor sackten sie auf 4,58% ab. Itamar erhöhte die Personalausgaben. Die von ihm gewährte und erst 1995 voll budgetwirksame Lohnerhöhung führte auch in absoluten Zahlen mit R$ 46,6 Mrd. zu einem Höhepunkt. Leicht unter diesem Niveau stagnierten die Ausgaben unter Cardoso. Damit waren sie 1997 knapp niedriger als der Schuldendienst (vgl. Novy 1998: 235); 1998 war dieser deutlich höher. Der Personalstand, der unter Sarney mit über 700.000 einen Höchststand erreichte, sank in der Folge unter allen Regierungen. 1997 waren nur noch knapp über 500.000 aktive Personen im engeren Bundesdienst beschäftigt.[92] Während die Personalausgaben zwar das Budget nicht mehr belasten, ist aufgrund des sinkenden Personalstands jedoch fraglich, ob die Qualität der Leistungserbringung weiter gewährleistet ist. Immerhin sind 121.150 Personen im Gesundheitsbereich und 171.137 im Bildungsbereich tätig.[93]

In einem sehr umfassenden Sinn verstandene Demokratisierung nahm seit dem Widerstand gegen die Militärdiktatur in allen Reformbemühungen eine Schlüsselrolle ein. Es ging darum, dem Machtbehälter Nation Regeln zu geben, die eine breitere Mitsprache der Bevölkerung ermöglichen. Nicht das Konzept souveräner Macht wurde in Frage gestellt, sondern diejenigen, die diese Macht monopolisierten. 1988 wurde nach einem langen, von der Zivilgesellschaft intensiv begleiteten Prozeß von der – im Konsumrausch des *Plano Cruzado* gewählten, deutlich konservativ bestimmten – verfassungsgebenden Versammlung eine neue Bundesverfassung erarbeitet. Obwohl in vielen Bereichen – wie der Agrarreform, der Wirtschaftspolitik und der Stellung der Militärs – durchaus in Kontinuität zu früheren Verfassungen, setzte sie in einzelnen Bereichen wichtige Akzente. Sie wurde aufgrund ihrer explizit liberalen Konzeption der Bürgerrechte und des Föderalismus als „Bürger-Verfassung“ bezeichnet, aber auch soziale Rechte wurden als universale Rechte aller BürgerInnen verankert. Die PSDB stimmte 1988 fast geschlossen für die Verfassung (Oliveira 1998a: 175). Die zahlreichen sozialpolitischen Forderungen der Verfassung wurden aber fast zur Gänze nicht in einfachgesetzlichen Ausführungsbestimmungen umgesetzt. Trotzdem wurde in einem Land mit einer der ungerechtesten Einkommens- und Vermögensverteilungen und einer Zunahme der Ungleichheit in den 1980er Jahren in Kopie konservativer Argumentationen in den Industrieländern die „Überfrachtung mit sozialen Forderungen“ (Mare 1997: 3) – bzw. als lateinamerikanische Variante der „ökonomische Populismus“ – für die Unregierbarkeit seit dem Ende der Militärdiktatur verantwortlich gemacht (vgl. Pereira 1998: 142). Mit dem *Plano Real* sahen sich Gemeinden und Bundesstaaten mit einer dramatischen Einschränkung ihrer Handlungsspielräume konfrontiert.[94] Dies hängt mit der Finanzierungsstruktur der Bundesstaaten zusammen, die v.a. in den 1980er Jahren wesentlich über die staatlichen Landesbanken erfolgte. Diese wurden für die regionalen Entwicklungsanstrengungen eingesetzt, wobei sie – so wie der Bundeshaushalt – von der Hochzinspolitik besonders hart betroffen waren. Die Zinszahlungen trieben einige Landesbanken in den Konkurs bzw. führten zur Liquidierung oder Privatisierung.

Das brasilianische Gesundheitssystem ist ein gutes Beispiel für die Konstruktion und Zerstörung des Nationalen. In seiner Struktur – nicht in seinem AdressatInnenkreis und seiner Qualität – durchlief das Gesundheitssystem in Brasilien eine ähnliche Entwicklung wie das europäische. Bis Anfang dieses Jahrhunderts gab es nur eine private Gesundheitsvorsorge. Das öffentliche Gesundheitswesen hat seinen Ursprung in 1923 von Unternehmen gegründeten Pensionskassen, die auch Sozialhilfe und medizinische Versorgung anboten. 1930 wurden sie durch unter staatlicher Kontrolle stehende Pensionskassen abgelöst, die nach Berufsgruppen gegliedert waren. Innerhalb der Berufsgruppen verfügten alle über die selben Rechte. Gleichzeitig entstand das Gesundheitsministerium, dessen Hauptaugenmerk auf der Bekämpfung von Epidemien lag.

Von Anfang an war die Struktur des öffentlichen Gesundheitswesens fragmentiert und hoch zentralisiert. 1947 wurde mit dem Gründung eines Sozialministeriums versucht, das Pensionssystem zu vereinheitlichen. 1967 wurden mit der Gründung eines eigenen Instituts INPS (*Instituto Nacional de Previdência Social* – Nationales Sozialversicherungsinstitut) die verschiedenen Pensionskassen zusammengefaßt und damit auch die Ansprüche national vereinheitlicht. Die medizinische Versorgung aller formal Beschäftigten wurde ebenfalls zu einem Arbeitnehmerrecht. Neben der Zerstörung einiger gut funktionierender Pensionskassen führte diese massive Ausdehnung des Begünstigtenkreises zu einer großen finanziellen Belastung und zu einer Reduktion der Leistungen. Die Gutverdienenden begannen vermehrt, sich privat zu versichern. Nach einigen weiteren Schritten in Richtung Vereinheitlichung des Systems wurden die Bundesstaaten und Gemeinden 1983 mittels innerstaatlicher Verträge in die nationale Gesundheitspolitik eingebunden.

1987 wurden Schritte in Richtung eines einheitlichen, aber dezentralisierten Systems gesetzt. Die Grundgedanken dieses Systems wurden 1988 in die neue Bundesverfassung aufgenommen. Gesundheit wurde mit dem SUS (*Sistema Unificado de Saúde* – Einheitliches Gesundheitssystem) zu einem Recht aller BrasilianerInnen (vgl. Silva 1996: 82-85), unabhängig davon, ob sie in die Sozialversicherung einzahlen oder nicht. Laut Verfassung (Ministerio de Educação 1988: 88) basiert das Gesundheitssystem auf den Prinzipien von Universalität, Gleichheit und der Integration der Aktivitäten. Schon bald formierte sich der Widerstand gegen diese staatsbürgerliche Konzeption von Gesundheit. Die nationale Bürokratie der Sozialversicherung, deren Auflösung die Verfassung vorsah, stellte sich gegen diese Vorstellungen und behinderte das SUS. Gleichzeitig gewannen mit der Wahl Collors die Kräfte an Einfluß, die ein privates Gesundheitssystem stärken wollten. Die erste wirksame Maßnahme Collors war, die Einführung des SUS zu verzögern. An die Stelle von lokal und regional integrierten Gesundheitsplänen trat die zentralisierte Logik der Abrechnung bzw. Abgeltung von Leistungen. Die Dezentralisierung des Gesundheitssystems geriet ins Stocken, die Gemeinden und Bundesstaaten sahen sich ohne nationale Unterstützung. Dieser Zustand verschlechterte sich ab 1994 noch, als die Bundesregierung zur Budgetsanierung den Sozialen Notfonds FSE (*Fundo de Estabilização Economica* – Fonds zur fiskalischen Stabilisierung) ins Leben rief, der einen Teil der verfassungsmäßig für die Bundesstaaten und Gemeinden festgelegten Steuereinnahmen abzweigte.[95] Seine Verlängerung im Rahmen des FEF wurde laut Regierung notwendig, weil die notwendigen Reformen nicht schnell genug durchgeführt wurden und nur so die „exzessive Ausgabenbindung" verringert werden könne. Die Einnahmen, die dem Bund aus diesem Fonds erwachsen, sind „vordringlich" für den Sozialbereich zu verwenden. 1994 konzentrierten sich auch 86,2% der Mittel auf die Bereiche Gesundheit, Sozialversicherung und Bildung. 1996 waren es nur mehr 70,92%. Stark im Kommen sind hingegen die privaten, durch Steuerbefreiungen subventionierten Krankenversicherungen. „Mitglieder der privaten Versorgungssysteme sind im wesentlichen Personen mit hohem und sehr hohem Einkommen. Diese erhalten für ihre Prämienzahlungen Steuervergünstigungen und staatliche Zuzahlungen in nicht unerheblicher Höhe. Nach Angaben der Weltbank beliefen sich diese Subventionen 1995 auf 1,5 Milliarden US-Dollar, immerhin 25 Prozent des gesamten föderalen Gesundheitsbudgets" (Frankfurter Rundschau 6. 7. 1998: 6).

Auch die staatliche Wohnungspolitik zeigt die Schlüsselrolle des Staates im peripheren Fordismus. 1964 wurde das nationale Wohnbaufinanzierungssystem SFH *(Sistema Financeiro de Habitação)* und eine Wohnbaubank BNH *(Banco Nacional de Habitação)* geschaffen. 1966 trat der FGTS in Kraft, den die ArbeiternehmerInnen im Kündigungsfall und für den Wohnbau in Anspruch nehmen konnten (Arretche 1998: 70). Bis 1986 wurden ca. 4 Millionen Wohneinheiten geschaffen, wobei die Unterschicht davon nur in eingeschränktem Ausmaß profitierte, da ein Großteil der Wohnungen für Familien errichtet wurde, deren Monatseinkommen 12 Mindestlöhne überstieg (Aguerre 1995: 112). Mit der Ausführung der Wohnbauprogramme waren lokale Wohnbaugesellschaften, COHABs *(Companhia Metropolitana de Habitação)*, betraut, deren VertreterInnen von BürgermeisterInnen bestimmt wurden, die wiederum vom Gouverneur ernannt wurden. Dieses zentral-dezentrale Mischsystem funktionierte trotz seiner autoritären Grundstruktur.[96] Es entsprach der Staatskonzeption der Militärdiktatur, die Leistungserstellung dezentral durchführen zu lassen und die Entscheidungskompetenz zu zentralisieren. Das System war formell föderativ, aber in seinem realen Funktionieren einheitlich-zentral (Arretche 1998: 75). Mit der Demokratisierung erwiesen sich die fehlenden Konflikregelungsmechanismen zwischen Bund, Land und Gemeinden als fatal. Die Bürokratie, die dieses komplexe System verwaltete, wurde systematisch zerstört. Die BNH wurde 1986 aufgelöst und ihre Funktionen an eine Staatsbank, die CEF *(Caixa Econômica Federal)*, übertragen. Das zuständige Ministerium änderte mehrmals seinen Namen, um schließlich als Staatssekretariat beim Planungsministerium zu landen (Arretche 1998: 82). Die Einnahmen aus dem FGTS sanken von rund US$ 2,4 Mrd. auf weniger als die Hälfte 1993, die Zahl der vergebenen Darlehen sank ebenfalls von rund 230.000 Ende der 1970er bzw. Anfang der 1980er Jahre auf 32.000 (1989) (Arretche 1998: 83).[97] Im wesentlichen wurde Wohnraum nun über den privaten Kreditmarkt finanziert, was mit einen Grund für die geringe private Investitionstätigkeit bildete. Unter Cardoso begann die Reformulierung der Wohnbaupolitik, indem in den Bundesstaaten die Schaffung von Kollegialorganen angeregt wurde. Da in der unter Collor auf die Spitze getriebenen Korruption die Hauptursache der Krise gesehen wurde, stand die Regierung Cardoso einer Dezentralisierung sehr positiv gegenüber. Die Demontage der zentralen Bürokratie, die Auflösung des Sozialhilfeministeriums und der zuständigen Abteilungen in der CEF halfen, die Macht der Bürokratie mit einem Schlag zu brechen. Schon nach nur fünfmonatiger Amtszeit stand der Dezentralisierungsplan der Regierung im Juni 1995. An die Stelle der zentralisierten Finanzierung via Bund trat eine offene Form der Staatlichkeit, die auf Mittel des privaten Sektors ebenso zurückgreift wie auf Gemeinden und Bundesstaaten. Die zentrale politische Institution ist nun die Bundesstaatsebene, während die Leistungserstellung dezentralisiert und privatisiert wird; dem Bund obliegt einzig die Rahmengesetzgebung (Arretche 1998: 86-90).

Zusammenfassend kann festgehalten werden, daß sich die antistaatliche Politik in den 1990er Jahren auf die Kräfte stützte, die in den 1960er Jahren die Bürgerrechte einer diktatorischen Regierungsform unterordneten und die Verstaatlichung der Wirtschaft betrieben. Mit der Fiskalkrise und der fortschreitenden Schwierigkeit, staatliche Ressourcen für eigene Zwecke zu mobilisieren, änderte sich auch das Verhältnis der Zivilgesellschaft zum Staat. Für den zahlungskräftigen Teil des Bürgertums wurde der Sozialstaat zunehmend unwichtiger, ja er war sogar ein Hindernis für die Entfaltung der Konsumentenfreiheit. Staatsunternehmen und Staatsbürokratie wurden privatisiert. Viele derselben Personen, die im Staatsapparat Spitzenpositionen innehatten, agierten daraufhin im ausgelagerten Bereich, sei es im Auftrag des Staates oder als neue Eigentümer. Die persönliche Macht und Kontrolle durch das Establishment blieb oft aufrecht. Was sich änderte, war die fortschreitende Fragmentierung einer an sich schon nicht homogenen politischen Regulierung. Dies erschwerte die politische Handlungsfähigkeit des dominanten Blockes, obwohl die Fragmentierung staatlicher Instanzen mit einer privaten Konzentration von Macht einherging. Im Bereich der Regulierungsbehörden scheinen informelle und private Netze eine wichtige Rolle zu spielen.[98] Die Verflechtung von Geldgebern, Eigentümern, Managern, Bürokraten und Konsulenten scheint zu eng und die Marktmacht groß zu sein. Es fehlt der politische Wille, damit die Aufsichtsbehörden ihre Kontrollfunktion erfüllen können. Die dem Machtblock nahestehenden Großunternehmer, national und international, konnten ihren Einfluß weiterhin massiv geltend machen.[99]

Anmerkungen

1 Celso Furtado war einer der Begründer der wirtschaftsgeschichtlichen Forschung in Brasilien und gleichzeitig viele Jahre Akteur im brasilianischen Machtfeld. Seine Ansichten, aber auch sein politisches Handeln können in seiner dreibändigen Autobiographie (Furtado 1997a, b, c) nachgelesen werden. Die vorliegende Arbeit ist eine Kritik Furtados in dem Sinn, als wichtige Einsichten zum Teil revidiert und zum Teil weitergedacht werden. Meine historische Abhandlung kann auch nicht mehr als diejenige Furtados ein „skizzenhafter Abriß der Entwicklung der brasilianischen Wirtschaft" (Furtado 1975: 19) sein. Furtado (1975) unterscheidet die folgenden vier Perioden: die Sklavenwirtschaft in der tropischen Landwirtschaft im 16. und 17. Jahrhundert, die Sklavenwirtschaft im Bergbau des 18. Jahrhunderts, den Übergang zur Lohnarbeit im 19. Jahrhundert und die Übergangswirtschaft zur Industriegesellschaft im 20. Jahrhundert. In meiner Periodisierung folge ich Furtado nicht, da seine Konzeption zu stark auf die Nachfrageseite abstellt und

keine ausreichende Staats- und Gesellschaftsanalyse vornimmt, wie dies im Rahmen der Regulationstheorie notwendig ist.

2 Der Verfall der Zuckerpreise beendete den ersten Zyklus und schuf die Voraussetzung für den bis heute andauernden Niedergang des ehemaligen Zentrums Brasiliens – des Nordostens. Die Krise der Goldwirtschaft und die außenwirtschaftlichen Probleme zu Beginn des 19. Jahrhunderts führten zu einem Niedergang des Landesinneren, schufen aber Grundlagen für den Boom in der Kaffeewirtschaft. Die Weltwirtschaftskrise 1929 schließlich beendete die Phase der Ausrichtung auf den Export von Primärgütern.

3 Conceição (1989a: 204), der als erster den Versuch einer regulationstheoretischen Periodisierung vorgenommen hat, siedelt den Übergang von einem merkantilen zu einem extensiven Regime im Jahr 1870 an. Von 1870 bis 1930 spricht er von einem extensiven Akkumulationsregime, basierend auf dem Export von Kaffee. Danach kam es zur intensiven Akkumulation, basierend auf der importsubstituierenden Industrialisierung. Dieser periphere Fordismus, d.h. eine Massenproduktion für einen nur eingeschränkten Massenmarkt, geriet schon Ende der 1950er Jahre in die Krise, nach dem kurzen „brasilianischen Wunder" (1967-1973) verbreiterte sich die Krise der intensiven Akkumulation. Fiori (1995: 73) spricht von einer Phase der Zentralisierung zur Stabilisierung der Sklavenökonomie (1820-1870); danach kam es aufgrund des Aufstiegs der Kaffeebarone, der Verbreitung der Lohnarbeit, des Aufstiegs der Militärs und der Gründung Republikanischer Parteien zu einem Dezentralisierungsprozeß (1870-1914). Dies fiel mit dem Ende der britischen Hegemonie und des Goldstandards zusammen, was die Grundlage für eine politische, vom Entwicklungsstaat gesteuerte Akkumulation legte, die bis 1980 dauerte.

4 Für Smith (1990: 206 ff.) ist es wesentlich festzuhalten, daß SklavInnen kein fixes Kapital darstellten. Vielmehr handelte es sich um das Recht, das von den SklavInnen produzierte Mehrprodukt abzuschöpfen; im ökonomischen Sinn stellte dies eine Rente dar, die „Sklavenrente", d.h. einen Teil des Überschusses eines organisierten Produktionsprozesses.

5 Die vereinzelte Produktionsweise der Bauernschaft auf „frei" und im Überschuß vorhandenen Böden sowie die Produktion für den Eigenbedarf wäre für diese Akkumulationsstrategie hinderlich gewesen und wurde systematisch unterbunden (Smith 1990: 268).

6 Der Zuckerpreis betrug im 17. Jahrhundert 120 £, fiel bis 1720 auf 72 £, um am Beginn des 19. Jahrhunderts weiter auf rund 30 £ zu fallen. Mitte des Jahrhunderts war der Preis 16 £ und am Anfang des 20. Jahrhunderts 9 £ (Cano 1998b: 105).

7 Der Subsistenzsektor stellte von Anfang an eine Art Reservearmee an Arbeitskräften und ein Produktionspotential dar, das immer dann aktiviert werden konnte, wenn die Weltmarktnachfrage einen regionalen Boom hervorrief wie z.B. die Gold- oder Kaffeewirtschaft.

8 Von 1580 bis 1640 waren Portugal und Spanien unter einem Herrscher vereint und sahen sich gemeinsam der territorialen und ökonomischen Konkurrenz von Holland, Frankreich und England ausgesetzt. Ab dem 17. Jahrhundert war Portugal auf die Unterstützung Englands zur Verteidigung seiner Kolonien angewiesen.

9 An der Zahl der vergebenen Patente, die sich von 1 (1831/1835) auf 53 (1866/1870) und 955 (1881/1889) erhöhte, läßt sich die beginnende Industrialisierung ablesen (Pessoa 1983: 105).

10 „In 1880 the total stock of foreign capital was estimated at US$ 190 million; this expanded to US$ 1,9 billion in 1914 and to US$ 2,6 billion in 1930. Before the 1930s Britain dominated foreign investment in Brazil. ... In 1930 half of foreign capital was British and one-quarter was of U.S. origin" (Baer 1989: 213 f.).

11 „Under the presidency of Afonso Pena (1906-09) the country's policy was one of 'peopling the land, developing industrial centres and reforming the monetary system'. The increased rate of railway construction and the development of electric power, protective tariffs and a conversion fund which permitted greater exchange balance all gave incipient domestic industries encouragement. The national exposition of 1908 in Rio de Janeiro at which 11.000 exhibitors displayed the nation's new manufactured products to a million visitors was a revelation to most Brazilians" (Henshall, Momsen 1974: 151 f.).

12 Von 1822 bis 1850 wechselten sich Budgetüberschüsse und -defizite ab, danach wurde der Staatshaushalt von 1865 an stark defizitär (Pessoa 1983: 102-104).

13 Während die nach Westen offene Grenze, deren Besiedlung durch Kleinbauern gefördert wurde, in den USA demokratisierend wirkte, blieb das riesige brasilianische Hinterland unter Staatskontrolle und verstärkte die autoritären Züge in der brasilianischen Sozialstruktur. Die Verfügbarkeit von Land begünstigte Bündnisse zwischen den Oligarchien, indem sie die Schaffung neuer Latifundien ermöglichte, ohne mit den alten Besitzern von Land konkurrieren zu müssen.

14 Die Vernichtung der Ernteüberschüsse Anfang der 1930er Jahre sollte eigentlich dem Schutz der Kaffeeinteressen dienen. Indem die Kaffeeproduzenten weiterhin Kaffee ernteten, der zwar keinen Absatz fand – und daher vom Staat gehortet und später vernichtet werden mußte –, wurde die Angebotsseite stabilisiert, und es konnten negative kumulative Effekte, vor allem bedingt durch Entlassungen und den Rückgang der privaten Nachfrage, vermieden werden (Furtado 1975: 154). Die Kaffeestützung hatte somit die unbeabsichtigte Konsequenz, daß sie gleichzeitig nachfragestabilisierend wirkte. Es ist dies ein typisches Beispiel für das Wesen des lateinamerikanischen Keynesianismus: staatliche Nachfrageschaffung, die die verschiedenen sozialen Gruppen sehr ungleich als Nachfragende fördert.

15 „[Diese] war hoch subventioniert, den Einwanderern wurden die Passage und die Einrichtungskosten bezahlt, und es wurden künstlich öffentliche Arbeiten – häufig von absurder Dauer – durchgeführt, um sie zu beschäftigen. Fast immer, wenn man die Siedlungskolonie nach umfangreichen Kosten sich selbst überließ, verkümmerte sie zu einer einfachen Subsistenzwirtschaft" (Furtado 1975: 106).

16 Einer der Unterschiede zwischen São Paulo und Rio Grande do Sul war, daß die Industrieunternehmen in São Paulo viel größer waren (vgl. Herrlein, Dias 1996: 146). „Der Industrialisierungsprozeß begann in fast allen Regionen Brasiliens gleichzeitig. Im Nordosten wurden nach der Zollreform von 1844 die ersten modernen Textilmanufakturen errichtet, und noch im Jahre 1910 war die Zahl der Textilarbeiter in dieser Region ungefähr gleich groß wie in São Paulo" (Furtado 1975: 188). Rio de Janeiro wiederum hatte noch bis 1907 die diversifizierteste Industrie und einen Anteil von 30% an der nationalen Produktion (Cano, Neto 1986: 175).

17 Das Eisenbahnnetz expandierte von 14,5 Kilometern (1854) auf 9.076,1 km (1889); das Telegraphennetz von 65 km (1861) auf 10.969 km (1889) (Pessoa 1983: 105 f.).

18 „Zwischen 1929 und 1937 stieg die Industrieproduktion um etwa 50% und die Rohstoffproduktion für den Inlandsmarkt um mehr als 40%. Trotz der von außen aufgezwungenen Depression stieg das Volkseinkommen in derselben Zeit um 20%, was einem Pro-Kopf-Zuwachs von 7% gleichkommt. ... Die Zunahme der Nachfrage nach Kapitalgütern (Ergebnis der Produktionsausweitung in Richtung auf den Inlandsmarkt) und der starke Preisanstieg für diese Importe (Ergebnis der Abwertung des Wechselkurses) schufen günstige Bedingungen für den Aufbau einer kapitalgüterproduzierenden Industrie im Land selbst ...

Tatsächlich hat die Produktion von Kapitalgütern (anhand der Angaben für die Produktion von Eisen, Stahl und Zement) in Brasilien unter der Krise wenig gelitten, und sie erholte sich bereits 1931. Im Jahre 1932, im Tiefpunkt der Depression, war sie bereits um 60% gegenüber 1929 gewachsen" (Furtado 1975: 158 ff.).

19 Maria da Conceição Tavares (1983: 37 ff.) unterscheidet drei Phasen der Importsubstitution. In der ersten, von 1930 bis 1945, wurden unter massiven Beschränkungen des Welthandels vor allem Konsumgüter substituiert. In der zweiten Periode von 1945 bis 1954, unter offenen weltwirtschaftlichen Bedingungen, gefördert durch die bis zum Ende des Koreakrieges 1953 stark expansive US-Budgetpolitik, begann die Importsubstitution von dauerhaften Konsumgütern und in einigen Bereichen auch von Zwischen- und Kapitalgütern. In der dritten Phase von 1955 bis 1961 verschärften sich die externen Beschränkungen, die Importkapazität sank.

20 Die Militärs und ihre Macht werden in dieser Arbeit ohne Zweifel nicht ausreichend berücksichtigt. Dies hängt mit dem historischen Moment meines beginnenden Brasilieninteresses zusammen, nämlich den 1980er Jahren, als Militärdiktaturen eine „überholte" Regierungsform zu sein schienen. Die Militärs, die „bewaffnete politische Gesellschaft", waren jedoch historisch immer ein Schlüsselakteur, und das Militär stellt bis heute einen Staat im Staat dar – mit drei eigenen Ministerien, einer eigenen Gerichtsbarkeit und 600.000 Mann. Die Verfassung 1988 hat die Macht der Militärs nicht beschnitten, die Institutionen der Militärdiktatur bestehen fort, der demokratische Zugriff ist gering (Dreifuss 1989: 26-33).

21 Auf Bundesebene erhöhte sich die Zahl verstaatlichter Betriebe von 1941-1950 (7 Betriebe) bis 1971-1976 (138 Betriebe), wobei allein zwischen 1971 und 1976 67 Betriebe gegründet wurden; insgesamt erhöhte sich in diesem Zeitraum die Gesamtzahl staatlicher Unternehmen von 13 auf 328 (vgl. Tab. A-8).

22 Der Anteil der chemischen Industrie erhöhte sich von 4,7 auf 18,7% und der der Maschinenbauindustrie von 2,2 auf 10,1%. Die traditionellen Sektoren büßten ihre Vormachtstellung ein, ihr Anteil reduzierte sich von 1949 bis 1980 von 65,5% auf 37%. (vgl. Tab. 7, S. 100).

23 Ihr Anteil an den zehn größten Unternehmen betrug 1968 im Bereich der Kapitalgüter 72,6%, im Bereich der langlebigen Konsumgüter 78,3%.

24 Dominierten bei den US-amerikanischen Direktinvestitionen nach Brasilien 1929 noch die in öffentliche Einrichtungen wie Strom- und Eisenbahnunternehmungen, so gewannen Investitionen in die verarbeitende Industrie ab 1946 die Oberhand, um schließlich zum eindeutig dominanten Bereich zu werden (Becker, Egler 1992: 51; Senghaas 1980: 130).

25 Auch die reformfreudigen Offiziere und die antioligarchisch eingestellten Liberalen wurden marginalisiert, und die Fremdenfeindlichkeit diente dem Antikommunismus (Fausto 1981: 106 f.).

26 Schon vor der Machtübernahme durch die Militärs 1964 hatten sich die Investitionen des gesamten Staatssektors von 3,2% auf 6,7%, der staatliche Konsum, Transfers und Investitionen von 7,9% auf 14,6% erhöht. Das Steueraufkommen erhöhte sich von 11% (1955) auf 17% (1961) (Bergsman 1973: 56 f.).

27 Der Anteil monetärer Aktiva sank zugunsten von nicht-monetären im obigen Zeitraum von 88,4% auf 61,1% (Tavares 1983: 229).

28 Im Gefolge des Zweiten Weltkrieges, eines boomenden Exportsektors und beschränkter Importe war eine Überbewertung des *Cruzeiro* möglich, die erst 1953 korrigiert wurde. Diese Politik zugunsten des Kaffeesektors wurde v.a. von der liberalen Regierung Dutra bewußt betrieben. Auf diese Politik folgte zwischen 1953 und 1957 ein Lizenzsystem, das Typen von Importen unterschied; danach ging die Regierung zur Einhebung von Zöllen

über, ohne auf andere protektionistische Maßnahmen wie Lizenzen zu verzichten (Baer 1989: 53 ff.).

29 V.a. nach den großen Streiks der MetallarbeiterInnen 1953 erfolgte ihr Zugang zum politischen System über die Legislative via Klientelismus und über die Exekutive via Populismus. Die Praxis des Stimmentausches stellte einen Mechanismus dar, wie konkrete Verbesserungen der Lebensbedingungen eingefordert werden konnten.

30 Die Reallöhne gingen zwischen 1961 und 1974 trotz hoher gesamtwirtschaftlicher Wachstumsraten deutlich zurück; der Wert des realen Mindestlohns halbierte sich fast (Zenk 1982: 166). Der Anstieg gegen Ende der 1970er Jahre stand mit der beginnenden Streikbewegung in Zusammenhang.

31 „Obwohl [die Militärdiktatur, AN] anfangs liberal war, wird sie in der Folge zum zentralistischsten und autoritärsten Regime in unserer republikanischen Geschichte. Als Pate der Entstaatlichung bewirkt sie den größten Anstieg des wirtschaftlichen und produktiven Apparats des Staates ... Anwalt eines entschiedenen Kampfes gegen die Inflation, verursacht sie langfristig ein wahres inflationäres Fiasko“ (Fiori 1995: 107).

32 Es kam zur Errichtung der Nationalen Entwicklungsbank BNDE *(Banco Nacional de Desenvolvimento Econômico)* (1952), später umbenannt in BNDES *(Banco Nacional de Desenvolvimento Econômico e Social)*, zur Schaffung der staatlichen Ölfirma Petrobras (1953), zum Projekt eines Stromunternehmens Eletrobras (das erst später verwirklicht wurde) sowie zur Investition in den Stahl- und Bergbaubereich (Becker, Egler 1992: 49 f.; Oliveira 1989: 77).

33 So reduzierte sich die Zementproduktion, ein guter Indikator der Bautätigkeit und damit der Konjunktur, von 1980/1982 bis 1991/1993 von 26.523,8 Mio. Tonnen auf 25.411,9 Mio. Tonnen (Pacheco 1998: 143). Von 1980/1992 sank vor allem die Kapitalgüterproduktion, und zwar um dramatische 44%, und die der langlebigen Konsumgüter (um 8%) (Pacheco 1998: 108). Die Nachfrage nach Kapitalgütern erfolgte zunehmend im Ausland. Die Importe von Kapitalgütern stiegen von US$ 5,9 Mrd. (1990) auf US$ 25,2 Mrd. (1998).

34 Importbeschränkungen wurden zurückgenommen und die Zollsätze von durchschnittlich 32,2% (1990) auf 12,5% (1995) gesenkt (Calcagnotto 1996: 35). Billige Importe dienten im *Plano Real* dazu, das inländische Preisniveau in früher geschützten Märkten zu senken.

35 Der Gini-Index, ein Maß für die Ungleichheit der Verteilung, betrug 1970 am Höhepunkt der Diktatur 0,57. 1981 betrug er 0,57, 1989 0,64! 1992 betrug er 0,58 und 1993 0,60, um 1995 mit 0,59 auf einen Wert zu fallen, der noch immer über dem von 1992 lag. Dies zeigt, daß die Verbesserungen 1995 vor allem auf die dramatisch schlechte Situation vor Beginn des Planes zurückzuführen sind. Ein Teil der positiven Verteilungswirkungen des *Plano Real* verdankt sich auch einer Krise der Landwirtschaft, v.a. geringen Preisen, d.h. einem Einkommenstransfer vom Land zur Stadt (vgl. www.ipeadata.gov.br; Novy 1998: 180).

36 São Paulos Anteil an der Wertschöpfung der verarbeitenden Industrie, der kontinuierlich anstieg und 1970 bei 58,2% seinen Höhepunkt erreichte, sank in der Folge schrittweise bis auf 49,8% 1995. Beim BIP ist dieser Anteilsverlust geringer, weil hier die Anteilsverluste der Industrie durch Anteilsgewinne in der Land- und Viehwirtschaft sowie bei den Dienstleistungen abgeschwächt wurden. Der regionale BIP-Anteil São Paulos reduzierte sich deshalb bloß von 39,5% (1970) auf 36,4% (1990), um dann bis 1995 sogar wieder auf 36,6% anzusteigen (vgl. Tab. A-13 und A-14).

37 Während die Investitionsquote 1980 noch bei 23% lag, sackte sie danach kontinuierlich auf bis zu 14% ab. Während des *Plano Real* erholte sie sich kurzfristig auf 18,5% im 2.

Quartal 1997, um dann aber Ende 1998 wieder auf 17,1% zu sinken (www.ipea.gov.br/ftp/tabelas/ltab79.html).

38 Der Anteil der Löhne an der Wertschöpfung, der seit 1949 kontinuierlich gesunken war, erhöhte sich in der zweiten Hälfte der 1970er Jahre vor allem durch die Streiks in den dynamischen Industriesparten. Doch die Rezession von 1980 bis 1984 traf die ArbeitnehmerInnen hart. Erst mit dem Anstieg des Wirtschaftswachstums 1984 stieg auch der Anteil der Löhne an der Wertschöpfung wieder.

39 Die Analyse der Entwicklung der Arbeitsproduktivität, gemessen an der physischen Produktion pro ArbeiterIn, zeigt, daß sich die Akkumulation von 1976 bis 1990 in einer massiven Krise befand. Ab 1990 begann die Arbeitsproduktivität zwar wieder zu steigen, was aber wesentlich im Rückgang der Beschäftigung begründet war; Produktion und Beschäftigung wurden entkoppelt (SEADE 1995b: 40).

40 Ein Teil der Produktivitätsgewinne nach 1990 resultierte aus Modernisierungsprozessen, die als Antwort auf die Weltmarktöffnung vorgenommen wurden. 1992 hatten einzig 38 Firmen das ISO-9000-Zertifikat bekommen, 1993 waren es schon 166 und 1994 400, was mehr ist als im ganzen restlichen Lateinamerika zusammen (SEADE 1995b: 28). Ein anderer Teil erklärt sich aus Auslagerungen in selbständige Dienstleistungsunternehmungen (SEADE 1995b: 32-36).

41 Bei der Einführung des *Plano Real* stand das Ziel der Budgetsanierung offiziell sogar über dem der Preisstabilität (www.fazenda.gov.br vom 16. 8. 1999).

42 R$ bezeichnet die seit 1994 gültige Landeswährung *Real*, die die zahlreichen Cruzados und Cruzeiros der Inflationsjahre ablöste. Sein Wechselkurs zum US-Dollar sank bis 1998 von 0,80 auf 1,20.

43 Dabei beträgt der Höchststeuersatz bloß 25%; die Kapitalbesteuerung beläuft sich auf 8,18% (28,43% im Schnitt der G-7). Einzig die – regressiv wirkenden – Konsumsteuern sind mit 16,74% höher als bei den G-7 (12,65%) (Fritz 1996: 28 f.).

44 Der Bundesstaat Paraná schoß der Renault-Fabrik in São José dos Pinhais R$ 300 Mio. zu den R$ 700 Mio. des französischen Konzerns zu; die Gemeinde erläßt dem Konzern für zehn Jahre die Lokalsteuern (Veja 20. 3. 1996). Dieser destruktive Ersatz der fehlenden nationalen Industriepolitik kostete die Bundesstaaten in den ersten drei Jahren des *Plano Real* mindestens R$ 9 Mrd. (FSP vom 14. 9. 1997).

45 Viele Staaten gewährten Steuerbefreiungen bzw. vergaben stark subventionierte Kredite. Ein einziges Projekt, die Mercedes-Fabrik in Juiz de Fora, die 2.000 direkte und 5.000 indirekte Arbeitsplätze schaffen soll, wurde von BNDES mit R$ 325 Mio. – bei einer Gesamtinvestition von R$ 1,1 Mrd. – finanziert. Die Finanzierungskonditionen wurden nicht veröffentlicht. Der Renault-Fabrik in Paraná wurden vom Bundesstaat US$ 1,5 Mrd. zugeschossen, die GM- und Ford-Werke sollten in Rio Grande do Sul rund US$ 4 Mrd. erhalten (Novy 1998: 237).

46 Es gehe nicht nur um Staatseinnahmen, sondern darum, „zukünftige Verluste für die Regierung zu vermeiden". Unter diesem Gesichtspunkt wird der Kommentar des ehemaligen Ministers Roberto Campos vor der Untersuchungskommission des Kongresses zur Privatisierung auch verständlich: „Es gibt einen anderen Prozeß der Privatisierung, ... den ich schon 1982 für die Anwendung in Brasilien vorgeschlagen habe, und zwar ganz einfach die Schenkung der Unternehmen" (zit. in Winckler, Pacheco Filho 1994: 151).

47 Hierzu zählten R$ 28,5 Mrd. an staatlichen Investitionen knapp vor der Privatisierung und deren Verzinsung (R$ 8,9 Mrd.) sowie R$ 16,1 Mrd. vom Staat übernommener Schulden

der Unternehmen und deren Verzinsung (R$ 8,9 Mrd.). Schließlich lag der wahre Wert von Schuldscheinen, mit denen die Käufer die Firmen erwarben, um R$ 8,9 Mrd. unter dem Papierwert. Durch den Verkauf auf Raten entgingen dem Staat weitere R$ 14,8 Mrd. R$ 1,7 Mrd. beließ der Staat am Tag des Verkaufs als liquide Mittel in den Kassen der Unternehmen.

48 Mit dem Verkauf von 13 Stromunternehmen von Bund und Bundesstaaten wechselte bis Anfang 1998 ein Vermögen von R$ 15,589 Mrd. den Eigentümer. Das Stromunternehmen von Rio de Janeiro, *Light*, befindet sich im Besitz eines Konsortiums, an dem auch die *Electricité de France* beteiligt ist. Dieses erwarb auch die *Eletropaulo Metropolitana* und wurde damit zum größten Stromproduzenten Lateinamerikas. Von der Kaufsumme von R$ 2,026 Mrd. lieh BNDES 1,013, zahlbar in fünf Jahresraten. R$ 600 Mio. konnten mit Schuldscheinen gezahlt werden, was eine *De-facto*-Ersparnis von R$ 50 Mio. bedeutete. Finanziert wurde dies von einem internationalen Bankenkonsortium. *Light* reduzierte nach der Privatisierung seinen Beschäftigtenstand von 11.000 auf 6.700 und kam damit aus der Verlustzone. Im ersten Trimester 1998 verzeichnete das Unternehmen einen Gewinn von R$ 115,2 Mio. (gegenüber 81,2 Mio. im gleichen Zeitraum 1997). BNDES wird R$ 730 Mio. für Investitionen zuschießen, außerdem wurden im Mai und August 1998 Preiserhöhungen von 4,0% bzw. 5,86% gewährt. Gleichzeitig kam das Unternehmen Anfang 1998 im Gefolge großer Stromabschaltungen in die Schlagzeilen. Die Stromaufsichtsbehörde verhängte eine Strafe von R$ 2 Mio., was nicht viel mehr ist als der an einem Tag erwirtschaftete Gewinn. Auch die Bahnlinien, die im Lauf des 20. Jahrhunderts großteils von Privaten aufgekauft wurden, wurden rückprivatisiert. Doch von den fünf privatisierten Bahnunternehmen reduzierten drei ihre Transportmenge. Ein von einer US-amerikanischen Gruppe erworbener Streckenabschnitt, der São Paulo mit Bolivien verbindet, kostete R$ 60 Mio., und zwar zahlbar innerhalb von 30 Jahren. Jedoch liegt bei den Bahnlinien das von den privatisierten Betrieben erzielte Ergebnis unter demjenigen der früheren Staatsbetriebe und unterschritt die in der Privatisierungsausschreibung festgelegten Ziele. Diese werden von den neuen Besitzern mittlerweile als „unrealistisch" angesehen, wohingegen die für die Ausschreibung zuständige Konsulentenfirma die Vorgaben als „vollkommen möglich" und „sehr konservativ" ansieht. Was jedoch im Bereich der privatisierten Betriebe erreicht wurde, waren die vorgesehenen Massenentlassungen (10.996 von 22.303 Beschäftigten). Auch die Mautgesellschaften wurden privatisiert. In São Paulo kostete die *Immigrantes* R$ 87 Mio., zahlbar in 240 Monatsraten zu je R$ 0,34 Mio. und einer Eingangszahlung von R$ 10 Mio. Die erwarteten Einnahmen beliefen sich auf R$ 220 Mio. pro Jahr.
Die BNDES finanzierte auch eine neue Stromgenerierungsfabrik des privatisierten Stahlkonzerns CNS mit R$ 300 Mio. Das Unternehmen war am 2. 4. 1993 um R$ 1.495 Mio. verkauft worden, wobei außerdem R$ 533 Mio. an Schulden übernommen wurden. 1997 betrug der Gewinn R$ 450 Mio.
Die Finanzgruppe, die das große Stahlwerk CNS *(Companhia Nacional Siderúrgica)* in Volta Redonda kaufte, erwarb um 3,3 Mrd. R$ auch das Bergbauunternehmen CVRD *(Companhia do Vale do Rio Doce)*. Die Firma kontrolliert 351.723 km² Fläche mit einem auf 41,3 Mrd. Tonnen geschätzten Erzlager, v.a. im Carajás-Projekt. Dieses zunehmend transnational ausgerichtete staatliche Unternehmen schuf somit innerhalb des in seinem Besitz befindlichen Landes ein Territorium mit einer eigenen Mächtigkeit. Mit der Privatisierung privatisierte sich auch das Territorium. Die privatisierte Firma reduzierte den Beschäftigtenstand von 15.142 auf 10.466 und erzielte 1997 einen Rekordgewinn von R$ 756 Mio. (für detailierte Quellenangaben vgl. Novy 1998: 205-212; Biondi 1999).

49 Das Prinzip der Treffsicherheit ersetzte den Universalitätsanspruch, dem die Sozialpolitik gemäß der brasilianischen Verfassung von 1988 folgen sollte: Vielfach kritisierte klientelistische Programme wie Nahrungsmittel- und Medikamentenhilfe spielten weiterhin eine wichtige Rolle.

50 Darüber hinaus mußten die Bundesstaaten seit 1997 auch auf die Einnahmen der Umsatzsteuer ICMS *(Imposto sobre Circulação de Mercadorías e Serviços)* für den Export von Primär- bzw. gering veredelten Produkten verzichten.

51 Der Mindestlohn spielt in einer keynesianischen Nachfragepolitik deshalb eine große Rolle, weil er direkt oder indirekt als Indexierungsgrundlage für andere Löhne und Sozialleistungen (v.a. Pensionen) verwendet wird. Die Anhebung des Mindestlohns 1995 wirkte verteilungspolitisch positiv und gleichzeitig nachfragestabilisierend, vergrößerte aber die Probleme in der ebenfalls mindestlohngekoppelten Sozialversicherung. Über einen längeren Zeitraum hinweg blieben die Verteilungszahlen durchwegs stabil. So stieg der Gini-Index der durchschnittlichen Monatseinkommen pro Familie, eine Maßgröße für soziale Ungleichheit, von 0,5698 (1987) auf 0,5781 (1996) (www.sidra.ibge.gov.br vom 25. 6. 1998).

52 Bei der Auflistung der größten Privatunternehmen lagen 1997 zwei aus dem Finanzbereich kommende Gruppen vorne, nämlich Bradesco und Itaúsa, und mit Moreira Salles nahm eine weitere Finanzmarktgruppe den 6. Platz ein. Platz 2, 3 und 5 gingen an die Automobilkonzerne Fiat, Volkswagen und GM (Exame 1998: 86).

53 Besonders kraß war dies im Bereich der Düngemittelindustrie, aber auch bei Stahl und im Bereich der Petrochemie (Winckler, Pacheco Filho 1994: 145 ff.). Der Odebrecht-Konzern kontrollierte 1998 60% der Produktion von Thermoplastik; diese Firma befindet sich aufgrund von Joint-Ventures mit der noch staatlichen Petrobras in einer fast marktbeherrschenden Position (FSP 7. 4. 1998).

54 Die Itaúsa war 1997 weltweit das 372. größte Unternehmen; Bradesco lag an 345. Stelle, und die verstaatlichte *Banco do Brasil* stand auf dem 178. Platz (www.zerohora.com.br vom 27. 7. 1998).

55 Die an sich geringe Exportquote in Tabelle A-12 (d/a) erhöht sich schon deutlich, wenn Wechselkursschwankungen berücksichtigt werden – (e/b) in Tabelle A-12. Werden die kaum exportierbaren Dienstleistungen ausgeblendet, dann belief sich die derart bereinigte Exportquote 1970 auf 18,7, um bis 1995 auf 30,4 anzusteigen – (e/c) in Tabelle A-12.

56 In bestimmten Bereichen (z.B. Textil- und Bekleidungsindustrie) nahmen die Importe stark zu, während die Öffnung in anderen (z.B. Automobilindustrie) viel langsamer erfolgte. Besondere Bedeutung hat der starke Anstieg der Kapitalgüterimporte, dem zwei Ursachen zugrunde liegen. Zum einen signalisiert er den Einkauf neuer Technologie und damit Produktivitätssteigerungen in der Industrie, zum anderen spiegeln die steigenden Importe die Krise der heimischen Kapitalgüterindustrie wider. Die Exporte des Sektors stiegen zwischen 1993 und 1995 um 25%, während die Importe um 157% zunahmen (FSP 16. 1. 1997).

57 Der Zoll für den Import von Autos wurde z.B. 1995 auf 63% hinaufgesetzt (FSP 23. 10. 1997).

58 Portugiesisch: Mercosul – *Mercado Comun del Sul.*

59 Die heute weit verbreitete Sichtweise von Zivilgesellschaft als autonom vom Staat tendiert dazu, den starken Zusammenhang zwischen wirtschaftlicher Macht und politischer Handlungsfähigkeit zu verschleiern (Cardoso 1993: 117 f.).

60 F. H. Cardoso beabsichtigte, 1998 R$ 73 Mio. für den Wahlkampf auszugeben, Ciro Gomes R$ 23 Mio. und Lula 15 Mio. Eine staatliche Parteienförderung scheiterte am Widerstand F. H. Cardosos.

61 In den Produktionseinheiten setzte sich diese hierarchische Gesellschaftsstruktur fort. Das Verbot des Buchdrucks, die fehlenden Universitäten und kaum vorhandene zivile Organisationen unterbanden ein modernes urbanes Leben. Erst Ende des 18. Jahrhunderts, als die Städte eine bestimmte Unabhängigkeit erlangten, begann sich dies zu verändern (Holanda 1989: 57), und es entstand in Ansätzen eine städtische Zivilgesellschaft.

62 Föderale Strukturen dienten in Brasilien sowohl dazu, die konfligierenden Wünsche des Establishments aufeinander abzustimmen, als auch zum Aufweichen der regionalen Unterschiede. Umgekehrt unterstützte die Zentralisierung in unterschiedlichen Konstellationen ebenfalls die beiden oben angeführten Prozesse (Souza 1996: 104 ff.).

63 Es ist dies im Portugiesischen das gleiche Wort wie Gewerkschaft.

64 Informell waren immer Gruppierungen wie z.B. die *Bancada Ruralista* wichtig, ein überparteilicher Zusammenschluß von 134 der 513 Abgeordneten und 30 der 81 SenatorInnen und eine zentrale Lobbyinggruppe, die z.B. Zahlungsaufschübe für die (Groß-)Bauernschaft durchsetzen konnte (FSP 2. 7. 1995).

65 Nachdem Maluf 1998 nach Korruptionsvorwürfen auf eine Präsidentschaftskandidatur verzichtete, ordnete sich die PPB auf nationaler Ebene in die Regierungskoalition ein.

66 1997 trat der Gouverneur von Paraná und von Acre der PFL bei, ebenso der Ex-Bürgermeister von Rio de Janeiro, Cesar Maia, der Präsident der FIESP, Unternehmerdachverband von São Paulo, Moreira, und A. Medeiros, Führer des rechtsgerichteten Gewerkschaftsdachverbands *Força Sindical.*

67 Die Weltbank hat in den letzten Jahren ihr Augenmerk verstärkt auf den Staat – einen effizienten, aber durchaus keinen Minimalstaat – gerichtet (vgl. IBRD 1993, 1997).

68 ABC ist die Abkürzung der Städte Santo André, São Bernardo und São Caetano. In der Regel wird auch Diadema hinzugerechnet.

69 In einer kritischen Analyse meint die liberale *Folha* über die PT: „Von einer Partei, die die Streiks angeführt und in den 1980er Jahren zur Organisierung der Zivilgesellschaft beigetragen hat, vergingen fast 20 Jahre zu einer Partei, die heute chancenreich für die wichtigsten Ämter kandidiert. In dieser Zeit bürokratisierte sich die PT zu Lasten der Organisationsarbeit in den sozialen Bewegungen, es wuchs die Bedeutung des Überlebens ihrer Funktionäre und der institutionellen Interessen der Partei, die dem typischen soziologischen Muster der Entwicklung administrativer Apparate folgt" (FSP 28. 5. 1997).

70 Neben der PT sind die sozialistische Partei (PSB – *Partido Socialista Brasileira*), die linkspopulistische PDT *(Partido Democrático Trabalhista)*, die ehemaligen Moskaukommunisten PPS *(Partido Popular Socialista)* und die kommunistische PCdoB *(Partido Comunista do Brasil)* die anderen größeren linken Parteien. Vor allem die drei ersten unterscheiden sich von der PT durch eine geringere interne Parteidisziplin und ein moderateres Programm.

71 Zwei dieser Präsidenten waren Vizepräsidenten und profitierten vom Tod (José Sarney) bzw. der Absetzung (Itamar Franco) des Präsidenten.

72 Das bekannteste historische Beispiel einer alternativen Gesellschaftsorganisation während der Kolonialzeit sind die *Quilombos* – freie Territorien entflohener schwarzer SklavInnen – im Hinterland der Zuckergüter (Becker, Egler 1992:60). *Palmares* wurde zum Aushängeschild schwarzen Widerstands (Ribeiro 1995: 295). Aber auch die *Balaiada*, *Cabanagem* und *Canudos* waren bedeutsame Volksaufstände (Ribeiro 1995: 319 ff., 356). Im 20. Jahrhundert organisierten sich die europäischen MigrantInnen in São Paulo in anarchistischen Gewerkschaften und Nachbarschaftsvereinen und strebten nach Autonomie vom

Staat. Ihr Widerstand gegen die Schleifung der zentrumsnahen Arbeiterviertel wurde ebenfalls gewaltsam niedergeschlagen (Novy 1995: 26-29).

73 Insbesondere in der Frage der Landreform verteidigten die Großbauernverbände die Autonomie der Zivilgesellschaft – und ihr Eigentum. Die Verfassung von 1988 ist in der Frage der Landreform konservativer als die der Militärdiktatur.

74 Unter Sarney stammten 93% der 2.000 höchsten Beamten, die für die Ausübung präsidentieller Macht zuständig waren, aus der Militärdiktatur (Dreifuss 1989: 40).

75 Das Weltbild der Wirtschaftswissenschaften ähnelt einer Religion. Demgemäß gibt es rechtgläubige (orthodoxe) und nicht-rechtgläubige (heterodoxe) Lehrmeinungen. Orthodox sind in der Regel diejenigen Lehren, die an die Allmacht des Marktes zur Regulation der Gesellschaft glauben, und heterodox, d.h. ketzerisch, solche wirtschaftspolitischen Instrumente, die, wie der *Plano Cruzado,* auch Markteingriffe wie Lohn- und Preisstops vorsehen.

76 Der Plan wurde von denselben Technokraten aus Rio durchgeführt wie Jahre später der *Plano Real* (Bresser Pereira 1987). Der eine funktionierte vier Jahre, der andere zehn Monate lang.

77 Bohnen und Reis stellen Brasiliens Standardmenu dar, einfach und ohne große Überraschungen für die KonsumentInnen.

78 Die Kampagne für die Direktwahl des Präsidenten 1984 fand zwar breite *Pro-forma*-Unterstützung, wichtige Teile der dominanten Gruppen hatten aber große Bedenken gegen eine Direktwahl. Die Kampagne scheiterte. 1996/97 erregte eine Untersuchungskommission Aufsehen, die ein kompliziertes Schema der Korruption aufdeckte (Senado 1997). Besonders peinlich waren die Enthüllungen für Paulo Maluf, einen potentiellen Gegenkandidaten von Cardoso. Die Kommission deckte immer neue Unregelmäßigkeiten auf, bis Maluf seine Präsidentschaftskandidatur zurückzog. Danach stagnierte die Arbeit der Untersuchungskommission, und sie kam zu keinen konkreten Ergebnissen (www.senado.gov.br/web/cpif/cpi.htm 6. 7. 1998).

79 Für eine kritische Bilanz der ersten vier Regierungsjahre Cardosos vgl. Lesbaupin (1999).

80 Eine so wichtige Maßnahme wie das Programm Proer *(Programa de Estímulo à Reestruturação e ao Fortalecimento do Sistema Financeiro Nacional)*, das Programm zur Unterstützung der Umstrukturierung im Bankwesen, wurde als Notverordung alle 30 Tage erneuert. Diese Maßnahme feierte im November 1996 „Geburtstag", ohne daß sie von der Legislative bewilligt (oder abgelehnt) wurde (Freitas 1996).

81 Von allen zwischen 1989 und 1993 angenommenen Gesetzen hatten 78% ihren Ursprung in der Exekutive (Diniz 1997: 182).

82 Die Einhaltung von Kontrollmechanismen, um zu verhindern, daß Amtsinhaber ihre Funktion illegitim ausnützen, wird von der Obersten Wahlbehörde TSE *(Tribunal Superior Eleitoral)* und vom Obersten Gerichtshof STF *(Supremo Tribunal Federal)* als „unmöglich" angesehen; 24 der Gruppen, die einen Gutteil der offiziellen Wahlspenden gaben, meinten, daß legale Spenden durch die große Publizität mehr Probleme als Nutzen brächten, weshalb sie zu illegalen Methoden zurückkehren wollen (FSP 16. 9. 1997; Freitas 1998; FSP 14. 4. 1998).

83 Zwischen 1987 und 1994 wechselten 25,1% der Abgeordneten einmal, 6,2% zweimal und 24% drei oder mehrere Male die Partei (Limongi, Figueiredo 1996: 42).

84 „Wer wird gegen die 'Modernisierung' des Parlaments sein? Niemand. Wer glaubt, daß von ihm eine effektive Kontrolle der alltäglichen Entscheidungen ausgehen kann? Niemand" (Cardoso 1991: 168).

85 Hierbei bauen die KandidatInnen auf ein komplexes Netz von StimmenfängerInnen auf, die, in den einzelnen Nachbarschaften von Haus zu Haus gehend, Loyalitäten aufbauen und „Stimmen gegen Gefälligkeiten tauschen". Diesen zumeist kurzfristigen Loyalitäten wohnt die Schwäche inne, ständig von der Aufkündigung bedroht zu sein. Aus diesem Grund überrascht der hohe Prozentsatz derjenigen Abgeordneten nicht, die die Wiederwahl nicht schaffen. Diese kurzfristige und lokale Ausrichtung der Abgeordneten behindert die Durchsetzung sektoral oder allgemein relevanter Maßnahmen.

86 Acre ist mit acht Abgeordneten weit stärker vertreten als die bevölkerungsreichen Bundesstaaten. Damit sind die konservativen Gruppen überdurchschnittlich stark in Kongreß und Senat repräsentiert (ein Abgeordneter repräsentiert in Acre 52.145 Personen, in São Paulo jedoch 450.664; ein Senator repräsentiert in Acre 139.055 und in São Paulo 10.515.491 Personen). Die Kongreßabgeordneten des kleinen Bundesstaates Acre im amazonischen Nordwesten sind hierfür ein gutes Beispiel: 1994 gewann die PMDB vier, die PPB drei und die PP (*Partido Popular* – Volkspartei) einen Abgeordnetensitz in Brasília. 1997 war nur noch einer Mitglied der PMDB, die anderen drei und der Abgeordnete der PP liefen zur PFL über, die in Acre mit dem Gouverneur zusammenarbeitete.

87 Der Tausch von Stimmen in Acre war aber nicht die einzige Transaktion der Regierung. „FHC tauscht 6.000 Posten gegen eine Stimme" titelte FSP am 4. 3. 1997, bezugnehmend auf die Übernahme der Personalkosten des Bundesstaates Amapá durch die Bundesregierung (vgl. auch Damé 1997). Diese Stimmenkäufe sollen vom Gouverneur des Bundesstaates Amazonas koordiniert worden sein.
Die fünf unter Korruptionsverdacht stehenden Kongreßabgeordneten haben typische Politikkarrieren hinter sich:
Zila Bezerra: PMDB (1982-1994): für die Medienpolitik des Gouverneurs zuständig (1982-1985), Koordinatorin für Landwirtschaftspolitik in Vale do Juruá (1986), Kabinettschefin (1987-1990), Kongreßabgeordnete (1990-1994), danach Parteiübertritt zur PFL.
Osmir Lima: PMDB (1982-1994): Präsident der Landesbank von Acre (1983-1986), Kongreßabgeordneter (1987-1990), 1994 Kandidat für PMDB, nach der Wahl Übertritt zur PFL.
João Maia: PT (1980-1983), PMDB (1983-1992): Kongreßabgeordneter; Parteiübertritt zur PP (1992-1994); 1994 Wahl als Kandidat der PP, dann Übertritt zur PSDB und später zur PFL.
Ronivon Santiago: PMDB (1990-1994), PPR (1995-1996), PFL (1997).
Chicão Brígido: PMDB (1992-1997): Gemeinderat in Rio Branco (1993-1994), Kongreßabgeordneter (1995-1997).

88 Es zeugt von der Widersprüchlichkeit brasilianischer Politik, daß Acre, dieser besonders rückschrittliche Bundesstaat, seit 1999 von der PT regiert wird, die auch zwei der drei SenatorInnen stellt.

89 Schon im *Estado Novo* entstand eine Vielzahl zentralstaatlicher, aber organisatorisch ausgelagerter Institutionen. Kubitschek verstärkte diese Tendenz, indem er eine Reihe neuer Organe, Institutionen und Ämter ins Leben rief, die neben der Staatshierarchie die öffentlichen Angelegenheiten verwalteten. 1967 führte eine Verwaltungsreform der Militärs zu einer weiteren Autonomisierung und Flexibilisierung der Verwaltung durch die Schaffung von Stiftungen und selbständigen Körperschaften *(Autarquias).*

90 „Auf diese Weise wird es möglich sein, eine unternehmerische öffentliche Verwaltung zu etablieren, in der die gewählten Politiker und eine hohe professionelle Bürokratie – auf unpersönliche Weise rekrutiert und ausgebildet – auf dezentrale Weise 'managen' und von den öffentlich Bediensteten Ergebnisse einfordern können" (Bresser Pereira 1997).

91 Die technologischen Neuerungen im Bereich der Telekommunikation und die staatliche Kontrolle via Regulierungsbehörde sollen Monopolbildungen unterbinden. Eine kompetitiv organisierte Leistungsbereitstellung soll die Herstellung eines schlanken und effizienten Staates – ganz in der Linie von „Reinventing Government" (Osborne, Gaebler 1992) – ermöglichen (Bresser Pereira 1998: 11).

92 Während 1987 nur 23,3% des gesamten zivilen Bundespersonals Pensionierte waren, stieg dieser Anteil 1998 auf 41,7%.

93 Neben den zivilen Bundesbediensteten gibt es rund 600.000 Militärs (inklusive Militärpolizei) (Dreifuss 1989: 26).

94 Bezogen auf die föderale Struktur konnten zwischen 1980 und 1992 die Gemeinden ihren Anteil an den staatlichen Sozialausgaben von 11% auf 17% erhöhen; auch die Bundesstaaten erhöhten ihren Anteil von 24% auf 27% (Medici 1995: 291).

95 Der Finanzausgleich hat auf Bundesstaatsebene via FPE *(Fundo de Participação dos Estados)* eine regional umverteilende Wirkung, welche beim FPM *(Fundo de Participação dos Municípios)* nur gering ist (Abrucio, Couto 1996: 44).

96 Zwischen 1975 und 1982 standen jährlich rund US$ 2,5 Mrd. zur Verfügung, zwischen 1979 und 1983 wurden jährlich durchschnittlich 230.000 neue Darlehen vergeben (Arretche 1998: 73).

97 Einen traurigen Höhepunkt der Krise erfuhr das System unter Collor, dessen Ministerium 1992 während des *Impeachment*-Verfahrens Finanzierungen bis zur Jahresmitte 1995 vergab. Damit war das System auf über zwei Jahre lahmgelegt (Arretche 1998: 84).

98 Ein Koordinator der Politik im petrochemischen Bereich, Magalhães, ist Konsulent einer der interessierten Firmen (FSP 10. 10. 1997); der Vorsitzende der Staatsreformkommission, Ex-Minister Nobrega, ist ebenfalls Konsulent. Der Präsident der äußert lukrativen Bank BBA, Ex-Zentralbankpräsident Bracher, war am Vorabend einer unerwarteten Politikänderung der Zentralbank mit dem Zentralbankchef Arida zusammen. Arida trat in der Folge von seinem Amt zurück (Veja 22. 3. 1995), blieb aber beim Erwerb staatlicher Unternehmen aktiv. Der zum Zentralbankchef ernannte Gustavo Franco ernannte seinerseits einen Freund aus der Privatwirtschaft zum Direktor für internationale Angelegenheiten. Familienbande spielen ebenfalls eine zentrale Rolle.

Bis zu seinem überraschenden Tod 1998 war der Sohn des Senatspräsidenten ACM der aussichtsreichste Kandidat für die Präsidentschaftswahlen 2002. Die Brüder Luiz Carlos Mendonça de Barros, Telekommunikationsminister, und sein Bruder José Roberto, Außenhandelssekretär, mußten wegen dubioser Telefongespräche gleichzeitig zurücktreten. Innerhalb der PT gewannen in Acre die Brüder Viana bei den Senats- und Gouverneurswahlen, in São Paulo gewann Eduardo Suplicy bei den Senatswahlen, seine Frau Marta erreichte bei den Gouverneurswahlen fast 24% (Brasilienausschnittsdienst 10/98).

99 Diverse Steuerbefreiungen kosteten laut Prognose 1997 dem Bundesbudget R$ 17,3 Mrd., wobei die Produktionszone in Manaus allein 14,5% in Anspruch nahm (FSP 8. 9. 1997), private Pensionsversicherungen waren steuerlich abschreibbar.

Kapitel 3:

Raum und Macht im Zentrum der Peripherie

„Als ich hierher kam,
verstand ich nichts
von der konkreten, harten Poesie seiner Ecken,
der diskreten Eleganzlosigkeit seiner Mädchen"
(„Sampa" von Caetano Veloso)

São Paulo, bedeutendste Weltstadt Südamerikas, weist eine beeindruckende Architektur auf: Zigtausende Hochhäuser, Millionen Autos und rund zehn Millionen Menschen finden sich auf engem Raum, sie sind die Rauminhalte eines heute auch im globalen Kräftespiel nicht unwichtigen Behälters. Es ist eine Stadt, deren rasantes Wachstum in diesem Jahrhundert eine eigene „konkrete, harte Poesie" produzierte, deren Charme wahrlich nicht sofort ins Auge fällt. Eine Stadt, alt und scheinbar doch ohne Geschichte, erstreckt sie sich im Hochland gleich hinter der steilen Küste. Eine Weltstadt, eingebettet in einen Bundesstaat, der heute unbestrittenes wirtschaftliches Zentrum Brasiliens ist und noch vor hundert Jahren in weiten Teilen bewaldet und äußerst dünn besiedelt war. São Paulo als die ganz Brasilien antreibende Lokomotive wurde zu einem wirtschaftlichen Machtraum, der den gesamten Bundesstaat umfaßt. Aber auch dieser größere Raum mußte in seiner heutigen Struktur erst konstruiert werden. Und wie schon im vorangegangen Kapitel wird es auch jetzt darum gehen, die Produktion von São Paulo als Machtraum in den Vordergrund der Analyse zu stellen.

São Paulo ist ein ursprünglich unbedeutender und später dominanter Teilraum Brasiliens. Es hatte als *Capitania,* als Provinz und dann als Bundesstaat eine Vielzahl an MachthaberInnen. Es war ein Territorium, dessen Grenze, weil es keine Nationalstaaten trennte, erst allmählich an Bedeutung gewann. Seine Mächtigkeit rührte in einer ersten Phase aus einer spezifischen Einbindung in die Weltwirtschaft und in einer zweiten Phase aus einer besonderen Stellung innerhalb des nationalen Machtraumes her. In den letzten Jahrzehnten wird São Paulo als das „Kalifornien Brasiliens" bezeichnet, weil dieser Raum gleichzeitig landwirtschaftlich, industriell und bei den Dienstleistungen eine national bedeutsame, weitgehend dominierende Stellung einnimmt. Von São Paulo aus wurde der nationale Raum strukturiert und hierarchisiert, wurden wirtschaftliche sowie politisch-administrative Grenzen geschaffen und abgebaut. Wie schon bei der Analyse Brasiliens orientiere ich mich auch in diesem Kapitel an der Regulationstheorie. Die

Periodisierung der regionalen Entwicklung weicht aber von der nationalen ab. Während São Paulo beim Übergang zum extensiven Akkumulationsregime eher ein Nachzügler war, nimmt das dominant intensive Regime in São Paulo seinen Ausgang. Gleiches gilt für die Krise dieses Akkumulationsregimes.

Periodisierungen nach Brüchen spiegeln ein komparativ-statisches Denken wider. In der Realität erfolgen die Übergänge von einen Feld zu einem anderen langsam und prozeßhaft. Im folgenden setze ich die Brüche in São Paulos jüngerer Entwicklung mit 1914 und 1973 an. Damit scheint kein exakter Zeitpunkt eines radikalen Wandels angegeben. Die jeweiligen politischen Brüche erfolgten später. Zu beiden Zeitpunkten manifestierten sich aber die nationalen Widersprüche der alten Raum-Macht in deren Zentrum São Paulo schon deutlich. Das letzte Jahrzehnt der national dominanten alten Raum-Macht, die 1920er Jahre und 1973/1982, waren Zeiten von sich in São Paulo konzentrierenden politischen Unruhen. Zusammen mit der Krise der alten Form der Akkumulation und Regulation führte dies zum Zusammenbruch des alten Machtfeldes und zur rudimentären Strukturierung eines neuen Feldes. Doch stellten 1914 und 1973 bezogen auf eine strukurelle Form einen Bruch dar, nämlich die Geldbeschränkung. Im Ersten Weltkrieg brach der Goldstandard zusammen, 1973 das System von Bretton Woods. Die Region hat zwar keinen Einfluß auf die Geldpolitik, da aber São Paulo der Knotenpunkt des nationalen Machtfeldes war, reagierte es am schnellsten und sensibelsten auf die Krise des Geldes. Die Nation als politischer Machtraum konnte mittels politischer Steuerung den Krisenausbruch jeweils hinauszögern. Tabelle 19 gibt hierzu einen ersten Überblick.

Wenn im folgenden von São Paulo die Rede ist, dann meine ich in erster Linie die Stadt als Kommune und damit unterste föderale Einheit mit knapp 10 Millionen EinwohnerInnen. Den Agglomerationsraum São Paulo mit seinen rund 16 Millionen EinwohnerInnen nenne ich Groß-São Paulo (vgl. Tab. A-34 und A-35). Aber auch die Gesamtregion bzw. den Bundesstaat mit seinen heute rund 35 Millionen EinwohnerInnen nenne ich São Paulo. Die verschiedenen die Stadt São Paulo überlagernden Ebenen spielten in verschiedenen historischen Raum-Macht-Konstellationen eine unterschiedliche Rolle, wobei bis zur Jahrhundertwende die Region die Stadt an Bedeutung übertraf und sich dieses Abhängigkeitsverhältnis im Lauf des 20. Jahrhunderts umkehrte. Der Bundesstaat war für ein Drittel des National-

Tabelle 19: Paulistanische Entwicklungsweisen im Überblick, 1554-1998

	Regionales Produktionssystem	Arbeit	Konkurrenzverhältnisse	Regionaler erweiterter Staat	Lokaler erweiterter Staat
1554-1850 Vorkapitalistische Stadt	* Subsistenz * Raubzüge	* Arbeit für das Überlebensnotwendige * Rauben * Sklaverei	* Periphere Stellung in portugiesischer Kolonie	* *Bandeirantes* * Stände	* *Bandeirantes*
1850-1914 Von der Hauptstadt des Kaffees zur Industriestadt	* Ansätze eines lokalen Produktionssystems * Kaffeeplantage * Beginnende dominant extensive Akkumulation	* Migrationsbasierter Übergang zur Lohnarbeit * Geringe Innovationen im Arbeitsprozeß	* Dominanz des außenorientierten Kaffeekapitals * Lokaler Markt	* „Politik der Gouverneure" * Förderung der Kaffeeproduktion * Regionale Standortpolitik	* Stadtverschönerung * Infrastrukturausbau * Kontrolle der Arbeiterschaft
1914-1974 Wirtschaftliches Zentrum Brasiliens	* Komplettierung der Produktionsstruktur auf regionaler Ebene * Industrieunternehmen * Dominant intensive Akkumulation	* National strukturierter korporatistischer Arbeitsmarkt * Intensivierung der Produktion	* Dominanz des binnenorientierten Industriekapitals * National bestimmende Monopole bzw. Oligopole	* Politische Unterordnung unter Nationalstaat und Stadt São Paulo	* Kommunalisierung der Infrastruktur * Wachstumsallianz * Hierarchisierung des urbanen Raumes
Ab 1974 Die Weltstadt braucht eine Weltregion	* Metropole der (Finanz-)Dienstleistungen * Krise der Industrie * Elemente intensiver und extensiver Akkumulation	* Kompetitiver Arbeitsmarkt mit Ansätzen eines lokalen Korporatismus	* Dominanz von internationalem und Finanzkapital * Weltmarktöffnung und dekonzentrierte Zentralisierung	* Demokratisierung des regionalen Staates * De- und Rezentralisierung * Lokale Wachstumsallianzen	* Demokratisierung des lokalen Staates * Liberales Staatsmodell

Quelle: Eigene Adaptierung

produkts verantwortlich; sein BIP überstieg 1997 R$ 211 Mrd. und war damit fast so groß wie das argentinische und größer als das jedes anderen südamerikanischen Staates. Das jährliche Pro-Kopf-Einkommen sank von R$ 6.898 (1980) auf R$ 5.657 (1992), um dann auf R$ 6.292 (1997) anzusteigen (www.seade.gov.br).

Geschichte der regionalen Machtfelder

Graphik 7: Bundestaat São Paulo, zentrale Orte und Nachbarregionen
Quelle: Novy 1997b: 261

Das vorkapitalistische São Paulo (1554-1850)

Die Küste von São Paulo bildete die südliche Grenze der portugiesischen Kolonisierung, die sich um die Äquatorregion des Nordostens konzentrierte. Die portugiesischen Kolonisatoren krallten sich „wie Krebse an der Küste fest" (PMSP et al. 1992: 13)[1], denn der transatlantische Verflechtungsraum bevorzugte die Küstenbesiedlung. Doch schon 1554 kam es zu ersten Ortsgründungen im Hinterland der Kapitania São Vicente, da an der steilen Küste Landwirtschaft nur schwer möglich war. Obwohl nur 70 Kilometer vom Hafen entfernt, war der Weg mühsam, mußte doch die steil ansteigende *Serra* überwunden werden, um das dahinter auf 750 Höhenmetern liegende Hügelland zu erreichen. 1600 gab es 6.000, fünfzig Jahre später 12.000 ChristInnen (Henshall, Momsen 1974: 40).

In der Region São Paulo, ausgehend von der Hafenstadt São Vicente, war der Anbau von Zuckerrohr nicht annähernd so produktiv wie im Nordosten des Landes. Deshalb blieb die Region und damit auch die kleine Jesuitensiedlung São Paulo jahrhundertelang weitgehend isoliert. Die ersten *Paulistas*[2] und *Paulistanos*[3] erzeugten ihre Gebrauchsgegenstände selbst, und mit der Ausnahme von Weizenausfuhr im 17. Jahrhundert lebten sie auf Subsistenzniveau. Die an die indianische Produktionsweise angelehnte Subsistenzwirtschaft basierte auf Viehzucht und Landwirtschaft. Jede Person oder Familie mußte sich um die eigene Nahrungsmittelerzeugung kümmern. Im Brandrodungsfeldbau wurde ein Stück Regenwald vorgerodet und dann abgebrannt. Die Asche diente als Humus für den Anbau einer Vielzahl von Früchten und Gemüsen. Nachdem der Boden erschöpft war, wurde ein neues Stück gerodet, und das alte Feld konnte sich regenerieren. Neben der Landwirtschaft sicherten die Menschen ihre Subsistenz über die Jagd, den Fischfang und das Sammeln von Früchten. Einige Gruppen hielten auch Haustiere. Neben der Subsistenzwirtschaft lebten die *Paulistas* von der Raubwirtschaft. *Bandeirantes* wurden die organisierten Trupps genannt, die ins Hinterland vordrangen, um indianische Arbeitskräfte zu fangen und zu rauben sowie entflohene SklavInnen zurückzuholen. Als Ausgangsbasis für ihre Aktionen diente ihnen São Paulo, das damit erstmals als Kolonie an Bedeutung gewann. Die Raubzüge wurden durch ein dichtes Flußnetz erleichtert, das gegen Norden hin, d.h. ins Landesinnere abfloß (Becker, Egler 1992: 60). Dieses Flußnetz spielte eine entscheidende Rolle bei der Integration des Hinterlandes (Furtado 1975: 48). Daß die *Paulistas* mit ihren Gründungsvätern, den Jesuiten, in schwere Konflikte kamen, ist offensichtlich. Diese hatten ja im nahen Paraguay große Missionsgemeinschaften, sogenannte Reduktionen, errichtet. Dort standen missionarische Zielsetzungen und rationale langfristige Kolonisierungsstrategien über dem Streben nach kurzfristigem Gewinn. Disziplinierung ersetzte die Versklavung.[4] Die an der Grenze zu Spanisch-Amerika befindlichen Missionen sahen sich bald von paulistanischer und argentinischer Seite her bedroht. Die durch massiven Druck von vielen Seiten zustande gekommene Schließung der Indianerreduktionen 1767 eröffnete den *Bandeirantes* große neue Gebiete für ihre Beutezüge und schuf so den ersten Reichtum in São Paulo (PMSP et al. 1992: 26 f.). Ab 1674 begründeten die Goldfunde in Minas Gerais den nächsten Entwicklungsschub. Einmal reich geworden, kehrten diese *Bandeirantes* oft jedoch nicht mehr nach São Paulo zurück, was zur voranschreitenden Besiedlung des Landesinneren führte. Es gab eine klare geschlechtliche Arbeitsteilung. Die Männer waren für die Raubzüge ins Hinterland, die Frauen für die Subsistenzlandwirtschaft zuständig. Sie hatten durch ihre ständige physische Präsenz in der lokalen, vor allem urbanen Ökonomie eine besondere Stellung. Sie waren auch in ständigem Kontakt mit SklavInnen und gingen daher besonders stark in der indianischen Kultur auf. Noch zur Zeit der Unabhängigkeit 1822 waren fast 40% der BewohnerInnen alleinstehende Frauen, viele davon als Straßenhändlerinnen tätig. Das lokale Versorgungssystem veränderte sich durch die Eisenbahn jedoch radikal (Dias 1995: 30, 244).

1560 wurde São Paulo offiziell zur *vila*, zu einem Dorf. Es gab einen Gemeinderat, angelehnt an das administrative System Portugals – anfangs für 80 EinwohnerInnen, in der Mehrzahl Indios (PMSP et al. 1992: 16). Wie abgeschieden die *Paulistas* lebten, zeigte sich nicht zuletzt daran, daß die Umgangssprache Tupi und nicht Portugiesisch war (Holanda 1989: 88 ff.). „Der *Paulista* zum Beispiel, der wie kein anderer in den ersten zwei Jahrhunderten der Kolonisation dem Hinterland seinen Stempel aufgedrückt hatte, errichtete keine festen Häuser aus Stein und Kalk, sondern Strohhütten wie die Caboclos, elende Behausungen wie die Zigeuner oder Mucambos wie die Neger. Erst gegen Ende des 18. Jahrhunderts, als diese Nomaden einigermaßen seßhaft wurden, entstand ein städtischer, europäischer Baustil mit Häusern ‘aus geweißten Lehmmauern’“ (Freyre 1965: 33). Die von außen kommenden Priester oder Verwaltungsbeamten mußten sich oft eines Übersetzers bedienen, um sich mit den Einheimischen zu verständigen. Doch sosehr sich die Portugiesen über Jahrhunderte mit den Einheimischen vermischten, ihre Gewohnheiten annahmen und eine Mestizenkultur schufen – es war doch das Portugiesische, das letztlich die Oberhand behielt (Holanda 1989: 96). Brasiliens Urbanisierung begann sehr spät, diejenige São Paulos noch später. Zwischen 1777 und 1819 war São Paulo die viertgrößte Stadt Brasiliens, im 19. Jahrhundert verlor sie mit dem Aufstieg Beléms diesen Rang (Morse et al. 1971: 5a). Im Lauf des 18. Jahrhunderts stieg die Bevölkerung von 2.500 auf 8.000; erste Kanäle, öffentliche Brunnen und Gehsteige entstanden. Aus dem Dorf wurde langsam eine Stadt, ein Prozeß der Aufwertung innerstädtischen Grund und Bodens setzte ein, der die einst das Stadtbild prägenden armen Frauen aus dem Zentrum vertrieb (Dias 1995: 242). Nach der in São Paulo erfolgten Ausrufung der Monarchie 1822 kam es zu einer politisch-kulturellen Modernisierung. In São Paulo wurde 1827 die Juristische Akademie am Largo de São Francisco gegründet (PMSP et al. 1992: 33), was der Stadt ein neues, dynamisches Element gab: die Studenten. Ein zweites wichtiges Element einer sich herausbildenden städtisch-bürgerlichen Gesellschaft waren ab der Mitte des Jahrhunderts erste Zeitungen. In diesen wurden Verbesserungen der städtischen Infrastruktur gefordert (PMSP et al. 1992:38). Ferner entstanden Theater und verschiedene Vereine. Dies geschah verspätet, weil Portugal die Entstehung einer eigenständigen und daher potentiell oppositionellen städtisch-bürgerlichen Gesellschaft stets zu verhindern trachtete.

Da São Paulo keinen Beitrag zur merkantilen Wirtschaft Portugals leisten konnte, war die Region nur schwach in supraregionale Prozesse eingebunden (Fernandes 1987: 119). Jedoch spezialisierten sich die *Paulistas* schon früh auf das Einfangen von indianischen SklavInnen, die dann an die Zukkergüter des Nordostens verkauft wurden. „Daher verdanken auch jene Siedlungen mit einer scheinbar autonomen Entwicklung in dieser Phase der Kolonisierung ihre Existenz indirekt dem Erfolg der Zuckerwirtschaft" (Furtado 1975: 48). Mit der Bergbauwirtschaft in Minas Gerais änderte sich auch die Einbindung São Paulos in die Kolonialökonomie. „Da sie in großer Entfernung von der Küste, auseinandergezogen und in bergigen Regionen betrieben wurde, war ihre Bevölkerung für alles Notwendige von einem komplexen Transportsystem abhängig, dessen Infrastruktur aus Mauleselkarawanen bestand. Das fast vollständige Fehlen einer lokalen Lebensmittelversorgung, die weiten Transportwege über Land für importierte Waren und die langen Strecken durch bergige Gebiete bis zu den Produktionsorten, das alles trug zu der grundlegenden Rolle des Transportsystems für das Funktionieren dieser Wirtschaft bei. Auf diese Weise wurde ein Markt für Lasttiere geschaffen" (Furtado 1975: 72). Die Lasttiere wurden im Süden gezüchtet, in São Paulo zusammengezogen und an die Händler der Bergbauregion verkauft.

„In Brasilien verhinderte die Sklavenhaltung während des Zusammenbruchs der Goldwirtschaft größere soziale Spannungen. Die höchsten Verluste verzeichneten diejenigen, die viel Kapital in Sklaven investiert hatten, deren Rentabilität von Tag zu Tag sank. Das System dekapitalisierte sich langsam, erhielt aber seine Struktur. Im Gegensatz zu der Zuckerwirtschaft, die bis zu einem gewissen Punkt ihre Rentabilität durch die Aufrechterhaltung eines verhältnismäßig hohen Produktionsniveaus hielt, tendierte die Rentabilität im Bergbau gegen Null, und die Produktionseinheiten lösten sich völlig auf. Viele der früheren Unternehmer wurden zu einfachen Goldwäschern, und allmählich fielen sie auf die Stufe der einfachen Subsistenzwirtschaft zurück. Einige Jahrzehnte genügten für die Auflösung der gesamten Bergbauwirtschaft; dabei verfielen die städtischen Zentren, und ein großer Teil der Stadtbevölkerung zerstreute sich über ein weites Gebiet mit Subsistenzwirtschaft, wo der Aufbau von Siedlungen schwierig war und wo kleine Gruppen isoliert voneinander lebten. Diese relativ große Bevölkerung fand genügend Raum vor, um sich auf der Grundlage von Subsistenzwirtschaft auszudehnen, und sie wurde zu einem der bedeutendsten demographischen Zentren des Landes. Wie im Falle der Viehzucht nahm die demographische Expansion während der Verkümmerung der Goldwirtschaft zu. Auf diese Weise entwickelte sich in dieser Region, in der die Besiedlung zunächst in einem hochproduktiven System mit einem extremen Arbeitskräftemangel erfolgt war, nun eine völlig desintegrierte Bevölkerung, die mit geringster Produktivität im landwirtschaftlichen Subsistenzsektor arbeitete" (Furtado 1975: 78 f.). Ab dem Ende des 18. Jahrhunderts erfolgte v.a. in der Westregion auch in São Paulo verstärkt Zuckerrohranbau. Den Höhepunkt erreichte die lokale Produktion zwischen 1836/37 und 1846/47. Diese organisierte Produktion machte den verstärkten Einsatz von Arbeitskräften notwendig. Zum Teil kamen die Personen aus der Subsistenzproduktion, aber auch der Sklavenimport wurde verstärkt. Die Sklavenbevölkerung stieg in der Region zwischen 1813 und 1836 doppelt so rasch wie die freie Bevölkerung (Smith 1990: 294). Land wurde einfach in Besitz genommen und für die Produktion genutzt, da das System der *Sesmarias* zusammengebrochen war. Als sich Raum und Macht im 19. Jahrhundert neu strukturierten, waren Arbeitskräfte und Maultiere – zwei zentrale Voraussetzungen organisierter Produktion – ausreichend vorhanden. „Auf diese Weise erfolgte die erste Expansionsphase der Kaffeewirtschaft auf der Basis von bereits bestehenden und nicht voll genutzten Ressourcen“ (Furtado 1975: 98). Die Kaffeewirtschaft nahm ihren Ausgangspunkt im 18. Jahrhundert in Rio de Janeiro. Über das Vale do Paraíba begann sich der Kaffee im 19. Jahrhundert immer tiefer in den Bundesstaat São Paulo auszubreiten. In den 1880er Jahren begann die paulistanische Produktion diejenige von Rio zu übertreffen (Silva 1986: 43). Als die Hauptproduktionsgebiete schließlich den Nordwesten São Paulos erreichten, wurde der dort produzierte Kaffee nicht länger über Rio, sondern über Santos, den Hafen von São Paulo, verschifft. Für den Transport dieser Kaffeernte wurde die Eisenbahnlinie von Santos ins Landesinnere nach Jundiaí 1867 fertiggestellt (Becker, Egler 1992: 33). Von den 20 Linien waren in São Paulo 1910 zwei im Eigentum des Bundes, je eine im Eigentum des Bundesstaates und des Auslandskapitals und die restlichen 16 im Eigentum der nationalen Unternehmerschaft (Cano 1998a: 63). Das neue Exportprodukt Kaffee führte zu einer neuen Einbindung der Region in die Weltwirtschaft. In dieser räumlich eng begrenzten Region entstand der moderne brasilianische Kapitalismus. Die brasilianische Kaffeeproduktion stieg von jährlich 0,3 Mio. Säcken in den 1820er Jahren auf 2,6 Mio. in den 1860er Jahren und 7,2 Mio. in den 1890er Jahren (Silva 1986: 43).

Nach 1850 war, basierend auf dem neuen Landrecht, der Staat für den Verkauf des „freien“ Landes – des riesigen brasilianischen Hinterlandes – verantwortlich. Da die Indios und Kleinbauern über keine Landtitel verfügten, waren sie nicht rechtmäßige EigentümerInnen. Vielmehr galt dieses Land als Staatseigentum. Der Staat institutionalisierte den Bodenmarkt in São Paulo, indem er diese Ländereien an die Produzenten – zuerst von Zuckerrohr und dann von Kaffee – verkaufte bzw. übertrug, die sich in oft blutigen Auseinandersetzungen der BewohnerInnen dieser Gebiete entledigten (Silva 1986: 64). Im Zuge der rasanten Produktionsausweitungen wurden immer neue Gebiete in Besitz genommen, die Akkumulation erfolgte räumlich extensiv – „vor sich die jungfräuliche Erde, hinter sich ausgelaugte Felder" (Lévi-Strauss 1996: 84 f.). Die nicht länger für den Kaffee nutzbaren Felder dienten zunehmend dem Nahrungsmittelanbau (Cano 1998a: 72 f.). Gegen Ende des Jahrhunderts boomte der Bodenmarkt in São Paulo, und es kam spekulationsbedingt zu einem massiven Anstieg der Bodenpreise (Negri et al. 1988: 11).

Von der Hauptstadt des Kaffees zur Industriestadt (1850-1914)

Die Kaffeewirtschaft dynamisierte die Bildung von Städten und Siedlungen, die als Ausgangspunkt für das weitere Vordringen in Richtung Westen dienten. Dies legte, ermöglicht durch den Ausbau des Eisenbahnnetzes, die Grundlage der Urbanisierung, und 1929 gab es schon 245 Kommunen (Bizelli 1995: 38 f.). Bei der ersten Volkszählung im Jahr 1872 wurden 32.000 *Paulistanos* gezählt. Diese Zahl erhöhte sich 1890 auf 65.000 (PMSP et al. 1992: 45) und 1920 auf 580.000 (Negri et al. 1988: 7). Der Anteil der Bevölkerung der Stadt São Paulo an der Gesamtbevölkerung des Bundesstaates war 1920 mit 12,6% niedrig, stieg aber bis 1940 schon auf 18,5% an (Rolnik et al. 1990: 33; SEADE 1993: 30). Diese massiven demographischen Veränderungen waren nur aufgrund der erstmaligen Herausbildung eines dominant extensiven Akkumulationsregimes und einer stabilisierenden Regulation möglich. Auslöser dieser Dynamik waren externe Faktoren, vor allem die Weltmarktnachfrage nach Kaffee. Doch dieser weltmarktinduzierte Impuls führte auch intern, am Binnenmarkt, zu grundlegenden Veränderungen (Fernandes 1987: 87). Die Städte, allen voran São Paulo, wurden zu Zentren, wo sowohl Kaffee als auch die Importwaren umgesetzt wurden (Aguerre 1995: 109). Das Handels- und Finanzkapital hatte großen Einfluß auf den Produktionsprozeß.

Die zentrale Produktionseinheit des außenorientierten Akkumulationsregimes war die Kaffeeplantage. Die Produktion war räumlich extensiv. Die Eisenbahn revolutionierte die Raumnutzung, zerstörte die alte Transportinfrastruktur, verkürzte die Transportzeiten, verringerte die Produktionskosten um rund 20% des Exportpreises und reduzierte durch kürzere Lagerhaltung den Ausschuß. Die weitgehend durch importierte Maschinen bestimmten Produktionstechniken veränderten sich vor allem im dynamischen

Westen São Paulos langsam. Mit den neuen Maschinen konnten rund 10% des Endpreises eingespart werden (Cano 1998a: 42 ff.). Das Akkumulationsregime war extensiv, Wachstum wurde über die Eingliederung neuer Bevölkerungsgruppen erreicht. Das rasante Bevölkerungswachstum um die Jahrhundertwende ging Hand in Hand mit der Herausbildung einer eigenständigen lokalen Wirtschaftsstruktur, eines regionalen Produktionssystems. Voraussetzungen waren die Konsolidierung des Bahn- und Stromnetzes, des Bankwesens und des Handels. 1907 betrug der Anteil São Paulos an der nationalen Industrieproduktion 16%, 1919 32% und 1939 41% (Negri et al. 1988: 6). Im Unterschied zu Großgrundbesitzern in anderen Landesteilen diversifizierten die großen Kaffeebarone ihre Geschäfte frühzeitig (vgl. Fernandes 1987: 104-113). Das Kaffeekapital entwickelte eine Dynamik, die es nicht bloß auf die Mehrwertschaffung in der Kaffeeproduktion beschränkte. Die Kaffeebarone waren Kapitaleigner der ersten Fabriken, Großgrundbesitzer, Bankiers, Industrielle und Händler (Cano 1998b: 49). Zentriert um die Kaffeeplantage, basierend auf dem dort zu erwirtschaftenden großen Überschuß konstituierte sich eine zunehmend national dominante Kapitalfraktion. Das wirtschaftlich mächtige Kaffeekapital suchte Wege, auch die Kontrolle über die politische Regulierung seiner wirtschaftlichen Aktivitäten zu erlangen. „Die neue Klasse entstand in einer Auseinandersetzung auf breiter Front: Landerwerb, Rekrutierung von Arbeitskräften, Organisierung und Leitung der Produktion, Transport im Inland, Vermarktung in den Häfen, Einflußnahme auf die Finanz- und Wirtschaftspolitik. Die Nähe zur Landeshauptstadt war für die führende Schicht der Kaffeewirtschaft, die schon früh die Bedeutung der Regierung als wirtschaftspolitische Akteurin erkannte, ein großer Vorteil. Die Tendenz, die Politik den Interessen einer Wirtschaftsgruppe unterzuordnen, erreichte ihren Höhepunkt mit der Erlangung der einzelstaatlichen Autonomie, als die Republik ausgerufen wurde. Die Zentralregierung war Interessen zu heterogener Art ausgesetzt, um den regionalen Interessen mit der gebotenen Eile und Effizienz nachkommen zu können“ (Furtado 1975: 99 f.).

Die Betriebsstruktur war von Anfang an noch konzentrierter als in anderen Regionen. 3,5% der Industriebetriebe beschäftigten 1919 bei einer durchschnittlichen Betriebsgröße von 368,2 Beschäftigten 64,4% der ArbeiterInnen (Herrlein, Dias 1996: 146). Nach Kriterien wie Lohnhöhe, Produktivität und Kapitalintensität war die paulistanische Industrie anfangs nicht hervorragend; bei der Kapitalkonzentration und den Profitraten, was die Akkumulation förderte, war São Paulo und vor allem die wichtige Lebensmittelindustrie hingegen führend (Cano 1998a: 131). Entscheidend für die Erlangung der nationalen Vorrangstellung war weiters, daß die paulistanische Industrie eine lokale Diversifizierung und Integration erreichte wie keine andere Region: Schon in den 1920er Jahren wurde in São Paulo über den Bereich der Konsumgüterindustrie hinaus in Sparten wie Zement, Metallverarbeitung und Elektrogeräte investiert (Almeida 1996: 137 f.). Der zeitliche Horizont der Kapitalverwertung war langfristig; das Bankensystem, kontrolliert vom internationalen Kapital, ersetzte die Zwischenhändler und war lokal gut entwickelt. Es investierte in das Bahn- und Kommunikationsnetz und finanzierte den Außenhandel (Pereira 1996: 230). 1910 waren 7 der 14 Banken São Paulos in ausländischem Besitz; sie hielten 70% der Aktiva und vergaben 70% der Kredite (Cano 1998a: 85). Zur traditionellen lokalen Führungsschicht gesellten sich kapitalstarke EinwandererInnen, die ihr Geld anfangs im Importgeschäft verdienten. Neben ihren wirtschaftlichen Funktionen nahm diese Führungsschicht auch politische Schlüsselrollen wahr. Als, forciert auch durch erhöhte Importzölle und das protektionistische *Lei dos Similares* (Gesetz bezüglich gleichartiger Güter) (Cano 1998a: 164), gegen Ende des Jahrhunderts die Importpreise anstiegen, begann die lokale Produktion – industriell und von Nahrungsmitteln – eine rentable Alternative zu werden (Silva 1986: 99 ff.). Die importsubstituierende Industrialisierung begann, und zwar als extensives Regime, das kapitalistische Prinzipien in ehemals nicht-kapitalistischen Bereichen einführte. Die sich diversifizierende landwirtschaftliche Produktion reduzierte den Importbedarf an Nahrungsmitteln; v.a. die rund 85.000 immigrierten JapanerInnen konzentrierten sich als selbständige Bauern auf den Nicht-Kaffee-Anbau.

Von 1901/1906 bis 1925/1930 erhöhte sich die durchschnittliche Produktion von Zucker vom Indexwert 100 auf 328, die von Bohnen auf 331, von Reis auf 689 und von Kaffee einzig auf 192. Die importsubstituierende Industrialisierung[5] reduzierte aber nicht die Importabhängigkeit, sondern veränderte nur die Struktur der Importe. Ab der Jahrhundertwende wurden vermehrt Produktionsgüter importiert (Cano 1998a: 66-75). Der Erste Weltkrieg brachte die außenorientierte Entwicklungsstrategie in eine ernste Krise und versetzte lokalen Produktionsanstrengungen einen weiteren Anreiz. Die Dynamik der Akkumulation führte bald auch schon im Bereich der Produktionsgüter zu Substitutionsprozessen, wiewohl dies aufgrund der Größenerfordernisse und der komplexeren Technologie schwieriger war als bei den Konsumgütern. In der Metallverarbeitung machten Produktionsgüter 1919 34% der paulistanischen Gesamtproduktion aus. Dieser Wert stieg bis 1928 auf 38% und verdoppelte sich in den 1930er Jahren beinahe (Cano 1998a: 207).

Die Homogenität des Kapitals und die regionale Hegemonie des Kaffeekapitals erleichterte auch ein einheitliches staatliches Agieren. Nach dem Ende des Imperiums hatte die Republikanische Partei São Paulos auf bundesstaatlicher Ebene weitgehend ein Repräsentationsmonopol. Zusammen mit den Republikanischen Parteien der anderen großen Bundesstaaten und allen voran Minas gelang es, die paulistanischen Interessen – d.h. vor allem betreffend den Kaffee – durchzusetzen. Besonders für die finanzstarken Bundesstaaten bedeutete dies eine wirtschaftliche Stärkung und die Möglichkeit lokal eigenständiger Entwicklung. Die anderen mußten sich den Strategien von Minas und São Paulo unterordnen. In allen Bundesstaaten – mit Ausnahme von Rio Grande do Sul – war es auch ein System, das es erlaubte, die politische Macht der Agraroligarchie zu stabilisieren. São Paulo profitierte insbesondere von der Dezentralisierung der Exportsteuereinnahmen (7% des Exportwerts), die nun direkt dem Regionalstaat zuflossen. Der paulistanische Staat versuchte, die lokale Akkumulation durch die Förderung der Einwanderung, die Regulierung des Bodenmarktes und die Stabilisierung des Kaffeemarktes zu fördern. Dies erforderte einen zunehmend aktiveren Staat. Die Struktur der Steuereinnahmen begünstigte die exportorientierten Regionen, weshalb der Anteil São Paulos an den Steuereinnahmen aller Bundesstaaten von 29% (1901-1910) auf 36% (1921-1930) anstieg.[6] Die Verschuldung São Paulos war für mehr als die Hälfte der Außenverschuldung aller föderativen Einheiten Brasiliens verantwortlich (Carvalho 1996: 191; Cano 1998a: 94). Später als in Rio Grande do Sul, wo die Bodensteuer schon früh einen zentralen Stellenwert einnahm, verlagerte sich auch in São Paulo die Einnahmenstruktur zunehmend weg von den Steuereinnahmen und hin zu Einnahmen aus in Bundesstaatseigentum übergegangenen Betrieben (Bahn, Wasser, Kanal). Derartige industrielle Einnahmen machten 1893 1% und 1929 22% der Gesamteinnahmen aus. Der Anteil der Steuereinnahmen schrumpfte dementsprechend (Carvalho 1996: 205). Innerhalb der Steuern verringerte sich die Dominanz der indirekten Steuern.

Tabelle 20: Prozentueller Anteil direkter und indirekter Steuern an den Gesamtsteuereinnahmen im Bundesstaat São Paulo, 1893-1929

	1893	1905	1914	1923	1929
INDIREKTE STEUERN	77,92	75,24	69,54	45,567	58,34
– Export	70,77	68,36	64,17	33,73	48,26
– Konsum	0,00	1,22	1,02	0,87	1,09
– Andere	7,15	5,66	4,35	10,96	8,99
DIREKTE STEUERN	20,01	21,90	25,06	44,13	34,10
– Eigentum	20,01	16,16	19,59	34,22	23,25
– Auf Kapital und Ertrag	0,00	5,74	5,47	9,91	10,85
Zwischensumme	97,93	97,14	94,60	89,69	92,44
ANDERE STEUERN	2,07	2,86	5,40	10,31	7,56
STEUEREINNAHMEN	100,00	100,00	100,00	100,00	100,00

Quelle: Carvalho 1996: 206

Vor allem die Exportsteuern sanken von rund 71% (1893) auf 48% (1929). Direkte Steuern auf Eigentum sowie Kapital und Ertrag erhöhten sich in diesem Zeitraum von 20% auf 34% (vgl. Tab. 20).

Die Steuereinnahmen dienten vor allem der Standortpolitik, d.h. der Förderung der wirtschaftlichen Entwicklung. Die Ausgaben stiegen in diesem Bereich um rund 10% p.a. (Pereira 1996: 217 f.). Die Ausgaben waren anfangs stark im Bereich der Kanalisierung v.a. der Städte São Paulo, Santos und Campinas konzentriert. Da das Privatkapital in strategische wirtschaftliche Infrastrukturprojekte investierte, war staatliches Kapital hier weniger notwendig als in anderen Bundesstaaten. Schon in den 1920er Jahren begannen sich auch moderne, mit komplexeren Technologien arbeitende internationale Unternehmungen wie Rhodia, Ford, GM, GE, Philips, Pirelli, Firestone, Unilever, Nestlé und Kodak in São Paulo anzusiedeln (Cano 1997: 245). Von den 79 größten Unternehmungen waren elf unter ausländischer Kontrolle und verfügten über 17% des Kapitals (Cano 1998a: 241). Einzig die kapitalgüterproduzierende Industrie hielt mit dieser Expansion nicht Schritt, wiewohl es trotzdem in den 1920er Jahren zur Errichtung erster kleiner Stahl- und Zementwerke kam (Mello 1998: 176 f.). Der staatliche Aufgabenbereich konnte daher in São Paulo schon relativ früh auf andere

Aktivitäten wie die Förderung der Migration von 1,2 Mio. EinwandererInnen und die soziale Infrastruktur ausgedehnt werden. Trotzdem nahm die Bedeutung der Investitionen in die soziale Infrastruktur in den Folgejahren im Vergleich zur Investition in den Schienen- und Schiffsverkehr kontinuierlich ab (Pereira 1996: 238).

Die ersten Bürgermeister beschäftigten sich mehr damit, São Paulo zu verschönern und zu europäisieren, als eine Antwort auf das rapide Wachstum zu suchen. Wegen des großen Wachstums kam es aber trotzdem zu Investitionen in die produktive Infrastruktur; v.a. das von einem multinationalen Unternehmen errichtete lokale Stromnetz bildete für die paulistanische Industrie einen Wettbewerbsvorteil (Cano 1998a: 206, 221 f.). Straßenbahnen und Alleen, aber auch offene Märkte entstanden in den ersten Jahrzehnten des 20. Jahrhunderts. Eine nachhaltige Veränderung dieser durch große kommunale Autonomie gekennzeichneten Periode war die Herausbildung eines kommunalen Verwaltungssystems (PMSP et al. 1992: 46-50). Der zentrale Konflikt dieser Zeit war jener über die Nutzung des städtischen Bodens. Die Segregation sozialer Klassen bedurfte in einer Sklavenökonomie keiner räumlichen Ausdrucksform. Im Gegenteil – die Anwesenheit von SklavInnen war für die Lebensqualität der Oberschicht unersetzbar. In einer Gesellschaft freier LohnarbeiterInnen nahm von seiten des Bürgertums der Wunsch nach räumlicher Segregation deutlich zu. Die städtische Auseinandersetzung wurde wesentlich zu einer über die Art der privaten und öffentlichen Nutzung der Stadt sowie über die Form des planerischen Eingriffs des Lokalstaates. Das rasante Wachstum war anfangs ungeordnet und führte zu einer Durchmischung von Handels-, Industrie- und Wohnvierteln. Gestützt durch die StadtplanerInnen wurde auf die schlechten sanitären und hygienischen Zustände in den Mietskasernen der Arbeiterviertel hingewiesen und der Sittenverfall in diesen „gefährlichen" Vierteln beklagt. Die Oberschicht strebte nach einer Hierarchisierung des Raumes mit einer klaren lokalen Zentrum-Peripherie-Struktur. Die Arbeiterschaft wurden aus den zentrumsnahen Vierteln vertrieben und erhielt an der Peripherie der Stadt Wohnraum zugewiesen (vgl. Novy 1994: 206-208).

Durch die Kaffeewirtschaft blieb die paulistanische Akkumulation außenorientiert, wobei die Überschüsse in die lokale Ökonomie übertragen wurden. Die Kaffeewirtschaft erforderte Investitionen, die erst nach einigen Jahren Erträge brachten, was aufgrund der Langfristigkeit des Engagements das Gesamtsystem stabilisierte. Furtado erklärt den Aufstieg São Paulos zur nationalen Metropole über die Herausbildung eines lokalen Marktes, der im konkreten Fall nicht nur auf dem Luxuskonsum der Oberschicht basierte, sondern zu Investitionen in produktive Tätigkeiten führte (Furtado 1975: 123). Der Nahrungsmittelanbau und die Industrieproduktion dienten der Belieferung des lokalen Marktes, eine nationale Integration der Märkte gab es aufgrund der schlechten Transportverbindungen nur in Ansätzen. Ferner förderte auch die historisch gewachsene Vermögenskonzentration die Bildung regionaler Monopole (Cano 1998a: 215 f.). Innerhalb des Bundesstaates setzte der Verdrängungsprozeß kleinerer Unternehmen schon früh ein, da diese die für die intensive Akkumulation typischen Preissenkungen nicht mitmachen konnten (Cano 1998a: 231). In so wichtigen Bereichen wie Elektromaterial, Chemie, Mechanik und Transportmaterialien konzentrierte São Paulos Industrie mehr als 50% der Wertschöpfung (Cano 1998a: 258). São Paulos Handelsbilanz mit dem Ausland war deutlich positiv, die mit dem Rest Brasiliens negativ (Cano 1998a: 94). Doch mit der Krise nach 1929 drehte sich dies binnen kurzem um, und São Paulo erzielte deutliche Überschüsse im internen Handel (Cano 1998a: 129). Es wurde für Importeure attraktiv, zu produzieren statt zu importieren. Die Produkte wurden, nachdem die ausländische Konkurrenz nach 1929 ausfiel, vermehrt auch auf dem nationalen Markt abgesetzt.

Die Konstitution eines Arbeitsmarktes ging Hand in Hand mit der Herausbildung eines Bodenmarktes. Als Vorstufe zur Bildung eines Arbeitsmarktes diente die Förderung der Migration, „welche die Expansion der Kaffeeproduktion im Staat São Paulo ermöglichte. Die Zahl der europäischen Einwanderer stieg in São Paulo von 13.000 in den 1970er Jahren auf 184.000 in den 1980er und 609.000 in den 1990er Jahren. Im letzten Viertel des 19. Jahrhunderts waren es insgesamt 803.000, davon 577.000 aus Italien" (Furtado 1975: 109; vgl. Targa 1996a: 69). Anders als die statusfixierten Kaffeebarone war ein Gutteil der MigrantInnen aufstiegsorientiert. Sie waren AusländerInnen und daher nicht am Land, sondern an der Anhäufung eines kleinen Reichtums interessiert. Da sie bewußt Arbeit zu Geld machten, übernahmen sie eine Vorreiterrolle im Modernisierungs- und Kapitalisierungsprozeß. Ihr vermehrt am Geld orientierter Lebensstil hatte Vorzeigecharakter und lud zur Nachahmung europäischer Gewohnheiten ein. Trotz dieser soziokulturell progressiven Rolle paßten sie sich politisch dem Status quo an. Sie übernahmen eine auf Privilegien basierende politische Kultur. Ökonomischer Wandel und politische Konstanz gingen Hand in Hand (Fernandes 1987: 125-146). Die Kaffeewirtschaft basierte auf großen Plantagen und erforderte daher eine organisierte Produktion. Diese erfolgte anfangs durch SklavInnen. Ab der Mitte des 19. Jahrhunderts ermöglichte die von der Zentral- und später der Landesregierung subventionierte Einwanderung von Nicht-AfrikanerInnen den langsamen und kontrollierten Übergang zur „freien" Lohnarbeit. Dieser Übergang erfolgte aber in den alten Anbaugebieten früher als in den dynamischen Regionen. An der Küste fiel der Anteil der SklavInnen an der Gesamtbevölkerung von 1836 bis 1886 von 15,6% auf 2,4%, im Osten und Paraíba von 31,1% auf 25,7%. Im Westen und Norden, den Expansionsgebieten, in denen Anfang des 19. Jahrhunderts kaum Kaffee angebaut wurde, erhöhte sich der Anteil der SklavInnen aufgrund des großen Arbeitskraftbedarfs zwischen 1836 und 1886 von 4,5% auf 39,8% (Targa 1996a: 71). Die expandierende Produktion erforderte, auf pragmatische Weise jede mögliche Form der Produktion auszunützen (Cano 1998a: 51). Dies relativiert die oft geäußerte Behauptung, daß São Paulo Motor des Übergangs zur freien Lohnarbeit war. Eine Machtbeharrungsstrategie verfolgend, sprangen die Kaffeebarone erst dann auf den Zug der „progressiven" Lohnarbeit auf, als ihnen keine andere Wahl mehr blieb. Mit dem drohenden Ende der Sklaverei explodierte die europäische Zuwanderung. Vor allem ItalienerInnen fanden in São Paulo in Industrie und Landwirtschaft Beschäftigung (Novy 1994: 167). 1901 waren geschätzte 90% der ArbeiterInnen im Bundesstaat São Paulo AusländerInnen (Silva 1986: 38 und 92), 1919 waren es immer noch 54,3% (Herrlein, Dias 1996: 156). Mit dem Gesetz der „zwei Drittel", das vorsah, daß zwei Drittel der Beschäftigten BrasilianerInnen sein mußten, wurde die Beschäftigung ausländischer Arbeitskräfte schwieriger, und die Binnenmigration nahm zu. Die vom Staat autonome anarchistische Gewerkschaftsbewegung organisierte die Arbeiterschaft. Höhepunkt der sozialen Auseinandersetzungen waren die Streiks 1917 und 1918, die im Gefolge massiver Lohneinbußen stattfanden (Herrlein, Dias 1996: 163). Die ArbeiterInnen wehrten sich aber nicht nur gegen die schlechten Arbeitsbedingungen, sondern versuchten auch, ihre Wohnviertel vor der drohenden Schleifung zu retten.

Die urbanen sozialen Konflikte konnten sich derart zuspitzen, weil die ungleichen und archaischen Strukturen auf dem Land die Landflucht förderten. Das rigide Landrecht und die Bodenbesitzkonzentration behinderten das Entstehen einer kleinbäuerlichen Landwirtschaft. Deshalb waren 1919 15,5% der Bevölkerung ohne feste Beschäftigung – fast doppelt so viel wie in Rio Grande do Sul (Herrlein, Dias 1996: 151) –, und auch die Lohnkosten waren in Rio Grande do Sul um 10,1% höher (Herrlein, Dias 1996: 155). Die vor allem in den großen Unternehmungen sehr repressiven Praktiken unterbanden Lohnerhöhungen. Die Partizipationsrate von Frauen war mit 30,8% hoch (Herrlein, Dias 1996: 158). Ihr Lohnniveau lag in São Paulo weniger deutlich unter dem der Männer als in anderen Bundesstaaten (Cano 1998a: 142). Dies zeigt, daß die regionale Dynamik in der extensiven Akkumulation lag. Statt neue Technologien einzuführen und mit dem vorhandenen Bestand an Arbeitskräften durch Produktionsintensivierung den relativen Mehrwert zu erhöhen, wurde die Akkumulation durch eine Ausweitung der Produktion mittels einer größeren Zahl an Lohnabhängigen und damit einer Erhöhung des absoluten Mehrwerts gesichert. Hierbei spielte die sich ausweitende Frauenbeschäftigung eine bedeutende Rolle beim Drükken des Gesamtlohnniveaus. Der Urbanisierungsprozeß erhöhte allgemein die Möglichkeit informeller Beschäftigung und schuf einen sozialen Raum, der vor allem von den Frauen für ihre Alltagswirtschaft und für den Straßenverkauf wahrgenommen wurde (Dias 1995: 19). 1920 waren schon 20% als Freiberuflerinnen tätig (Aguerre 1995: 109).

Wirtschaftliche Hauptstadt Brasiliens (1914-1974)

Die Region konstituierte sich zunehmend als integrierter Machtraum mit einer eigenen Identität. São Paulo wurde zu einer „Region für sich" (Lipietz 1998: 157 ff.). Sein Zentrum war ohne Zweifel die Stadt São Paulo. Der Urbanisierungs- und Industrialisierungsprozeß schritt rasant voran; das regionale Straßennetz umfaßte 1946 6 Kilometer Asphaltstraßen und 1968 9.267 Kilometer (Bizelli 1995: 40). Der Anteil der Stadtbevölkerung in der Landeshauptstadt an der Gesamtbevölkerung des Bundesstaates stieg in São Paulo zwischen 1940 und 1970 kontinuierlich von 18,5% auf 33,3%, dann stagnierte er ein Jahrzehnt lang. Diese regional dominante Stellung rührte zum einen aus dem Umstand, daß die erste Phase der Industrialisierung eine städtische Konzentration hervorrief. Darüber hinaus war in dieser auf den Binnenmarkt orientierten Entwicklungsphase die nationale und internationale Position der Stadt wesentlich durch die Stellung innerhalb des Nationalstaates bestimmt. Trotzdem gab es schon 1970 außerhalb von Groß-São Paulo zehn Städte, die mehr als 100.000 EinwohnerInnen hatten (Caiado 1995: 47). Die Dynamik des lokalen Akkumulationsregimes hatte auch eine äußerst dynamische demographische Entwicklung zur Folge.[7]

Die zentrale Produktionseinheit wurde in diesem Jahrhundert das Industrieunternehmen, wobei zunehmend modernere Produktionsmethoden Verwendung fanden. São Paulo erholte sich von der Weltwirtschaftskrise rasch, die Beschäftigten in der verarbeitenden Industrie stiegen von 1928 bis 1937 von 100.000 auf 157.000 (Aguerre 1995: 109). Das dominant intensive Akkumulationsregime verbreitete sich in Brasilien von São Paulo aus. São Paulo hatte mit der dynamischen Entwicklung um die Jahrhundertwende die Grundlage gelegt, in einem sich integrierenden nationalen Markt die Schlüsselposition zu übernehmen (Cano 1998b: 242). Von 1919 bis 1970 konnte der Bundesstaat São Paulo seinen Anteil an der nationalen Industrieproduktion von 32% auf 58% steigern (vgl. Tab. A-15 und für 1919: Cano, Neto 1986: 181). Damit bestimmte São Paulos Industriekapital die Akkumulationsdynamik. Das Handelskapital war untergeordnet, wenngleich es an der Peripherie die wichtigste Kapitalfraktion blieb. Handel, Immobilien und Agroindustrie waren die Sparten, in denen Unternehmen außerhalb des Südostens weiterhin zu den größten nationalen Unternehmungen zählten (Cano 1998b: 245 ff.). Die regionale Verteilung der Wertschöpfung in der verarbeitenden Industrie zeigt die zunehmende Konzentration wirtschaftlicher Aktivitäten in São Paulo, wobei vor allem nach 1930 dieser Prozeß für den schon ansatzweise industrialisierten Nordosten (Verringerung von über 16% auf unter 6%) und Süden (Verringerung von über 16% auf knapp unter 12%) besonders schmerzhaft war. In den 1970er Jahren begann die Polarisationsumkehr (Cano, Neto 1986: 181, Diniz 1995). Auch qualitativ übernahm São Paulo die Vorreiterrolle, indem es zu Verbesserungen der Produktionsstruktur in Richtung auf technologisch komplexere Produktionsprozesse kam.[8] Die nationale Produktionsstruktur komplettierte sich, wobei die meisten Schlüsselbranchen in Groß-São Paulo anzutreffen waren. Das industrielle Wachstum führte zu einem Anstieg bestimmter Dienstleistungen, vor allem des Handels. Für die Entwicklung zu einem nationalen und internationalen Zentrum waren die Produzentendienstleistungen von besonderem Interesse.[9] 1941 war noch Rio de Janeiro das Bankenzentrum Brasiliens. Doch in den darauffolgenden Jahrzehnten kam es dort zu einer starken Verringerung der selbständigen Banken und zu einer Konzentration in São Paulo.[10]

Die politische Entwicklung Brasiliens zeichnet sich durch ein Auseinanderfallen von politischer und wirtschaftlicher Macht aus. Als São Paulo wirtschaftlich vorherrschend und zum wirtschaftlichen Knotenpunkt des ökonomischen Verflechtungsraumes wurde, führte dies nicht zu einer Aufwertung des politischen Machtraumes. Die Republikanische Partei von São Paulo dominierte in der Alten Republik den Bundesstaat und zusammen mit Minas Gerais die Präsidentschaft. Nach 1930 fiel dieser direkte Zugriff São Paulos auf den nationalen Machtraum weg. Die scheinbare Niederlage São Paulos verkehrte sich trotzdem bald in eine indirekte politische Vormachtstellung des paulistanischen Industriekapitals, die diejenige der Kaffeeoligarchien überstieg. São Paulo begann mittels der wirtschaftlichen Macht, die dem den Industrialisierungsprozeß vorantreibenden Raum zugewiesen wurde, die nationale Politik in seinem Sinn zu beeinflussen und die Diversität anderer Produktionsweisen zu zerstören (Ianni 1995: 17). Auch im Bereich der Zivilgesellschaft war eine Verlagerung weg vom Nordosten zu beobachten. Verkörpert in der *Universidade de São Paulo* (USP) entstand ein klassenübergreifendes Modernisierungsdenken, dessen ökonomischer Kern die – mittlerweile auch innerhalb der paulistanischen Oberschicht propagierte – Industrialisierung darstellte (Ianni 1995: 20 ff.). Die Bundes- und Landesregierung unterstützte die Modernisierung der Infrastruktur São Paulos, die so zum Zentrum eines zunehmend national integrierten Produktionssystems wurde.

Bis 1964 wurden lokal die sozialen Probleme und das Fehlen von Infrastruktureinrichtungen über den politischen Prozeß artikuliert. Bürgermeister, die mehr in physische Infrastruktur investierten, und solche, die den Ausbau der sozialen Dienstleistungen vorzogen, wechselten einander ab. Klientelismus, d.h. das Tauschen von Wählerstimmen gegen lokale Verbesserungen, war das wesentliche Instrument zur Verteilung staatlicher Mittel. Der Gemeinderat übernahm eine wichtige Rolle, die Wünsche der Bevölkerung in den politischen Prozeß einzubringen. Da die Wählerbasis der Gemeinderäte zumeist lokal beschränkt war, konzentrierte sich ihre Arbeit auf Bemühungen, ebendort besonders viele Verbesserungen zu erreichen. Ein verfeinertes Instrumentarium klientelistischer Politik war die Gründung eigener Wohnviertelvereine (SABs – *Sociedade de Amigos do Bairro*), die neben die 1934 gegründete *Sociedade dos Amigos da Cidade,* die Vereinigung der Freiberufler und der Oberschicht, traten (PMSP et al. 1992: 72). Der Verein organisierte die Stimme eines Wohnviertels für einen Kandidaten. Dieser, einmal gewählt, setzte sich als Gegenleistung beim Bürgermeister dafür ein, in diesem treuen Wohnviertel eine Schule oder einen Kindergarten zu errichten oder einen Kanal oder eine Straße zu bauen. Nach 1964 bildete sich im Schoß der katholischen Kirche eine neue Zivilgesellschaft. Kirchliche Basisgemeinden waren der privilegierte Ort des Widerstands gegen die Diktatur (Novy 1995: 31). Aus diesen Lokalinitiativen der Armen entwickelten sich starke soziale Bewegungen wie die Landlosen- und die Gesundheitsbewegung (vgl. Novy 1994, Kap. E).

Schon in den 1920er Jahren wurde mit der Errichtung der Chemie- und metallverarbeitenden sowie mit der Papier- und Zelluloseindustrie ein wichtiger Schritt in Richtung einer kompletten Industriestruktur gesetzt (Negri et al. 1988: 13). Innerhalb des Bundesstaates übernahm die Stadt São Paulo die unbestrittene Vormachtstellung in der Industrieproduktion. 1928 beschäftigte Groß-São Paulo doppelt so viele Beschäftigte wie der gesamte restliche Bundesstaat (Negri et al. 1988: 66). São Paulos Industrie war zu Beginn des 20. Jahrhunderts auf den lokalen Markt ausgerichtet. Diese endogene Strategie wich ab den 1930er Jahren einer auf den nationalen Markt ausgerichteten. São Paulos Industrie exportierte nicht in andere Nationen, sondern eroberte die anderen lokalen Märkte der eigenen Nation. Der Anteil der Industriewaren an den regionalen Exporten São Paulos erhöhte sich in der ersten Hälfte des 20. Jahrhunderts kontinuierlich. Durch die Verringerung der Transportkosten und die hohe Produktivität der paulistanischen Industrie begann diese im Zuge einer inter-regionalen Integration, die lokale Industrie der anderen Bundesstaaten zu zerstören, und zahlreiche Firmen mußten Konkurs anmelden (Cano, Neto 1986: 179 f.). Zwischen 1900 und 1910 gingen noch 85% der Exporte – vornehmlich Kaffee – aus dem Bundesstaat São Paulo ins Ausland und nur 15% in andere Bundesstaaten; 1960 hatte sich die Tendenz schon umgekehrt: 84% – vornehmlich Industrieprodukte – gingen in andere Teile des Landes, und nur 16% wurden ins Ausland exportiert. Die nationale Integration Brasiliens erfolgte unter der wirtschaftlichen Vorherrschaft São Paulos. Es waren paulistanische Interessen, die das große Regionalentwicklungskonzept für den Nordosten befürworteten (Fernandes 1998: 194-196). Die lokal dominanten Gruppen des Nordostens waren an dieser untergeordneten Integration in die Nationalökonomie anfangs nicht interessiert. Die brasilianische Regionalpolitik mit zahlreichen Großprojekten in peripheren Gebieten schuf einen klar hierarchisierten nationalen Raum, dessen wirtschaftliches Zentrum São Paulo war. An die Phase der Eroberung anderer lokaler Märkte schloß sich die Phase der Eroberung der anderen lokalen Kapitalien an. Es kam zu einer Zentralisierung der Kontrolle und der Eigentümerschaft, zur Homogenisierung der Produktionsprozesse und damit zu einem national einheitlichen Inwertsetzungsprozeß. Das paulistanische Kapital diversifizierte sich im gesamten Land. Die Kontrollfunktionen konzentrierten sich zunehmend in São Paulo, während das paulistanische Kapital seine Produktion von São Paulo weg verlagerte.

Die Weltstadt braucht eine Weltregion (ab 1974)

São Paulo stellte sich am Ende des 20. Jahrhunderts als eine reiche Stadt dar, deren Reichtum sich in einer „ungeheuren Warensammlung" (Marx 1983: 49) zeigte. Der Akkumulationsprozeß konzentrierte auf engstem Raum Menschen und Waren. Weil es aber das Zentrum der nationalen Ökonomie darstellte, war die Krise der binnenmarktorientierten Entwicklung in São Paulo auch schon früh spürbar. Mit 1974 endete das „brasilianische Wirtschaftswunder", und das nationale Machtfeld erodierte vom Zentrum her. In der Industrie stabilisierte sich der Anteil São Paulos an der nationalen Wertschöpfung ab 1987 bei 42%, beim gesamten regionalen BIP schwankten die Werte ab damals um die 37%-Marke (vgl. Cano 1998b: 318; Tab. A-14). Die regionale Produktionsstruktur änderte sich seit 1980 deutlich. Der Anteil der Land- und Viehwirtschaft stieg in der ersten Hälfte der 1980er Jahre stark und pendelte sich seit damals um die 5%-Marke ein. Die verarbeitende Industrie sackte um fast 7 Prozentpunkte ab. Überraschend war die Stagnation der Finanzdienstleistungen bei 10% (vgl. Tab. 21).

1990 hatten 58 der 100 größten privaten Konzerne und 430 der 1.000 größten Unternehmen ihren Sitz in São Paulo. Der Konzentrationsprozeß in São Paulo hatte sich bei den größten Privatunternehmen deutlich – v.a. zu Lasten von Rio de Janeiro – verstärkt, wohingegen bei den 1.000 größten Unternehmen ein Dezentralisierungsprozeß beobachtbar war (vgl. Tab. A-36 und A-37). Das uneinheitliche regionale Produktionsmuster war durchaus mit Konzentrationsprozessen wirtschaftlicher Macht vereinbar. Inner-

Tabelle 21: BIP zu Faktorkosten, Bundesstaat São Paulo, nach Sektoren, 1980-1996, in Prozent, gerundet

Wirtschaftssektor	1980	1985	1990	1995	1996
Land- und Viehwirtschaft	3,60	5,06	4,60	4,60	4,85
Industrie	43,12	39,70	37,50	36,75	36,17
davon: Verarbeitende	35,37	32,38	29,60	29,47	28,60
Dienstleistungen	52,44	54,82	57,80	58,64	59,05
davon: Finanz-DL	10,46	10,44	10,42	10,36	10,33

Quelle: Unicamp 1998: 5

halb des Bundesstaates war nämlich in der Industrie in bezug auf Eigentumsstrukturen ein hoher Konzentrationsprozeß feststellbar. Die Märkte waren oligopolistisch organisiert. Auf den Märkten für hochtechnologische Produkte wie Computer und Fahrzeugindustrie war dies verständlich. Aber auch bei weniger komplexen Produkten, an sich die Domäne kleinerer Produzenten, konnte eine Zentralisierung des Eigentums festgestellt werden. Bei Waschpulver hatte 1993 eine Firma (Unilever) 74% Marktanteil, bei Seife dieselbe Firma 62%, bei Schinken kontrollierten zwei Firmen 68% des Marktes (Oliveira 1998a: 138). Darüber hinaus gab es die institutionellen und natürlichen Monopole in den Bereichen der öffentlichen Leistungserstellung und der Infrastruktur. Damit war der Konzentrationsprozeß in der paulistanischen Industrie weiter vorangeschritten als in den Industriestaaten. Trotzdem war in den 1980er Jahren keine größere Verschiebung der Kräfteverhältnisse zwischen den Konzernen feststellbar. Jedoch konzentrierten sich die Gewinne bei den großen Unternehmungen, von denen zehn 1980 7,5% und 1989 fast 10% der Gewinne auf sich vereinigten (Oliveira 1998a: 127 ff.).[11] Unternehmenskonzerne, in der Regel aufgrund ihrer Größe mit dem Finanzkapital verbunden, bildeten das Machtzentrum der paulistanischen Ökonomie. Die zwei größten Konzerne waren 1989 staatlich, nämlich national bzw. bundesstaatlich. Zehn Konzerne waren international und 15 paulistanisch, aus dem restlichen Brasilien gab es keine in São Paulo agierenden großen Konzerne (Oliveira 1998a: 150). Die staatlichen Unternehmungen wiesen bis zu ihrer Sanierung vor den Privatisierungen chronische Defizite auf, da sie in ihrer Preissetzungs- und Marktmacht im Unterschied zu den privaten Unternehmungen immer eingeschränkt wurden und auch sonst dem Machtblock genehme nicht-betriebswirtschaftliche Entscheidungen treffen mußten. Die ausländischen Unternehmungen konzentrierten sich vor allem auf vier Bereiche, in denen sie zwischen 60 und 70% ihres Umsatzes erzielten: Lebensmittelindustrie, mechanische Industrie, Chemieindustrie und Transportmaterialien (Oliveira 1998a: 144). Sie waren zwar nur für 27% der Produktion der 2.689 größten Unternehmungen verantwortlich, streiften aber 40% der Gewinne ein (Oliveira 1998a: 140).[12]

Die Deindustrialisierung São Paulos ging ebenfalls nicht als einheitlicher Prozeß vor sich. Vielmehr waren in der paulistanischen Industriestruktur massive Veränderungen zu beobachten (vgl. Unicamp 1998: 10). Einzelne Branchen schrumpften deutlich.[13] Die Produktion nicht-dauerhafter Konsumgüter, zu einem zunehmenden Teil im Rahmen der Agroindustrie im Landesinneren produziert, entwickelte sich jedoch insgesamt dynamisch. Die Lebensmittelbranche konnte ihren Anteil am regionalen Gesamtprodukt von 7,6% auf 10,2% steigern; ebenso die Getränke- und Essigindustrie (von 1,2% auf 3,7%). Hierbei spielten große Konzerne beim Aufstieg São Paulos zum zweitwichtigsten Orangensaftproduzenten der Welt eine zentrale Rolle. Der Staat war mit Initiativen wie dem Biospritprogramm *Pro-Alcool* ebenfalls bedeutsam. Dies geschah zu Lasten der intermediären sowie der dauerhaften Konsumgüter und Kapitalgüter. Die große Ausnahme bildete hierbei die Produktion von Transportmitteln, die ihren Anteil von 12,5% auf 16,1% steigern konnte. Die Industrialisierung des Landesinneren war somit keine simple Ausdehnung des Agglomerationsraumes der Stadt São Paulo, sondern der Bundesstaat war ein nach Funktionen spezialisierter Agglomerationsraum, in dem sich Groß-São Paulo auf hochwertige Branchen und das Landesinnere auf den agroindustriellen Bereich konzentrierte (Unicamp 1998: 10). In der Stadt São Paulo verbesserte sich die Produktionsstruktur qualitativ (Rolnik et al. 1990). Im Bereich der wirtschaftlichen Kontrollfunktionen und bei den Finanzdienstleistungen stieg die Bedeutung der Stadt São Paulo – der viertgrößten Agglomeration der Welt – aber. Sie entwickelte Funktionen einer Weltstadt. São Paulos Anteil am Finanz-, Banken- und Versicherungssektor erhöhte sich im nationalen Vergleich von 13,2% auf 18,8% und innerhalb des Bundesstaates von 54,4% auf 61,3% (Rolnik et al. 1990). Die Stadt war somit die unbestrittene Finanzmetropole Brasiliens. Sie war zwar eine der Weltstädte, in der keines der 500 größten Unternehmen der Welt seinen Firmensitz hatte (Feagin, Smith 1987: 8). Es gab aber kaum ein großes Unternehmen, das nicht eine Filiale oder ein Büro in São Paulo unterhielt. Regional gesprochen, war das Bankwesen im Bundesstaat São Paulo konzentriert. Der Anteil der Einlagen erhöhte sich 1988 von 54% auf 56%, der der Kredite von 30% auf 43%. Einzig der Anteil der Filialen sank leicht (vgl. Tab. A-20).[14]

Die Demokratie mußte nach den harten Jahren der Diktatur von 1968 bis 1974 mühsam erkämpft werden. Unter der Diktatur erfolgten kollektive Aktivitäten heimlich. Einzig die Kirche bot einen Raum, der nicht sofort zerstört wurde. Damit leisteten die progressiven KatholikInnen – an der Spitze Männer und an der Basis Frauen – einen wesentlichen Beitrag für den Widerstand der sozialen Bewegungen. Autonome Initiativen organisierten sich themenspezifisch gegen den diktatorischen Staat. Mit der Demokratisierung gewann die regionale und lokale Politik wieder an Eigenständigkeit, wovon vor allem die Bundesstaatsregierung profitierte. Die Bundesstaaten, intermediärer Macht-Raum, hatten am stärksten unter der zentralisierenden Politik der Militärdiktatur gelitten.[15] Jedoch ermutigte die Bundesregierung mit der Fiskalreform von 1966 die Bundesstaaten zu einer erhöhten Verschuldung. Die staatlichen Banken durften an den Bundesstaat – d.h. an ihren Hauptaktionär – Kredite vergeben (Souza 1996: 546). 1988 gewannen die Bundesstaaten erneut an Kompetenzen und Finanzautonomie[16], wobei die Einnahmen aber wegen der Wirtschaftskrise schrumpften[17]. Die wichtigste Steuer blieb die Umsatzsteuer ICMS, von der 25% an die Gemeinden weitergegeben werden mußten (Souza 1996: 543). Die ansteigende Verschuldung verwalteten die Gouverneure, indem sie ihre Zustimmung zu bestimmten Projekten der Bundesregierung gegen einen Zahlungsaufschub bzw. gegen Umschuldungen „tauschten“. Vor allem in den 1980er Jahren nützte São Paulo seinen Spielraum zu einer Politik der Dezentralisierung der Wirtschaftsstandorte (Cano 1998b: 325 f.). Das räumliche Gefüge des Bundesstaates veränderte sich. Während der Industrialisierung war Groß-São Paulo bestimmend, was sich im Anstieg der Wirtschaftskraft und der Bevölkerung äußerte. Vor allem der Großraum ABC, d.h. das große alte Industriegebiet südlich der Stadt São Paulo, wurde zu einem wichtigen Machtraum in Brasilien, ohne in die herkömmliche föderative Struktur zu passen. Lange Zeit dominierte die Auseinandersetzung zwischen Arbeit und Kapital die Region; das ABC wurde durch die MetallarbeiterInnenstreiks Ende der

1970er Jahre berühmt. Mit einer Mitgliederquote von 90% stellten die Gewerkschaften lokal einen Machtfaktor dar. Durch die steigende Arbeitslosigkeit und die Option der Unternehmungen, ihren Standort zu verlagern, verschob sich die Macht aber zusehends zum Kapital. Deshalb waren die Strategien der VertreterInnen der Arbeiterschaft, ob nun Gewerkschaften oder PT, ab Anfang der 1990er Jahre auf konsensuale Strategien ausgerichtet. Es bildeten sich im ABC AkteurInnen wie das *Fórum da Cidadania* und das *Consórcio Intermunicipal*, die die Subregion zu einem eigenständigen Machtraum machen wollten. Hierbei ging es darum, die subregionalen Synergien auszunützen, um im nationalen Machtgefüge die Stellung als eine der wohlhabenderen Regionen zu verteidigen. Es war eine Politik, die sich gegen eine lohndrückende Strategie im Gefolge der Argumentation über die „Standortkosten ABC" wendete (Daniel 1996: 141 f.).

Ein zweiter Ring um die Stadt São Paulo umfaßte einzelne weiter entfernt gelegene Städte, in denen durchaus intensiv landwirtschaftlich genutzte Gebiete und Industrie oft stark verwoben waren. Da es in weiten Teilen Brasiliens nie einen freien Bauernstand gegeben hatte, konstituierten sich in São Paulo nur wenige Dörfer. Räumlich drückte sich dies in einer Dominanz von Städten in der Größenordnung von 50.000 bis 500.000 EinwohnerInnen aus, die jeweils 10 bis 50 Kilometer voneinander entfernt liegen. Dieser zweite Ring gewann als Industriestandort an Bedeutung, ohne seine landwirtschaftliche Produktion aufzugeben. Das *agrobusiness* war dort konzentriert (Oliveira 1998a: 134). Der Bundesstaat war somit nicht nur das industrielle, sondern auch das agrarische Zentrum Brasiliens (Novy 1994: 196 ff.). São Paulo hatte mit 14% den höchsten Anteil an der landwirtschaftlichen Gesamtproduktion aller Bundesstaaten (Rolnik et al. 1990: 26). So profitierte der Bundesstaat besonders von der Einführung des Biospritprogramms 1975. Weiters wurde Soja und damit verbunden die Ölproduktion massiv gefördert. Von großer Bedeutung waren auch die Orangenplantagen. In all diesen Bereichen hatte sich die Eigentumskonzentration rasant erhöht (Oliveira 1998a: 134). Das wichtigste agroindustrielle Zentrum war Ribeirão Preto, in dessen Einzugsbereich 20% des Zuckerrohrs, 70% des für den Export bestimmten Orangensafts und 60% der Sojaproduktion des Bundesstaates erzeugt wurden. Im 150.000 EinwohnerInnen zählenden São Carlos, das zwei große Universitäten beheimatet, gibt es Hochtechnologieunternehmen und seit 1996 ein modernes VW-Motorenwerk. Diese Führungsrolle

São Paulos liegt nicht zuletzt an dem Umstand, daß der Bundesstaat mehr Geld in Forschung und Entwicklung investierte als der Bund. Für den Anstieg der hochwertigen Industrieproduktion im Landesinneren von São Paulo waren ferner die petrochemische Industrie und Raffinerie in Paulínia und São José dos Campos verantwortlich (vgl. Novy 1994: 200 ff.).[18] Zum zweiten Ring zählen aber auch Städte der angrenzenden Bundesstaaten. Vor allem in den letzten Jahren gelang es diesen Grenzregionen, die Agglomerationsvorteile São Paulos im Bereich von Infrastruktur und qualifizierten Arbeitskräften zu nutzen und gleichzeitig massive Förderungen der Landesregierungen von Paraná, Minas Gerais und Rio de Janeiro in Anspruch zu nehmen. In Rezende/Rio de Janeiro, wenige Kilometer nach der Landesgrenze, errichtete Volkswagen 1996 eine neue Lastwagenfabrik, die auf einem gänzlich neuen Zuliefererkonzept basierte. Uberlandia/Minas Gerais, auf der Bundesstraße São Paulo–Brasília gelegen, zählt ebenfalls zu den wachsenden Stadtregionen. Curitiba, Landeshauptstadt von Paraná, gelang es allein seit 1994, drei Autohersteller für die Ansiedlung in der Stadtregion zu gewinnen.

Der dritte Regionstypus, der von der Polarisationsumkehr in São Paulo profitierte, war die Großregion, die von Rio de Janeiro und Belo Horizonte über São Paulo und Porto Alegre bis nach Montevideo und Buenos Aires reicht. São Paulos Industrie verringerte zwischen 1970 und 1995 ihren Anteil an der nationalen Produktion von 58,2% auf 49,8%. Dieser Rückgang wurde aber durch die Anteilsgewinne der Bundesstaaten Rio Grande do Sul, Santa Catarina, Paraná und Minas Gerais annähernd kompensiert (vgl. Tab. 11, S. 113). Schließt man Groß-São Paulo aus, das mit seinem Rückgang der verarbeitenden Industrie von 43,5% (1970) auf 25,4% (1995) die Hauptlast der Deindustrialisierung zu tragen hat, so erhöhten die obigen Regionen in diesem Zeitraum ihren Anteil an der nationalen Produktion von 33,6% auf 51,3%. Dies erklärt, inwiefern eine Dekonzentration von Groß-São Paulo im Verhältnis Stadt/Bundesstaat trotzdem mit einer fortgesetzten nationalen Konzentration auf einer höheren räumlichen Ebene vereinbar war. Dies hing sicherlich auch mit der Integration im Rahmen des Mercosur und des sich daraus ansatzweise ergebenden neuen Agglomerations- und Akkumulationsraumes zusammen.

Die Arbeitsmarktdaten für den Bundesstaat São Paulo näherten sich immer mehr denjenigen von Groß-São Paulo bzw. der Stadt an. Das typische

Merkmal des Landesinneren, ein ländlicher Gegenpol zum urbanen Kern der Region zu sein, verschwamm aufgrund des hohen Urbanisierungs- und Industrialisierungsgrades. Die Arbeitslosenrate betrug 1994 im Bundesstaat 13,8%, in der Stadt São Paulo 13,7%. In Groß-São Paulo lag sie bei 14,6% und im Landesinneren bei 12,1% (SEADE 1998: 92). In der Industriebeschäftigung gab es jedoch weiterhin deutliche Unterschiede. Die Lebensmittel-, Textil- und Bekleidungsindustrie konzentriert sich im Landesinneren, die Metallverarbeitung im ABC und die Chemie- und Gummiindustrie in Groß-São Paulo. Auch bei den großteils unter „andere" fungierenden modernen Industrien lag Groß-São Paulo voran (SEADE 1998: 101). 43,5% der privat Beschäftigten hatten 1994 eine Arbeitskarte, einzig 11,2% verfügten über keine (SEADE 1998: 96).[19] Damit blieb die Arbeits- und Sozialgesetzgebung von großer Bedeutung für die Arbeitsbedingungen der Beschäftigten.

Die Informalisierung ist weniger weit fortgeschritten als vermutet. In Groß-São Paulo stieg die Beschäftigung kontinuierlich, und zwar von 5,5 Mio. (1985) auf rund 7,2 Mio. (1997), und dies, obwohl die Industriebeschäftigten nach einem Höhepunkt 1989 von 2,1 Mio. auf mittlerweile 1,5 Mio. zurückgingen. Bezogen auf die Beschäftigung war der De-Industrialisierungsprozeß somit sehr deutlich. Kompensiert wurden diese Arbeitsplatzverluste vom Handel, wo die Beschäftigung im obigen Zeitraum von 0,8 auf 1,2 Mio., und von den Dienstleistungen, wo sie sich von 2,3 Mio. auf 3,6 Mio. erhöhte. Trotz dieser zusätzlichen Beschäftigungsverhältnisse stieg die Arbeitslosigkeit von 0,7 Mio. auf 1,3 Mio. (vgl. Tab. 31, S. 207). Arbeiteten 1985 noch 33,1% der Beschäftigten in der verarbeitenden Industrie, waren es 1998 nur noch 19,5% (vgl. Tab. 22).[20] Die Beschäftigung im Dienstleistungssektor nahm hingegen von 40,7% auf 52,5% zu. Bei der Erwerbsquote war ein leichtes Ansteigen feststellbar, das auf den deutlichen Anstieg der Frauenerwerbsquote von 43,7% (1985) auf 50,5% (1997) zurückzuführen ist (www.seade.gov.br/cgi-bin/mulherv98 vom 30. 11. 1998). Die Akkumulationsdynamik verlagerte sich erneut zur Extension, zur Ausweitung der Produktion bei gleichbleibender Produktivität. Wie in den ersten Jahrzehnten des Jahrhunderts spielte die selektive und untergeordnete Eingliederung der Frauen in den Arbeitsmarkt eine wichtige Rolle in extensiven Akkumulationsstrategien. 1985 waren 12,2% der Erwerbstätigen arbeitslos, 1997 16% und 1998 18,3% (vgl. Tab. A-24).[21] Während die einen zur Untätigkeit gezwungen wurden, arbeiteten die weiterhin Beschäftigten zunehmend mehr.

Tabelle 22: Beschäftigung, nach ausgewählten Branchen, in Prozent, 1985-1998, Groß-São Paulo

	1985	1989	1992	1995	1998
Beschäftigte	100,0	100,0	100,0	100,0	100,0
Verarbeitende Industrie	33,1	33,4	25,6	23,9	19,5
Bau	3,1	3,7	3,4	2,6	2,4
Handel	14,0	15,2	16,2	17,7	16,5
Dienstleistungen	40,7	40,5	46,6	48,0	52,5
Bedienerinnen	8,3	6,4	7,7	7,2	8,7
Andere	0,7	0,5	0,5	0,5	0,4

Quelle: www.seade.gov.br (14. 5. 1999)

Tabelle 23: Verteilung der Beschäftigten, 1985-1998, Groß-São Paulo

Beschäftigte – insgesamt	1985	1988	1992	1995	1998
Unselbständig	70,4	72,2	65,3	64,3	61,2
Formell*	51,7	53,3	44,7	43,5	40,4
Informell*	8,5	8,6	9,6	11,4	12,3
Unselbständig – privat	60,2	61,9	54,3	54,9	52,7
Unselbständig – öffentlich	10,1	10,0	10,9	9,4	8,5
Selbständig	15,0	15,3	19,3	19,2	21,1
Arbeitgeber	4,2	4,1	4,7	5,9	5,6
Familienangestellte	1,4	1,5	2,0	2,2	2,1
Bedienerinnen	8,3	6,4	7,7	7,2	8,7

* mit bzw. ohne Arbeitskarte

Quelle: www.seade.gov.br (14. 5. 1999)

1985 arbeiteten bloß 35,0% mehr als die gesetzlich vorgeschriebene Arbeitszeit, 1998 waren es schon 49,8% (www.seade.gov.br/cgi-bin vom 14. 5. 1999). Die zunehmende Zahl an Arbeitslosen und der Anstieg informeller Arbeitsverhältnisse, sei es ohne Arbeitskarte oder als Beschäftigung im Familienverbund, zeigt das Ansteigen der sogenannten industriellen Reservearmee.[22] Die Entstaatlichungsprogramme trafen Frauen mengenmäßig besonders hart, da dies traditionell ein Raum der weniger stark diskriminierten Frauenbeschäftigung war.[23]

Die Arbeit der Gewerkschaften wurde immer schwieriger. Arbeitskämpfe, und sei es auch nur zur Verteidigung der Löhne, verloren während dieser Zeit an Kraft (Singer 1996: 131). Die autonome Gewerkschaftsbewegung, der es nicht gelungen war, nationale sozialpartnerschaftliche Strukturen zu institutionalisieren, versuchte in den 1990er Jahren mit Formen des lokalen Korporatismus den Industriestandort Groß-São Paulo zu retten. Die *camaras setoriais* waren ein gelungenes Beispiel dieser Strategie des Interessenausgleichs. Die Gewerkschaften engagierten sich gerade im Industriegürtel ABC sehr intensiv auch außerhalb des Arbeitsplatzes. Aufgrund der Wirtschaftskrise befinden sie sich aber in einer schwachen Verhandlungsposition. Die Reallöhne sind seit 1985 deutlich gesunken, wobei anfangs bloß eine leicht sinkende Tendenz zu beobachten war. Daran schloß sich von 1989 bis 1992 ein dramatischer Einbruch, dem tendenziell eine Erholung in der ersten Phase des *Plano Real* folgte. Von 1995 bis 1998 war die Tendenz erneut fallend. Die formell Beschäftigten verdienten 1985 um 45% mehr als 1998, die informell Beschäftigten um 19% weniger. Trotzdem klafften die Einkommen weiterhin dramatisch auseinander. Die Flucht aus dem Arbeitsrecht erlaubte es den Unternehmen, nicht nur prekäre, sondern auch schlecht bezahlte Jobs anzubieten. Unter den Beschäftigten blieb die Situation der ärmeren Bevölkerungsgruppen unter dem *Plano Real* gleich, und bei den besser Verdienenden schritt der Einbruch voran. Die Einkommenssituation aller Gruppen verbesserte sich 1995 mit einem Sprung deutlich. Dies war der durch das Ende der Inflation bedingte Verteilungseffekt, wiewohl selbst mit diesem Salto von den verbleibenden Beschäftigten – die Arbeitslosenrate stieg ja inzwischen stetig – das Niveau von 1989 nicht wieder erreicht wurde. Danach stagnierte das Einkommen der Armen, und das der Reichen sank (vgl. Tab. 25). Das schleppende Wirtschaftswachstum führte durch die Einkommensrückgänge der Reichen und die überproportionale Entlassung

Tabelle 24: Realeinkommen, nach ausgewählten Kriterien, 1985-1998, Groß-São Paulo, in *Reais* (Nov. 1996)

	1985	1989	1992	1995	1998
Beschäftigte – insgesamt	1.211	1.102	706	907	857
Unselbständig	1.255	1.104	752	857	876
Selbständig	971	1.030	522	798	662
Formell*	1.320	1.139	809	892	912
Informell*	448	482	351	487	547
Unselbständig – privat	1.204	1.050	733	813	826
Unselbständig – öffentlich	1.554	1.462	853	1.100	1.177
Unselbständig – Industrie	1.360	1.187	886	938	903
Unselbständig – Handel	874	843	533	642	614
Unselbständig – Dienste	1.153	954	663	778	850

* mit bzw. ohne Arbeitskarte

Quelle: www.seade.gov.br (14. 5. 1999)

Tabelle 25: Realeinkommen, nach Einkommensgruppen der Beschäftigten, 1985-1998, Groß-São Paulo, in *Reais* (Nov. 1998)

	1985	1989	1992	1995	1998
Das ärmste Zehntel	204	207	112	168	164
Das ärmste Viertel	371	337	219	300	307
Die schlechter verdienende Hälfte	681	659	426	501	512
Das reichste Viertel	1.350	1.283	788	1.003	924
Das reichste Zehntel	2.666	2.399	1.469	2.043	1.846

Quelle: www.seade.gov.br (14. 5. 1999)

von unqualifizierten und damit schlecht Entlohnten zu einer – perversen – Verbesserung der Verteilung innerhalb der Beschäftigten (Mattoso 1999: 125). Die ganz Armen finden sich im zunehmenden Heer der Arbeitslosen.

In diesem Abschnitt zeigte sich, wie wichtig eine Analyse von Raum und Macht ist, die über eine Analyse des nationalen Behälterraumes hinausgeht und damit die konkrete räumliche Struktur Brasiliens offenlegt. Regionale und lokale Analysen sind sowohl für das Verständnis des Konkreten als auch des Ganzen nötig. Die Nation wurde erst langsam von einem geographisch-materiellen Raum zu einem Machtraum mit konkreten sozioökonomischen und politischen Strukturen. Das gleiche passierte mit den konkreten Orten und Regionen Brasiliens. Die Regionalanalyse São Paulos erlaubte es, die Bedeutung konkreter Entwicklungswege aufzuzeigen. Die Region ist ein Ort der Auseinandersetzung um die Konstituierung eines Machtraumes und der Beeinflussung durch strukturelle Kräfte. Die Summe dieser regionalen Machträume konstituiert zusammen mit dem nationalen Machtraum die Topologie des brasilianischen Machtfeldes. Unter der Oberfläche dieses Feldes wiederum arbeitete die diese Räume strukturierende Raum-Macht, indem sie Hierarchien, Verflechtungen und Verteilungen schuf. Für Cano (1998a: 29) kam es zur Herausbildung von integrierten Wirtschaftsregionen, als die Akkumulationsdynamik endogenisiert wurde. Das sich regional reproduzierende Kaffeekapital begründete deshalb die erste derartige Region Brasiliens. Die anderen außenorientierten Regionen – die Bergbauregion und die Zuckerregion – konnten keine interne Dynamik in Gang setzen und deshalb ihren Enklavencharakter nicht überwinden.

Der Machtraum des Bundesstaates São Paulo

Im Zuge der Nationsbildung nach 1930 waren Bundesstaaten und Kommunen diskreditiert, da sie das Provinzielle, Archaische, den Rückschritt und damit die Oligarchien repräsentierten. Dies gilt für die Wissenschaft bis heute. Obwohl die intermediäre Ebene historisch immer bedeutsam war, spiegelte sich dies nur teilweise im ihr geschenkten wissenschaftlichen Augenmerk wider. Der Nationalstaat übte nach 1930 seine moderierend-kontrollierende Funktion intensiver aus. Er intervenierte verstärkt auch lokal, wobei diese Eingriffe oft der Stabilisierung der lokalen Macht dienten. Als sich im Zuge der Demokratisierungsbewegung der 1970er Jahre der Protest gegen den diktatorischen Zentralstaat richtete, verschob sich das Augenmerk weit stärker auf die lokale als auf die bundesstaatliche Ebene. Vor Ort schienen demokratische Strukturen leichter zu verwirklichen als auf der nationalen Ebene. Die politischen Strategien richteten sich auf den lokalen und regionalen Machtraum, als wären diese Machtbehälter, und übersahen so die Verflechtungen der Raum-Macht. Gouverneuren kommt aber als Machthabern der intermediären föderalen Ebene die bedeutsame Aufgabe zu, Artikulator von Macht-Räumen zu sein. Diese Rolle nahmen die Gouverneure vor allem in Situationen der Krise, die oft auch eine Krise des Föderalismus war, immer wieder wahr.

Da São Paulo ein Zentrum des Widerstands gegen die Militärdiktatur war, gelang der großen Oppositionspartei PMDB bei den Gouverneurswahlen 1982 mit Franco Montoro ein klarer Sieg. Montoro, der später zur PSDB wechselte, unterschied sich von allen Gouverneuren vor und nach ihm durch den Willen zu einer umfassenden Demokratisierung. Getragen von einer breiten, radikalisierten öffentlichen Meinung versuchte er, sozialreformerische Maßnahmen durchzusetzen, wurde daran aber aufgrund der Wirtschaftskrise weitgehend gehindert. Er leitete aber ein politisches Dezentralisierungsprogramm ein. Soziale Dienstleistungen wurden, wo möglich, kommunalisiert, vor allem im Gesundheits- und Bildungssektor. Dadurch wurden die Gemeinden als lokale Macht *(poder local)* aufgewertet. Die Schwäche dieser Politik der Demokratisierung durch Dezentralisierung bestand darin, den sozio-ökonomischen Problemen der Demokratisierung zu wenig Aufmerksamkeit zu schenken. Dies diskreditierte die Maßnahmen bzw. führte zu Interpretationen von Dezentralisierung, die nur wenig mit Demokratisierung zu tun hatten. Sein Nachfolger Orestes Quercia (PMDB) setzte auf dem Papier Montoros Politik fort, verschob gleichzeitig aber die Akzente grundlegend. Die Delegation von Kompetenzen und Mitteln an die lokalen Gebietskörperschaften erfolgte nach klientelistischen Kriterien. Wohlgesonnene BürgermeisterInnen erhielten Gelder, gegnerische nicht. So machte er fast alle BürgermeisterInnen des Landesinneren von sich abhängig. Während die politische Dezentralisierung also nichts mehr mit Demokratisierung gemein hatte, verlegte sich Quercia auch auf die produktive Dezentralisierung und förderte das Landesinnere zu Lasten der Stadt São Paulo. Im Landesinneren wurde die Infrastruktur massiv ausgebaut, was zur Verlagerung von Aktivitäten weg von der Stadt ins Landesinnere führte. Wahltaktisch zahlte sich diese Politik aus, denn das Landesinnere sicherte seinem damals noch völlig unbekannten Parteifreund Luis Fleury 1990 den Sieg bei den Gouverneurswahlen.

Fleurys Amtszeit (1991-1994) war von einer Politik des „Durchwurstelns" gekennzeichnet. Dies lag sicherlich zum Teil am unerfahrenen Fleury selbst; ein nicht unwesentlicher Grund ist aber bei der von Quercia für seine ambitiösen Infrastrukturprojekte eingegangenen Verschuldung zu suchen.[24] Die Investitionstätigkeit verringerte sich, der Ausbau der Metro wurde vier Jahre lang gestoppt. Doch neben den hausgemachten Ursachen wurzelte die Fiskalkrise São Paulos wie auch aller anderen Bundesstaaten in der Hochzinspolitik der Bundesregierung (Melo 1996: 17).[25] Aufgrund der radikalen Zinssatzerhöhung wurde die Rückzahlung eingegangener Verschuldungen plötzlich unverhältnismäßig teuer. 1995 deklarierte der frisch gewählte Mario Covas, PSDB, den „fiskalischen Ausnahmezustand". Anfangs bestand das politische Handeln Covas' darin, in den verschiedensten Bereichen Kürzungen vorzunehmen und zu privatisieren. 116.000 öffentliche Bedienstete, 40.000 davon im Bildungsbereich, wurden bis März 1997 abgebaut (FSP 3. 8. 1997).[26] 148 Schulen wurden geschlossen (FSP 2. 8. 1997), Straßen und andere Einrichtungen privatisiert. Trotzdem erhöhte sich die Verschuldung des Bundesstaates von R$ 40 Mrd. am Beginn der Amtsperiode auf R$ 75 Mrd. im März 1997, obwohl die laufenden Einnahmen 1996 über den laufenden Ausgaben lagen.[27] Mit dem 1997 abgeschlossenen Vertrag zwischen Bund und Bundesstaat übernahm der Bund insgesamt R$ 50,4 Mrd. an diversen Schulden, v.a. der Landesbank *Banespa*. Statt 2% monatlich mußte die Landesregierung von nun an nur 6% im Jahr an Realzinsen mit einer Laufzeit von 30 Jahren zahlen.[28] Diese Umschuldung war ein Mechanismus des politischen Tausches, mit dem die Bundesregierung zweierlei erreichte: einerseits einen Isomorphismus der von ihr propagierten Reformen – wie insbesondere Privatisierung und Personalkürzung – über die Bundesebene hinaus, andererseits einen Mechanismus, um konkrete Gesetzesvorschläge und Verfassungsänderungen im Kongreß durchzubringen. Der Wert des Geldes wurde in diesem föderativen Interessenausgleich politisch ausgehandelt und förderte einen Rezentralisierungsprozeß von Macht (Melo 1996: 16). 1997 begann die Landesregierung erste Akzente einer Wirtschafts- und Sozialpolitik zu setzen, ohne eine konsistente Regulierung eines regionalen Akkumulationsregimes anbieten zu können. Trotzdem gewann Covas 1998 die Gouverneurswahlen im 2. Durchgang deutlich.

Dem Landtag widmet die Bevölkerung noch weniger Aufmerksamkeit als dem Kongreß und dem Gemeinderat. Der Gouverneur verkörpert die Macht des Bundesstaates. Deshalb blieben die kontinuierlichen Verschiebungen nach links weitgehend unbemerkt. Die linken Parteien zusammen erreichten 1982 bloß 9 und 1998 immerhin 29 Sitze. 1994 wurde im Zuge des Wahlsiegs des PSDB-Gouverneurskandidaten die Rechte zu Lasten der Mitte deutlich geschwächt. 1998 machte sie verlorenes Terrain wieder gut. Die PFL, bis dahin in São Paulo marginal, konnte sich 1998 erstmals als wichtige Kraft positionieren. Die Mitte stellte nach 1994 sogar die größte Zahl an Abgeordneten. Der PMDB jedoch blieben von ihren ehemals 42 (1982) Sitzen bloß 8; die PSDB, die mit Covas den Gouverneur stellte, war auch die mandatsstärkste Fraktion (vgl. Tab. 27).

Im Lauf der 1980er Jahre übernahm die Bundesstaatsregierung, als Antwort auf den Bankrott der nationalen Wohnbaupolitik, zunehmend mehr Aufgaben der öffentlichen Leistungserstellung. Ausgangspunkt war die Einführung neuer föderativer Organisationsformen. Das Kollegialorgan auf Landesebene setzte sich paritätisch aus VertreterInnen der Landesregierung, der BürgermeisterInnen und der Zivilgesellschaft zusammen. Da einzig die Landesregierung ein homogener Block war, dominierte diese in São Paulo wie auch in den anderen Bundesstaaten das Gremium (Arretche 1998: 132). Im Wohnbaubereich finanzierte die Landesregierung eigene Ausgaben mit einer – jährlich von der Legislative aufs neue genehmigten – einprozenti-

Tabelle 26: Gouverneurswahl, Saõ Paulo, 1982-1998[1], in Prozent

	1982	1986	1990	1994	1998
PPB[2]	23,5	17,3	34,3	–	32,2
PFL	–	–	–	–	–
Diverse Rechtsparteien	12,5	23,8	–	1,7	
PSDB	–	–	12,0	**35,7**	**23,0**
PMDB	**44,9**	**36,1**	**22,2**	8,6	4,3
PT	9,9	9,8	9,6	11,3	22,5
Diverse Linksparteien	–	–	–	16,9	17,1

1) Jeweils nach dem ersten Durchgang; Gewinner nach dem 2. Durchgang jeweils fettgedruckt.
2) Bis 1992 PDS.

Quelle: www.seade.gov.br (30. 7. 1997), Brasilienausschnittsdienst 10/98

Tabelle 27: Landtagsabgeordnete, São Paulo, 1982-1998

	1982	1986	1990	1994	1998
PPB[1]	22	11	11	13	11
PFL	–	9	8	5	11
Diverse Rechtsparteien	11	14	18	13	14
RECHTE – INSGESAMT	**33**	**34**	**37**	**28**	**36**
PSDB	–	–	9	18	20
PMDB	42	37	19	23	8
MITTE – INSGESAMT	**42**	**37**	**28**	**41**	**28**
PT	9	10	14	16	14
Diverse Linksparteien		3	5	6	15
LINKE – INSGESAMT	**9**	**13**	**19**	**22**	**29**

1) Bis 1992 PDS.

Quelle: www.seade.gov.br (13. 4. 1999)

gen, zweckgebundenen Erhöhung der Umsatzsteuer ICMS. Dies erlaubte ihr eine gewisse Unabhängigkeit vom Ministerium; die Wohnbauausgaben sowie die Zahl der finanzierten Wohneinheiten konnten deutlich erhöht werden.[29] Zusammenfassend – die Gründe für den Erfolg der Wohnbaupolitik lagen zum einen in den gestiegenen verfügbaren Mitteln, zum anderen in einem funktionierenden Verwaltungsapparat (Arretche 1998: 104-106). Auch im Gesundheitsbereich war die Landesregierung aktiv, obwohl der Dezentralisierungsprozeß durch die allgemeine Präferenz für eine Kommunalisierung erschwert wurde (Melo 1996: 19). Da es in São Paulo allein 636 Gemeinden gab (Affonso 1996: 7), ist es verständlich, daß ein relativ großer Teil der Kommunen nicht über die notwendige Organisationskraft verfügte, um Tätigkeitsfelder von der Zentralregierung zu übernehmen. 1996 hatte trotzdem in 55% der Gemeinden der Kommunalisierungsprozeß begonnen (Silva 1996: 86).[30] Allgemein funktionierte die Dezentralisierung in São Paulo langsam, da die Landesregierung an einer Kommunalisierung wenig Interesse hatte. Ihre Macht bestand wesentlich darin, mit den Gemeinden jeweils Fall für Fall Gefälligkeit gegen Gefälligkeit zu tauschen.

Mit dem wirtschaftlichen Modernisierungsprozeß kam es auch zu einer Modernisierung der Zivilgesellschaft und zur Herausbildung typischer moderner Lobbyinggruppen. Diese wirkten auf den lokalen und regionalen Staat ein, den Kapitalverwertungsprozeß zu unterstützen. Mehr oder weniger mit diesen Kapitalinteressen verbunden, meldeten sich Bauern- und Unternehmerverbände, die großen Kooperativen, IngenieurInnen und AgronomInnen, höhere Angestellte privater und vor allem staatlicher Firmen als regionale Zivilgesellschaft zu Wort. Diese bildeten ein Modernisierungsnetzwerk, das zusammen mit Immobilien- und Baufirmen der traditionellen Elite aus BeamtInnen, FreiberuflerInnen, KleinhändlerInnen und LandbesitzerInnen Konkurrenz macht. Sie stellten die neue ökonomische Macht dar, und ihr Diskurs kreist, gestützt durch die lokale Presse und das lokale Radio, um Rationalität und Modernität (Bizelli 1995: 45). Ohne Zweifel drückte dies Interessengegensätze zwischen den dominanten Gruppen aus. Jedoch darf die traditionelle Macht des Landbesitzes nicht unterschätzt werden, besaßen doch allein 50 Gruppen 40% des produktiv genutzten Landes des Bundesstaates (Bizelli 1995: 44).[31]

Seit ihrer Gründung 1928[32] nahm die Industriellenvereinigung von São Paulo, FIESP, eine wichtige Rolle in der Artikulation der regionalen Produktionsinteressen ein. Im Zuge der Internationalisierung und der Deindustrialisierung gehörte die FIESP zu den Institutionen, die – zusammen mit den ebenfalls stark auf den Industriesektor aufbauenden Gewerkschaften – geschwächt wurden. São Paulo war ja bekanntlich der Ort der Entstehung einer autonomen Gewerkschafts- und Demokratiebewegung. Die CUT als Gewerkschaftsdachverband war in São Paulo – vor allem im ABC – konzentriert. Jedoch gelang es der CUT nicht, die größte Industriearbeitergewerkschaft, die der MetallarbeiterInnen der Stadt São Paulo, zu übernehmen (Rodrigues 1995: 116). Nicht zuletzt aufgrund interner Streitigkeiten konnten sich Luis Medeiros und dessen der Regierung nahestehende *Força Sindical* durchsetzen. Die benachteiligten Bevölkerungsgruppen verfügten auf regionaler Ebene kaum über Institutionen, mit denen sie ihre Interessen vertreten konnten. Einzig die Nachbarschaftsvereine auf lokaler Ebene und die Landlosenbewegung als Massenbewegung, die gerade im Bundesstaat São Paulo sehr aktiv war, boten den Unterdrückten Organisationsmöglichkeiten. Innerhalb des Staatsapparats waren sie auf das Wohlwollen progressiver Lokalregierungen oder Abgeordneter angewiesen.

Die regionalisierten Medien waren in São Paulo das Radio und die Boulevardpresse, die beide massiv die herrschenden Interessen repräsentierten. In den letzten Jahren begannen die Qualitätsmedien wie die *Folha de São Paulo* und der *Estado de São Paulo*, vermehrt über lokale Belange zu berichten. Beide Zeitungen hatten eine ausführliche Lokalbeilage. Ein traditioneller Macht-Raum der Opposition waren die zahlreichen – großteils staatlichen – Universitäten. In diesen dominierte das linke Gedankengut, wobei sich die Sympathien zwischen radikalen und reformistischen Positionen relativ harmonisch aufteilten. Die akademische Linke geriet erst unter Präsident Cardoso in eine schwere Krise, da ein wichtiger Teil der Intellektuellen Regierungsämter annahm. Diese Gruppe vertrat die Überzeugung, daß es zum Prozeß der Globalisierung keine Alternative gäbe. Seitdem waren Zentren kritischen Denkens wie das Ökonomieinstitut der bundesstaatlichen Universität von Campinas, Unicamp, politisch gelähmt und gespalten. Ebenfalls eine wichtige Rolle spielte immer die Kirche, waren es doch kirchliche Basisgemeinden, die in den 1970er und beginnenden 1980er Jahren neben der Gewerkschaft als neue AkteurInnen die Bühne des demokratischen Brasilien prägten (Sader 1988). Tabelle A-19 zeigt, daß die Mitgliedschaft in zivilen Organisationen in São Paulo geringer war als in den wirtschaftlich weniger entwickelten südlichen Bundesstaaten (Paraná und Rio Grande do Sul) und kaum höher als in den als rückschrittlich bezeichneten Bundesstaaten des Nordostens. Die ökonomische Modernisierung hatte die Zivilgesellschaft in weit geringerem Maß erfaßt, als zu vermuten wäre; das konservativ-rückschrittliche Wahlverhalten hatte seine Wurzeln in einer Zivilgesellschaft, deren Leben nicht viel ausgeprägter und vielfältiger war als in den als monolithisch charakterisierten rückständigen Regionen. In diesem Umstand sind wesentliche Erklärungen scheinbarer Paradoxien der politökonomischen Entwicklung zu suchen. Die Ambivalenzen der brasilianischen Entwicklung zeigen sich anhand seines Zentrums: São Paulo war eine moderne, aber keine bürgerlich-zivilisierte Region.

Der Machtraum der Stadt São Paulo

Auf der Ebene der Kommunen war in Brasilien in den 1980er Jahren allgemein ein Bedeutungsgewinn und in den 1990er Jahren ein Bedeutungsverlust beobachtbar. Die Verfassung 1988 schrieb erweiterte Kompetenzen der Kommunen fest und stärkte damit deren Stellung im nationalen Machtgefüge. Auf der kommunalen Ebene dominierte in den 1980er Jahren die Auseinandersetzung über den Zugang zur Stadt. Die Bevölkerung am Stadtrand wollte eine Mindestinfrastruktur, wie sie der Staat den zentraler gelegenen Stadtteilen zukommen ließ. Landbesetzungen waren wichtige Initiativen, um auf die prekären Lebensbedingungen am Stadtrand hinzuweisen. Mario Covas trat 1983 als von Gouverneur Montoro eingesetzter Bürgermeister an, um „die Entfernung zwischen Zentrum und Peripherie zu verringern" (PMSP et al. 1992: 120). Er stellte die soziale Frage und das Problem der Peripherie in den Mittelpunkt seiner Regierungstätigkeit. An der Peripherie war er, der oft bei Selbsthilfeprojekten selbst mit anpackte, beliebt. Covas' Regierungszeit setzte im Sozialbereich für die folgenden Regierungen Maßstäbe. Während die informellen Basisinitiativen in seiner Amtszeit erstarkten, gab es jedoch keine institutionalisierten Kanäle der Bürgermitbestimmung. Covas' Vorteil war aber, daß er auf die Unterstützung durch den Gouverneur zählen konnte. Sein Nachteil war, daß Teile seiner eigenen Partei – PMDB – gegen ihn Opposition machten und seine Reformpolitik hintertrieben. Covas nutzte den Druck aus der Bevölkerung im innerorganisatorischen Machtkampf zu seinen Gunsten gegen die Verwaltung und Teile der eigenen Partei.

Der Rechtspopulist Janio Quadros gewann 1985 überraschend die Bürgermeisterwahl gegen F. H. Cardoso, den Kandidaten des Mitte-Links-Establishments. Quadros, der 1960 Präsident Brasiliens gewesen war, führte São Paulo mit seinem Regierungsstil zurück in die Zeit des Autoritarismus und der Vernachlässigung der sozialen Frage. Es gelang ihm, aufgrund hoher Förderungen durch Bund und Land bei den Sozialindikatoren gegenüber Covas und Erundina nicht stark abzufallen. Aber die rege Bautätigkeit ging auf Kosten der Qualität der bestehenden Infrastruktur, die Einstellung von BeamtInnen auf Kosten von deren Gehältern. So lag das große Problem der Amtszeit Janios in der qualitativen Verschlechterung der Versorgung der Bevölke-

Tabelle 28: Bürgermeisterwahlen, São Paulo, 1985-1996, wichtigste Kandidaturen

	1985	1988	1992	1996
PPB[1]	–	24,5	**37,3**	**44,9**
PFL	–	–	–	–
Diverse Rechtsparteien	**37,5**	–	0,5	0,9
PSDB	–	–	4,5	14,5
PMDB	34,2	14,2	9,8	1,8
PT	19,7	**29,8**	23,4	22,8
Diverse Linksparteien	–	–	–	7,1

1) Bis 1992 PDS.

Quelle: www.seade.gov.br (28. 7. 1997)

Tabelle 29: Gemeinderäte, São Paulo, 1985-1996

	1982	1988	1992	1996
PPB[1]	6	6	20	19
PFL	–	4	0	2
Diverse Rechtsparteien	7	8	6	8
RECHTE – INSGESAMT	**13**	**18**	**26**	**29**
PSDB	–	6	8	8
PMDB	15	6	5	4
MITTE – INSGESAMT	**15**	**12**	**13**	**12**
PT	5	15	13	10
Diverse Linksparteien	–	8	3	4
LINKE – INSGESAMT	**5**	**23**	**16**	**14**

1) Bis 1992 PDS.

Quelle: www.seade.gov.br (28. 7. 1997)

rung mit sozialen Diensten. Janio förderte Großprojekte auf Kosten der weniger sichtbaren sozialen Dienste. Die aus den Basisinitiativen stammende Landtagsabgeordnete Luiza Erundina *(PT)* wurde 1988 mit rund 30% überraschend zur Bürgermeisterin gewählt. Die Selbstbezeichnung „Demokratische Volksregierung“ *(Governo Democrático Popular)*, die sich die PT-Administration gab, zeigte das Naheverhältnis zur Forderung nach Demokratisierung unter Beteiligung des Volkes. Die PT sah politische Prinzipien als nicht verhandelbar an und stellte damit ein angenehmes Gegengewicht zur herkömmlichen Art dar, Politik zu machen. Doch gleichzeitig wurde sie unfähig zum Schließen von Kompromissen. Dies bekam die Stadtregierung schmerzhaft zu spüren, denn der Gemeinderat boykottierte unter der Leitung der PSDB die Arbeit der Stadtregierung. Nach anfänglichen Fehlern erkannte die PT, daß sie mit dem Gemeinderat zu einer Übereinkunft kommen mußte, wenn ihre Arbeit nicht schwer behindert werden sollte. Es gelang ihr, basierend auf Klientelismus, nicht aber als Allianz der Mitte-Links-Parteien, Mehrheiten im Gemeinderat zu erlangen; wichtige Projekte, z.B. im Bereich der Besteuerung und der Dezentralisierung, scheiterten aber am Gemeinderat.

Unter der PT-Regierung verschwammen für vier Jahre die Grenzen zwischen Lokalstaat und progressiver ziviler Gesellschaft. Die Lokalregierung versuchte vergebens, bestimmte Formen von Bürgermitbestimmung zu institutionalisieren. So sollten die Stadtverwaltung und die Stadtplanung dezentralisiert und bürgernäher werden, die sozialen Bewegungen wurden in die Entscheidungsprozesse eingebunden (vgl. Novy 1994: Kap. F). Der Großteil dieser Maßnahmen wurde zuerst vom Gemeinderat boykottiert und dann durch Erundinas Nachfolger Paulo Maluf ab 1993 *ad acta* gelegt oder rückgängig gemacht. Seine rechtspopulistische Politik bestand in der Privatisierung kommunaler Betriebe, in Großbauvorhaben und in einzelnen kleinen, aber massiv beworbenen Sozialprojekten im Gesundheits- und Wohnungswesen – sowie in Korruption. Die an vielen strategischen Orten der Stadt sichtbare Bautätigkeit war der Hauptgrund, warum der Maluf nahestehende Kandidat Celso Pitta 1996 gewann. Er erlitt aber das gleiche Schicksal wie seinerzeit Fleury, der Quercia nachfolgte. Pitta gehörte aufgrund des Umstands, daß er keinerlei sichtbare Maßnahmen setzen konnte, zu den unbeliebtesten Bürgermeistern, er war ein „politisch-administratives Phantasma“, von seinem Paten Maluf vollkommen abhängig (FSP 8. 5. 1998). 1998 kam es nach wiederholter Kritik Malufs an der Stadtregierung zum Bruch, Pitta trat aus der PPB aus. Die vielen Machtwechsel in der Stadt wurden mit der Unzufriedenheit mit dem politischen System und der Neigung der *Paulistanos* erklärt, jeweils – unabhängig von deren ideologischer Ausrichtung – für die Opposition zu stimmen (Brant et al. 1989: 188 ff.). Die Ablehnung der Un-Ordnung war weit verbreitet. Tatsächlich setzten sich bei den Bürgermeisterwahlen bis 1996 jeweils immer KandidatInnen durch, die in Opposition zur Kommunalregierung standen. Mario Covas (PMDB) wurde von Janio Quadros (PTB) abgelöst, der Luiza Erundina (PT) Platz machen mußte, die die Wahl ihres Erzfeinds Paulo Maluf (PPB) zu ihrem Nachfolger nicht verhindern konnte. 1996 gelang es Maluf aber, diese Regel zu durchbrechen und seinen Finanzstadtrat zum neuen Bürgermeister wählen zu lassen. Die Aufgliederung des Wahlergebnisses nach Stadtvierteln relativiert aber die These von der ideologischen Beliebigkeit im Wahlverhalten der *Paulistanos*.

Jardim Paulista, *Santana*, *Vila Maria*, *Santo Amaro* und *Cidade Ademar* stehen beispielhaft für fünf verschiedene Typen von Stadtvierteln, wobei *Jardim Paulista* den reichsten verkörpert. Die Rechte war in São Paulo in den Wohngegenden der Mittelschicht stärker als in den reichen Vierteln und am schwächsten in den Armenvierteln. Maluf und Pitta konnten gewinnen, als die Rechte diese Schwäche ausmerzte (vgl. Tab. 31). Die Hochburgen der Linken sind die Armenviertel. Mit Ausnahme von 1992 war ein starkes Gefälle von Reich zu Arm zu beobachten, wobei der Stimmanteil in den Armenvierteln rund doppelt so hoch war wie in den reichen Gegenden. Die Wählerbasis der PT war weiterhin klar sozialräumlich strukturiert (vgl. Tab. 32). Das gleiche gilt für die Mitte. Während Cardoso und Serra, seit 1988 beide in der PSDB, bei den Reichen beliebt waren, war die populistische und weiterhin entwicklungsorientierte PMDB eine Partei der Peripherie. Wiewohl PSDB und PMDB ideologisch der Mitte zugeordnet wurden, war ihr politisches Milieu somit grundverschieden (vgl. Tab. 33). Die PT umwarb vor allem vor dem Regierungsantritt Cardosos die PSDB deutlich intensiver, was ihre zunehmende Orientierung zu den Gebildeten und damit implizit zu den Reichen widerspiegelt. Wie polarisiert die Stadt São Paulo ist, zeigt sich auch an der dramatischen Ablehnung des Metallarbeiters Lula, auf die dieser in den reichen Wohngegenden São Paulos stieß. Im *Jardim Paulista*, einer der reichen Wohngegenden, stimmten 72,1% für Cardoso und nur 14,0% für Lula. In *São Miguel Paulista*, einem Stadtrandviertel, teilte sich die Wählerschaft hingegen schon deutlich symmetrischer auf: Cardoso erhielt 38,4% und Lula 27,4%. In São Paulo war es daher ohne Zweifel die Oberschicht, die Cardosos Staatsprojekt rückhaltslos unterstützte – ein Indiz für ihr ausgeprägtes Klassenbewußtsein (Tab. 30). In einer derart gespaltenen Stadt muß auch die paulistanische Zivilgesellschaft aufgrund der sozioräumlichen Trennung der einzelnen Klassen stark fragmentiert sein. Die Ausrichtung auf den motorisierten Individualverkehr und die zunehmende Kriminalität führten darüber hinaus zu einer Verödung des öffentlichen Raumes. Dieser war nur mehr eingeschränkt ein Treffpunkt der politischen und zivilen Gesellschaft. Die Nachbarschaftsvereine, die es in allen Wohngegenden gab, dienten dazu, Verbesserungen für das eigene Viertel zu erreichen. Während es in den armen Gegenden aber in der Regel um Urbanisierungsmaßnahmen wie Straßenbau, Kanal, Schulen oder Spitäler ging, standen in den reichen Gegenden Fragen der Lebensqualität, Lärm und Schutz vor übermässiger Verbauung im Vordergrund. Dabei waren die unterschiedlichen Gruppen auch unterschiedlich imstande, ihre Interessen zu artikulieren bzw. durchzusetzen.

Im Gemeinderat gelang der Linken 1988 ein Erdrutschsieg. Die PT hatte mit Eduardo Suplicy einen populären Spitzenkandidaten für den Gemeinderat und mit Luiza Erundina die Gewinnerin der Bürgermeisterwahlen. Doch diese Machtverschiebung zugunsten der Linken war nicht dauerhaft. Obwohl die PT unbestritten die zweitstärkste Partei blieb, verlor sie kontinuierlich an Bedeutung. Auf der anderen Seite füllte die PPB diesen Raum. Gestützt auf Paulo Malufs Popularität war sie ab 1992 die bestimmende Kraft in Exekutive und Legislative. Der Gemeinderat von São Paulo ist eine für kommunale Legislativen äußerst zentralisierte Organisation, vertritt doch ein Gemeinderat bzw. eine Gemeinderätin 181.640 WählerInnen (Melo 1996: 17) und ist somit sehr einflußreich. Vergleicht man die jeweils zehn stärksten KandidatInnen in jeder Region nach ihrer Parteizugehörigkeit, so zeigt sich in der gewählten Stichprobe, daß die PSDB in den reichen Gegenden 17mal aufschien und in den vier anderen Regionstypen zusammen bloß zehnmal.[33] Die PMDB scheint bei den reichsten Regionen nicht auf und steigert ihre Präsenz dann kontinuierlich, um mit elf KandidatInnen bei den ärmsten Regionen die höchste Wertung zu erzielen. Das Regionalgefälle, das sich bei der PT bei der Wahl für die Exekutive nicht mehr feststellen ließ, fand sich in abgeschwächter Form noch bei der Legislative. Mit 3-5-3-8-7 war

Tabelle 30: Abschneiden von Cardoso und Lula bei den Präsidentschaftswahlen, nach ausgewählten Stadtvierteln, São Paulo-Stadt, 1994; 1. Durchgang

	Cardoso	Lula
Jardim Paulista	72,1	14,0
Santana	57,0	19,4
Vila Maria	53,7	19,4
Itaquera	41,7	25,3
Cidade Ademar	44,1	26,2
Gesamt	**50,3**	**23,6**

Quelle: www.seade.gov.br (14. 4. 1999)

Tabelle 31: Abschneiden der rechten KandidatInnen bei den Bürgermeisterwahlen, nach ausgewählten Stadtvierteln, São Paulo-Stadt, 1985-1996

	Quadros PTB	Maluf PDS	Maluf PDS	Pitta PPB
	1985	**1988**	**1992**	**1996**
Jardim Paulista	38,3	28,3	42,0	46,3
Santana	40,1	28,3	41,7	48,0
Vila Maria	48,7	27,7	42,9	53,1
Santo Amaro	35,9	29,1	43,0	50,8
Cidade Ademar	29,5	18,5	31,2	40,4
Gesamt	**37,5**	**24,5**	**37,3**	**44,9**

Quelle: www.seade.gov.br (14. 4. 1999)

Tabelle 32: Abschneiden der linken KandidatInnen bei den Bürgermeisterwahlen, nach ausgewählten Stadtvierteln, São Paulo-Stadt, 1985-1996

	Suplicy PT	Erundina PT	Suplicy PT	Erundina PT
	1985	**1988**	**1992**	**1996**
Jardim Paulista	11,8	20,7	20,8	14,1
Santana	17,2	27,7	22,0	18,5
Vila Maria	16,7	27,7	18,7	15,6
Santo Amaro	19,6	27,7	23,4	18,0
Cidade Ademar	26,9	31,2	22,8	27,5
Gesamt	**19,7**	**29,8**	**23,4**	**22,8**

Quelle: www.seade.gov.br (14. 4. 1999)

Tabelle 33: Abschneiden der KandidatInnen der Mitte bei den Bürgermeisterwahlen, nach ausgewählten Stadtvierteln, São Paulo-Stadt, 1985-1996

	Cardoso PMDB	Leiva PMDB	Aloysio PMDB	Serra PSDB
	1985	**1988**	**1992**	**1996**
Jardim Paulista	36,1	9,5	8,0	24,6
Santana	34,2	12,2	9,2	16,4
Vila Maria	26,8	13,6	8,6	13,2
Santo Amaro	35,3	27,7	8,3	18,4
Cidade Ademar	29,5	17,3	11,4	12,4
Gesamt	**34,2**	**14,2**	**9,8**	**14,5**

Quelle: www.seade.gov.br (14. 4. 1999)

die Tendenz hin zu den armen Regionen steigend. Das Erfolgsgeheimnis der PDS, heute PPB, und der große Unterschied zu früher lagen in ihrer regionalen Homogenität. Wenngleich mit 11-16-16-13-10 die Präferenz in den alten Hochburgen des Kleinbürgertums durchdrang, so konnten die Schwächen in den Armenvierteln weitgehend ausgemerzt werden (www.seade.gov.br Juli 1997).

Die Bundesstaaten und Gemeinden gewannen erst in den 1980er Jahren, d.h. im Zuge der Demokratisierung, erneut an Bedeutung. Sowohl die staatlichen als auch die zivilgesellschaftlichen AkteurInnen waren im Gesundheitswesen wichtig. Auf seiten der Zivilgesellschaft spielte die Gesundheitsbewegung, getragen von engagierten ÄrztInnen und der Gesundheitspastoral der katholischen Kirche, eine wichtige Rolle. Auf staatlicher Seite war es das Dezentralisierungsprogramm von Gouverneur Montoro, mit dem der Bundesstaat Mitverantwortung auch in diesem Bereich übernahm. Das Bundesstaatssekretariat für Gesundheit übernahm die Regionalstellen und schuf 65 neue Einheiten. In der Folge wurden auf lokaler Ebene in Zusammenarbeit mit diesen regionalen Stellen „Kommunale Gesundheitspläne" erarbeitet. Die Kommunen waren, unterstützt durch den Bundesstaat und innerhalb eines nationalen Rahmens, für die Ausführung verantwortlich. Vierteljährlich wurden die Ergebnisse und die Konten durch den Bundesstaat überprüft; wenn alles in Ordnung war, erfolgte eine neue Auszahlung. Diese dezentrale Ausführung förderte die Mitwirkung von Gesundheitsbeiräten und ermöglichte den BürgerInnen die Mitgestaltung vor Ort. Dieses von der PMDB ins Leben gerufene und von der Zivilgesellschaft geforderte, geförderte und auch kontrollierte System bildete den organisatorischen Rahmen, auf den die PT-Regierung von 1989 bis 1992 aufbaute. Sie trieb die Kommunalisierung des Gesundheitswesens voran. Gesundheitskommissionen als regional tätige zivilgesellschaftliche Organisationen und Gesundheitsbeiräte als Mitbestimmungsorgane innerhalb der organisatorischen Einheiten (Gesundheitsposten, Spitäler ...) institutionalisierten die Kanäle der Partizipation. Für die gesamte Stadt gab es einen kommunalen Gesundheitsbeirat. 1989 beteiligten sich 200.000 Menschen an den Wahlen für die Gesundheitsbeiräte (vgl. Novy 1994: 373). In quantitativer Hinsicht verbesserte sich das Gesundheitswesen deutlich. Von 1991 an spürten die Gemeinden aber den Rückgang der zentralstaatlichen Überweisungen, weshalb die PT versuchte, dem durch einen erhöhten Eigenbeitrag entgegenzuwirken. Unter ihrem Nachfolger Paulo Maluf spitzte sich die Situation dramatisch zu. Maluf gewann die Wahl mit dem Versprechen, die Staatsbürokratie einzuschränken. Die Sparmaßnahmen im Gesundheitsbereich führten 1994 zu unerträglichen Zuständen. Die Argumentation ging in die Richtung, daß das System in der gegenwärtigen Form nicht aufrechtzuerhalten wäre. Aber genau dies aufzuzeigen, war die Absicht der Kommunalregierung.

Das so dokumentierte Staatsversagen rechtfertigte es, auch Bildung und Gesundheit für die Privatinitiative zu öffnen. 1995 präsentierte die Regierung schließlich ein radikal neues Gesundheitsprojekt: PAS *(Plano de Atendimento de Saúde).* Gesundheitskooperativen sollten autonom und dezentral die Gesundheitseinrichtungen verwalten. Die Bevölkerung konnte sich bei einer Kooperative ihrer Wahl einschreiben, worauf dieser Kooperative gegenüber der Kommunalverwaltung ein Anspruch auf R$ 10 pro Kopf und Monat erwuchs. Die Gesundheitskooperativen wiederum waren verpflichtet, die volle Betreuung des Kooperativenmitglieds zu übernehmen. Das System war analog den privaten Krankenversicherungen, nur daß in diesem Fall die Kommune die Finanzierung übernahm. Es handelte sich somit um eine Form der Dezentralisierung und der Verbindung von privaten und öffentlichen Elementen der Leistungsbereitstellung. Innerhalb der Kooperative wurden die Ärzte nach Leistung bezahlt, was helfen sollte, Fehlzeiten zu minimieren. Nicht in São Paulo Ansässige hatten keinen Leistungsanspruch. Mit dem PAS wurde beabsichtigt, privaten Gruppen den Zugang zum öffentlichen Gesundheitssystem zu ermöglichen und die Konkurrenz zwischen privaten und öffentlichen Anbietern zu institutionalisieren. Anfangs war die Zufriedenheit der Bevölkerung mit dieser „öffentlichen" Krankenversicherung, die die gleichen Rechte gewährte wie eine private, groß.

Im Wahlkampf 1996 konnte Maluf mit dieser organisatorischen Innovation einer qualitätsorientierten Initiative punkten und seine Sozialkompetenz unter Beweis stellen. Es war eine Maßnahme, die die verallgemeinerte Kritik am untragbaren Ist-Zustand und frühere Forderungen der Linken zu Dezentralisierung und Selbstverwaltung aufgriff. Die konkrete Ausgestaltung aber stand im krassen Widerspruch zum Geist der Bundesverfassung 1988 und zum Recht auf Gesundheit.[34] Knapp nach dem Wahlsieg begannen sich die Beschwerden über schlechte Behandlung der PatientInnen und des Personals sowie über finanzielle Schwierigkeiten der Kommunalregierung, ihren Verpflichtungen gegenüber den Kooperativen nachzukommen, zu mehren. In der Praxis funktionierten die Genossenschaften wie Unternehmungen und wurden von privaten Gruppen kontrolliert. Die GenossInnen, d.h. das Personal des PAS, waren *de facto* Angestellte mit Pflichtanwesenheit und eingegliedert in eine strenge Hierarchie, ohne aber unter dem Schutz der Arbeitsgesetzgebung zu stehen. Aufgrund der Krise des PAS begannen einzelne Module, die Löhne der GenossInnen zu senken (FSP 8. 8. 1997), und ein 1996 während des Wahlkampfes eröffnetes Spital wurde geschlossen (Muggiati 1998).

Was die Wohnungssituation betrifft, so konnten die GrundbesitzerInnen durch die fragmentierte Besiedlung und das Zurückhalten zahlreicher Flächen ihre Aufwertungsgewinne maximieren und die Kosten der Urbanisierung sozialisieren.[35] Die Immobilienfirmen verkauften nur einzelne Landtitel und hielten andere zurück; daraufhin übten die neu Angesiedelten auf die Stadt Druck aus, Infrastruktur bereitzustellen. Nachdem dies geschehen war, verkauften die Firmen den restlichen Grund um ein Vielfaches des ursprünglichen Preises. Die Vertreibung der Unterschicht aus dem Stadtzentrum verschob die sozialen Probleme an den Stadtrand. Dort wurde gerade unter der Diktatur der Eigenbau als Lösung der Wohnungsprobleme der armen Bevölkerungsmehrheit propagiert. Im Zuge der Demokratisierung verschärfte sich die Kritik an der die RentenbezieherInnen bevorzugenden Bodenpolitik. In den 1980er Jahren war die Landlosenbewegung, stark unterstützt von der katholischen Kirche, eine der wichtigsten sozialen Bewegungen am Stadtrand São Paulos. Sie war wesentlich für den Wahlsieg Erundinas verantwortlich. Die PT widmete sich den verschiedenen Aspekten des Wohnungsproblems. Zum einen wurde die Legalisierung bestehender Wohnstätten angestrebt. Hierbei stellte die Urbanisierung der Favelas die wichtigste Strategie dar. Den BewohnerInnen der Favelas wurde ermöglicht, einen Landtitel zu erwerben. In einem zweiten Schritt wurden die Lebensbedingungen in der Favela verbessert und so das vielfach kritisierte *Slum-Clearing*[36] vermieden. Auch dem öffentlichen Raum, der Schaffung von Parks und Plätzen, galt im Rahmen einer integrierten Wohnraumpolitik das Augenmerk. Schließlich griff Erundina eine Strategie von Mario Covas und eine alte Forderung der Wohnbaubewegung auf, nämlich den Eigenwohnbau unter dem Motto der „Hilfe zur Selbsthilfe". Durch den Eigenbeitrag in Arbeitsleistung wurden die Kosten pro Wohneinheit um bis zu 40% gesenkt (Novy 1994: 309 ff., 368 f.). Das Programm des „Selbsthilfewohnbaus" wurde von

Maluf, dessen wichtigste Unterstützerin die Bauwirtschaft war, heftig kritisiert. Auch hier stand am Beginn einer eigenen Wohnbaupolitik die Feststellung, daß das alte System gescheitert war und radikale Innovationen, qualitative Reformen gefragt waren. Das „Projekt Singapur", in Anlehnung an Erfahrungen in Singapur, wurde als Lösung des Problems der Favelas vorgestellt. Dieses Projekt unterschied sich von den konventionellen Strategien konservativer Regierungen in São Paulo. Für diese bestand die Lösung des Problems von Favelas zumeist im Schleifen ebendieser. Auch für die Mietskasernen im Stadtzentrum wählte die Stadtplanung in den 1920er Jahren die gleiche Strategie. Das „Projekt Singapur" griff eine zentrale Forderung der Wohnbaubewegung und der Linken auf, nämlich das Recht darauf, nicht abgesiedelt zu werden. Vielmehr sollte durch Vertikalisierung der verfügbare Wohnraum vergrößert werden. Für die Zeit der Bautätigkeiten wurden in der Nähe der Favela Alternativquartiere geschaffen. Vor der Errichtung mehrstöckiger Häuser wurden die notwendigen Infrastrukturarbeiten getätigt und die Favela urbanisiert. Für 42 m^2 große Wohnungen war eine Art Miete von R$ 57 zu zahlen. Dieses als „größtes Sozialprojekt des Landes" bezeichnete Projekt zielte auf die Urbanisierung von 47 der 1.900 Favelas São Paulos (rund 3% aller Favelas), vornehmlich an Hauptverkehrsstraßen sowie in der Nähe von Shopping Centers und anderen stark frequentierten Punkten. Die Kritik am „Projekt Singapur" richtete sich auch hier gegen den autoritären Stil, der die Betroffenen nicht in die Entscheidungsfindung einband. Gleichzeitig hatte die Kommunalregierung alle anderen Wohnbauprogramme, vor allem den Selbsthilfewohnbau, eingestellt. 9.000 Wohnbaueinheiten waren deshalb nur halb fertig. Ein wesentliches Element der Malufschen Strategie basierte ebenso wie bei der Bundesregierung auf dem Prinzip des Vorrangs der Qualität vor der Quantität. Mitte der 1990er Jahre gab es 1.901.803 *Favelados* in São Paulo. Maluf versprach 120.000 Wohnungen und errichtete 10.479. Pitta errichtete 1997 3.450 Wohnungen: Problem und Problemlösung standen in keinem Zusammenhang (Bonfim 1998)!

Die PT unternahm den Versuch, den Nulltarif bei öffentlichen Verkehrsmitteln einzuführen. Dies stellt eine Form eines lokalen Grundeinkommens dar und hätte vor allem den Armen geholfen, die öffentliche Verkehrsmittel besonders benützen. Da allein 24% der Einnahmen für die Eintreibung der Fahrscheine aufgewendet wurden, wäre eine Subventionierung einzig in der

Höhe der verbleibenden 76% notwendig gewesen. Hierbei schlug die Stadtregierung eine Finanzierung durch eine erhöhte Grund- und Bodensteuer IPTU *(Imposto Predial e Territorial Urbano)* vor. Wie die meisten Maßnahmen, die auf Umverteilung hinausliefen, wurde auch diese nicht umgesetzt (Singer 1996: 137-160). Darüber hinaus gab es im öffentlichen Verkehr einen Wettbewerb zwischen dem kommunalen Unternehmen CMTC *(Companhia Metropolitana de Transporte Coletivo)* und den privaten Buslinien. Die Verwaltung der CMTC stellte eine der größten Herausforderungen für die PT-Regierung dar. Die Beziehung zu der von der PT kontrollierten Gewerkschaft war immer konfliktiv, und es kam zu einer Reihe von Streiks, die die Stadt lahmlegten. Der institutionelle Mix aus privaten und staatlichen Anbietern wurde durch die Kommunalisierung des öffentlichen Verkehrs verfeinert. Ab diesem Zeitpunkt erhielten die Unternehmen nicht einen Anteil an den Einnahmen, sondern an den gefahrenen Kilometern. Damit sollte die Überbelegung der Busse vermindert werden.

Maluf hatte mit seiner Kritik am öffentlichen Verkehr und im speziellen an der CMTC große Teile der Bevölkerung hinter sich. Statt die schwierige Aufgabe einer Reform der CMTC voranzutreiben, nützte er die Gelegenheit, diese zu privatisieren. Damit beendete er das institutionelle Arrangement, das er im Gesundheitsbereich mit dem PAS einführte. An der Kommunalisierung, d.h. der Bezahlung nach gefahrenen Kilometern, hielt er aber fest. Die Busfahrergewerkschaft verlor mit der Privatisierung weitgehend ihr Drohpotential. 1997 waren es nicht die Fahrer, die mit Streiks drohten, sondern die Unternehmer, nachdem die Stadtverwaltung mit den Zahlungen in Verzug geriet (Huertas 1997). Die Abkehr der Stadtverwaltung vom öffentlichen Verkehr zeigte sich darüber hinaus an der Bevorzugung des motorisierten Individualverkehrs, der durch große Straßenbauprojekte einen starken Impuls erhielt. Die autoverkehrfreundlichen Maßnahmen, deren verkehrstechnische Wirkungen offensichtlich katastrophal waren, hatten aber die bedeutsame indirekte Wirkung, daß es zu einer Aufwertung der Immobilien in den erschlossenen Gebieten kam. Zwar nicht für die schon ansässigen AnrainerInnen, aber für die Immobilienfirmen, die Großprojekte realisieren wollten, war dies attraktiv. Es waren dies Firmen, deren organische Verbindung zu Maluf breit dokumentiert war (FSP 6. 8. 1997).

Die PT-Stadtregierung von 1989 bis 1992 war einer demokratischen Planung verpflichtet und wollte die Fehler einer technokratischen Planung nicht wiederholen. Deshalb ging sie von einem Planungsverständnis aus, in dem die Frage der Umsetzung von Maßnahmen mitbedacht wurde. Der Stadtplanung oblag es demnach, einen öffentlichen Raum zu schaffen, in dem über die Gestaltung der Stadt diskutiert werden konnte. Diese Sichtweise von Planung beschäftigte sich nicht länger mit der Utopie der guten Stadt, sondern versuchte, eine bessere zu verwirklichen (vgl. Castells 1983: 335-337). Die Stadtplanungsabteilung der PT-Regierung erkannte zu Recht, daß einer Neuordnung der Flächenwidmung ein zentraler Stellenwert in einer Prioritätenumkehr zukäme. Der alte Flächenwidmungsplan datierte aus dem Jahr 1971; ein neuer, von Quadros vorgelegter Plan wurde zwar vom Gemeinderat nicht beschlossen, erlangte aber doch Gültigkeit.[37] Da aber beide Pläne nur Zielvorgaben formulierten und Zonierungen festlegten, war ihre Wirksamkeit äußerst gering; nicht zuletzt, da von Fall zu Fall einzelne Widmungen adaptiert wurden. Das Modell der PT bestand in einer vollkommenen Umorientierung und Vereinfachung der Flächenwidmung. An die Stelle der Fixierung von Zonierungen sollte ein Auktionsmechanismus treten, der es erlaubt, den Boden intensiver zu nutzen, wenn die Stadtverwaltung für die dadurch entstehenden Infrastrukturkosten entschädigt wird. Das Modell beinhaltete eine Niederzonierung auf einen Nutzungskoeffizienten[38] von eins.

Die Stadtregierung legte in der Folge eine Menge an bebaubarem Raum pro Region fest. Die Nutzungsrechte zur intensiveren Bebauung wären von der Stadtverwaltung an interessierte Private veräußert worden. So wäre ein Markt für die intensive Nutzung von städtischem Boden entstanden. Mit dem so eingenommenen Geld sollte Wohnraum für die Unterschicht geschaffen werden. Trotz intensiver Bemühungen gelang es weder, die ursprüngliche Version mit ihrer klaren Umverteilungswirkung noch das Prinzip an sich durchzusetzen (Singer 1996: 161-194).[39] Die Tragweite des Mechanismus einer radikalen Vereinfachung der Bodennutzung wurde in den Folgejahren eher von der Rechten als von der Linken verstanden. Im Zuge der schon von der PT eingeführten „städtischen Operationen" wurden Sondergenehmigungen für die Investoren gegen einen Extra-Beitrag zum Stadtbudget bzw. gegen zusätzliche private Investitionen von öffentlichem Interesse vergeben, etwa die Begrünung eines Platzes, die Verbesserung der Straßen in der Nachbarschaft usw. Genau dieser Mechanismus wurde von Maluf übernommen, weil er eine Aufweichung der Regeln ermöglichte. Die Flexibilität, mit der dem Immobiliensektor der neue Mechanismus schmackhaft gemacht wurde, wurde in einer neuen Konjunktur, mit einem neuen kommunalen Kräfteverhältnis als soziale Innovation aufgegriffen. Die Konzessionen, die Maluf vom Immobiliensektor verlangte, kamen aber nicht annähernd an die Beträge heran, die die PT-Regierung einbehalten wollte. Diese dachte an rund 70% der erzielten Aufwertungsgewinne. Es ist dies ein Beispiel, wie Sozialtechniken mit kleinen Adaptierungen einen gegenteiligen Effekt haben können.

Die PT-Regierung leitete schon 1990 einen breiten Diskussionsprozeß über die Stadtentwicklung und Flächenwidmung ein. Sie präsentierte ein eigenes Buch (Rolnik et al. 1990) mit einer Diagnose der Stadt, die als Diskussionsgrundlage dienen sollte. Unter Maluf versandete die Diskussion, und erst 1997 unterbreitete Pitta einen neuen, heftig kritisierten Flächenwidmungsplan, dessen Hauptargument darin bestand, die Kernregionen noch intensiver zu nutzen, da es noch freie Infrastruktur gebe. Dort sollte der Immobiliensektor der Stadtverwaltung einen höheren Nutzungskoeffizienten abkaufen können (Sempla 1997). Die Opposition kritisierte die fehlende öffentliche Diskussion und den Umstand, daß es sich einmal mehr um eine Wunschliste handle, deren Umsetzung in keiner Weise ohne Konfliktregelungsmechanismen möglich sei. Traditionelle, gutsituierte und zentrumsnahe Wohngegenden fürchteten, von Hochhäusern umzingelt zu werden. Doch eröffnete sich die Stadtregierung mit der Vorlage die Möglichkeiten des flexiblen Agierens: Zum einen erlaubt die konventionelle Zonierungspolitik, die hohe Lebensqualität von wohlgesonnenen Wohnvierteln mittels Zonierung zu sichern, gleichsam eine exklusive Ghettopolitik (Bógus, Montali 1994: 167), eine sozialräumliche Apartheid. Zum anderen flexibilisierten sich auch die Möglichkeiten des politischen Tausches mit dem Immobiliensektor, da die strenge Zonierung, wenn gewünscht, durch einen Aushandlungsprozeß ersetzt werden konnte.

Paradoxerweise war es Mario Covas, der nicht gewählte Bürgermeister des Übergangs zu einem demokratischen Regime, der wichtige demokratiepolitische Akzente setzte, indem er die Zivilgesellschaft als eigenständige lokale Akteurin akzeptierte. Doch unter seinem Nachfolger Janio Quadros gerieten diese partizipativen Ansätze in Vergessenheit. Es war das zentrale Anliegen der PT-Regierung, die Mitbestimmung zu institutionalisieren und die Macht zu dezentralisieren. Die Zivilgesellschaft war mittels Kommissionen und Beiräten in die Entscheidungsprozesse eingebunden. Es war der Bereich der Demokratie und der Mitbestimmung, in dem Maluf offen mit der Tradition der PT brach und für zentralistische Organisationsmodelle eintrat. Diese wurden nicht als autoritär und in der Tradition der Diktatur stehend, sondern als „auf der Höhe der Zeit“ und „unternehmerisch-effizient“ dargestellt. Regionaladministrationen waren ein wichtiges Element der klientelistischen Strukturen und Stützen des zentralisierten Machtsystems.[40] Veränderungen in diesem Bereich der Staatlichkeit wurden vom Machtblock systematisch unterbunden, denn die Macht der GemeinderätInnen bestand nicht so sehr in ihrem Einfluß im Gemeinderat, der sich weitgehend den Wünschen der Exekutive unterordnete. GemeinderätInnen machten ihren Einfluß jedoch über die Entsendung von Vertrauenspersonen in Schlüsselpositionen der Verwaltung geltend. Die meisten GemeinderätInnen hatten eine regional stark konzentrierte WählerInnenbasis. Deshalb waren die Regionalverwaltungen von so großer Bedeutung, und nach jeder Wahl wurde heftig verhandelt, wer welchen Regionaladministrator ernennen durfte. In den Regionalverwaltungen wurde offen eine Politik des „Gebens und Nehmens“ praktiziert, wobei die wichtigen Personen der Region zufriedengestellt werden mußten. Arbeitete die Regionalverwaltung gut, stand der Wiederwahl nichts entgegen. Von einem Radiosprecher abgesehen, hatten die GemeinderätInnen, die bei den Wahlen 1996 am besten abschnitten, die Kontrolle über eine Regionalverwaltung. Die Vergabe von Posten nach rein persönlichen Kriterien bewirkte in der gesamten Verwaltungsstruktur eine Fragmentierung und eine „Privatisierung des Staates“. Ab 1997 sollten Gemeinschaftsbeiräte die Regionalverwaltungen kontrollieren. Anders aber als unter der PT-Regierung setzten sich diese Beiräte nicht aus von der Bevölkerung gewählten RepräsentantInnen zusammen, sondern wurden vom Bürgermeister aus von den bestehenden lokalen zivilgesellschaftlichen Organisationen (Clubs, SABs ...) vorgeschlagenen Listen ausgewählt. Ein dem Staat wohlgesonnener Teil der Zivilgesellschaft hatte die Aufgabe, ihn zu kontrollieren.

Das paulistanische Budget ist „in Zahlen gegossene Politik“. Wenn es auf der diskursiven Ebene oft schwierig ist, die Interessen der AkteurInnen und die Machtstrategien zu verstehen, so werden diese bei der Analyse des Budgets im Fall von São Paulo offensichtlich. Die Aufteilung der Gesamtausgaben zeigt einen klaren Unterschied zwischen der PT-Regierung (1989-1992) und den beiden Rechtsregierungen vor (Quadros 1986-1988) und nach ihr (Maluf ab 1993). In den Tabellen 34 bis 37 sind die Zahlen für die verschiedenen Stadtregierungen der Übersichtlichkeit halber abwechselnd schattiert und weiß unterlegt. Mario Covas' (1983-1985) Budgetpolitik hatte Ähnlichkeiten mit der von Erundina. Im Bildungsbereich waren die anteiligen Ausgaben sowohl bei Quadros als auch bei Maluf fallend; im Gesundheits- und Wohnbereich war dieser Trend weniger deutlich.[41] Im Bereich „Bauten und Installationen" wiederum konzentrierten sich bei beiden bei steigender Tendenz die Ausgaben. Die Budgetpolitik der PT war umgekehrt. Im Bildungs-, Gesundheits- und Wohnbereich stiegen die Anteile und lagen bei der PT deutlich über denen der Rechtsregierungen. Einen ersten Hinweis auf den populistischen Budgetstil der Rechten ersieht man an der Entwicklung des Postens „Bauten und Installationen". Bei Quadros stieg der prozentuelle Anteil im Wahljahr auf 31,0 (von 15,8), bei Maluf war schon im Vorwahljahr ein Anstieg auf 21,1 (von 14,9) festzustellen. In absoluten Zahlen ist der Abfall im Gesundheits- und Bildungsbereich bei Maluf nicht so deutlich; bei den Bauten ist die Steigerung von 726 Mio. auf 1.291 Mio. R$ beeindruckend. Malufs Ruf als „Baumeister" war genauso berechtigt wie derjenige der PT, eine Regierung für „Bildung und Gesundheit" gewesen zu sein. Die Bauunternehmen zählten zu den Firmen, die die größten Zuwendungen für Maluf bei Wahlkampagnen machten.

Die Aufteilung nach Ausgabenarten zeigt ebenfalls deutliche Unterschiede. Wie zu erwarten, waren die Personalausgaben der PT-Regierung deutlich höher als die der anderen. Auch wenn die exakte Erhebung der Personalausgaben schwierig ist, kann auf die Ursachen für diese hohen Ausgaben geschlossen werden. Sie hängen eng mit den Ausgaben für Bildung und Gesundheit zusammen, d.h. mit Investitionen in staatlichen Schlüsselbereichen. Aber auch bei den anderen Positionen sind wichtige Unterschiede feststellbar. Maluf lagerte viele Bereiche aus (v.a. Verkehr), weshalb rein buchhalterisch Personalausgaben nun als Zahlungen für Leistungen privater Unternehmen aufscheinen. Die PT war die einzige Regierung, die den Schuldendienst senken konnte, und dies, obwohl sie von Quadros eine hohe Verschuldung geerbt hatte. Der strengen Fiskalpolitik der Linken stand der „ökonomische Populismus" der Rechten gegenüber. Die massiven Investitionen, die diese Regierungen vor allem gegen Ende ihrer Amtszeit tätigten, erfolgten immer mittels Verschuldung. Dies war angesichts der Hochzinspolitik der Bundesregierung eine äußerst gefährliche Strategie. Die Struktur der Einnahmen vervollständigt nur das schon gewonnene Bild. In diesem Fall unterscheiden sich Quadros und Maluf aber. Quadros, in der Tradition konser-

Tabelle 34: Ausgaben, Stadt São Paulo, nach Bereichen, ausgewählte Positionen, 1980-1995, in Mio. R$ (1996)

	1980	1985	1986	1987	1988	1989	1990	1991	1992	1993	1994	1995
Gesamtausgaben	3.473	3.357	3.786	3.908	4.744	4.479	5.092	5.338	4.535	4.535	5.109	6.473
Bildung	449	509	652	536	501	678	795	903	830	635	723	829
Gesundheit	353	386	460	489	658	607	903	888	929	736	802	981
Wohnen	665	486	590	633	738	648	785	798	731	670	741	985
Bauten und Installationen	514	411	379	616	1.469	425	649	451	639	760	762	1.291

Quelle: www.seade.gov.br (28. 7. 1997)

Tabelle 35: Ausgaben, Stadt São Paulo, nach Bereichen, in Prozent der Gesamtausgaben, 1980-1995

	1980	1985	1986	1987	1988	1989	1990	1991	1992	1993	1994	1995
Bildung	12,9	15,1	17,2	13,7	10,6	15,1	15,6	16,9	18,3	14,0	14,1	12,8
Gesundheit	10,1	11,4	12,1	12,5	13,9	13,5	17,7	16,6	20,5	16,2	15,1	16,2
Wohnen	19,1	14,5	15,6	16,1	15,6	14,4	15,4	14,9	16,1	14,8	14,5	15,2
Bauten und Installationen	14,7	12,2	10,0	15,8	31,0	9,5	12,7	8,4	14,1	16,8	14,9	21,1

Quelle: www.seade.gov.br (28. 7. 1997)

Tabelle 36: Ausgaben, Stadt São Paulo, nach Ausgabenarten, in Prozent der Gesamtausgaben, 1980-1995

	1980	1985	1986	1987	1988	1989	1990	1991	1992	1993	1994	1995
Personal	23,5	29,2	35,8	23,0	19,3	31,3	28,7	31,6	30,6	24,3	24,0	21,1
Zinsen + Tilgungen	n.d.	16,3	13,8	21,1	14,3	14,4	7,3	7,8	7,2	6,5	16,4	16,0
Investitionen	23,3	15,0	13,5	18,6	32,6	11,8	16,4	13,8	20,5	20,9	18,7	26,4

Quelle: www.seade.gov.br (28. 7. 1997)

Tabelle 37: Einnahmen, Stadt São Paulo, in Prozent der Gesamteinnahmen, 1980-1995, ausgewählte Positionen

	1980	1985	1986	1987	1988	1989	1990	1991	1992	1993	1994	1995
Eigene Einnahmen	50,5	42,5	n.d.	n.d.	37,7	51,7	48,2	53,0	60,3	53,7	51,1	40,8
Steuereinnahmen	40,9	33,7	39,2	32,2	26,5	23,2	35,9	36,3	34,6	28,1	39,5	33,5
IPTU	17,4	9,3	9,9	6,5	4,6	2,6	6,7	10,7	4,3	3,6	8,0	8,2
Einnahmen aus ICMS	32,6	31,6	38,1	28,2	25,6	336,0	39,9	27,6	28,0	26,6	30,9	21,7
Einnahmen aus Finanzausgleich – Bund	n.v.	35,4	–	–	28,8	38,9	43,6	33,9	31,9	38,2	42,5	–
Kreditfinanzierung	14,2	19,7	7,4	27,6	31,6	8,6	7,1	11,5	6,2	15,1	12,2	28,7

Quelle: www.seade.gov.br (28. 7. 1997)

vativer Regierungen stehend, war für ein Sinken der Steuereinnahmen von 38,1% auf 25,6% der Gesamteinnahmen verantwortlich. Dies ist die typische Strategie der Zerstörung des Staates und seiner Fähigkeit, seinen Verpflichtungen nachzukommen. Die PT versuchte, den lokalen Handlungsspielraum zu erweitern. Die Steuereinnahmen stiegen bis 1991 deutlich an. 1992 fand eine Medienkampagne gegen den Regierungsvorschlag statt, die 50.000 größten Grundstücke verstärkt zu besteuern. Die Kampagne mündete in einem äußerst wirksamen Steuerboykott, der neben fiskalischen Problemen auch wesentlich zur Delegitimierung der PT beitrug (Sader 1997: 168-172). Maluf unterstützte den Steuerboykott und profitierte von ihm. Einmal gewählt, änderte er aber nichts an der Steuerpolitik Erundinas.

Es war das Glück der von der Bundes- und Landesregierung und dem konservativen Teil der Zivilgesellschaft bekämpften PT, daß die Reform der Bundesverfassung anfangs zu erhöhten Pflicht-Transferzahlungen führte. São Paulo konnte seinen Anteil um 45% erhöhen.[42] Die Rezession Anfang der 1990er Jahre traf die Stadtverwaltung hart. Der Anteil der Steuern an den Einnahmen erhöhte sich unter Maluf sogar stark. 1995 sackten sie aber aufgrund des Rückgangs der ICMS im Gefolge der Zentralisierung durch den FES ab. Deshalb mußte er bei seinen ambitiösen Bauprogrammen auf Kreditfinanzierung zurückgreifen. Bei Quadros stieg die Kreditfinanzierung in den drei Jahren von R$ 234 Mio. auf R$ 976 Mio. und schließlich auf R$ 1.103 Mio. Unter der PT-Regierung gab es keinen Wahlzyklus, die Kreditfinanzierung verharrte auf niedrigem Niveau. Bei Maluf war allein vom zweiten auf das dritte Jahr ein Anstieg von R$ 575 Mio. auf R$ 1.964 Mio. feststellbar! Da verwundert es nicht mehr, daß die Regierung Maluf dem Landesinstitut SEADE ab 1995 auch keine Daten über die Höhe ihrer Verschuldung mehr lieferte. Die Verheimlichung von Budgetzahlen ist wesentlicher Teil einer unverantwortlichen Budgetpolitik. Diese in Zeiten dynamischer Wirtschaftsentwicklung durchaus übliche Budgetpolitik war bei stagnierender Akkumulation und Hochzinspolitik fatal. Die WählerInnen konnte Maluf täuschen, aber die Probleme trafen seinen Nachfolger mit voller Härte. Seit 1997 ist Pitta mit ernsten Finanzproblemen konfrontiert. Anfangs galten sie als Liquiditätsprobleme, immer mehr aber entpuppte es sich als Krise der Zahlungsfähigkeit.[43] Die Machtverhältnisse haben sich grundlegend verschoben: von der aus BürgerInnen zusammengesetzten Zivilgesellschaft, die gegenüber dem Staat Forderungen erhebt, hin zu einigen Unternehmungen, die den Staat als zahlungsschwachen Kunden ansehen, aber trotzdem ganz passable Geschäfte machen. Der von der Bundesregierung als zentral angesehene Indikator der Personalkosten in der Stadt São Paulo war mit 41,4% sehr niedrig (Mare 4. 8. 1997).[44] Doch galt aufgrund der Verfassungsreform 1988 vor allem für die Gemeinden, daß der steigende Personalstand mit der steigenden Verantwortung der Kommunen zusammenhing (Melo 1996: 19). Kommunen, die ihr Personal nicht erhöhten, mußten nicht unbedingt effizient sein, sondern konnten schlicht den Bereich der öffentlichen Leistungserstellung vernachlässigt haben.[45] Die konsolidierte Verschuldung der Stadt São Paulo stieg unter Quadros von R$ 2,3 Mrd. (1986) auf R$ 8,3 (1989). Die PT-Regierung reduzierte sie auf R$ 2,7 Mrd. (1992) bzw. 2,2 Mrd. (1993) (www.seade.gov.br vom 14. 4. 1999); 1997 betrug die gesamte Kommunalschuld R$ 9 Mrd. und überstieg damit die Höhe des Kommunalbudgets. Nicht nur auf Bundesebene, sondern auch in São Paulo trieben Rechtsregierungen den Staat in die Verschuldungsfalle.

Anmerkungen

1 Vergleiche die ausführlichen und interessanten Reiseberichte von Lévi-Strauss (1996: 80 und 102 ff.).

2 Einwohner des Bundesstaates São Paulo.

3 Einwohner der Stadt São Paulo.

4 Sie waren „vortreffliche, absolut geregelte Kolonien, in denen die menschliche Vollkommenheit tatsächlich erreicht wurde“ (Foucault 1994: 19).

5 Tavares (1983: 38-41) beschränkt den Begriff der Importsubstitution auf den Zeitraum nach 1930, als das Industriekapital bestimmend wurde.

6 Da die Exportsteuer aber massiven Schwankungen unterlag, waren die Landesbudgets in der Alten Republik mit der Ausnahme von sechs Jahren immer negativ.

7 Eine jährliche Wachstumsrate von 5,18% zwischen 1950 und 1960 bedeutete, daß die Bevölkerung in den 1950er Jahren allein um 65% wuchs. Dabei entfielen auf die Zuwanderung 50 Prozentpunkte.

8 São Paulo verringerte seinen Anteil an nicht-dauerhaften Konsumgütern von 62% (1939) auf 37% (1970) und erhöhte in diesem Zeitraum den Anteil an Zwischengütern von 26% auf 34% sowie an dauerhaften Konsumgütern und Produktionsgütern von 12% auf 29% (Cano 1998b: 291).

9 Von den 3.443 ausländischen Unternehmen in Brasilien hatten schon 1978 2.069 (60%) ihren Sitz in Groß-São Paulo. Im restlichen Bundesstaat gab es noch den Sitz weiterer 147 Unternehmen (4%). Der Anteil an den größten heimischen Unternehmen war in São Paulo deutlich geringer, was mit einem geringen Anteil an Staatsunternehmen (22 der 100 größten) zusammenhing (Brant et al. 1989: 25).

10 141 der 512 Banken hatten ihren Sitz in der damaligen Hauptstadt. 29 der 90 Banken hatten 1985 ihren Sitz in São Paulo, darunter alle großen Privatbanken. Von den 15.070 Filialen befanden sich 6.208 in São Paulo (Correa 1995: 237 f.).

11 Die nicht in großen Konzernen organisierten Unternehmungen, immerhin 1.126 der 2.689 größeren paulistanischen Unternehmungen, hatten im Vergleich zu den 50 Konzernen ein bißchen mehr als 15% des Vermögens, 22,1% des Umsatzes und fast 30% der Beschäftigten. Ihr Anteil am Gewinn sank aber von 25% (1980) auf rund 20% (1989).

12 Bei den internationalen Unternehmungen war eine Verschiebung hin zu japanischen Firmen feststellbar, deren Anteil am Gewinn von 4,8% (1980) auf 35,5% (1989) stieg, während der nordamerikanische Anteil zurückging und der deutsche stabil blieb (Oliveira 1998a: 142).

13 Der Anteil der Textilindustrie sank von 1980 bis 1995 von 6,4% auf 3,7% des regionalen Gesamtprodukts. Auch im Bereich der Metallverarbeitung (Rückgang von 13,3% auf 9,0%), der mechanischen Produkte (von 8,3% auf 6,4%), von Elektronik und Kommunikationsmaterial (von 9,6% auf 8,1%) und der Möbelindustrie (von 1,3% auf 1%) war die Entwicklung rückläufig.

14 Mikroregional konzentrierten sich die Aktivitäten in der Stadt São Paulo. Der Anteil der Bankfilialen in der Stadt an der Gesamtheit der Filialen im Bundesstaat erhöhte sich zwischen 1988 und 1995 von 29% auf 32,2%. Noch deutlicher erhöhte sich der Anteil der Einlagen, und zwar von 60,4% auf 73,5%; stagnierend und mit 1994 sogar sinkend war jedoch der Anteil an den Kreditoperationen (www.seade.gov.br vom 30. 7. 1997). Nimmt man Groß-São Paulo als Kernregion, so zeigt sich, daß 1993 90,34% der Einlagen und 88,64% der Kreditoperationen des Bundesstaates dort erfolgten. Dies hängt damit zusammen, daß so wichtige Firmen wie Citibank oder Chase Manhattan ihren Firmensitz, sowohl aufgrund der paulistanischen Produktivunternehmen als auch der Börse und anderer lokaler Finanzdienstleistungen, von Rio nach São Paulo verlegten (SEADE 1995a: 63 ff.). Im Medien- und Kulturbereich spielte Rio aber weiterhin eine zentrale Rolle.

15 Die Zentralregierung erhöhte ihren Anteil an den Staatseinnahmen von 1965 bis 1974 von 39,0% auf 50,5%, während die Bundesstaaten ihren Anteil von 48,1% auf 36,0% einschränken mußten. Die Gemeinden erhöhten ihren Anteil sogar leicht von 12,9% auf 13,5% (Abrucio, Couto 1996: 42).

16 1988 waren 22% aller bundesstaatlichen Zuwendungen verhandelte Zuschüsse, 1990 einzig 3,7% und 1991 erneut 9,2% (Souza 1996: 544).

17 In Preisen von 1995 reduzierten sich die verfügbaren Einnahmen von R$ 19,9 Mrd. (1986) auf R$ 18,1 Mrd. (1994); die verfügbaren Pro-Kopf-Einnahmen sanken daher deutlich von R$ 694 auf R$ 545 (Arretche 1998: Tab. 5).

18 Geht es nach den Investitionsabsichten in den nächsten Jahren, so ist eine Tendenz zu einer breiteren Streuung der Investitionen im gesamten Bundesgebiet zu beobachten. Der Anteil der geplanten Investitionen liegt mit 23% deutlich unter dem regionalen BIP-Anteil. Aber vor allem im hochtechnologischen Bereich und bei den Zukunftsbranchen – z.B. Informatik und Recycling – konzentrieren sich die Investitionen weiterhin in São Paulo.

19 Hierbei sind aber unterschiedliche Dynamiken feststellbar. In der Industrie schrumpften die formalen Arbeitsverhältnisse, im Dienstleistungssektor stiegen sie leicht, und in der Landwirtschaft (und auch in der Bauwirtschaft) erfolgte im Zuge der Umsetzung der Bundesverfassung ein Formalisierungsschub. Im Industriesektor sanken zwischen 1986 und 1995 die formal Beschäftigten von 2,9 auf 2,2 Mio., im Handel stiegen sie von 0,9 Mio. auf 1,1 Mio. und in der Landwirtschaft von 0,1 auf 0,3 Mio. (Unicamp 1998: 10).

20 Der Anteil der Frauenbeschäftigung im industriellen Sektor hat sich mehr als halbiert, wohingegen derjenige der Männer bloß um ein gutes Drittel zurückgegangen ist. Die Marginalisierung der Frauen in diesem überdurchschnittlich gut entlohnten Arbeitsmarktsegment ist vorangeschritten.

21 Frauen waren hierbei stärker betroffen als Männer, denn bei ihnen betrug die Arbeitslosenrate 1985 15,5% und 1998 21,2% – gegenüber 10,1% bzw. 16,0% bei den Männern. Bei den Altersgruppen konzentrierte sich die Arbeitslosigkeit auf die Jungen. Die versteckte Arbeitslosigkeit hat bei den Frauen nicht zugenommen, dafür die offene umso deutlicher, was ein Indiz für Informalisierungsprozesse ist. Bei den Männern stieg sowohl die offene als auch die versteckte Arbeitslosigkeit.

22 Auch in Groß-São Paulo nahmen die formellen Beschäftigungsverhältnisse von 3,9 Mio. (1985) auf 3.5 Mio. (1993) ab (Singer 1996: 127). Addiert man diejenigen, die in prekären Arbeitsverhältnissen arbeiten, und die Arbeitslosen, so kann im kurzen Zeitraum von 1989 bis 1996 ein Anstieg von 32,6% der Personen im erwerbsfähigen Alter auf 41,8% festgestellt werden.

23 Die Frauen büßten von 1992 bis 1997 2,6 Prozentpunkte ein, die Männer im selben Zeitraum aber ebenfalls 2,3 Prozentpunkte. Dem Rückgang der Unselbständigen stand ein deutlicher Anstieg der Selbständigen gegenüber (www.seade.gov.brcgi-bin/mulherv98 vom 30. 11. 1998).

24 Die Bundesstaatsverschuldung stieg unter Quercia um 43,8% von R$ 13,9 Mrd. auf R$ 20 Mrd. Unter Fleury explodierte sie um 122,5% auf R$ 44,5 Mrd. (Gentile 1998).

25 São Paulos Landesbanken hielten 60% der Schulden der zehn größten brasilianischen staatlichen Regionalbanken. 1992 waren deren Schulden um 60% größer als ihre Guthaben. 1995 intervenierte die Zentralbank bundesweit in elf Regionalbanken aufgrund übermäßiger Verschuldung (Souza 1996: 547).

26 Im Dezember 1996 beschäftigte die Landesregierung 932.000 Personen und gab damit 62% der laufenden Einnahmen für Personal aus (Mare 1997).

27 Dieser rasante Anstieg hatte seine Ursache in den hohen Zinsen. Der primäre Jahresbudgetüberschuß 1996 von R$ 1,3 Mrd. fiel monatlich an Schuldendienst an. Covas selbst hatte kaum neue Schulden aufgenommen. Die hoch verschuldete Landesbank *Banespa* wurde 1995 unter die Kontrolle der Zentralbank gestellt, was bei optimistischen Schätzungen der öffentlichen Hand R$ 15,6 Mrd. kostete.

28 Die Differenz zwischen Marktzinssatz und politisch ausgehandeltem Zinssatz übernahm der Bund (www.fazenda.gov.br/release5e vom 2. 7. 1998).

29 Wurden 1987 aus Landesmitteln 3.099 Wohneinheiten errichtet, waren es 1992 36.704 und 1994 immer noch 23.935; die Wohnbauausgaben stiegen von R$ 3,39 pro Kopf (1987) auf bis zu R$ 17,44 pro Kopf (1991) (Arretche 1998: Tab. 12 und 13).

30 1980 befanden sich von den 123 kommunalen Gesundheitseinrichtungen 91 in Groß-São Paulo und 32 im Landesinneren, 1985 hatte sich die Anzahl derjenigen in Groß-São Paulo auf 144 und die derjenigen im Landesinneren auf 215 erhöht (Silva 1996: 85).

31 Während die Zahl der landwirtschaftlichen Betriebe mit weniger als 10 Hektar Nutzfläche von 100.198 (1985) auf 65.303 (1995) zurückging und auch die Zahl derjenigen mit einem Besitz zwischen 10 und 100 Hektar um 17% schrumpfte, erhöhte sich die Zahl der Bodenbesitzenden mit mehr als 10.000 Hektar von 29 auf 36 (Esposito 1998).

32 Damals noch als CIESP.

33 Ich habe, basierend auf www.seade.gov.br, 15 Stadtviertel zu fünf Regionstypen zugeordnet und in jedem dieser Viertel die Parteizugehörigkeit der zehn Gemeinderäte mit den lokal meisten Stimmen festgehalten. Zu den 1. (reichsten) Stadtvierteln gehörten Vila Marina, Indianópolis, Jardim Paulista; zur 2. Region Lapa, Butantã und Santana, zur 3. Region Vila Maria, Tatuapé und Móoca; zur 4. Region Capela do Socorro, Ipiranga und Santo Amara, zur 5. Region São Miguel Paulista, Itaim Paulista und Guaianases. Zur detaillierten Auswertung siehe Novy 1998: 367.

34 Rein formal erklärten die Richter aber das PAS als mit dem SUS vereinbar.

35 In der Zeit des ersten spektakulären Wachstums der Stadt von 1900 bis 1922 sank die Bevölkerungsdichte im urbanisierten Teil der Stadt von 110 Ew./ha auf 47 Ew./ha, um bis 1960 auf 24 Ew./ha abzusacken (Aguerre 1995: 110).

36 Slum-Clearing besteht in der Verbesserung eines heruntergekommenen Stadtteils (Slum), wobei das Ergebnis darin besteht, daß nun neue BewohnerInnen einziehen und die SlumbewohnerInnen in andere Gegenden verdrängt werden.

37 Dies war möglich, weil Ende 1988 die neue Verfassung zwar beschlossen, aber noch nicht wirksam war. Aus der Zeit der Militärdiktatur war aber noch die Regelung gültig, wonach die Nichtbehandlung von Gesetzesinitiativen der Exekutive durch die Legislative zu ihrer Annahme führte.

38 Der Nutzungskoeffizient *(Coeficiente de aproveitamento)* ist das Verhältnis von bebauter zu gesamter Fläche.

39 Der damalige Planungsstadtrat Singer (1997: 27) führt dies rückblickend weniger auf den Widerstand des Immobiliensektors als auf den aus den eigenen Reihen kommenden Widerstand zurück. Regelsetzungen interessieren „in der Regel" weit weniger als konkrete Maßnahmen.

40 Estina (PPB) hatte in Capela do Socorro 1992 6.729 und 1996 34.572 Stimmen. Paiva (Liberale) hatte in Penha 1992 661 und 1996 12.767 Stimmen; Faria Lima hatte 1992 in Jabaquara 455 Stimmen und erzielte, nachdem er den Regionaladministrator bestellen konnte, 1996 6.116 Stimmen (Novy 1998: 354 f.)!

41 Die gesamten Ausgaben für die Instandhaltung und die Errichtung von Schulen beliefen sich einzig auf 4% der Straßenbauausgaben (Nardi 1998). Diese Ausgaben unterschritten die in der Bundesverfassung vorgeschriebenen 25% bzw. die in der Stadtverfassung verpflichtenden 30% an Ausgaben im Bildungsbereich. Insgesamt handelte es sich um R$ 327 Mio. – ein Betrag, der ausgereicht hätte, um alle im Budget vorgesehenen und nicht realisierten Schulen und Kindergärten zu bauen (Huertas 1998).

42 Im Bundesstaat betrug die Erhöhung bei den Kommunen nur durchschnittlich 31%, womit aber einzig die vorangegangene starke Bevorzugung kleinerer Kommunen rückgängig gemacht wurde (vgl. Novy 1998: 359).

43 Die privaten Busgesellschaften, die privaten Betreiber des PAS und die privaten Müllabfuhrgesellschaften drohten mit Kampfmaßnahmen, falls die Kommune nicht zahlt. Die Busgesellschaften erhielten R$ 20 Mio., um nicht zu streiken, die Kooperativen des PAS R$ 135 Mio. und die Baugesellschaften R$ 13 Mio., damit das „Projekt Singapur" nicht zum Erliegen kommt, und R$ 30 Mio., um einen Streik der Müllabfuhr zu verhindern. Die Bauunternehmen, unter anderem auch für das „Projekt Singapur", sitzen auf Forderungen in der Höhe von R$ 330 Mio., R$ 235 Mio. aus der Amtszeit von Maluf. Kindergärten müssen schließen oder kündigen ihre Verträge mit der Gemeinde, weil diese mit den Zahlungen in Verzug ist. 1996 zahlte die Stadtregierung nur 67,9% der budgetierten Mittel, bis

zum Dezember 1997 nur 42,1%. Außerdem gibt es eine Politik der Auslagerung, weshalb die Zahl der direkt verwalteten Kindergärten von 400 (1992) auf 293 (1997) gesunken ist. Die Stadtverwaltung begründet dies mit der erhöhten Flexibilität, die dergestalt möglich ist. Der Finanzstadtrat führte als Gründe für diese Krise an, daß die Einnahmen aus der ICMS zurückgegangen und kurzfristige Verpflichtungen von R$ 1,2 Mrd. aus der Administration Maluf zu zahlen waren (Novy 1998: 360 f.).

44 Die Stadt bezahlte 156.000 Personen, davon 113.000 in der Hoheitsverwaltung, 33.000 PensionistInnen und 10.000 in Kommunalbetrieben oder ausgelagerten Körperschaften (Huerta 1998).

45 Maluf und Pitta sind in eine lange Liste von Anschuldigungen verwoben, die zu einem guten Teil bestätigt oder nicht widerlegt wurden. Dies reicht von einem Schwindel mit Kommunalschuldscheinen, der der Stadt R$ 10,7 Mio. kostete, bis zum teuren Ankauf von Hühnern von Verwandten Malufs durch den Bürgermeister und zu einer falschen Steuererklärung Pittas. Zum Schwindel um die Kommunalschuldscheine gab es eine Untersuchungskommission des Kongresses, die so lange effektiv arbeitete, bis Maluf seine Präsidentschaftskandidatur zurückzog. Danach wurden die Unregelmäßigkeiten zwar festgehalten, die Entscheidungsträger wurden aber von den schwersten Vorwürfen entlastet (Novy 1998: 361).

Kapitel 4:

Die Neuordnung der Un-Ordnung

„Die Bourgeoisie will sich bereichern.
Und solange es gibt die Bourgeoisie,
wird es nicht geben Poesie"
(Cazuza „Burgesia")

Die Ausführungen der vorangegangenen Kapitel haben Raum-Mächte und Macht-Räume in Brasilien dargestellt. Hierbei zeigte sich eine Dialektik von Stabilität und Instabilität in der Grundstruktur von Un-Ordnung. Auf der einen Seite entstand der Eindruck, als ändere sich in Brasilien nichts, als würden die immer gleichen Gruppen mit immer gleichen Mitteln über die Jahrhunderte hinweg ihre Macht stabilisieren. In der Tiefe der Struktur komme es bloß zur „Entwicklung der Unterentwicklung" (Frank 1969). Gemäß dem Grundsatz, daß sich etwas ändern müsse, damit alles so bleibe, wie es ist, stellen die trotzdem beobachtbaren Veränderungen demnach bloß Oberflächenphänomene dar. Auf der anderen Seite mußte die ständige Krisenanfälligkeit von Akkumulation und Regulation festgestellt werden. Die periphere Stellung Brasiliens scheint die Instabilitäten kapitalistischer Entwicklung noch zu verstärken. Der oftmalige Rückgriff auf Gewalt und Zwang sowie die wiederholten Regimewechsel sind demnach Oberflächenphänomene, die mit dem auf unsicherem Grund gebauten Machtfeld zusammenhängen. Die beiden folgenden Kapitel nehmen die Diskussion über die Entwicklung Brasiliens auf und fassen sie in Hinblick auf die Dialektik von Ordnung und Un-Ordnung zusammen. Zuerst geht es um einen systemischen Blick auf die Stabilität Brasiliens. Hierzu lieferte die regulationstheoretische Analyse die notwendigen Grundlagen. Beim Blick auf die Krisen und deren AkteurInnen wird jedoch eine Konjunkturanalyse – d.h. die Integration von Struktur- und Handlungsanalyse – erforderlich.

Die langsame Wandlung der Machtfelder

Vor der Unabhängigkeit 1822 kann von keinem eigenständigen brasilianischen Machtfeld gesprochen werden. Weder politisch noch ökonomisch verfügten die AkteurInnen vor Ort über einen nennenswerten Handlungsspielraum. Der Kolonialismus konstituierte die politische Abhängigkeit von Portugal und dessen Adel, der den vor Ort produzierten Überschuß nach Europa kanalisierte. Die lokale Bühne war das autoritär-hierarchisch organisierte Zuckergut, wo die Produktion der Kolonie erfolgte. Auch hier galt, daß die große Macht nach innen, ins Zuckergut, der geringen Macht im Kommerzialisierungsprozeß, auf dem Weltmarkt, gegenüberstand. Dieser ökonomische Verflechtungsraum wurde vom internationalen Handelskapital dominiert, das den Import und Export von Waren monopolisierte. Die Eroberung Amerikas diente dem transkontinentalen Reichtumstransfer als einem politisch-ökonomischen Unterfangen. Da Portugal zu schwach war, dies allein zu bewerkstelligen, beschränkte es sich darauf, den für die Umleitung notwendigen politischen Verflechtungsraum – via Steuern, Abgaben und Monopole – zu organisieren. Diese Netzwerke zu kontrollieren, war wichtiger, als im Produktionsprozeß selbst tätig zu sein. Die portugiesische Krone versuchte, das Machtfeld unangetastet zu lassen und die „Ordnung" der hierarchisch festgelegten ständischen Privilegien zu garantieren. Doch führte die Schwäche Portugals nach außen dazu, daß sich die territoriale Vormacht nicht in der nachhaltigen Festigung seines Machtraumes – weder in Europa noch in Amerika – niederschlug. Die in der Kolonie erwirtschafteten Überschüsse belebten die Zentren des westeuropäischen Handelskapitals und finanzierten den Luxuskonsum der Günstlinge des portugiesischen Hofes. Der von den Zentrumsmächten dominierte Welthandel bestimmte als Verflechtungsraum die lokalen Machtstrukturen. Der Preis für Zucker, Gold und Kaffee war in den verschiedenen archipelartig organisierten exportorientierten Produktionssystemen ein extern bestimmter Knotenpunkt, der diese Räume manchmal stärkte und zu anderen Zeiten schwächte. Da Brasilien den Preis der Rohstoffe nur sehr eingeschränkt beeinflussen konnte und die Preise darüber hinaus stark schwankten, wurde Brasilien eine untergeordnete – periphere – Stellung in der Weltwirtschaft zugewiesen. Die dominierende Macht wurde England. Das brasilianische Gold aus der Bergbauwirtschaft entlastete Portugal kurzfristig von Anpassungsmaßnahmen im Gefolge der Zuckerrohrkrise und verführte es dazu, weiterhin auf eine protektionistische Industrialisierungspolitik zu verzichten. Da die strukturelle Form der Konkurrenz extern ausgerichtet und dominiert war, wurde intern sowohl die Akkumulation behindert als auch die Entstehung einer stabilen Regulationsweise verhindert.

São Paulo stand am Rand dieser Entwicklungen, konzentrierten sich die transatlantischen Verflechtungen doch auf den Raum, der zur Produktion von Überschüssen fähig war: die Zuckerregion des Nordostens. Das regionale Machtfeld in São Paulo war daher weniger ökonomisch, sondern vorrangig militärisch-politisch organisiert; es gründete sich auf direkte Gewaltausübung, auf Waffengewalt, sei es, um IndianerInnen zu fangen oder um SklavInnen zum Arbeiten anzuhalten. Aufgrund der geringen Komplexität der Siedlerkolonie blieb Macht lange Zeit personalisiert. Zwar spielte Europa über den Export und Import von Waren und die politische Kontrolle Portugals auch in dieser Phase eine Schlüsselrolle, doch war die Abhängigkeit São Paulos aufgrund des großen Subsistenzsektors geringer als diejenige des Nordostens. São Paulo war ärmer und hatte deshalb bei Krisen weniger zu verlieren. Erst spät gewann mit dem Zucker und Kaffee der Weltmarkt als ökonomische Schlüsselinstitution an Bedeutung. In São Paulo war jahrhundertelang eine Gruppe von Männern aus einflußreichen Familien lokal dominierend; die *Bandeirantes* waren die dynamischste Gruppe. Erst im 19. Jahrhundert, als sich die Gesellschaft auszudifferenzieren begann, kann von einem regional dominanten Machtblock gesprochen werden. Dieser wurde von den Kaffeebaronen kontrolliert. Neben dem Handel nahm die Rolle des ausländischen Kapitals bei der Entwicklungsfinanzierung zu, und der Einfluß Englands auf die regionalen und nationalen Budgets stieg. Die Kaffeebarone, die in die nationale Industrieproduktion einstiegen, bauten regional ihre Vorrangstellung aus und konnten auch die Politik der Bundesregierung ihren Interessen unterordnen.

Die Unabhängigkeit 1822 legte die Grundlage zur Trennung der politischen von der ökonomischen Dynamik. Erstere führte im Lauf des 19. Jahrhunderts zur Konstitution der Nation als Nationalstaat, zweitere adaptierte die transatlantischen Verflechtungen auf die post-koloniale Realität, wonach direkte internationale Einflußnahme vorrangig ökonomisch erfolgen mußte. Die politische Einflußnahme von außen in das Territorium mußte von nun an vermittelt über die nationalen Machthaber erfolgen. Dies führte zu einem Wandel der konkreten Form des Kapitalismus. Der Handelskapitalismus der vorangegangenen Jahrhunderte wandelte sich zunehmend in ein dominant extensives Akkumulationsregime. Kapitalistische Produktionsbeziehungen vor Ort nahmen ebenso zu wie verstärkte Kreditverflechtungen mit dem Ausland. Die Struktur der Abhängigkeit veränderte sich dadurch. Handelsbeziehungen, die der Großhandel kontrollierte und an denen der Staat mitnaschte, bestanden zwar weiter, verloren aber gegenüber Kapitalverflechtungen an Bedeutung. Mit der Entwicklung kapitalistischer Strukturen in Brasilien und der territorialen Ausbreitung von Marktbeziehungen vertiefte sich auch die Abhängigkeit von den kapitalistischen Zentren. Produktionsgüter und Infrastruktureinrichtungen wurden in Brasilien zwar errichtet, nicht aber dort produziert – ein weiterer Grund externer Abhängigkeit. Das extensive Akkumulationsregime blieb inkomplett.

Mit dem Ende des Imperiums veränderte sich die territoriale Struktur des alten Machtblocks; die Herausbildung eines nationalen Blocks wurde durch Dezentralisierung unterbunden und die Stärkung der nationalen Ebene für 40 Jahre aufgeschoben. Der politischen Fragmentierung lag eine Fortsetzung der sozialen und wirtschaftlichen Dominanz des alten Machtblocks zugrunde. Die Agraroligarchie, nun nicht länger Sklavenbesitzerin, stützte ihre Macht lokal und regional von da an vermehrt auf den Landbesitz. Die Gouverneure und der Regionalstaat waren der politische Knotenpunkt der Macht. Die Außenabhängigkeit verschob sich vom Handelskapital, das Waren kaufte und verkaufte, hin zum Finanzkapital, das die Staatsverschuldung finanzierte und direkt in den Infrastrukturausbau investierte. Damit erhöhte sich die Abhängigkeit der „intern“ Agierenden von „außen“, der Regionalstaaten vom britischen Auslandskapital. Diese Abhängigkeit war in der Kaffeeregion am geringsten, da der große regional produzierte Überschuß einen Handlungsspielraum eröffnete. Das Kaffeekapital blieb auch in der Metamorphose zum Industrie- und Handelskapital in hohem Maß regional kontrolliert.

Zwischen 1930 und 1980 bildeten sich ein stabiles Akkumulationsregime und eine relativ stabile Regulationsweise, ein peripherer Fordismus, heraus. Das Handeln reproduzierte sich in institutionalisierten Handlungslogiken; diese waren wiederum mit der sozialen Form und deren Stellung in der Gesamtheit der kapitalistischen Struktur abgestimmt. Der Nationalstaat war der Knotenpunkt der Regulation. Für diese Art der politischen Akkumulation mußte er als erweiterter Staat agieren. Dies erleichterte die politische Kontrolle. Die konkrete Form war der staatliche Korporatismus und die Besetzung von Positionen im Staatsapparat durch nicht-staatliche AkteurInnen. Die Unternehmen stimmten ihre Strategien nicht nur auf den Markt, sondern auch auf die staatliche Bürokratie ab. Den Staat als Beschützer unternehmerischer Interessen anzusehen, verfestigte sich zu einer institutionellen Form. Dies war mit der Gesamtstruktur bestens vereinbar. Das Lohnverhältnis wurde ebenfalls wesentlich staatlich geregelt, sei es über den Mindestlohn oder durch die Kontrolle über die Gewerkschaften. Die Lohnauseinandersetzungen tendierten zur Politisierung, sowohl von seiten der Unternehmen als auch der ArbeiterInnen. Die Regulation war in Brasilien niemals einzig an fordistische Arbeitsbeziehungen allein gebunden. Die Mindestlohnregelung sicherte bloß einen Subsistenzlohn. Die für die Industriestaaten typische Koppelung von Produktivitätssteigerungen und Reallohnentwicklung gab es in Brasilien kaum. Diese stark staatlich kontrollierte Regulierung war vor allem in diktatorischen Regimes geeignet, in demokratischen Regimes rief die staatliche Regulierung aber immer massiven Widerstand der Unternehmerschaft hervor. Das Konkurrenzverhältnis war national bestimmt, sogar für die multinationalen Unternehmen, die aber auf dem nationalen, oligopolistisch strukturierten Markt gegeneinander konkurrierten. Die binnenorientierte Handlungslogik der Unternehmen zeigte sich z.B. an der verstärkten Durchdringung des nationalen Marktes durch paulistanische Unternehmen. Diese Logik der Warenproduktion und des Warenhandels für den Binnenmarkt wurde ab 1956 schrittweise durch die Logik des Technologietransfers und vor allem der Außenfinanzierung untergraben. Die „Internationalisierung des Binnenmarktes" und die damit einhergehende Verlagerung der Kontrolle ins Ausland bedeuteten eine ständige Gefährdung der Reproduktion der nationalen Produktionsstruktur. Schließlich wurde der Wert des Geldes national festgelegt, für die Inflation wurde eine institutionalisierte Antwort in der Indexierung gefunden.[1]

Mit der nationalstaatszentrierten Entwicklungsweise änderte sich die Hierarchie, nicht aber die Zusammensetzung des Machtblocks, der sich dieses Feldes bediente. Erneut konnte sich die Agraroligarchie einen Platz in diesem als Nichtangriffspakt konzipierten sozialen Block sichern. Ihre Rolle war aber einzig defensiv, d.h., sie verhinderte eine Veränderung in der Landverteilung. Als neue bestimmende Gruppe kam die nationale, vor allem paulistanische, und ab den 1950er Jahren vermehrt die ausländische Industrie hinzu. Die Arbeiterschaft und die Mittelschicht waren zwar nicht Teil des Machtblocks, doch erlangten sie erstmals in der brasilianischen Geschichte einen Platz im Machtspiel. Vor allem der Populismus erweiterte die Handlungsspielräume für politische Tauschprozesse der Unter- und Mittelschicht. Es war die zur konkreten Struktur der Un-Ordnung passende irrationale Form des Klassenkampfes. Mit der „Internationalisierung des Binnenmarktes" gewannen multinationale Unternehmen, die durch Direktinvestitionen, Technologietransfer und Gewinnrückflüsse den autonomen, nationalen Machtbehälter durchlässig machten, an Bedeutung.

São Paulo wandte sich in diesen Jahrzehnten von „außen" nach „innen", vom Weltmarkt zum Binnenmarkt. Es konnte zum Zentrum des nationalen Machtraumes werden, weil es den Schlüsselbereich des Industriekapitals kontrollierte. São Paulo betrieb die nationale Integration, zuerst als Binnenmarkt und dann als Produktionssystem. Beides stärkte seine zentrale Stellung. Binnenorientierte Kapitalinteressen – vor allem das Industriekapital, vertreten durch die FIESP, gekoppelt mit den Interessen der nationalen Staatsbürokratie – gewannen an Einfluß. Das paulistanische Kapital konnte seine Vormachtstellung auf dem nationalen Markt sowohl unter demokratischen als auch diktatorischen Regimes zu Lasten anderer regionaler Kapitalien ausbauen. Dies führte zur Homogenisierung der Industrieproduktion im nationalen Raum. Ab 1974 verlor das ökonomische Machtfeld des Binnenmarktes, auf dem São Paulos Industrie dominant war, an Bedeutung. Der Binnenmarkt stagnierte, und der Außenhandel stieg nicht ausreichend, um die Industrieentwicklung zu dynamisieren. São Paulo begann seinen regionalen Außenhandel erneut umzuorientieren, weg vom Binnen- und hin zum Außenmarkt. Die sich internationalisierenden Wirtschaftsverflechtungen eröffneten der Stadt São Paulo die Möglichkeit, sich als Kontroll- und Entscheidungszentrum zu profilieren. Das Feld der Finanzdienstleistungen wurde zunehmend bedeutsamer. São Paulo blieb im durch das Geldregime dominierten nationalen Feld weiter bestimmend.

Mit dem *Plano Real* fand der herrschende Block ein neues institutionelles Arrangement, das alle soziale Formen der Regulation umfaßte. Das Geld wurde privat durch die internationalen Finanzmärkte reguliert und der Staat von einem bürokratischen Modell des *Government* zu einem dezentralen

Modell des *Governance* umgebaut. Der Wettbewerb wurde nicht länger von nationalen Oligopolen auf dem abgeschotteten Markt, sondern von extern dominierten Oligopolen bestimmt, die sich im Gefolge der einseitigen Marktöffnung bilden konnten. Schließlich brach das korporatistisch-autoritäre Modell der Arbeitsorganisation zusammen. An seine Stelle trat ein kompetitives Modell, das zum Teil offen repressiv war, großteils aber durch die strukturelle Gewalt der Arbeitslosigkeit eine Machtverschiebung zum Kapital herstellte. Es war dies eine Regulationsweise, die sich grundlegend vom peripheren Fordismus unterschied und in den letzten Jahren mit einer ungeahnten Schnelligkeit durchgesetzt wurde. Es handelte sich jedoch bloß um die Nachahmung eines in allen anderen lateinamerikanischen Ländern schon vollzogenen Bruchs. Brasilien nützte demnach seinen Handlungsspielraum, um auf eine eigenständige Strategie zu verzichten und sich in eine breitere Bewegung einzuordnen.

Die Unberechenbarkeit des Augenblicks

In einer ersten Runde untersuchte ich mittels Strukturanalyse Raum-Macht und Macht-Raum chronologisch, als hintereinander statttfindende Phasen der Entwicklung. Dem ökonomischen Fokus der Strukturanalyse stand die Betonung politischer Prozesse in der Analyse der auf einem Machtfeld aufbauenden Machtbühne gegenüber. Nun werden diese beiden Zugänge im Rahmen einer Konjunkturanalyse zusammengefaßt, denn eine Konjunktur ist eine bestimmte Raum-Zeit, in der Politik und Ökonomie, Handlung und Struktur sowie regionale und nationale Ereignisse zusammenfallen. Damit vereint eine Konjunkturanalyse scheinbar separate Momente, weshalb nun geschilderte Ereignisse und Strukturen aus den vorangegangenen Kapiteln integriert dargestellt werden können. Struktur- und Handlungsanalysen und die separate Darstellung der verschiedenen räumlichen Ebenen werden in eine gleichzeitige Analyse übergeführt, um die räumliche Vielfalt eines historischen Moments bewußt zu machen. Immer geht es dabei um die Widersprüchlichkeit von Entwicklung, um die scheinbare Irrationalität der AkteurInnen und die irrationalen Ergebnisse, eben um die Un-Ordnung der Peripherie. Es handelt sich in Brasilien aufgrund des peripheren Status um einen schwierig zu regulierenden Kapitalismus. Dies erklärt zum Teil das hartnäckige Festhalten der dominanten Gruppen an Privilegien und die große Solidarität der verschiedenen Kapitalfraktionen untereinander. Dies verleitet Fernandes sogar dazu, in Brasiliens modernerer Geschichte keine strukturellen Brüche, sondern bloß Konjunkturkrisen zu finden (Fernandes 1987: 262).

Die portugiesischen Seefahrer waren Krieger und Abenteurer. Sie schufen mit ihren Gewehren und Schiffen die Wege für den transatlantischen Austausch. Die europäische Zivilisation sowie die ideelle und materielle Kultur wurden über den Atlantik verfrachtet. Amerika lieferte dafür materielle Ressourcen – Primärgüter und Edelmetalle – für den europäischen Produktionsprozeß. Portugals Stärke war immer eine militärisch-politische. Die Struktur des sich herausbildenden europäischen Kapitalismus war für Portugal ähnlich bedrohlich wie für Amerika. Ökonomisch konnte es dem Prozeß „kreativer Zerstörung" kaum etwas entgegenhalten. Darin lag die Wurzel seiner Peripherisierung innerhalb Europas. Deshalb spezialisierten sich die portugiesischen Machthaber schon früh auf das politische Machtfeld.

Dort entwarfen sie Techniken der Beherrschung, die den dominanten Gruppen vor Ort ihre im Weltmaßstab periphere Rolle erträglich erscheinen ließen. Diese Machttechnik konstituierte den Patrimonialismus als vom Feudalismus verschiedene Staatsform (Faoro 1997: Kap. 1). Der König herrschte souverän und kontrollierte die Knoten der Raum-Macht, die lokalen Herren beherrschten den Machtraum ihrer Landgüter und waren ansonsten in der Topologie der Raum-Macht peripher.

Die erste große Zäsur, die Brasiliens Entwicklungsweg für Jahrhunderte beeinflußte, war die portugiesische Revolution von 1383/1385, 115 Jahre vor der Eroberung Basiliens. Der Landadel strebte die Ausdehnung seiner wirtschaftlichen Macht auf das politische Feld an. Er wollte die legitime Thronfolgerin, die aber mit dem spanischen Herrscherhaus verwandt war, zur neuen Königin machen. Mit dem Argument der Verteidigung der nationalen Souveränität regte sich dagegen Widerstand. In einem zweijährigen Krieg wurde der Landadel besiegt und die Dynastie der Avis begründet (1385-1580). Das in sich widersprüchliche *Lei de Sesmarias* aus dem Jahr 1375, das dem Landadel das Eigentum, nicht aber den Besitz an Boden entzog, wurde nun zur nachhaltigen Schwächung des Landadels eingesetzt. Die territorial verankerte Aristokratie wurde marginalisiert, der Machtknoten war von nun an der Hof, der König sowie die ihn umgebenden Beamten und Adeligen. Diese wurden zum dominanten Stand in Portugal (Faoro 1997: 45).

Der Staat, repräsentiert durch diesen neuen höfischen Stand, wurde zum Schlüsselakteur der wirtschaftlichen Entwicklung; die Entdeckungsfahrten und der Kolonialismus wurden zu einem großen Staatsunternehmen. Für die Wirtschaftstreibenden, seien es Bankiers, Händler, Handwerker oder einfache Bauern, galt, daß ihre Macht beschränkt blieb. Macht war dauerhaft nur als wirtschaftlich-politische konstituierbar. Portugal war geographisch gegenüber den Mittelmeerländern begünstigt, als es um die Eingliederung Afrikas und Amerikas in die europäische Ökonomie ging. Es nützte diese Stellung, um den Handel anzukurbeln. Dieser wiederum gehorchte immer mehr einer handelskapitalistischen Logik. Viel Kapital mußte vorgeschossen werden, um eine Expedition zu finanzieren, die sich nach ihrer Rückkehr vielleicht, aber nur vielleicht als ein sehr lukratives Geschäft entpuppte. Der Finanzierungsbedarf und das hohe Risiko erforderten eine staatskapitalistische Organisation dieses Unternehmens. Da die Macht des Staates aber in Händen des höfischen Standes konzentriert war, mußte dieser an den

Einnahmen des Handels beteiligt werden. Die höfische Bürokratie und nicht die portugiesischen Produzenten kamen in den Genuß der Erträge des Überseehandels. Die portugiesischen und die in Portugal Handel treibenden Händler wiederum erkannten rasch, daß nur ihre Einbindung in den Hof ihren wirtschaftlichen Erfolg zu einem dauerhaften machte. Der bürokratische Staatsapparat institutionalisierte sich als eine von der Nation abgeschirmte Minderheit mit eigenen Regeln und ohne Verbindung zum Volk, zu den Regierten (Faoro 1997: 93 f.). In den Jahrhunderten der portugiesischen Herrschaft wurde diese Un-Ordnung auch in Brasilien durchgesetzt.

Den ersten Eindruck, den die Portugiesen gewannen, war der einer idyllischen Welt. Doch dieser Eindruck dauerte nur kurz (Faoro 1997: 99-104). Schon bald war die Notwendigkeit einer militärisch-administrativen Ordnung offensichtlich, um die Kolonisierung der Tropen als ein großes Handelsunternehmen zu organisieren. Dieses effiziente Unternehmen des Ressourcentransfers nach Europa diente in Portugal nur der Stärkung der parasitären ständischen Un-Ordnung. Das Handelskapital transferierte die Gewinne nach Nordwesteuropa. Die Verschuldung des Königs bei den ausländischen Handelshäusern machte ihn trotz seiner politischen Monopolstellung von diesen abhängig. Der König bedurfte der Financiers, um den Lebensstil des portugiesischen Hofes aufrechterhalten zu können, auch wenn im Land selbst kaum Reichtum erwirtschaftet wurde (Faoro 1997: 116 f.). Mittels Schenkung wurden große Landstriche als administrativ-bürokratische Einheiten, *Capitanias*, an Günstlinge zur Nutzung übertragen. Die Kapitäne und Gouverneure, vor Ort unumschränkte Herrscher, waren nach außen wiederum reine Erfüllungsgehilfen des Königs. Ferner waren eigene Staatsfunktionäre für das Eintreiben von Abgaben und Zöllen zuständig. Der Zuckerbaron, lokal dominanter Sklavenbesitzer und Patriarch, beherrschte seinen jeweiligen Machtraum, ohne aber auf die Raum-Macht Einfluß nehmen zu können. Er war trotzdem für die Kolonie von großer Bedeutung, weil über ihn die direkte Unterwerfung der SklavInnen und der Indigenen organisiert wurde. Zur Blütezeit des Zuckers war er reich, was ihm den Transfer des opulenten europäischen Lebensstils der Aristokratie nach Amerika erlaubte. In schlechten Zeiten jedoch konnte er nur durch weitergehende Auspressung seiner Untergebenen überhaupt überleben. Der Reichtum der Zuckerbarone wurde an ihrem Sklavenbesitz gemessen. Der Preis von SklavInnen wiederum wurde vom Handel und dessen Logik diktiert, auf die der

Zuckerbaron keinen Zugriff hatte. Die Nabelschnur der monetären Beziehungen zu Europa war nur zu spürbar. England war am Freihandel interessiert und erreichte mit dem mit Portugal geschlossenen Vertrag von Methuen 1703, der die industrielle Entwicklung Portugals unterbrach, seinen größten Einfluß (Furtado 1975: 74). Den lokalen Produktionsinteressen, als lokaler Machtraum organisiert, wurde im Machtfeld nur eine untergeordnete Stellung zugewiesen. Die Größe Brasiliens, die großen Distanzen und die Abgeschiedenheit der Produzierenden von den Zentren der portugiesischen Verwaltung erlaubten eine immer nur ungern zur Kenntnis genommene Autonomie des Zuckerguts. Portugal war im internationalen Handel ein Juniorpartner, der an den Gewinnen nur mitnaschen konnte. Doch auch der lokale Handel mit seiner großen geographischen Ausdehnung eröffnete Betätigungsfelder für lokale Monopolisten – zumeist portugiesische Händler.

1548 wurde in Bahia der *Governo-geral*, die General-Regierung, mit dem Ziel der territorialen und juristischen Vereinigung gegründet (Faoro 1997: 144). Der Gouverneur war die erste territoriale Repräsentation politischer Macht auf der räumlichen Ebene, die später zur Nation werden sollte. Auf lokaler Ebene entstanden Kommunen oft, bevor es zur effektiven Besiedlung kam. Auch hier bildete sich die politisch-administrative Einheit gemäß einer von oben diktierten Logik der Kontrolle über den Raum. Ein Macht-Raum als eigenständige, sich selbst verwaltende Einheit der dort Ansässigen ist dieser Raumordnung unbekannt (Faoro 1997: 146 ff.). Als Brasilien für Portugal immer wichtiger wurde, wurde der Gouverneur zum Vizekönig, dessen Sitz ab 1756 in Rio de Janeiro war. Der Niedergang der Kolonialökonomie in der zweiten Hälfte des 18. Jahrhunderts verstärkte die sozialen und politischen Unruhen. Unter den dominanten Gruppen gewannen antiportugiesische und liberale Einstellungen an Einfluß. In Anlehnung an die US-amerikanische Unabhängigkeitsbewegung schienen Freiheit und Demokratie die geeigneten Grundlagen amerikanischer Entwicklung. 1807 floh der portugiesische König und mit ihm der ganze Hof, rund 10.000 bis 15.000 Personen, vor Napoleon nach Brasilien. Rio de Janeiro wurde zum Machtzentrum, seine Bevölkerung erhöhte sich in nur zehn Jahren von 50.000 auf 110.000 (Faoro 1997: 249). Als der Hof nach dem Ende der napoleonischen Kriege nach Lissabon zurückkehrte, brach die alte Kolonialordnung zusammen. Doch es war nicht das brasilianische Volk, sondern der portugiesische Thronfolger, Dom Pedro I., der den Schrei der Unabhängigkeit ausstieß und eine Monarchie begründete, ohne lange auf die Sanktionierung durch eine verfassungsgebende Versammlung (1822) zu warten. Die neue Un-Ordnung baute auf dem Fundament des ständischen Patrimonialismus auf. Der Liberalismus der Unabhängigkeitsbewegung stieß schon bald an seine strukturellen Schranken (Fernandes 1987: 34 ff.). Handelsfreiheit und Ausschaltung des portugiesischen Zwischenhandels waren im gegebenen Machtfeld möglich. Aber eine breitere Beteiligung des Volkes, eine Spielart von Demokratisierung, war mit einer ständischen Ordnung kaum vereinbar. Der diesbezügliche revolutionäre Eifer verpuffte bald. Typisch für den raschen Gesinnungswandel des Bürgertums war seine rasante Aristokratisierung (Faoro 1997: 287). Als Kaffeebarone und nicht als Bürger wurden sie im 19. Jahrhundert zu Schlüsselakteuren. Ohne die alte Spitze und mit einer Reihe neuer lokaler Akteure konstituierte sich ein nationaler Machtblock im Rahmen des selben Machtfeldes. Es war schon 1808 im ureigensten Interesse des geflohenen Hofes, für England die Häfen zu öffnen und ihm so extraterritoriale Rechte sowie einen mit 15% angesetzten extrem niedrigen Vorzugszoll zu gewähren (Pessoa 1983: 24).[2] Der Außenhandel war für die Großgrundbesitzer und Sklavenhändler von entscheidender Bedeutung, da sie alle wichtigen Konsumgüter importierten und mit dem Export ihres Hauptprodukts bezahlten. Sowohl die wichtigsten Absatzmärkte als auch der Beschaffungsmarkt für Konsumgüter, die die wirtschaftlich dominanten Gruppen zur Befriedigung ihrer allgemein gestiegenen Ansprüche benötigten, befanden sich im Ausland. Den Großgrundbesitzern war die Ausschaltung des portugiesischen Zwischenhandels ein Anliegen, um niedrigere Einfuhrpreise, eine breitere Versorgung und bessere Kreditbedingungen direkt mit der dominanten Macht – England – verhandeln zu können.

Die Einheit des Territoriums zu bewahren, war die Hauptaufgabe des Monarchen. Seine moderierende Macht bestand im Interessenausgleich der dominanten Gruppen. Eine ständisch geleitete Nation schien die wirksamste Form, um die Sklavenwirtschaft, die unter zunehmenden Druck von England geriet, zu verteidigen. Das Imperium (1822-1889) stabilisierte wirtschaftlich eine Übergangsperiode zu einem extensiven Akkumulationsregime; politisch konsolidierte sich die Nation als Machtraum. Die Regulierung war angesichts der massiven Widersprüche zwischen verschiedenen Regionen und der Zentralgewalt sowie innerhalb von Regionen, zwischen verschiedenen Kapitalfraktionen und langsam aufstrebenden anderen Gruppierungen fast zwangsläufig ein *muddling through*, ein „Durchwursteln". Der Kaiser war, wenn es um das Bewahren von historisch gewachsenen Strukturen ging, mächtiger als bei der Durchsetzung neuer Regulierungen. Dies hatte mehrere Ursachen. Die Verfassung als parlamentarische Monarchie mit einer zweiten, aus Senatoren auf Lebenszeit zusammengesetzten Kammer gab den bewahrenden Kräften institutionell die Oberhand. Nicht zuletzt lag es aber auch an der prekären finanziellen Situation der Zentralregierung. Das unabhängige Brasilien sah sich mit einer hohen externen und internen Verschuldung konfrontiert. Es war lange Zeit fast ausschließlich auf – von England bis 1844 niedrig gehaltene – Zolleinnahmen angewiesen (Furtado 1975: 42). Die Ränder des Imperiums meldeten sich mit Aufständen und Rebellionen zu Wort. Doch auch als sich die Provinzen als eigener Machtraum zu konstituieren begannen, forderten sie nicht die Unabhängigkeit, sondern mehr Teilhabe an der Nation (Faoro 1997: 316 ff.). Die Grenzen der Nation konnten auch von regionalen Gruppen als Instrumente eingesetzt werden, um provinzielle Interessen zu vertreten. So stießen die Zentralisierungsprozesse unter Dom Pedro II. auf keinen radikalen Widerstand. Polizei und Gerichte sowie ab 1850 die Nationalgarde wurden der Zentralmacht unterstellt; der Staatsrat mit vom Kaiser auf Lebenszeit eingesetzten Mitgliedern wurde zum institutionellen Bremser allfälliger Reformbestrebungen des Abgeordnetenhauses.

Ab 1870 verstärkte sich die Kritik am Kaiserreich und damit auch die zentrifugalen Kräfte. Die Forderungen nach einer Republik und nach Dezentralisierung hatten mit der Verschiebung der ökonomischen Dynamik in Richtung Süden zu tun. Die urbanen Gruppen sowie die nach dem Paraguay-Krieg stark reduzierte und abgewertete Armee waren offensichtlich gegen die Monarchie. Aber auch die Kaffeebarone optierten für die Republik, statt sich mit den konservativen Kräften zu verbünden (vgl. Furtado 1975: 99 f.). Letztere hatten auf das einende Band der Sklavenökonomie und des Kredits vertraut, während erstere den Kapitalismus auf neue Füße stellen wollten. Das Vertrauen in die Kraft der kapitalistischen Marktwirtschaft war so groß, daß es nicht länger des Monarchen als moderate Macht bedurfte: 1888 wurde die Sklaverei abgeschafft, 1889 putschte das Militär, und die Republik wurde ausgerufen. Vor allem die paulistanische Agraroligarchie verschrieb sich liberal-föderativen Ideen, die sie auch in einer neuen Verfassung durchsetzte. Da diese Ideen anfangs nicht in die bürokratische Struktur des Staates eingebunden waren, war ihr dessen Bestand nicht wichtig. Sie sah in der Autonomie der Bundesstaaten die Chance, eigenständige Strategien verfolgen zu können. Aber die liberale Euphorie währte nur kurz (Faoro 1997: 468). Die Republikaner bekämpften die Monarchie und negierten das Problem der Sklaverei, während die radikalen Liberalen die Sklaverei abschaffen wollten und die Monarchie von ihrer Kritik ausnahmen (Santos 1978: 31). Doch da beiden an einem geordneten Übergang gelegen war, verpuffte das revolutionäre Potential der Modernisierer bald (Fernandes 1987: 116).

Was blieb, war, daß der Kaiser abtrat und die SklavInnen frei waren, ihre Arbeitskraft zu verkaufen. Dies bedeutete aber kaum eine gesellschaftliche Öffnung, sondern die dominanten Gruppen unterbanden weitergehende Bestrebungen in Richtung Demokratisierung. Der Gouverneur und die regional dominanten Gruppen setzten bei den Wahlen ihre Kandidaten durch, die Opposition blieb ausgeschlossen. Die „Politik der Gouverneure“ stabilisierte die dezentrale Machtstruktur. Die regional dominanten Gruppen unterstützten sich gegenseitig gegen allfällige interne Opposition. Dieser Machtraum war mit dem britischen Imperialismus verwoben, der die Raum-Macht strukturierte und in den Machtraum intervenierte. Die Raum-Macht war durch Handel und Kredit kontrolliert, die dem Machtraum seine Ressourcen lieferten. Wirtschaftlich wurde das enthusiastische Bekenntnis zur wirtschaftlichen Freiheit im bedeutsamen Kaffeesektor unterlaufen. Ohne sich diskursiv vom Liberalismus zu verabschieden, praktizierte Brasilien *de facto* eine pragmatische Politik der Marktregulierung und des Aufbaus eines die Akkumulation fördernden Regionalstaates (Becker, Egler 1992: 38 ff.).

Auch die expansive Geldpolitik der 1890er Jahre, das *encilhamento*, hielt sich nicht an das Dogma des Goldstandards und der Neutralität des Geldes (Furtado 1975: 131 f.), was einen Entwicklungsschub zur Folge hatte (Cano 1998a: 158 f.). Auf britischen Druck und angesichts einer Wirtschaftskrise wurde die Wirtschaftspolitik aber in Richtung Hartwährungspolitik umorientiert. Neben dem 1898 gewährten Konsolidierungskredit führten eine Gold-Klausel bei der Einhebung der Importsteuer (1900), eine Reihe von deflationistischen Maßnahmen und eine erhebliche Steigerung des Exportwerts – von 26 Millionen Pfund in den Jahren 1896-1899 auf 37 Millionen in den Jahren 1900-1903 – zur Wiedergewinnung des außenwirtschaftlichen Gleichgewichts (Furtado 1975: 141; Silva 1986: 99 f.).[3] Es war erneut das britische Pfund, das den Wert des Geldes bestimmte.

Was die Interessenvertretung betrifft, gab es auf Unternehmerseite seit 1904 das *Centro Industrial do Brasil* (CIB). Die europäischen MigrantInnen hatten zum Teil schon früher in Industrien gearbeitet, vielfach jedoch wurden sie auch zu ÜberträgerInnen des gewerkschaftlichen Gedankenguts. Die Arbeiterschaft begann sich mit einem ersten nationalen Kongreß 1906 langsam als politische Kraft zu formieren, obwohl ihre parteimäßige Organisierung wegen der starken anarcho-syndikalistischen Strömungen schwierig blieb (Decca 1997: 201). Die Bundesstaaten konnten in einem regionalen Zentralisierungsprozeß die Kommunen vollkommen ihren Interessen unterordnen. Der *Coronel* als lokaler Machthaber gewann seine Macht einzig aus der Machtdelegation des Gouverneurs. Anders als dem Kaffeebaron haftete dem *Coronel* nichts Aristokratisches an. Für ihn gründete sich Macht auf legale und illegale Gewalt (Oliveira 1987: 49). Er war ein politischer Zwischenhändler in einem Machtfeld, in dem der bürokratische Staat öffentliche Ressourcen weitgehend ohne Rechenschaftspflicht an Private vergeben konnte. Opposition hieß Ausschluß aus dem Machtfeld des Staates und dem System des politischen Tausches. Die lokale Macht ordnete sich daher opportunistisch der jeweils regierenden regionalen Macht unter (Faoro 1997: 625 ff.).[4]

Die Nation blieb aber ein zentraler Machtraum. Ihr Machthaber war der auf vier Jahre gewählte Präsident, der in den 1920er Jahren zunehmend seine moderierende Rolle aufgab und machtzentralisierend agierte. Die starke Hand des Präsidenten war gefragt, um die sozialen und politischen Unruhen zu unterdrücken.[5] Die Nation wurde somit als machtstabilisierende Ebene wahrgenommen. Sie wurde aber auch als einende Kraft gesehen, die sich der partikularistischen, ländlich-lokalen Vergangenheit entgegenstellen könnte (Decca 1997: 73). An die Stelle der lokal fragmentierten Ordnung sollte eine auf der nationalen Ebene zentralisierte Form der Regulierung entstehen, in der der Öffentlichkeit eine wichtige Rolle zuerkannt werden sollte. Die Stärkung des Nationalstaates bot, dieser Sichtweise folgend, die Möglichkeit, den sozialen Zusammenhalt herzustellen. Tatsächlich konnten die Politik der Gouverneure und die Republikanische Partei die Einheit der dominanten Kräfte nur mühsam aufrechterhalten. Der Staat übernahm wirtschaftspolitische Funktionen und setzte eine Reihe industriefördernder Maßnahmen (Cano 1998a: 200). Das Interesse der Händler an „Ruhe und Ordnung“ und billigen Importprodukten stand diametral gegen dasjenige der Industriellen. Die Handelsvereinigung spaltete sich 1927, und 1928 entstand das Zentrum der Industrien des Staates São Paulo (CIESP – *Centro de Indústrias do Estado de São Paulo*) (Decca 1997: 135 ff.). Da sich die politische Auseinandersetzung radikalisierte, war der Staat bestrebt, die öffentliche Ruhe mittels einer Reihe von Sozialgesetzen zu gewährleisten.[6] Ein in geordneten Bahnen ablaufender Handel war den dominanten Gruppen wichtiger als die ungehinderte Ausbeutung im Produktionsprozeß. Die Industriellen waren über die ihrer Meinung nach mangelnde Durchsetzungskraft des Staates erschrocken (Decca 1997: 176). Die VertreterInnen der Arbeiterschaft hofften unter Aufgabe des Klassenkampfes auf ein Modernisierungsbündnis mit den nationalen Industriellen, d.h. auf eine „bürgerliche" Revolution gegen die Oligarchie, gegen den Imperialismus und den Feudalismus (Decca 1997: 102 f.). Die aufstrebenden Industriellen waren aber nicht stark genug, ihre Interessen ohne die Landoligarchie gegen die Arbeiterschaft durchzusetzen. Statt den alten Machtblock revolutionär zu ersetzen, gesellten sie sich zu ihm und übernahmen dessen Form der politischen Herrschaft (Fernandes 1987: 203 ff.).

Mit dem Ersten Weltkrieg eröffneten sich in fast allen größeren Staaten der Peripherie nationale Handlungsfelder (Feldbauer et al. 1995). Nicht nur der Handel, sondern auch der von Großbritannien organisierte Goldstandard brach zusammen. Damit wurde die Krise der britischen Hegemonie offensichtlich. 1916 wurde in Brasilien das erste bürgerliche Gesetzbuch eingeführt, das die Regeln des Vertragsrechts festschrieb. Auf diesen beiden Säulen, Geld und Recht, fußte die Souveränität des Nationalstaates. Schon während des Ersten Weltkrieges erfolgten wichtige Veränderungen. Aus Notwendigkeit erhöhte sich nicht nur die Konsumgüterproduktion, sondern auch die Produktion in Branchen wie der Metall- und Eisenverarbeitung und Produktionsgüterherstellung.[7] Im Gefolge von Preissteigerungen kam es in den Jahren 1916 und 1917 zu Reallohnsenkungen und hohen Gewinnen, die zum Teil reinvestiert wurden (Cano 1998a: 172 und 192). Die Arbeiterschaft reagierte auf die Kaufkraftverluste mit den ersten großen Streikbewegungen. Zentrum dieser neuen Dynamik war São Paulo, das während des Krieges den Export von Industriewaren in andere Regionen des Landes von einem Anteil von 22,7% an der Gesamtproduktion (1914) auf 39,5% erhöhen konnte (1917). Nach dem Krieg ging dieser Anteil zwar auf 24,2% zurück, das regionale Potential zur Importsubstitution war aber schon vorhanden (Cano 1998a: 187). Begann rund 1905/1907 der große quantitative Sprung der paulistanischen Industrie, so kam es in den 1920er Jahren zu den notwendigen qualitativen Veränderungen, indem sich die Produktion diversifizierte und sich auch rudimentär der Produktionsgütersektor herausbildete (Cano 1998a: 269).

Die Regulation hinkte dem grundlegenden Wandel der Akkumulationsdynamik nach. Noch in den 1920er Jahren versuchte der Zentralstaat, am Goldstandard weiter festzuhalten, verlor dann aber 1929 in drei Monaten als Folge von Kapitalflucht seine gesamten Goldreserven, die er in den Jahren davor angesammelt hatte (Furtado 1975: 148). Dem alten Machtfeld war die Basis entzogen. Die Kaffeepreise fielen von 22,5 cent/Pfund vor der Krise auf 8 cent/Pfund 1931 (Altvater 1987: 204). Daraufhin wurden die Zins- und Tilgungszahlungen gestoppt und die Außenschuld umgeschuldet.[8] Doch damit schlitterte die Agraroligarchie noch nicht automatisch in eine Krise.

1930 standen Wahlen an, und für die dominanten Gruppen war *business as usual* angesagt, d.h., es kam zum Kampf um die Kontrolle des nationalen Machtraumes mit den bekannten und anerkannten Spielregeln der Manipulation. São Paulos regierende Republikanische Partei unter der Führung von Washington Luis wollte ihren Kandidaten Júlio Prestes gegen den Willen von Minas Gerais und wichtigen Teilen der öffentlichen Meinung durchsetzen. Die öffentliche Unruhe war aber noch selten imstande gewesen, sich in konkreten politischen Erfolgen niederzuschlagen. Wäre alles normal abgelaufen, hätte sich die wirtschaftliche Macht São Paulos auch als politische konstituiert. Vielleicht wäre es so zu einer echten Zentralisierung von wirtschaftlicher und politischer Macht gekommen und eine bürgerliche Revolution im europäischen Sinn eingeleitet worden (Fiori 1995: 83 f.).

Anfangs unterstützten die paulistanischen Industriellen diese Bemühungen. Die in São Paulo oppositionelle Liberale Allianz wollte hingegen mit Unterstützung von Minas Gerais und Rio Grande do Sul die Ordnung der republikanischen Parteien abschaffen. Ihr Kandidat Getúlio Vargas, ein führender Politiker aus Rio Grande do Sul und Ex-Minister von Washington Luis, unterlag bei den Wahlen. Doch im Oktober putschte er sich mit Hilfe des Militärs gewaltlos an die Macht.

Der unblutige Aufstand von 1930, Brasiliens „bürgerliche Revolution", wurde daher nicht von den Industriellen getragen, genausowenig wie dies eine Revolution gegen die Agraroligarchie war. Es war eine Revolution, die der konservativen Modernisierung diente. Schon mit dem Militäraufstand

1922 und dem Marsch veränderungsorientierter Militärs quer durch Brasilien kündigte sich das Ende der Alten Republik an. Ein neues Machtfeld erwies sich als notwendig, um den Herausforderungen der Zeit gewachsen zu sein. Modernisierung wurde hierbei als eine nationale, d.h. nach innen ausgerichtete Aufgabe angesehen, sich dem Volk anzunähern. Daher rührte die enge Koppelung von Modernismus und Nationalismus in Brasilien (Lahuerta 1997: 114). Der ständige Druck der Straße und das entstehende kritische urbane Milieu waren acht Jahre später stark genug, ein Regime zu stürzen, aber zu schwach, die Form der neuen Ordnung mitzugestalten. Es war dies der einzige Regimewechsel, bei dem das liberale Gedankengut nicht den zentralen utopischen Bezugspunkt einer besseren Ordnung darstellte, wenngleich die tragende Organisation die Liberale Allianz war. Das Volk – in Opposition zur bestehenden Un-Ordnung – unterstützte die Rebellen, wofür auch immer diese stehen mochten (Faoro 1997: 683 ff.). Bestimmend war neben dem Liberalismus der Positivismus mit seiner zentralisierend modernisierenden Logik, wie er in Rio Grande do Sul schon unter der Alten Republik erfolgreich praktiziert worden war (Bosi 1999: Kap. 9). Die radikalisierten Formen der Opposition waren der Faschismus auf der einen und der Sozialismus auf der anderen Seite.

Der ursprüngliche antioligarchische Elan von Vargas verpuffte sehr schnell, denn niemand wollte den Sektor, der die Devisen erwirtschaftete, wirklich schwächen. Daher brach auch Vargas niemals mit den „alten“ Kaffeeinteressen. Seine Wirtschaftspolitik war – wie auch die Allianz, auf die er sich stützte – widersprüchlich.[9] Die erfolgreichen Schritte in Richtung Industrialisierung wurden ihm von den protektionistischen weltwirtschaftlichen Rahmenbedingungen aufgezwungen. Die Industriepolitik diente anfangs als Unterstützung der Landwirtschaft und erfolgte *ad hoc* (Fausto 1981: 48 f.). Vargas wollte, basierend auf internen Ersparnissen, den Produktionsgüterbereich weiter ausbauen. Der Anteil der Kaffee- an den Gesamtexporten sank zwar von 68,8% auf 42,1%, blieb aber trotzdem zentral (Fausto 1981: 105). 1932 rebellierten São Paulos Agraroligarchie und die Industriellen gegen den Zentralstaat und dessen unklare Wirtschaftspolitik, die vermeintlich zur Degradierung São Paulos führen würde.

São Paulo wähnte sich erneut stark genug, neben der wirtschaftlichen auch die politische Vorherrschaft zu übernehmen. Varges setzte jedoch in Fortsetzung der klassisch bewahrenden Strategie des brasilianischen Establishments einen Interessenausgleich durch. Der bürokratische Staat sollte sich gegenüber der wirtschaftlichen Macht einen gewissen Spielraum erhalten, um regional oder sozial periphere Glieder des Machtblocks weiter am hegemonialen Block teilhaben zu lassen. Vargas gliederte aber auch die dominanten Gruppen São Paulos in das neue alte Machtsystem ein, indem er ihnen einen privilegierten Zugang zur Bürokratie eröffnete. Der Staat verfolgte weiterhin die Aufgabe, die Arbeiterklasse zu entorganisieren und, wenn nötig, zu unterdrücken. Es gab jedoch keine gesellschaftliche und politische Hegemonie des paulistanischen Kapitals, so dominant dieses auch wirtschaftlich war. Die Agraroligarchie, obwohl wirtschaftlich zunehmend unbedeutend, konnte ihre politische Macht stabilisieren und bildete ein Bollwerk gegen die Versuche São Paulos, die Homogenisierung der Nation im Räumlichen und Sozialen voranzutreiben. Statt der Einführung eines von São Paulo dominierten Fordismus der Massenproduktion für den Massenkonsum gelang der Agraroligarchie die Einführung eines peripheren Fordismus, dessen Homogenisierungsbestrebungen an den vitalen Interessen der Agraroligarchie ihre Grenze fanden.

Die „bewahrende Revolution“ von 1930 kam zwei anderen möglichen Entwicklungen zuvor. Die eine war die totale Machtübernahme São Paulos und die Machtkonzentration im sich rasant modernisierenden Teil Brasiliens. Die ideologisch hochgespielte, *de facto* aber nicht reale Option war eine kommunistische Revolution. Die Arbeiterschaft und die reformfreudigen Offiziere wurden trotzdem im Lauf der 1930er Jahre Schritt für Schritt marginalisiert, der Klassenkampf wurde mit Zwangsmitteln gelöst. Daran änderte auch nichts, daß in der Verfassung von 1934 erstmals das allgemeine Wahlrecht festgeschrieben wurde. Schon 1937 trat nämlich der Ausnahmezustand in Kraft. Der autoritäre Nationalstaat ermöglichte 1935 nach einem fehlgeschlagenen Putsch das Verbot der Kommunistischen Partei, die Zerschlagung der autonomen Organisationen der Arbeiterschaft und anderer progressiver zivilgesellschaftlicher Organisationen. Im faschistisch geprägten *Estado Novo* regierte Vargas diktatorisch. An die Stelle gewählter Gouverneure traten vom Präsidenten ernannte „Interventoren“. Auf lokaler Ebene verfügten die Landeshauptstädte erst wieder ab 1953 über politische Autonomie, da bis dahin der Bürgermeister vom Gouverneur ernannt wurde. Die Gemeinderäte konstituierten sich aber schon 1948 und wurden zu Kanälen des Dialogs zwischen Nachbarschaftsvereinen und Exekutive (PMSP et al. 1992: 72). Janio Quadros wurde zum ersten gewählten Bürgermeister São Paulos und konstituierte eine neue Form politischen Handelns, einen Rechtspopulismus.

1945 erlebte Brasilien mit der Niederlage des Faschismus eine neue liberale Euphorie. Die liberal ausgerichtete Regierung (1945-1950) verbot die kommunistische Partei erneut und meinte, anstelle der jahrhundertealten peripheren Un-Ordnung nun eine westliche Ordnung installieren zu können: eine demokratische Marktwirtschaft in Allianz mit den USA. Doch wieder unterband Vargas die Träume des Establishments. 1950 kam er mit seiner PTB auf demokratischem Weg an die Macht und gab diese erst 1954 ab, als er Selbstmord beging. Er verhalf so dem Populismus als zwar irrationaler, aber mächtiger politischer Strategie zum Durchbruch. In Brasiliens Un-Ordnung war dies die einzige geschichtsmächtige Alternative zur Politik des Establishments. Vargas, Quadros und Collor waren allesamt Politiker, die Fremdkörper im Establishment blieben, wiewohl ihre Politik durchaus den Interessen der dominanten Gruppen diente. Finanziert wurde die Industrialisierungspolitik unter Vargas aus Ersparnissen in Brasilien selbst und aus Umschichtungen, was sie von den meisten Strategien vor- und nachher unterschied, ansatzweise aber auch schon via Inflation. Die Privatwirtschaft sollte durch subventionierte Dienste und Produkte aus der verstaatlichten Industrie, in der hohe Arbeitsproduktivitätssteigerungen erhofft wurden, gefördert werden (Oliveira 1989: 80). Doch diese Strategie stieß auf massiven Widerstand. Hinzu kam das Ende des Koreakrieges und damit einhergehend das Ende des Nachkriegsbooms für Brasiliens Exporte. Dies führte zu Protesten der Arbeiterschaft und 1953 zum großen Metallarbeiterstreik in São Paulo, was die Diskreditierung Vargas' erleichterte. Große Teile des herrschenden Blocks und vor allem die USA untergruben seine nationalistische Wirtschaftspolitik.

Die externen Beschränkungen, konkretisiert in Zahlungsbilanzschwierigkeiten, verschärften sich ab 1954 (Tavares 1983: 35 ff.). Nach Vargas' Selbstmord meinte das Establishment, daß die Stunde gekommen sei, die Staatsverwaltung zu übernehmen. Nach zwei Jahren wirtschaftsliberaler Übergangsregierungen und einer *Laissez-faire*-Politik kam jedoch Juscelino Kubitschek (1956-1960) an die Macht. Seine Regierung setzte die Allianz aus PSD, Partei der Agraroligarchie, und PTB, Partei des *Trabalhismo*, und damit die nationalstaatszentrierte Entwicklungsstrategie fort, wählte aber gänzlich andere Instrumente als Vargas: nämlich die der Außenverschuldung und der Finanzierung via Inflation, was eine kurzfristig flexible Finanzierungsform darstellte. Kubitschek wollte in fünf Jahren die Entwicklung von 50 Jahren realisieren und benutzte dazu die *Tripé* – die „dreibeinige" Allianz – aus internationalem, nationalem und staatlichem Kapital. Die Solidarität zwischen verschiedenen Kapitalgruppen sollte eine harmonische nationale Entwicklung erlauben. Mit der „Internationalisierung des Binnenmarktes" wurden die multinationalen Unternehmen Hauptakteure der Binnenmarkterschließung mit dauerhaften Konsumgütern. Damit einhergehend wurden die internationalen Finanzorganisationen und die USA zu den Akteurinnen, die angesichts chronischer Zahlungsbilanzschwierigkeiten die Grenzen möglicher Entwicklungswege abstecken konnten. Kubitschek mußte die Macht des Währungsfonds, der die Finanzierung der nationalen Entwicklungsstrategie unterbinden wollte, wiederholt zur Kenntnis nehmen (Oliveira 1989: 82-90). Seine Amtszeit verlief aber ohne große interne oder externe Konfrontationen. Doch konnte er seinen Kandidaten für die Nachfolge nicht durchsetzen, und der charismatische Janio Quadros, ein unkonventioneller populistischer Politiker aus São Paulo, wurde als Kandidat der UDN zum Präsidenten gewählt.

Janio Quadros benutzte den Gouverneursposten als Sprungbrett für die Präsidentschaft 1960. Ersteren hatte er wiederum durch seine Position als Bürgermeister São Paulos erringen können (Furtado 1997b: 192-196). Als das Wirschaftswachstum in den 1960er Jahren nachließ, bröckelte der auf nationaler Entwicklung basierende Pakt erstmals. Nach dem Rücktritt von Quadros und unter der Präsidentschaft von Goulart versuchten die Konservativen alles, um die durch den Populismus von Vargas geöffneten Kanäle der politischen und wirtschaftlichen Partizipation der Arbeiterschaft und später auch der Landarbeiterbewegung abzudrehen. Die Progressiven wiederum schienen erstmals an der nationalen Macht teilhaben zu können. Die radikalen Forderungen in bezug auf Landreform und Kontrolle ausländischen Kapitals waren jedoch, nicht zuletzt durch die eklatante Führungsschwäche Goularts, weder in ein Staatsprojekt (Welchen Staat wollen wir?) noch in ein hegemoniales Projekt (Welche Gesellschaft wollen wir?) integriert (Oliveira 1989: 90 ff.).

Die verschiedenen, allesamt gescheiterten Maßnahmen zur Stabilisierung (1954/55, 1958/59, 1961 und 1963) wurden zu Schlüsselpunkten gesellschaftlicher Auseinandersetzung, ging es dabei doch um die Verteilung der nationalen Wertschöpfung (Fiori 1995: 97). Die industrielle Dynamik bestimmte politische Handlungsspielräume. Kubitschek hatte sie und nutzte sie; Goulart hatte sie weit weniger, nutzte sie aber überhaupt nicht. Die Konservativen arbeiteten konsequent auf einen Putsch hin. Als dies mit konstitutionellen Mitteln nicht möglich war, weil Goulart sich seine präsidentiellen Rechte via Referendum zurückholte, war der Militärputsch die einzige Alternative. Eine neue, letzte und nun antidemokratische Stufe der Zentralisierung nationalstaatlicher Macht wurde mit dem Militärputsch 1964 erreicht. Die „Aprilrevolution" verwirklichte, was die Konservativen schon 1954 fast erreicht hatten. Die Militärs und ihre zivilen Unterstützer traten an, den Staatseinfluß zu verringern und liberale Reformen durchzuführen. Tatsächlich jedoch erfolgte eine staatsgeleitete konservative Modernisierung und der Aufstieg Brasiliens zur Regionalmacht in Südamerika (Becker, Egler 1992: Kap. 4). Liberalem Gedankengut widersprechend, führte dies in bezug auf die räumliche Staatsstruktur zu einer Schwächung des Föderalismus. Gouverneure, allen voran Brizola in Rio Grande do Sul und Araes in Pernambuco, hatten nämlich regionale Macht-Räume der Opposition aufgebaut. Es war daher die bundesstaatliche Ebene, deren Schwächung den Militärs besonders am Herzen lag. Auch ansonsten zementierten die liberalen Militärs die bürokratische Staatsstruktur und sorgten einzig dafür, daß die Kanäle des Zutritts für das Volk versperrt und für die Durchsetzung von Kapitalinteressen erleichtert wurden. Teile des nationalen Kapitals fielen in der von den Militärs provozierten Rezession 1964/1967 aus dem herrschenden Block heraus. Institutionell wurde die Basis für einen Finanzkapitalismus gelegt. 1967/1973 wurde mit dem „brasilianischen Wunder" ein letztes Mal der Versuch unternommen, mittels Wachstum und Zentralisierung die alte Raum-Macht zu retten (Oliveira 1989: 92-107). Doch sollte das Militär diesmal nicht bloß die Schiedsrichterrolle übernehmen, sondern darüber hinaus mitspielen, und zwar als entscheidender Akteur.

Der periphere Fordismus basierte nicht auf einem neuen Machtblock, sondern der alte wurde in einer neuen Hierarchie aufrechterhalten. Das Industriekapital dominierte, aber die Agraroligarchie sicherte sich in diesem als Nichtangriffspakt konzipierten sozialen Block ihre Stellung. Sie agierte einzig defensiv, d.h., sie verhinderte eine Veränderung in der Landverteilung. Die Arbeiterschaft und die Mittelschicht waren zwar nicht Teil des

Machtblocks, doch erlangten sie erstmals in der brasilianischen Geschichte einen Platz im Machtspiel. Vor allem der Populismus erweiterte die Handlungsspielräume für politische Tauschprozesse der Unter- und Mittelschicht. Als neue bestimmende Gruppe kam die nationale, vor allem paulistanische, und ab den 1950er Jahren die ausländische Industrie hinzu. Über das Produktiv- und Finanzkapital begann der „externe" Raum, der in der Warenwelt an Bedeutung verloren hatte, erneut seine bestimmende Dynamik zur Geltung zu bringen. Das Scheitern des peripheren Fordismus hing mit dieser Verwundbarkeit von „außen" zusammen; es gelang nicht, einen autonomen, intern finanzierten Akkumulationsprozeß voranzutreiben. Die Außenabhängigkeit von Direktinvestitionen und Krediten erwies sich in der neuen Krise als fatal. Das nationale Machtfeld erodierte.

„Wir waren glücklich und wußten es nicht", lautete ein in den 1980er Jahren oft strapazierter Satz von AnhängerInnen der Militärdiktatur. Ein Blick auf die makroökonomischen Daten läßt diese Nostalgie verständlich erscheinen. Die Toten der Repression scheinen ja in den offiziellen Statistiken nicht auf. Das seltsame ist jedoch, daß heute, 25 Jahre später, auch vehemente GegnerInnen des Militärregimes mit einer gewissen Melancholie an die letzten Jahre der Diktatur zurückdenken – an die Jahre eines heroischen Widerstands, an die Zeit, als Utopien einer besseren Welt machtvoll handlungsleitend und anspornend waren. Was passierte auf der Bühne der Macht und in der Tiefe der Machtstruktur, daß so viele Hoffnungen enttäuscht wurden? Die zentrale Bühne der hegemonialen Auseinandersetzung war in Brasilien zwischen 1930 und 1980 der Nationalstaat. In den Institutionen des Staates trafen die verschiedenen Akteure aufeinander; dort wurden Interessen gegeneinander abgewogen. Dies wurde innerhalb der Militärdiktatur immer schwieriger, die Kämpfe innerhalb der dominanten Gruppen verschärften sich. Vielen UnternehmerInnen wurden die TechnokratInnen und Militärs im Staatsapparat zu mächtig. Liberalismus und Entstaatlichung schienen ihren Interessen entgegenzukommen, da der Klassenkampf fürs erste gewonnen war. 1974 endete die härteste Phase der Diktatur und Repression. Die an sich staatstragende katholische Kirche wurde verstärkt zum Sprachrohr der Gesellschaft und zum Sammelpunkt der Opposition. Gleichzeitig begann sich – kaum lockerte sich die Repression – die Arbeiterschaft öffentlich bemerkbar zu machen, und zwar gerade in der Schlüsselbranche der industriellen Entwicklung. Zwischen 1967 und 1973 wuchs die Automobilindustrie jährlich um 24%, um in den Folgejahren zu schrumpfen (Pacheco 1998: 58). Wachstum und Krise konzentrierten sich in der Industrieregion des ABC und erlaubten es der lokalen Arbeiterklasse, sich erneut deutliches Gehör zu verschaffen. Getragen wurde diese Bewegung wesentlich von MigrantInnen. Es waren die *Nordestinos,* die geschmähten, aber notwendigen Arbeitskräfte des Wirtschaftswunders São Paulos, die die Un-Ordnung der Diktatur in Frage stellten. Die Ghettos der *Nordestinos* brachten die regionale Frage als soziale Frage nach São Paulo und redefinierten das Problem von Raum und Macht: nicht als Kampf zwischen geographischen Räumen, d.h. armer Nordosten gegen reichen Südosten, sondern als soziale Macht-Räume konfligierender Klassen (Oliveira 1998a: 119 f.). Unterschiedliche Meßmethoden bei Indexierungen dienten allgemein dazu, bestimmte Werte, vor allem die des Finanzsektors, gegenüber den Löhnen zu bevorzugen.

Es waren schließlich von der Regierung gefälschte Inflationsindizes und damit zu geringe Lohnsteigerungen in der paulistanischen Metallindustrie, die zum ersten großen öffentlichen Protest gegen die Militärdiktatur führten (Novy 1994: 28-31). Die großen Metallarbeiterstreiks, getragen von den an sich offiziellen Gewerkschaften, wurden 1977, 1978 und 1980 zum Kristallisationspunkt des Widerstands. Plötzlich und unerwartet zeigte sich eine beachtliche gesellschaftliche Dynamik. Die Allianz aus Mittel- und Unterschicht entfaltete eine ungeahnte produktive Kraft. Die Offenheit des Augenblicks trieb fast alle SystemkritikerInnen zum Handeln. Die Reflexion über die brasilianische Gesellschaft, die in den Jahrzehnten davor eine beachtliche Reife erlangt hatte, stagnierte. Die Interpretation der Ereignisse wurde anderen überlassen, da der politische Alltag Engagement erforderte. Das Establishment hatte den aufgestauten Zorn über das bestehende System und die Radikalität des Veränderungswunsches unterschätzt. Der Klassenkampf erlangte eine neue Dynamik und eine neue Qualität, da sich die Arbeiterschaft erstmals in einer eigenen Partei und, organisch mit ihr verbunden, in einem Gewerkschaftsdachverband und in Basisinitiativen organisierte. Die traditionelle Un-Ordnung wurde durch die ArbeiterInnen- und Demokratiebewegung in Frage gestellt. Es bildete sich ein alternativer Machtblock, und wichtige Teile des dominanten Blocks sympathisierten, wenn schon nicht mit der alternativen Organisationsform, so doch mit einem Gutteil der Forderungen dieser Bewegung. Die Gruppen, die für den Abgang der Militärs verantwortlich waren, wollten auch in der neuen Regierung vertreten sein. Unternehmer übernahmen Schlüsselpositionen in Ministerien, in der verstaatlichten Industrie und in den Staatsbanken.[10] Aber auch viele ExpertInnen, Intellektuelle und UniversitätsprofessorInnen wollten in der ersten demokratischen Regierung einen Beitrag leisten. Die besonders ungleiche Verteilung wurde damit zu einem konfliktträchtigen Thema, und dies umso mehr im Zuge der Schuldenkrise. Die Militärdiktatur war delegitimiert, und deshalb wurde die Forderung nach Direktwahl des Präsidenten zu einer machtvollen Bewegung. Doch statt einen neuen Präsidenten direkt zu wählen, wurde nach dem Tod des vom Wahlkollegium gewählten Tancredo Neves José Sarney Präsident. Dieser war ein Politiker der Militärdiktatur und symbolisierte den „paktierten Übergang" der „Neuen Republik", deren Leitmotiv Kontinuität und nicht Wandel wurde. Jedoch war dem Machtblock, der mit ihm die Exekutive übernahm, klar, daß er nur mit einer Regierung, die sich den Forderungen der Zivilgesellschaft gegenüber offen zeigte, Chancen hatte, als legitim anerkannt zu werden. Die 1970er und 1980er Jahre waren in Brasilien durch das Bewußtsein geprägt, in einer konfliktiven Gesellschaft zu leben. Der Gegner war klar: das Militär und die mit ihm verbündeten Gruppen. Nicht das liberale Bürgertum, das den Putsch 1964 zum Teil herbeigesehnt, zum Teil finanziert und zum Teil ausgeführt hatte, sondern das Militär wurde zum Sündenbock. Dabei sahen die sozialen Bewegungen in der sozialen Frage das Hauptproblem, und implizit waren die meisten für die eine oder andere Spielart von Sozialismus. Demokratie *und* Sozialismus, das Bündnis aus Mittel- und Unterschicht, war das Erfolgsrezept der sozialen Bewegungen der 1980er Jahre.[11]

Das wissenschaftliche Milieu war Ende der 1970er Jahre stark durch den Marxismus geprägt. Trotzdem fehlten am Ende der Diktatur politökonomische Analysen, die die spezifische Konjunktur interpretierten. Eine herausragende Ausnahme bildete die – jedoch erst zehn Jahre später publizierte – Dissertation von Fiori (1995). Dieses Vakuum wurde von sogenannten PostmarxistInnen gefüllt, die eine linksliberale Interpretation der Konjunktur salonfähig machten. Es waren gemäßigte paulistanische Intellektuelle um F. H. Cardoso (Lehmann 1990: 71-76), die die vermeintliche Originalität von Liberalismus und Internationalismus entdeckten. Sie konzentrierten ihre Kritik, basierend auf dem Modell des bürokratisch-autoritären Entwicklungsstaates, auf den Aspekt des staatlichen Autoritarismus. Auf diese Weise vernebelten sie die Un-Ordnung der Peripherie und verorteten in grober Oberflächlichkeit im Staat allein das Übel, das in der Tiefenstruktur des Machtfeldes zu suchen ist. Es gelang damit aber im Rahmen der PMDB, eine breite Demokratisierungsallianz zustande zu bringen, ohne den offenen Widerstand der Militärs zu provozieren. Das diskursive Feld war damit um eine allgemeine Kritik an der Bühne des Entwicklungsstaates strukturiert, die mit der staatlichen Fiskalkrise einzustürzen drohte.[12] Der Staat verfügte nicht länger über Geld, um zwischen konfligierenden Interessen zu vermitteln. Mittels der Demokratisierung des Staates und der Dezentralisierung von Entscheidungsprozessen schien es Anfang der 1980er Jahre möglich, eine schöne neue Bühne zu errichten: Die Arbeiterschaft forderte ihren Platz im nationalen politischen System. Die Bemühungen der Gewerkschaftsbewegung zielten auf eine neue territoriale Regulation der Arbeitsbeziehungen. Deren Kernelemente, bezogen auf den Staat, waren eine national einheitliche Arbeits- und Sozialgesetzgebung und, bezogen auf die Zivilgesellschaft, nationale Interessenaushandlungsprozesse, v.a. einheitliche Kollektivverhandlungen. Die Unternehmerseite wehrte sich gegen die drohenden Lohnerhöhungen. Zum einen bekämpfte sie Nominallohnsteigerungen direkt, wie an der großen Zahl von Streiks abzulesen war. Zum anderen untergrub sie den Wert dieser Nominallohnsteigerungen, indem die Inflation angeheizt wurde. Dies war für die Unternehmerschaft aufgrund der oligopolistischen Marktstruktur einfach (Pereira 1998: 142 f.).

1982 erzielte die PMDB bei den Gouverneurswahlen einen großen Erfolg. Reformbereite Regierungen übernahmen die Bundesstaatsverwaltungen aber zu einem denkbar ungünstigen Zeitpunkt, nämlich mitten in einer Wirtschafts- und Fiskalkrise. Da die gerade an die Macht gekommene Opposition nach zwei Jahrzehnten der Kritik zu einer konstruktiven Rolle übergehen wollte, stand keine systemische Analyse des Handlungsspielraumes im Vordergrund. Die Verwaltung des Machtraumes ersetzte die Reflexion über Raum-Macht. Sozial- und demokratiepolitische Maßnahmen, in deren Fehlen die Hauptschwäche der Militärdiktatur geortet wurde, wurden pragmatisch umgesetzt. Die Krise erlaubte nicht, daß diese Maßnahmen sehr erfolgreich waren. Trotzdem setzten sich die Wahlerfolge der PMDB noch einmal fort. Diesmal war aber schon eine massive Manipulation notwendig, wie sie die Aufrechterhaltung des *Plano Cruzado* über die Wahlen 1986 hinaus darstellte. Dies stabilisierte die Macht der PMDB und diskreditierte das demokratische System. Innerhalb der PMDB erlitt der linksliberale Flügel mit der Niederlage von Cardoso bei den Bürgermeisterwahlen 1985 in São Paulo einen schweren Schlag. Der Reformeifer des Establishments erhielt einen genauso schweren Dämpfer wie der Radikalismus der Linksliberalen. Janio Quadros, der neue alte Bürgermeister von São Paulo, war ein traditioneller Rechter, und der neue Gouverneur São Paulos, Quercia, kein linker Politiker. Beide vertraten eine opportunistisch-pragmatische Politik der Allianz mit der Bundesregierung und verfestigten das Bündnis mit den Konservativen. Im Kongreß sahen sich 1986 zwischen 3% und 12% der gewählten Abgeordneten als VertreterInnen der Interessen der Arbeiterschaft, als VertreterInnen der Unternehmerschaft zwischen 32% und 45% (Diniz 1997: 94 f.). So mächtig diese Unternehmer-Lobby im Kongreß war – sie war nicht parteimäßig organisiert, sondern über die verschiedenen Parteien der Mitte und der Rechten verstreut. Es ging vorrangig darum, Reformen zu verhindern, und noch nicht darum, Gegen-Reformen durchzusetzen. Die Bundesverfassung 1988 verdiente den Namen „Bürgerverfassung" nicht zu Unrecht. Ihr Inhalt reflektierte noch eine andere, veränderungswillige und dem nationalen Entwicklungsstaatsmodell verhaftete Konjunktur. Die Linke kritisierte sie anfangs vehement und übersah, daß diese Verfassung schon mehr an Reformen enthielt, als das Establishment zu gewähren bereit war. So setzten von seiten der Rechten schon mit ihrem Inkrafttreten die Bemühungen ein, sie zu verändern.

Die Enttäuschung über die PMDB und die Neue Republik, die nach kurzer Zeit so veraltet erschien, bescherte der Linken bei den Kommunalwahlen 1988 einen gewaltigen und unerwarteten Sieg. Vor allem in São Paulo eröffneten sich Perspektiven eines alternativen Staatsprojekts. Luiza Erundina begann São Paulo zu regieren, als der Wahlkampf für die ersten freien Präsidentschaftswahlen nach 29 Jahren anstand. So wurde São Paulo zur Vitrine der nationalen Politik. Lokale Maßnahmen erregten nationales Aufsehen. Die Erfolge waren aber klarerweise im ersten Regierungsjahr bescheiden, die vom Vorgänger hinterlassene Verschuldung war ebenso groß wie die administrative Unerfahrenheit der PT. Die Stadtverwaltung von São Paulo war sicherlich nicht für die knappe Wahlniederlage Lulas verantwortlich, wenngleich vor allem São Paulo deutlich für Collor stimmte. Sie war aber nicht so überzeugend, daß die administrative Kompetenz der PT unzweifelhaft bewiesen wurde. Die PT-Regierung strebte die „Institutionalisierung von Bürgermitbestimmung" an (vgl. Novy 1994; Kap. F). Dies gelang ihr teilweise durch die Einrichtung von Kommissionen und Beiräten, ansonsten boykottierte die Legislative diesen Prozeß. Zumeist waren es konzertierte Aktionen zivilgesellschaftlicher AkteurInnen, bei denen die Stadtregierung konfligierende Interessen moderierte, indem sie die organisierten Teile der Bevölkerung zur Partizipation aufforderte, sei dies im Konflikt mit den Straßenhändlern, im Transportwesen, bei der Verhandlung eines neuen Flächenwidmungsplanes oder im *Foro da Cidade* (Singer 1996). Es bestand eine Präferenz für paritätisch zusammengesetzte Kommissionen, in der Regel bestehend aus den Sozialpartnern und der Regierung. Dies führte zur Vernachlässigung der schwer organisierbaren Unterschicht, was sich in São Paulo bei den Wahlen 1992 negativ bemerkbar machte. Mit der Niederlage versiegten die Partizipationskanäle. Sader (1997: 178 ff.) meint, daß neben der Fixierung auf den Staat die Aufgabe von Linksregierungen auch in der „Sozialisierung von Macht" und in einem Bewußtseinsbildungsprozeß liegen müßte. Breitere Beteiligungsprozesse, vor allem die Einbindung der nicht-organisierten armen Bevölkerung – z.B. durch das „Partizipative Budget" in Porto Alegre, Brasiliens südlichster Landeshauptstadt (Genro, Ubiratan 1997; Schwaiger 1996) –, wären hier sicherlich hilfreich gewesen. Kurzfristig gelang es nicht, die materielle Besserstellung für breite Schichten erlebbar zu machen.

Bei den ersten freien Präsidentschaftswahlen nach 29 Jahren standen einander 1989 zwei Konzeptionen von Veränderung gegenüber: der weitgehend unbekannte autoritär-messianische Collor und der von den zivilgesellschaftlichen Organisationen unterstützte Gewerkschafter Lula, Kandidat der PT. Das Establishment, die „Staatspartei", war von Collor nicht begeistert, unterstützte ihn aber als einzig mögliche Alternative zu Lula, dem Vertreter der in der selbsternannten „Zivilgesellschaft" versammelten ewigen VerliererInnen mit seinem demokratisch-sozialistischen Programm. Getragen von den Medien, für die in den vergangenen Jahren ACM als Kommunikationsminister zuständig gewesen war, gewann Collor durch die Stimmen der Armen. Selbst die 45% der Stimmen, die Lula erzielte, waren ein schlimmer Schock für das Establishment. Die dominanten Gruppen blieben aber gespalten. Wichtige Teile der Unternehmerschaft fürchteten das antistaatliche und außenorientierte Programm Collors. Der größere Teil jedoch fürchtete sich noch mehr vor einem entscheidenden Machtgewinn des alternativen Blocks. Auf der Ebene der Meinungsführerschaft konnte 1989 noch von einer gewissen Ausgewogenheit gesprochen werden. Soziale und demokratische Anliegen waren für die Bevölkerung wichtig. Gleichzeitig gewannen die diskursiven Bemühungen zur Bedeutungsumkehrung an Einfluß: Die „wahren" Progressiven seien diejenigen, die für die Veränderung des Bestehenden eintraten. Das Bestehende wiederum sei von der exzessiven Präsenz des Staates gekennzeichnet, von einem Machtfeld, auf dem die dominanten Gruppen privilegiert seien. Strukturreformen seien demnach solche Reformen, die den Staatseinfluß zurückdrängen und damit einen Beitrag zur sozialen Gerechtigkeit leisteten. Diese politökonomische Analyse verblieb an der Oberfläche, die Tiefenstruktur der Raum-Macht blieb ausgeblendet.

Es ist eine „Fundsache", ein anderes konsistentes strukturelles Arrangement zu finden, und die Suche kann viele Jahre dauern, wie dies in Brasilien tatsächlich der Fall war. Welche Lösungen standen Anfang der 1980er Jahre zur Auswahl? Auf der internationalen Ebene war bis in die 1980er Jahre das wohlfahrtsstaatliche Modell, basierend auf dem Keynesianismus, das bestimmende Vorbild für das demokratisch ausgerichtete Lateinamerika. Doch ab 1973 mit den *Chicago-Boys* in Chile und dann mit den Wahlsiegen von Thatcher und Reagan gewann die liberale Option eines Anti-Sozialstaates zunehmend an Einfluß. Auf der nationalen Ebene stellte sich dies in Brasilien zeitverzögert dar. Anfang der 1980er Jahre, mit der Delegitimierung des Establishments, schienen demokratische und keynesianische Reformen unausweichlich. Eine sozial ausgerichtete und budgetpolitisch verantwortliche Entwicklungsstrategie hätte bedeutet, daß der demokratische Entwicklungsstaat im Mittelpunkt der Regulation stand, daß die Arbeitsbeziehungen nach sozialpartnerschaftlichen Kriterien entwickelt wurden, daß die oligopolistische Marktstruktur durch eine selektive Öffnung der Märkte aufgebrochen und das nationale Geld zur Umverteilung und zur Kreditsteuerung verwendet wurde – kurz: aus dem peripheren Fordismus sollte ein „richtiger" werden. Die Verfassung von 1988 zeugt davon, wie stark noch selbst Ende der 1980er Jahre die Hoffnungen in diesen nationalen und wohlfahrtsstaatlichen Entwicklungsweg waren. Nationalismus und Sozialstaat waren mit Modernisierung durchaus vereinbar, ja vor allem staatliche Sozialdienstleistungen bildeten einen zentralen Bestandteil dieser Modernisierung. Die hegemoniale Auseinandersetzung nahm jedoch in den 1990er Jahren, stark beeinflußt durch externe Einflüsse – ideologisch durch den Fall der Mauer und die Krise des europäischen Wohlfahrtsstaates, politisch durch die Kapitalkonzentration im Gefolge der Deregulierung der Finanzmärkte –, einen anderen Lauf. Festzuhalten bleibt an dieser Stelle bloß, daß ein wohlfahrtsstaatliches nationales Entwicklungsmodell Anfang der 1990er Jahre noch durchaus mit der bestehenden Struktur vereinbar gewesen wäre.

Die Vorschläge zur Privatisierung und zur Kürzung von Staatsausgaben konnten in den 1980er Jahren nur zaghaft und unsystematisch umgesetzt werden. Jedoch legte die Hochzinspolitik die Grundlage für einen neoliberalen Umbau. „Das Geld ist eine Waffe, die den Gegner verwirrt. Die Entscheidungsträger kamen überein, aus dieser Verwirrung Nutzen zu ziehen, indem sie mit Erfolg die Inflation als Resultat einer Wirtschaftspolitik hinstellten, die in Zeiten der Rezession an überzogenen Budget- und Lohnvorstellungen festgehalten hatte. Diese ökonomische Rhetorik, deren sich die Experten an den Universitäten sowie die internationalen Organisationen bedienten, verdreht durch Umkehrung der Verantwortlichkeiten die Realität. Sie ließ die Idee glaubwürdig erscheinen, der sogenannte Mißerfolg der Inflationsbekämpfung in den 1980er Jahren sei vor allem einer gewissen Tradition des 'Wirtschaftspopulismus' geschuldet, von dem sich die lateinamerikanischen Demokratien nicht lösen konnten" (Pereira 1998: 142).

Wenn es diesen „ökonomischen Populismus" gab, dann war das reichste Quintil das einzig erfolgreiche „populistische" Bevölkerungssegment (vgl. Tab. 10, S. 112). Alle anderen versuchten sich laut – aber weitgehend wirkungslos – gegen die Erodierung ihrer Realeinkommen zu schützen. Mit der Krise der Militärdiktatur zerriß das einende Band einer nationalen Raum-Macht. Das um den Nationalstaat strukturierte Machtfeld verlor seinen klaren Knotenpunkt. Der anfängliche Konsens, das staatliche Machtfeld zu reformieren und zu demokratisieren, wich in den 1990er Jahren einer Politik, dieses Machtfeld zu verschieben. Die nationale Autonomie der Geldpolitik hatte die Gewalt des Geldes domestiziert und den Bedeutungsgewinn anderer Felder wie dem der Staatsintervention und der Lohnpolitik erlaubt. Doch mit dem Verlust dieser Autonomie versiegten auch die herkömmlichen Machtquellen. Die Linke versuchte das alte nationale Feld zu adaptieren, zu „reformieren". Sie wollte den Nationalstaat mittels Demokratisierung für ihre Interessen nutzen. Doch wurde das Agieren auf dem Feld nationaler demokratischer Wirtschafts- und Sozialpolitik zunehmend schwieriger, da es durch die Geldpolitik unterminiert wurde. Jede sozial- und lohnpolitische Maßnahme erwies sich angesichts der Inflation als Scheinerfolg. Dies erklärt auch das Scheitern der verschiedenen reformwilligen PolitikerInnen im Lauf der 1980er Jahre. Während auf lokaler und regionaler Ebene in den 1980er Jahren einige interessante Experimente umgesetzt werden konnten und eine Veränderung der Staatlichkeit zu beobachten war, boykottierten die Konservativen auf nationaler Ebene jeden konstruktiven Versuch, die Handlungsfähigkeit des Nationalstaates wieder herzustellen. Die Inflationsspirale verhinderte, daß die Vermögenskonzentration aufgrund sozialer Ansprüche und Forderungen beeinträchtigt werden konnte. Doch dem Staat wurde die inflationäre Geldpolitik angelastet, was ihm einen Legitimitätsverlust eintrug. Zusehends wurde er für seine wirtschaftspolitische Unfähigkeit an den Pranger gestellt (Pereira 1998: 148). Während die Linken hyperaktiv an der Reform der Bühne bastelten, begann die Rechte, das Feld zu verschieben und damit der Bühne den Boden zu entziehen.

Innerhalb des nationalen Machtblocks erfolgte in den 1980er Jahren durch eine Abwertungspolitik zuerst eine Stärkung der Exporteure und damit der wettbewerbsfähigen nationalen und multinationalen Industrie, mit der Hochzinspolitik konzentrierte sich die Macht zunehmend beim international ausgerichteten Finanzkapital. Dieses arbeitete ab 1989 offen auf eine grundlegende Änderung der Regulationsweise hin. Deshalb waren ihm der Staat und die Nation als Knotenpunkte in der Bundesverfassung ein besonderer Dorn im Auge. Collor leistete für die Aufrechterhaltung der Un-Ordnung einen wichtigen Beitrag, indem er das alte Machtfeld durch Mißwirtschaft und Budgetkürzungen binnen kürzester Zeit erodierte. Diejenigen, die Collor zur Präsidentschaft gehievt hatten, schämten sich zwar für ihren „irrationalen“ Präsidenten, die Irrationalität der Stabilisierung der 500jährigen Un-Ordnung wurde jedoch mit Freude zur Kenntnis genommen. Nach der Absetzung Collors regierte sein Vize Itamar Franco interimistisch zwei Jahre lang mit einer auf breiter Zustimmung basierenden Regierung. Einzig die PT blieb in Opposition, wiewohl ein PT-Mitglied in die Regierung ging. Die allseits begrüßte Entideologisierung der politischen Debatte war *de facto* eine Entpolitisierung. Die Kampagne des bekannten Soziologen Betinho zur Bekämpfung des Hungers steht paradigmatisch für einen neuen Stil von Politik. Von nun an klammerten selbst die NGOs und gute Teile der Linken die Strukturkritik zugunsten pragmatischer kurzfristiger Erfolge aus. Damit wurde die ehemals progressiv-oppositionelle Zivilgesellschaft in die Raum-Macht eingegliedert oder fristete an deren Rand ein Schattendasein als „vernünftige“ und „kooperative“ Opposition (vgl. Fernandes 1987: 212). Sie erlitt das gleiche Schicksal wie in den 1930er Jahren. Ein anderer Versuch zur Mitbestimmung der Regulation waren die *Camaras Setoriais,* Organisationen des Interessenausgleichs, in denen Löhne, Preise und andere betriebliche Größen zwischen Unternehmer- und Arbeiterschaft verhandelt wurden (Diniz 1996: 25). Es gelang, Steuernachlässe mit der Zentralregierung zu verhandeln und Produktivitätsziele festzulegen, um den Autokonsum anzukurbeln. Von einer Million 1992 produzierter Autos stieg die Produktion 1994 auf rund 1,6 Millionen. Das politisch verhandelte „Wirtschaftswunder“ (Oliveira 1998a: 178-187) verdankte sich zum Teil der Übernahme von Kosten durch die Allgemeinheit und dem Umstand, daß die Automobilindustrie auch nach der Krise des peripheren Fordismus Brasiliens Schlüsselbranche geblieben war. Unter F. H. Cardoso wurden die *Camaras Setoriais*, die sowohl Konzernen als auch ArbeiterInnen nutzten, als nicht marktkonform definiert. Diese korporatistische Form des Interessenausgleichs wurde marginalisiert, und die Förderungen erfolgten nun direkt via Ansiedlungsförderung, Steuernachlaß und Zollpolitik, was vorrangig eine Kapitalsubvention darstellte.

Die Demontage der staatszentrierten Raum-Macht erfolgte nicht nur auf nationaler Ebene. Paulo Maluf setzte im Lokalen in São Paulo ein hegemoniales Projekt um, das zweierlei beabsichtigte. Zum einen ging es um die Bekämpfung der PT und der organisierten Arbeiterschaft. Hierbei war die lokale PSDB sehr hilfreich, die durch ihre undifferenzierte Oppositionspolitik gegen die PT deren Abwahl erleichterte. Ihre eigene Marginalisierung in der Stadtpolitik konnte sie damit aber nicht verhindern. Ab 1993 saß sie dann mit der PT statt mit der PPB zusammen auf der Oppositionsbank. Der Etappensieg im Klassenkampf gelang, und die PT wurde in São Paulo daran gehindert, die größte Stadt des Landes zu einem Vorzeigeprojekt alternativer Politik zu machen. Die potentielle Strahlkraft eines „Roten São Paulo“ war der Rechten durchaus bewußt. Tatsächlich übt selbst das viel kleinere und unbedeutendere Porto Alegre diese Funktion ansatzweise aus. Daher investierte die Rechte massiv in die Abwahl der PT. Zum anderen bestand das Malufsche Staatsprojekt darin, wichtige Teile linker Organisationsmodelle zu übernehmen. Im Unterschied zu früher, als eine ideologische Auseinandersetzung zwischen Links und Rechts über mehr Investitionen für den Sozialbereich oder für „Bauten“ stattfand, gelang es Maluf bei der Wahl

1996, ebendiese Konfrontation offensiv mit der Präsentation von innovativen Sozialprogrammen zu vermeiden. Der Rechten gelang es, „soziale Themen" zu besetzen; d.h., die ehemals mit der Linken assoziierten Themen wechselten die Seite. Es waren zwei Sozialprogramme, PAS und das „Projekt Singapur", die es Maluf erlaubten, seinen Nachfolger durchzusetzen (Abrucio, Couto 1996: 41). Maluf gelang so die Entideologisierung des politischen Diskurses. Sein technokratischer Leitspruch „Das Volk will weniger Gerede, weniger Politik und mehr Resultate" verortete sich im Zentrum eines antidemokratischen Diskurses (vgl. Novy 1998: Kap. 6.3.2). Die Stadtregierung der PPB unterstützte politisch die Nationalregierung aus PSDB-PFL, obwohl auf lokaler und regionaler Ebene PPB und PSDB Konkurrenten waren. Die strukturellen Unterschiede zwischen den Staatsmodellen auf nationaler und lokaler Ebene waren äußerst gering. Das hegemoniale Projekt Malufs bestand in der Verunmöglichung aktiver Bürgermitgestaltung, indem der Informationszugang und damit eine rationale öffentliche Diskussion erschwert wurde. Das Modell neutraler Technokratie mündete in eine Isolierung der Entscheidungsprozesse. Die Legitimation des hierarchisch-autoritären Macht-Wissen-Komplexes erfolgte einzig indirekt demokratisch. Die zentralistisch-effizienzorientierte Staatsführung wurde mit einer – wenn auch bloß symbolischen, weil quantitativ unbedeutenden – Fürsorge- und Wohlfahrtspolitik gekoppelt.

1994 erfolgte national der definitive Zusammenbruch des alten Machtfeldes, der sich mit der Wahl Collors schon angekündigt hatte. Fürs erste schien es 1994, als wäre das Establishment nun endlich bereit, Lula als Präsidenten zu akzeptieren, da sein stark sozialdemokratisch inspiriertes Programm weit weniger Schrecken hervorrief als das noch viel radikalere von 1989. Doch der Vorsprung in den Umfragen verpuffte mit dem Sinken der Inflationsrate im Gefolge der Einführung des *Plano Real*. Als Ergebnis des Erfolgs der Dollarisierungs- und Liberalisierungspolitik kam deren Erfinder, F. H. Cardoso, mit seiner Allianz aus PSDB und PFL fast spielend an die Macht. Mit dem *Plano Real* verabschiedeten sich die dominanten Gruppen definitiv vom alten Machtfeld. Sie verzichteten damit auf die Vorteile dieses auf Interessenausgleich ausgerichteten Feldes, was das Hinausdrängen schwächerer, kleinerer nationaler Kapitalfraktionen aus dem Machtblock beschleunigte. Z.B. schwächte die Deindustrialisierung die paulistanische Industrie gegenüber Importeuren und auf den Kapitalmarkt orientierten Gruppen, zum Teil war auch eine Metamorphose von KapitalbesitzerInnen feststellbar: BesitzerInnen von Produktionsbetrieben wurden zu Rentiers am Finanzmarkt. Gleichsam als Kompensation für das Hinausdrängen aus dem Kern des Machtblocks wurde diesen Gruppen kurzfristig über die hohen Renditen des Finanzmarktes eine alternative Einnahmequelle erschlossen. Dieser Teil der Mittelschicht stützte das vermögensabsichernde Wirtschaftsmodell des *Plano Real*. Die Währungsstabilität festigte die Legitimität des neuen Politikmodells eines Minimalstaates, da nur dieses die Geldwertstabilität herstellen könne (Pereira 1998: 148).

Ohne Zweifel steht die Regulation des Geldes im Zentrum der neuen strukturellen Formen. Die Verteidigung der Rentabilität der Finanzanlagen war das Hauptziel. Deshalb waren stabile Wechselkurse und hohe Zinsen der Kern der Regulation. An der Art und Weise, wie der *Plano Real* verteidigt wurde, zeigte sich, wie untergeordnet andere Zielsetzungen waren. Die Fiskalpolitik diente der Finanzierung der Hartwährungspolitik. Die Steuerquote, die an sich in den 1990er Jahren schon angestiegen war, wurde zur Verteidigung des *Real* weiter erhöht. Die Finanzierung der Un-Ordnung erforderte so „irrationale" Steuern wie eine von Bürgertum und Unternehmern heftig kritisierte Schecksteuer oder die Erhöhung der Einkommensteuer um 10%. Nur so konnte der Staat den Forderungen nachkommen, die an ihn herangetragen wurden. Die Industrieansiedlung und der Kauf von Staatsbetrieben wurden subventioniert, ebenso der Besitz von Staatsschuldscheinen. Das Budgetdefizit, dessen Eindämmung ehemals das oberste wirtschaftspolitische Ziel der Regierung gewesen war, stieg trotz des Verkaufs der großen verstaatlichten Betriebe stark an. Daß für Sozialausgaben die Mittel bei jeder Krise aufs neue gekürzt werden mußten, ergab sich fast zwangsläufig. Auch die Weltmarktöffnung war gegenüber der Geldregulation zweitrangig. Die Automobilindustrie, die von internationalen Konzernen kontrollierte industrielle Schlüsselbranche Brasiliens, schützte sich schon 1995 erneut durch einen hohen Importzoll. Bei der zweiten „Asienkrise" reagierte die Regierung mit nicht-tarifären Handelshemmnissen, wie überhaupt die Pragmatik in der Handelspolitik der Dogmatik der Geldpolitik gegenüberstand. Die Veränderungen im Bereich der Arbeitsregulation hatten durch die Deregulierung im Arbeitsrecht und die Erhöhung der Arbeitslosigkeit in erster Linie zu einer Schwächung der organisierten Arbeiterschaft und zu einer erhöhten betriebsinternen Abhängigkeit aller LohnempfängerInnen geführt. Das äußerst bescheidene Wirtschaftswachstum der letzten Jahre zeigte eine Grenze des Modells. Die Profitraten konnten bei einer stagnierenden Wirtschaft nur durch weitergehende Senkung der Lohnquote erhöht werden, die Einkommensverteilung mußte sich weiter verschlechtern.

São Paulo als Zentrum des Widerstands gegen die Diktatur schwankte in den 1980er Jahren zwischen rechts- und linkspopulistischen und linken Staatsprojekten; keine gesellschaftliche Kraft hatte jedoch ein hegemoniales, Staat und Ökonomie umfassendes Projekt. Dementsprechend stark waren auch die Schwankungen und Unsicherheiten. Lokal regierte die Rechte, regional die Mitte. Alle vier post-autoritären Gouverneure São Paulos kamen aus der PMDB; Franco Montoro und Mario Covas wechselten später zur PSDB, wohingegen Fleury sein Mandat als Mitglied der PMDB abschloß und Quercia weiterhin die PMDB von São Paulo dominierte. Aus dieser Kontinuität ergab sich auch die geringe Selbständigkeit der regionalen diskursiven und organisatorischen Felder. Einige spezifische Elemente des regionalen Feldes können trotzdem ausgemacht werden. São Paulo profitierte davon, das Zentrum der nationalen Entwicklungsstrategie zu sein; seine Machtbasis war die Industrie, mit der es gelang, den nationalen Raum zu hierarchisieren. Diese industriellen Interessen gerieten in den 1980er Jahren zusammen mit dem nationalen Entwicklungsmodell in die Krise. Seit damals ist ein Deindustrialisierungsprozeß zu beobachten, der gleichzeitig mit einer Internationalisierung der Eigentumsstrukturen erfolgte. Die dominante Kapitalfraktion war das internationale Kapital, das sich die lukrativsten Bereiche der paulistanischen Ökonomie sicherte und seine Schlüsselstellung durch den Kauf verstaatlichter Betriebe stärkte. Als Partner fungierte das nationale Finanzkapital, das sich in wirtschaftspolitischen Entscheidungen in der Regel gegenüber dem Industriekapital durchsetzen konnte. Seinerseits ordnete es sich bedingungslos dem internationalen Finanzsystem unter bzw. ist seit dem Ende von Kapitalverkehrskontrollen engstens mit diesem verflochten. Gleichzeitig schwebte manchen neuen Bossen eine Form staatsmonopolistischer nationaler Wirtschaftspolitik vor: Benjamin Steinbruch – u.a. Aufsichtsratsvorsitzender von CNS, *Eletropaulo Metropolitana* und CVRD – meinte, daß der Konzentrationsprozeß noch lange nicht abgeschlossen sei, da die nationale Industrie noch nicht wirklich international konkurrenzfähig sei. „Unsere Unternehmensgiganten sind im Weltmaßstab noch immer klein – daran zweifelt niemand mehr. Und deshalb muß unser neuer Kapitalismus Anreize setzen, daß sich diese Gruppen zusammenschließen, ihre Differenzen minimieren und sich in Megaprojekten im Land und außerhalb des Landes engagieren, um nationale Zielsetzungen zu erreichen, die größer und stärker sind als bloße Unternehmensziele" (Steinbruch 1998).

Es ist eine Grundregel der Herrschaftsstabilisierung, daß es keine simple Aufeinanderfolge von dominanten Gruppen und Produktionssystemen gibt, wie dies liberale und marxistische Stufentheorien oft unterstellen. Vielmehr enthält das Neue, die neu gefundene Lösung, immer Elemente des Alten. „Daraus läßt sich schließen, daß die 'traditionelle' Gesellschaft zwar ihre ökonomische Gestalt veränderte, ihr Machtsystem jedoch nach wie vor von denselben Personen kontrolliert wurde, obwohl diese die vielfältigsten Bündnisse mit den neu aufgetretenen Gruppen eingegangen waren" (Cardoso, Faletto 1976: 13). Um den eigenen Machtraum zu beherrschen, war die ideologische Meinungsführerschaft vor Ort notwendig. Dies war aber wegen der den Machtraum durchlöchernden Regulation, die durch die Unterwerfung unter das internationale Regime gekennzeichnet war, kaum möglich. Die herrschende Klasse Brasiliens blieb „Juniorpartner"[13] des internationalen Kapitals. Doch war sie weit mehr als früher eigenständiger Machtinstrumente beraubt und deshalb in ihrer nationalen Politik vom Wohlwollen der internationalen Partner abhängig. Es wurden Gegen-Reformen umgesetzt, die die Unterscheidung zwischen „intern" und „extern" wieder zu einer bestimmenden Grenze machten. Das neue Feld wies der „extern" festgelegten Regulation des Geldes, die zunehmend privat erfolgte, die Schlüsselrolle zu. Externe Veränderungen, sei es die „Asienkrise" oder die „Rußlandkrise", wurden erneut zu den die interne Macht-Raum bestimmenden Faktoren. Die AkteurInnen auf den lokalen, regionalen und nationalen Feldern der Raum-Macht blickten erneut nach „außen", um ihre Stellung im internen Machtgefüge zu erkennen. Die Möglichkeiten zur Herstellung einer Hegemonie nach innen waren bei dieser Regulationsweise äußerst schwierig. Daher baute das Wesen der angestrebten Vorherrschaft – so wie in den vergangenen fünf Jahrhunderten – auch in weit höherem Maß auf der Schwächung des Gegners als auf der Stärkung der eigenen Position auf. Nicht, daß gegenwärtig alles so rosig sei, aber anderenfalls wäre es noch schlimmer, lautete die Kernbotschaft.

Innerhalb der Linken waren in den letzten zehn Jahren massive Veränderungen zu beobachten, wobei im wesentlichen zwei Strömungen zu unterscheiden sind. Die erste Gruppe organisierte sich mehr oder weniger organisch um PT, CUT und Teile der sozialen Bewegungen. In den 1980er Jahren galt die PT als radikal, weil sie den „paktierten Übergang" und die damit einhergehende Restauration der Un-Ordnung als eine anti-soziale Struktur nicht akzeptierte. In den 1990er Jahren wurde diesen „progressiven" Gruppen aber vermehrt das Etikett „konservativ" umgehängt, da sie gegen die geplanten Strukturreformen waren.[14] Diesem Block kam in den letzten Jahren die Utopie abhanden, da es nicht gelang, Sozialismus im gegenwärtigen diskursiven und organisatorischen Feld zu verankern. Die „ehemals Radikalen" schwankten zwischen der Übernahme der Position des Dritten Weges à la Tony Blair und dem widerstrebenden Verteidigen einer alten Ordnung, die sie selbst ja gar nicht geschaffen hatten und die im Grunde eine Un-Ordnung war[15]. Da die Linke in den verschiedenen Legislativen ständig an Mandaten gewann, könnte vermutet werden, daß ihr Einfluß auf die Entscheidungsbildung zugenommen hätte. Das Gegenteil war jedoch der Fall, da die Parteien der Mitte seit 1994 regelmäßig mit der Rechten stimmten und damit die Basis der Regierung und des Präsidenten in der Legislative sehr breit war. Die Linke fand keine Strategie, um aus der durch diesen Pakt hervorgerufenen Isolierung herauszukommen.[16]

Die zweite Gruppe, die sich in der PMDB und später der PSDB organisierte und zu der auch immer wieder SympathisantInnen der PT stießen[17], war der reformistische Flügel, der die Globalisierung zwar nicht mochte, aber als unausweichlich akzeptierte. Gerade in der PSDB sind die Finanzkapitalinteressen stark vertreten. Es war die Rechte, in São Paulo konkret die PPB, die die Interessen des nationalen produktiven Kapitals vertrat. Deshalb war Delfim Netto, PPB-Wirtschaftssprecher, auch ein Hauptkritiker des *Plano Real*, der mit seiner Hartwährungs- und Hochzinspolitik die nationale Industrie auf dem Binnenmarkt schwächte. Die nationale Industrie war auf vermehrte Exporte angewiesen, was sich aufgrund des ungünstigen Wechselkurses aber als schwierig erwies. Die ständige Kritik an der Regierung hinderte die PPB nicht, die Gegen-Reformen weitgehend mitzutragen. Sie schien sich dem Umstand anzupassen, daß sich ihre tonangebende Klientel zunehmend zu Rentiers wandelte, die mit den Finanzkapitalinteressen verbunden waren. VermögensbesitzerInnen hatten ein Interesse an einer starken Währung und an hohen Zinsen. Dies erklärt, warum es trotz anfänglichen Spannungen auf nationaler Ebene eine Interessenkoalition zwischen PSDB und PPB gab. So war die Auseinandersetzung zwischen PSDB und PPB um den Gouverneursposten in São Paulo zum Teil einzig eine Auseinandersetzung zwischen verschiedenen Gruppen desselben Machtblocks. Die regionale PSDB hatte hierbei eine Staatskonzeption, die sich mehr am nationalen Modell eines schlanken, „steuernden" Staates sowie an einer von der Zivilgesellschaft und von Privaten durchgeführten öffentlichen Leistungserstellung orientierte. Hierbei war die PSDB der Partizipation an sich, vor allem derjenigen der Mittelschicht gegenüber, eher positiv eingestellt, solange der Rahmen der Gesellschaftsordnung nicht in Frage gestellt wurde. Umgekehrt vertrat Maluf ein stärker zentralistisches, explizit plebiszitär-demokratisches und technokratisches Modell, das die Auslagerung ohne Einbeziehung der Zivilgesellschaft ausschließlich an den privatwirtschaftlichen Sektor vornahm. Die Zustimmung der breiten Massen versuchte das PSDB-Modell durch eine sozialliberale Politik der Beteiligung ohne Umverteilung zu verwirklichen. Dies erlaubte eine Partizipation von wirtschaftlich abgesicherten BürgerInnen. Das progressive PSDB-Modell der Mitbestimmung auf regionaler Ebene stand daher nicht im Gegensatz zum Modell der nationalen PSDB-Regierung, sondern dafür, daß dieses Modell „ehrlicher", d.h. mit weniger Rücksicht auf Partikularinteressen des Machtblocks durchgesetzt wurde.

Die Linke rechtfertigte ihren Pragmatismus mit Webers Verantwortungsethik bzw. mit der „Leidenschaft für das Mögliche" (Cardoso, Faletto 1976: 212). Im Grunde vertrat diese Gruppe eine sehr konventionelle und teilweise dogmatisch marxistische Position des Ökonomismus. Der einzige Unterschied war, daß nun die Entwicklung der Produktivkräfte, statt vom Staat abzuhängen, ausschließlich vom Markt bestimmt wurde. Statt diese Produktivkraftentfaltung im Namen des nationalen Unternehmertums zu vertreten, geschah dies im Namen der Globalisierung des Kapitals. Die Utopie, der diese Gruppe anhing, war nicht länger der Sozialismus, sondern eine abstrakte Modernität in Abgrenzung zum Alten und zur Rückständigkeit (Jaguaribe 1990). São Paulo stellte die wirtschaftliche Modernität dar; zahlreiche der Personen, die die Gegen-Reformen in Brasília durchsetzten, stammten aus São Paulo.

In diesem Sinn regierte in Brasília auch eine brasilianische Avantgarde. Doch leider stand diese in der Tradition einer „Avantgarde der Rückständigkeit“ (Oliveira 1998b). Es wurden mit Gegen-Reformen institutionelle Veränderungen vorgenommen, die die rückständige Machtstruktur in neuen Zeiten stabilisierten. Die einzige Revolution, zu der sich die dominanten Gruppen immer aufraffen konnten, war die Bewahrung der Sozialstruktur durch eine Dynamisierung der kapitalistischen Entwicklung. Demokratisierung und Kapitalisierung wurden dadurch unvereinbar (Oliveira 1998b: 88).

Die zu beobachtende Elitisierung der Politik hing mit der Polarisierung auf dem Arbeitsmarkt zusammen, die eine kleine Gruppe hochqualifizierter Beschäftigungen im in São Paulo konzentrierten Hochtechnologiesektor schuf und gleichzeitig die Bevölkerungsmehrheit in prekäre Beschäftigungen abdrängte – oft ohne arbeits- und sozialrechtliche Absicherung. Dies führte bei den einen zum Gefühl, in einer Epoche der ungeahnten Möglichkeiten zu leben, während es bei der überwältigenden Mehrheit die Verunsicherung generalisierte (Novy, Mattl 1999). Die fehlende materielle Basis förderte die Individualisierung und den Versuch, sich kurzfristig abzusichern. Die langfristige Option eines sozialen „Plus-Summen-Spiels“ im Sinn von sozialen Bürgerrechten wurde in den letzten Jahren zerstört, die VertreterInnen dieser Position wurden marginalisiert. Die Kritik am strukturellen Rahmen der Un-Ordnung der Raum-Macht galt – aus unterschiedlichen Gründen – als illusorisch und wurde daher auch nicht verfolgt. Alle verfügbaren intellektuellen Kapazitäten der Regierenden wurden aufgewendet, um wirtschaftlichen Fortschritt und soziopolitische Beharrung vereinbar zu machen (Fernandes 1987: 360). Die von Radikalen zu Gegen-Reformern Bekehrten setzten zusammen mit den alten Herren der Macht Pragmatismus an die Stelle von Visionen über Strukturveränderung: Wenn einen die Erfahrung schon lehre, daß große Veränderungen nicht möglich seien, so leisteten die gegen-reformerischen Bemühungen doch einen Beitrag zur Linderung der Unordnung. Wenn schon die Armut nicht abgeschafft werde, so werde die Fürsorge zumindest besser organisiert ...

Das Paradox der Macht besteht aber darin, daß das Ausblenden der Un-Ordnung zum Ergebnis hat, daß selbst die bescheidenen selbstgesteckten Ziele nicht erreicht werden. Wegen der Widersprüchlichkeit der Un-Ordnung kommt nämlich eine derart beschränkt rationale Planung nicht über eine Modernisierung der Unordnung hinaus. Weil es die jahrhundertelang gewachsene Un-Ordnung der Peripherie als natürlich legitimiert, entpuppt sich die offiziell beklatschte Rationalität als zutiefst irrational: Milliardenzahlungen an Schuldendienst dienen der Sanierung der Staatsfinanzen; Kürzungen im Sozialbereich dienen der langfristigen Absicherung sozialer Dienste, eine Stärkung nationaler privater Kapitalkonzentration dient der nationalen Souveränität usw. Im neuen, dominanten Feld der Rationalität reduzierte sich politisches Handeln auf das Administrieren der Un-Ordnung. Die Unterschiede zwischen linken und rechten AdministratorInnen wurden dementsprechend gering.

In São Paulo stand Maluf für eine Politik des Klientelismus und Populismus im klassischen Sinn, während die PSDB eine moderne Rechte verkörperte, die sich von diesen Politikformen zu lösen versuchte. In beiden Fällen jedoch, und hierin lagen die strukturellen Gemeinsamkeiten, handelte es sich somit um hegemoniale Projekte, die die Einbindung der armen Bevölkerungshälfte nur sporadisch bzw. symbolisch vornahmen. Die gleichberechtigte Einbindung durch die Gewährleistung von sozialen Bürgerrechten stand nicht zur Diskussion; sie wurde sogar als ein Hauptübel der „Bürgerverfassung" kritisiert. Für Krebs (1997) ist der zu beobachtende Pragmatismus in der Politik Ausdruck von Ratlosigkeit. SozialdemokratInnen wurden zu Liberalen, und Liberal-Konservative hingen sich ein sozialdemokratisches Mäntelchen um. Es drängt sich auf, im Fall Brasiliens von liberalen SozialdemokratInnen, der PSDB, und sozial angehauchten Liberalen, der PPB und PFL, zu sprechen. Im Grunde ging es beiden Gruppen um den Machterhalt in einer offenen historischen Situation, in der die Implikationen des Handelns nicht genau abschätzbar waren.

Die Allianz von PSDB und PFL, aus *Paulistas* und *Nordestinos,* aus Intellektuellen und Provinzpolitikern, aus industriellem Großbürgertum und Großgrundbesitzern ist an sich nichts Neues in Brasilien. Der „liberale Idealismus" verband sich mit einem „konservativen Realismus" (vgl. Fernandes 1987: 50). So ermöglichte Cardoso den dominanten Gruppen einzig, die alte Formel der Machtstabilisierung in einem neuen Kontext umzusetzen. In einem Moment der Legitimationskrise der traditionellen Rechten lieferten er und seine PSDB die notwendige Erneuerung für den anti-sozialen Autoritarismus des Establishments (Fiori 1997: 21). Die PSDB war 1988 als reformierte Linkspartei gegründet worden, die die Demokratisierung in den verschiedensten Facetten auf ihre Fahnen schrieb. Programmatisch forderte sie unter anderem die Dezentralisierung von Entscheidungen hin zu kleineren Einheiten, die Stärkung des Parlaments gegenüber der Exekutive, eine Stärkung der Justiz sowie eine stärkere Kontrolle der Polizei und die Bekämpfung von Korruption.

In all diesen Bereichen, nicht nur in der Wirtschaftspolitik, sind die Entwicklungen in den letzten Jahren besorgniserregend.[18] Die Stabilisierung der Un-Ordnung stand im Vordergrund. Die dominanten Gruppen haben sich über die Jahrhunderte hinweg immer dann verbündet, wenn „von unten" die Teilhabe an der Gesellschaft massiver eingebracht wurde. Es ist aber nicht ratsam, die Kritik an dieser herrschenden Politik zu stark an Prinzipien – etwa der Marktfixiertheit oder der Hartwährungspolitik – festzumachen, da die Affinität zu ideologischen Positionen gering ist. Dies zeigte Maluf mit besonderer Deutlichkeit, indem er die Bedeutung von rechts und links und damit von Ideologien in Frage stellte. Es ist durchaus vorstellbar, daß die Rolle des Staates in den nächsten Jahren einem grundlegenden Wandel unterliegen und die Re-Verstaatlichung erneut von den Gruppen betrieben wird, die bis vor kurzem das Hohelied des Minimalstaates sangen. Die Antwort auf die Entideologisierung darf nicht auf der Ebene von Sozialtechniken, sondern muß in der strukturellen Un-Ordnung und bei der Zusammensetzung des Machtblocks gesucht werden.

Es ist für einen Machtblock niemals schwierig, institutionelle Maßnahmen interessenkonform auszugestalten oder aus einer Position der Stärke kleine materielle Zugeständnisse zu gewähren. Selbst Strukturen der Regulation, einzelne strukturelle Veränderungen einer Regulationsweise sind nicht davor gefeit, machtblockstabilisierend zu wirken. Daher war es eine echte Niederlage der Linken, die beiden letzten Bürgermeisterwahlen und die Gouverneurswahl 1998 in São Paulo verloren zu haben. Doch die größere Schwäche und die tatsächliche Niederlage der Linken fanden in São Paulo auf dem Feld der Zivilgesellschaft statt. Die dramatische Krise der Basisinitiativen und die Verbürgerlichung der akademischen Zivilgesellschaft schwächten das organisatorische und diskursive Feld für ein gegenhegemoniales Projekt. Der soziale Raum einer alternativen Zivilgesellschaft, der Mario Covas noch zwischen 1983 und 1985 zu einem progressiven Bürgermeister machte, indem von unten Druck ausgeübt wurde, dieser Macht-Raum fehlte 1998. Deshalb leistete auch der Gouverneur Covas kaum einen Beitrag, den traditionellen Macht-Raum nach unten zu öffnen. Das politische System drohte, indem die Unterschicht marginalisiert wurde, von konkurrierenden Teilen des Establishments regiert zu werden. Der Adressatenkreis der Partizipation verengte sich (Heins 1992). Selbst die Vorstellung von Gleichheit als einem politischen Ideal kam in diesem pragmatischen Politmanagement abhanden. Die Eliten managten die „Macht-Wissens-Struktur“; die Armen verwalteten ihre Armut. Umso bedeutsamer war die erstarkende Landlosenbewegung MST *(Movimento Sem Terra)*, die lautstark die Un-Ordnung kritisierte und die Unterdrückten organisierte. Sie versucht, die Utopie einer sozialistischen Gesellschaft an realen Orten Wirklichkeit werden zu lassen. Aber auch der Widerstand gegen die Un-Ordnung bleibt an die irrationale Tiefenstruktur gebunden. Vieles an der Praxis der Bewegung bleibt dem hierarchischen, männerdominierten und fortschrittsorientierten Denken des dominanten Systems verhaftet. Es ist aber der große Verdienst der Bewegung, Tiefenstrukturen zu problematisieren und Praxis als strukturverändernde Tätigkeit zu verstehen.

Anmerkungen

1 Wenn das Geld seine Funktionen, zur Wertaufbewahrung zu dienen und Wertmaßstab zu sein, nicht nachkommt, ist die soziale Form gefährdet. In Brasilien zeigte sich jedoch, daß auch indexiertes Geld diese Funktion erfüllen kann, wenn das nominale Geld dieser Aufgabe nicht mehr nachkommt.

2 Brasilianischen Produkten, hingegen, die mit denjenigen der englischen Antillen konkurrierten, wurden die britischen Märkte nicht geöffnet (Furtado 1975: 85).

3 Eine erste massive Abwertung erfolgte 1891: von ca. 27 auf ca. 15 Pence je *Mil-reis*. Danach sackte der Wechselkurs bis zu einem Verhältnis von 9:1 ab, um 1916 noch einmal auf über 16:1 anzusteigen – bedingt auch durch die Stärkung der brasilianischen Stellung auf dem Weltmarkt im Gefolge des Weltkrieges. In den 1920er Jahren sackte der Wechselkurs definitiv ab und erreichte 1928 mit einem Verhältnis von 5:1 einen Tiefststand (Silva 1986: 29).

4 Zur Illustration: „Was die Politik betrifft, bin ich starr: ich wähle die Regierung.“ Oder: „Die Regierung wechselte, aber ich wechsle nicht: ich bleibe mit der Regierung“ (Faoro 1997: 631).

5 Die Streiks 1917 und 1918 waren erste Höhepunkte einer Reihe von sozialen Protestbewegungen und führten zu einer Verschiebung der Kräfteverhältnisse (Fiori 1995: 79); die polizeistaatliche Regulierung des Arbeitsmarktes erwies sich als zunehmend unwirksam.

6 1919 wurde ein erstes Gesetz betreffend Arbeitsunfälle, 1923 ein Kündigungsschutz und für die Eisenbahner eine Pensionskassa, 1925 ein Urlaubsgesetz für Handelsangestellte verabschiedet und 1927 – trotz massiven Widerstands der Unternehmerschaft (Decca 1997: 195) – die Kinderarbeit geregelt (Novy 1998: 152).

7 Die Eisenproduktion stieg von bescheidenen 4.267 (1916) auf 11.748 Tonnen (1918); 5.936 neue Betriebe entstanden zwischen 1915 und 1919 (Cano 1998a: 182 f.).

8 Als Brasilien diese Maßnahme 1937 wiederholte, kam es zu keinerlei Sanktionen der Gläubiger, was sich wesentlich aus der Zusammensetzung der Außenschuld erklärt: 65% der Außenkredite kamen aus Großbritannien und nur 30% aus den USA; Brasilien war für letztere daher als Handelspartner wichtiger als als Schuldner. Hinzu kam noch das US-amerikanische Interesse, Brasilien nicht als militärischen Verbündeten zu verlieren.

9 Langfristig bestand sie in einer Industrialisierungsstrategie; kurzfristig war die Geld- und Fiskalpolitik jedoch restriktiv (Fiori 1995: 93).

10 Es gab sieben von Militärs besetzte Ministerien. Zwei Drittel der Abgeordneten hatten als Haupteinkommensquelle ihre Unternehmen, 42% waren Landeigentümer (Dreifuss 1989: 40).

11 Doch mit der Popularisierung des Begriffs „Zivilgesellschaft" erfolgte langsam ein massiver organisatorischer Wandel. Im Zuge der „Anti-Diktatur-Bewegung" schien es sinnvoll, der liberalen Tradition folgend von Zivilgesellschaft als von einem vom Staat autonomen Bereich zu sprechen. Doch leider wies der Begriff nur sehr diffuse begriffliche Konturen auf. Dies ist zumeist die beste Voraussetzung zur Vereinnahmung von Begriffen; es erleichterte den Angriff auf den Entwicklungsstaat und ermächtigte die Unternehmerschaft, die demokratischen Werten gegenüber immer einen pragmatischen Umgang pflegte (Costa 1997: 34 f.). Die Einbettung des Phänomens der Stadtteilorganisationen in eine Gesamtanalyse von Politik, Staat und Wirtschaft in Brasilien wurde durch den liberalen Zivilgesellschaftsbegriff verhindert. Da die Armen oft über keine ausreichende Schulbildung verfügten, waren sie den ExpertInnen der Verwaltung immer unterlegen; da sie keine eigenen starken InteressenvertreterInnen hatten, verloren sie gegen Ende der 1980er Jahre an politischem Einfluß. Die Forderungen nach Infrastrukturverbesserungen, die Anfang der 1980er Jahre so bestimmend waren, wurden zunehmend mit dem Verweis auf leere Kassen abgelehnt. All dies führte zu einem Bedeutungsverlust der Stadtteilorganisationen und damit zur erneuten Marginalisierung der Armen. „Nach dieser Kritik ist die Radikalität eines demokratischen Diskurses nicht nur eine Frage der 'thematischen Reichweite', sondern ebenfalls eine des 'Adressatenbezugs'" (Heins 1992: 239). Die Möglichkeiten der Armen, den schwach vorhandenen Sozialstaat und elementare soziale Grundrechte zu verteidigen, sind heute gering. Gewerkschaften, Kirchen und Stadtteilorganisationen sind geschwächt, Umwelt- und Frauenbewegung auf Segmente der Mittelschicht beschränkt. Vielleicht einzig die Landlosenbewegung MST *(Movimento Sem Terra)*, die sich dem auf Konsens ausgerichteten Zivilgesellschaftsbegriff aber entzieht, ist „Sprachrohr" der Armen.

12 José Luis Fiori (1995: 112) erkannte schon 1984, wie grundlegend die Krise der 1980er Jahre war: „Die neue Krise präsentiert nie dagewesene Charakteristika ... Die interne Krise verschärft sich im Rahmen einer allgemeinen Krise des kapitalistischen Systems und der nordamerikanischen Hegemonie. Ohne Alternativen, verliert das Regime, fortschreitend, seine bestimmenden Loyalitäten. Nach den Liberalen, der Kirche und der Mittelschicht desertieren die Unternehmer, die regionalen Führer und selbst das internationale Kapital, das zurücksteckt angesichts der internen und externen Zahlungsunfähigkeit des Entwicklungsstaates. Am Ende weicht der Staat selbst zurück, indem er, einem neuen Stabilisierungsdenken folgend, seine Ausgaben und Investitionen desaktiviert. Es wächst, erneut, der interne Kampf der dominanten Klasse mit einer nie dagewesenen Stärke, und an den Flanken wächst, autonom, eine breite soziale Bewegung, die bessere Lebensbedingungen und eine größere politische Mitbestimmung fordert. Im Zusammenspiel der Unstimmigkeiten der Siegreichen von gestern mit dem Leiden der ewigen Verlierer entspringt eine Wirklichkeit mit noch unklaren Konturen. Was unserer Meinung nach sicher scheint,

ist, daß der Entwicklungsstaat seine Möglichkeiten und Widersprüche ans Ende gebracht hat, indem er heute mit der Herausforderung eines Zyklus konfrontiert ist, der erschöpft ist, und mit einer Tendenz, die auf seine Implosion und integrale Neuformulierung hinweist. Ohne einen Anspruch auf Erklärung, die der Vereinfachung schuldig wäre, scheint es uns jedoch bedeutsam, daß nach 60 Jahren unsere Wirtschaft zur Dollarisierung gezwungen wird. Gezwungen durch die Fakten, unterwirft sich unser Geld einem internationalen Geldstandard. In der Stunde der Krise und angesichts einer unklaren Zukunft endet die Effizienz der wesentlichsten Unterstützung dieser langen und heterodoxen „politischen Akkumulation", deren Gesetz der Inwertsetzung seine tiefste Wurzel in der staatlichen Entscheidungsfreiheit über den Wert des Geldes und des Rechts hatte. Es endet diese Macht in dem Moment, in dem wir aller Wahrscheinlichkeit nach die Implosion des Entwicklungsstaates beobachten."

13 Diesen Begriff führte F. H. Cardoso schon Anfang der 1960er Jahre ein, als er die fehlende Kraft der Unternehmerschaft feststellte, eine eigenständige nationale bürgerliche Revolution durchzuführen. Heute dürfte die Hoffnung darin bestehen, von einem Dritte-Welt-Land zu einem Status à la Kanada – oder Österreich – aufzusteigen: abhängig, aber entwickelt (vgl. Fiori 1997: 181).

14 Die als „ehemals progressiv" Bezeichneten wollten den Staat als aktiven Staat erhalten, was in der Diktion ihrer KritikerInnen eine Verfestigung des Bestehenden bedeutete. Damit verteidigten sie die Interessen der vom bestehenden System begünstigten Gruppen: der BeamtInnen und der formal Beschäftigten. Sie seien demnach KorporatistInnen. Diese Argumentationslinie half Collor, die Wahl zu gewinnen, und hat seit damals stark an Macht zugenommen.

15 Für sie scheint sich zu bewahrheiten, was der italienische Politfuchs Andreotti, Mitglied einer 40 Jahre lang regierenden Partei, feststellte: „Die Macht verschleißt den, der sie nicht hat."

16 Bei den Gemeinderatswahlen 1996 konnte die Linke im ersten Durchgang einen Erfolg erzielen – die PT kam in den Landeshauptstädten siebenmal in die Stichwahl, gewann jedoch nur einmal (FSP 17. 11. 1996), da sich die Mitte-Rechts-KandidatInnen regelmäßig verbündeten. Als Konsequenz daraus versuchten die Parteien der Linken 1998, möglichst geeint zu kandidieren. PDT und PT einigten sich auf nationaler Ebene auf das Kandidatenpaar Lula (Präsident-PT) und Brizola (Vize-PDT).

17 Der jetzige Planungsminister Antonio Kandir, der Arbeitsminister von São Paulo, Walter Barelli, der Soziologe Francisco Weffort, heute Kulturminister, und sein Staatssekretär, Alvaro Moíses, sind nur einige bekannte Beispiele.

18 Die von Menschenrechtsorganisationen beklagte steigende Zahl politisch motivierter Konflikte und Gewalttaten vor allem auf dem Land ist ein weiteres besorgniserregendes Faktum: 1991 kamen bei Landkonflikten 49, 1992 35, 1993 42, 1994 36, 1995 39 und 1997 47 Menschen ums Leben – Brasilienausschnittsdienst 6/96: 26, www.jb.com.br (4. 8. 1999). Die Zeit (26. 4. 1996) berichtet von 21.394 Fällen von Sklaverei.

Kapitel 5:

Menschen machen Geschichte und Geographie

„Die Menschen machen ihre eigene Geschichte,
aber sie machen sie nicht aus freien Stücken
unter selbstgewählten, sondern unter unmittelbar vorhandenen,
gegebenen und überlieferten Umständen“
(Marx 1965: 9).

Wie kaum ein anderes Zitat weisen die am Anfang des „18. Brumaire des Louis Bonaparte“ (Marx 1965) stehenden Sätze auf die Integration von Struktur und Handlung hin. Große Theoriegebäude wie das der Giddensschen Strukturierungstheorie wurden von dem Gedanken inspiriert, daß Menschen innerhalb von in der Vergangenheit gewachsenen Strukturen handeln. Eine Raum-Macht-Analyse geht einen Schritt weiter und betont, daß Menschen nicht nur Geschichte, sondern auch Geographie machen. So liegt die Stärke der vorgenommenen Re-Interpretation der brasilianischen Entwicklung im explizit historisch-geographischen Zugang. Im abschließenden Kapitel werden die wichtigsten Ergebnisse noch einmal zusammengefaßt und ihre konzeptuellen Implikationen für Forschungen in anderen Kontexten herausgearbeitet. Dabei zeige ich die Begrenztheit von an der Oberfläche verharrenden sozialwissenschaftlichen Analysen. Während es bisher um Theoriegenerierung ging, erfolgt in diesem Kapitel auch eine Kritik des dominanten sozialwissenschaftlichen Diskurses. Die Un-Ordnung der Peripherie kann nur durch eine in die Tiefe gehende Analyse, die sich auf ein höheres Abstraktionsniveau begibt, erkannt werden. Die praktische Relevanz von Macht-Raum-Analysen mißt sich nicht an Handlungsempfehlungen, sondern an den Einsichten über Handlungsspielräume, die über den oberflächlichen Hausverstand hinausgehen. Hitzige Diskussionen entpuppen sich bei genauerem Hinsehen als irreführend. Pompöse Widersprüche zeigen sich dann als bloß scheinbare, wenn die treibende Raum-Macht der Un-Ordnung der Peripherie erkannt wird.

Der Schein trügt ...

Markt und Staat

Die erste, genauso weit verbreitete wie gleichzeitig oberflächliche Diskussion ist die über das Gegensatzpaar von Markt und Staat. Die vorliegende Raum-Macht-Analyse zeigte, daß Märkte durch den Staat geschaffen und reguliert wurden und werden. Die konkrete Form der Regulierung richtete sich dabei in Brasiliens Geschichte jeweils nach den vorherrschenden Kräfteverhältnissen, d.h., die Märkte waren wie die Gesellschaft als Ganzes in der Regel sehr asymmetrisch strukturiert. Den Markt alleine zu analysieren, verführt dazu, ihn als „ein wahres Eden der angebornen Menschenrechte" zu sehen. „Was allein hier herrscht, ist Freiheit, Gleichheit, Eigentum und Bentham", stellt Marx (1983: 189) fest. Aber Märkte können nicht „frei" von ihrem gesellschaftlichen Umfeld und dem Staat sein und sind deshalb nur eine Form von Regulation neben anderen.[1] Für den wichtigsten Markt, den Arbeitsmarkt, gilt darüber hinaus, daß er ein Autoritätsverhältnis begründet, das dem Reich der Freiheit und dem bürgerlichen Ideal der Gleichheit eine Grenze setzt (Bowles, Gintis 1986: 72). Arbeitskraft muß verkauft werden, damit ArbeiterInnen konsumieren können. Konsumnormen wiederum bilden die Grundlage von Lebenschancen und Lebensstilen. Diese Argumente sollen nun noch einmal, und zwar in einer Synthese des empirischen Materials, systematisiert werden. Unter der außenorientierten Entwicklungsweise schuf der Staat 1850 den Boden- und Arbeitsmarkt. Damit wurden Jahrzehnte der Unsicherheit in den wirtschaftlichen Transaktionen von Arbeitskräften und Land beendet. Es wurden zwei „fiktive Waren" (Polanyi 1978: 183) geschaffen. Dies geschah auf eine Art und Weise, die die herrschende Macht- und Produktionsstruktur nicht gefährdete, ja sogar verfestigte. Der freie Zugang zu Land wurde unterbunden und seine Verteilung zum staatlichen Monopol. Die bisherigen SklavInnen wurden, bar jeden Zugangs zu Land und Produktionsmitteln, nicht zu Bauern, Bäuerinnen, BürgerInnen oder UnternehmerInnen, sondern zwangsweise zu Arbeitskräften in den großen kapitalistischen Kaffeeplantagen und Fabriken. Die Marktintervention erfolgte in den ersten drei Jahrzehnten dieses Jahrhunderts vor allem in dem Bereich, der für die dominanten Gruppen wichtig war, nämlich der Stabilisierung des Kaffeepreises. Die den Märkten inhärente Selbstzerstörungskraft wurde durch die Kaffeestützungspolitik abgeschwächt. Der Staatsinterventionismus kann als pragmatische Antwort auf das Scheitern der marktlichen Regulierung gesehen werden. Die staatlichen Strukturreformen der Nachkriegszeit – Landreform, Umverteilungspolitik, Industrialisierung – waren weitere Reaktionen auf dieses Marktversagen, wurden aber nur bruchstückhaft durchgesetzt. In der gegenwärtigen Phase der Weltmarktöffnung scheinen die Probleme und Überlegungen der 1930er Jahre in Vergessenheit geraten zu sein. Statt Marktversagen scheint es nur Staatsversagen zu geben; Strukturreformen bedeuten heute das Gegenteil dessen, was die StrukturalistInnen der Cepal in den 1950er Jahren meinten. Heute geht es um den Abbau von marktbehindernden Institutionen (Fiori 1995: xiv). Der neoliberale Staat ist aber alles andere als ein *Laissez-faire*- oder Minimalstaat. Marktsystem und Interventionismus schließen einander keineswegs aus. „Solange das System nicht etabliert ist, müssen und werden die Liberalen ohne zu zögern nach staatlichen Eingriffen zum Zweck seiner Etablierung und, sobald dies geschehen ist, zu seiner Aufrechterhaltung rufen" (Polanyi 1978: 206). Gegenwärtig geht es um Alterssicherung, Bildung und Gesundheit, durchaus ebenfalls „fiktive Waren", die während des entwicklungsorientierten Modells und bis vor kurzem als Kernaufgaben des Staates angesehen wurden. Die Art und Weise, wie die Qualität von Alterssicherung, Bildung und Gesundheit nun an Geldeinkommen gebunden ist, offenbart den machtzementierenden Charakter dieser Gegen-Reformen. In deren Vordergrund stand die Eingliederung neuer Bereiche in die Warenlogik. Die Kommodifizierung von bis jetzt der Warenlogik entzogenen Bereichen soll helfen, eine drohende Verwertungskrise zu verhindern.

Liberalismus und Staatsintervention

Keine andere Ideologie nahm im offiziellen und dominanten Diskurs Brasiliens derart beharrlich eine Schlüsselrolle ein wie der Liberalismus. Er war immer Teil der offiziellen Ideologie, stellt aber gleichzeitig eine „Idee am falschen Platz" dar, was seine geringe praktische Wirksamkeit erklärt. Freie, miteinander interagierende BesitzbürgerInnen bilden nicht die Grundlage der brasilianischen Gesellschaft. Trotzdem spielte der Liberalismus im 19. Jahrhundert im Prozeß der Nationsbildung eine konstruktive Rolle (Fernandes 1987: 34 ff.). Brasilien imitierte schon im 18. Jahrhundert die Führungsmacht auch ideologisch, denn diskursiver und organisatorischer Isomorphismus spielten immer schon eine große Rolle. Jedoch adaptierte die brasilianische Machtstruktur diese externen Einflüsse auf eigenständige Weise, weshalb der „reale Liberalismus“[2] Brasiliens so widersprüchlich und irrational ist wie die Wirklichkeit, auf die er sich bezieht. Die brasilianische Staatlichkeit beruhte national auf dem Patrimonialismus als einer ständisch-autoritären Staatsform und lokal auf der Dominanz des Zuckerguts als totaler politisch-ökonomischer Herrschaft durch den Zuckerbaron. Der Liberalismus war Inspiration der Sklavenhalter in ihrem Kampf gegen Portugal. Als antiportugiesischer Nationalismus begab er sich umgehend in die Arme des britischen Imperialismus. Die liberale Freiheit vom portugiesischen Staat mündete in keinerlei Demokratisierung der nationalen Gesellschaft, denn die Sklaverei wurde bloß durch den freien Arbeitsmarkt ersetzt. Ende des 19. Jahrhunderts setzte sich mit der Alten Republik definitiv der „reale Liberalismus“ durch. Trotz ihrer antistaatlichen Rhetorik konnten die Liberalen nie einen autonomen zivilgesellschaftlichen Raum schaffen und mußten schon bald auf Staatsinterventionismus zur Stützung des Kaffees zurückgreifen. Die Agraroligarchie beherrschte die dezentralen Macht-Räume und unterdrückte die Ansätze von Zivilgesellschaft und Gewaltenteilung. Im dominant intensiven Akkumulationsregime sicherte sich die Unternehmerschaft mit einem liberalen Diskurs und einer interventionistischen Praxis ihre Gewinnraten via staatliche Begünstigungen.

Hierbei unterschieden sich die Kaffeebarone nicht von den Industriellen, die ab 1930 an ihre Stelle als Spitze in der Hierarchie des Machtblocks traten. Die Sozialisierung von Kosten und Verlusten blieb strukturelles Merkmal einer immer nur partiell liberalen Führungsschicht. Die PolitikerInnen und der Beamtenstand sicherten sich ihr Einkommen durch den Bezug von Renten, die in der politischen Verteilung von Geld anfielen. Die Liberalen kamen schließlich 1945 mit ihren marktwirtschaftlichen Ansichten kurz an die Macht. Nach ihrer baldigen Abwahl untergruben sie Vargas’ nationalpopulistische Entwicklungsstrategie, ohne eine Alternative anbieten zu können. Der „reale Liberalismus“ wurde schließlich von der mit Wirtschaftsliberalen gespickten Militärdiktatur auf die Spitze getrieben, indem ein massiver, nur einer Rechtsdiktatur ohne internationale Sanktionen gestatteter Verstaatlichungsprozeß durchgeführt wurde. Doch führten die Militärs den Staat in eine Fiskalkrise, von der er sich zwei Jahrzehnte später noch nicht erholt hatte. Wieder wurde in den 1980er Jahren der Liberalismus vorgeschlagen, diesmal mit Privatisierung des Nationalstaates als Lösung. Der „reale Liberalismus" der 1990er Jahre ist ohne Zweifel ambitionierter und dem „reinen" Liberalismus, d.h. dem, was Hayek und Friedman wollten, näher als frühere Formen des brasilianischen Liberalismus. Gegenwärtig geht es um eine Durchkapitalisierung der Gesellschaft, was durch Privatisierung, aber auch durch Partnerschaften von Staat und Zivilgesellschaft im Sinn eines neuen *Governance* erfolgt.

„Neoliberalismus" ist ein Wort, dessen Kern schwer entlarvbar ist. In dieser Arbeit wurde daher auch, soweit es ging, darauf verzichtet, bestimmte Wirtschaftspolitiken als neoliberal zu bezeichnen. Nicht zuletzt deshalb, weil sich die letzten Präsidenten allesamt vom Neoliberalismus distanzierten. Sarney wollte „alles für das Soziale" tun, Collor war ein „Sozialliberaler", und Cardoso ist selbstverständlich nicht neoliberal, sondern ein „Sozialdemokrat". Im folgenden werde ich mich daher an einer engen, aber prägnanten Sichtweise von Neoliberalismus orientieren, wie sie Foucault entwickelte.[3] Der Neoliberalismus inauguriert neue Freiheiten, weil er alles gesellschaftlichen Aushandlungsprozessen überläßt. Man kann über alles reden, solange sich diese Verhandlungen allein auf dem Boden von Kosten-Nutzen-Kalkülen bewegen. Diese neuen Freiheiten ermöglichen durch die Beschränkung auf das „Realistische" neue Formen von Kontrollen, die weder über Repression noch über hegemoniale Einbindung funktionieren (Lemke 1997: 254 f.).

Die organisatorische Umstrukturierung des Staates verlief in den letzten Jahren analog zum Diskursiven als eine Verbindung von Veränderung und Konstanz. Der harte – oder, wie es heißt: strategische – Kern des Staates wird weiterhin nach teilweise archaischen, teilweise modernen autoritären Formen gelenkt. Der militarisierte Teil des Staates, der Sicherheitsstaat, und die hohe Verwaltung als strategischer Kern des Machtblocks erhalten sich wesentliche Teile der so breit kritisierten Privilegien von „Staatsdienern" wie hohe Gehälter, Pragmatisierung oder Vorrückungen usw. Der hohen, nun als Management geführten Bürokratie kommt die Aufgabe des Steuerns des Staatsschiffes zu. Die Ausführung – das Rudern – wird in halbstaatliche oder halbgesellschaftliche Sozialorganisationen ausgelagert, in denen die gleichen prekären Bedingungen vorherrschen wie auf dem sonstigen – privaten – Arbeitsmarkt.

Diese Modernisierung des Staates war aber äußerst selektiv. Der Klientelismus in der Legislative verringerte sich unter der modernisierungsbesessenen Regierung Cardoso einzig aufgrund fehlender staatlicher Mittel zum Verteilen. Die vierjährige Amtszeit war durch eine Fülle an Skandalen gekennzeichnet, deren Höhepunkt der Stimmenkauf für die Wiederwahl war. Dies verwundert nicht, denn allgemein bestimmten im Kongreß weiterhin dieselben Kräfte, die den Klientelismus jahrzehntelang verfeinert hatten. In der Exekutive gelang es, den harten Kern der Wirtschaftspolitik und den ihn exekutierenden *Technopol* weitgehend von der Zivilgesellschaft und dem allgemeinen politischen Geschehen abzukoppeln (Fiori 1997: 13).

Der neue autoritäre Diskurs sieht nun in der exzessiven demokratischen Mitwirkung eine Gefahr für die „Regierbarkeit“ (Becker 1998a: 13). Weniger Demokratie erlaube eine effizientere Staatsführung. Das neue Grundmodell der Staatlichkeit – *Governance* – definiert die verschiedenen Bereiche öffentlicher Leistungsbereitstellung als Märkte. Dort seien die Privatwirtschaft und in Teilbereichen auch NGOs die kompetenten AkteurInnen, da sie effizient, effektiv und qualitativ hochwertig anbieten. Der Privatsektor optimiere aber nur die individuelle Effizienz, weshalb es dem Staat als Regulator obliege, die Regeln dahingegehend festzulegen, daß die gesamtwirtschaftliche Effizienz gewährleistet sei. Dieses Modell des „Steuerns“ und „Ruderns“ ist die in der Staatsreformdiskussion bestimmende institutionelle Innovation.

Viele der Kritikpunkte verschiedenster Art am bürokratisch-staatlichen Modell werden in diesem neuen institutionellen Arrangement berücksichtigt: Die Partizipation der Zivilgesellschaft soll durch die Einbindung von NGOs gewährleistet werden, die starren bürokratischen Regelungen werden durch eine dezentralere, flexiblere und an den Ergebnissen orientierte Vorgangsweise ersetzt. Doch gleichzeitig handelt es sich bloß um solche Reformen, die weder die grundlegende Machtstruktur noch den Machtblock in Frage stellen. Im Bereich der öffentlichen Leistungserstellung wird die Verwaltung auf den Organisationstypus Unternehmen umgestellt. Die Sozialorganisationen sind eine Organisationsform, die von der Regierung als nicht-staatlich, aber öffentlich bezeichnet wird, als Mischform zwischen Staat und Gesellschaft. Die konkrete Ausgestaltung bestimmt aber ihre Wirksamkeit. Es handelt sich nämlich durch die Zusammensetzung des Verwaltungsrats, die Normsetzungsmacht und das Ressourcenmonopol um eine Verstaatlichung der Gesellschaft. Die ehemals unabhängige, im Zuge der Demokratisierung oft oppositionelle Zivilgesellschaft wird mit der öffentlichen Leistungsbereitstellung betraut und somit offizieller Teil des erweiterten Staates. Staat und Zivilgesellschaft – d.h. der erweiterte Staat – unterliegen aber, Foucault folgend, zunehmend dem gleichen Kalkül. In diese Basisorganisationen hinein wirkt Macht besonders tiefgehend.[4] Diese Form der Verstaatlichung der Gesellschaft fördert letztlich die gleichzeitige Ökonomisierung von Staat und Gesellschaft. Staatliche und zivilgesellschaftliche Organisationen werden wie Unternehmen behandelt. Es kommt zu einer konsequenten Ausweitung der ökonomischen Form auf das Soziale. Die Differenz zwischen Ökonomie und Sozialem wird eliminiert. „Dabei werden ökonomische Analyseschemata und Entscheidungskriterien auf Bereiche übertragen, die nicht oder nicht ausschließlich ökonomische Bereiche sind oder sich sogar durch ihre Differenz zu einer ökonomischen Rationalität ausweisen. ... Die Ökonomie ist in dieser Perspektive nicht ein fest umrissener und eingegrenzter Bereich menschlicher Existenz, sondern sie umfasst prinzipiell alle Formen menschlichen Handelns und Sich-Verhaltens“ (Lemke 1997: 248).

Der Neoliberalismus ermutigt die Individuen zum unternehmerischen Handeln. Der Wunsch nach individuellen Gestaltungsspielräumen und Autonomiebestrebungen wird mit einem Angebot zur Partizipation beantwortet. Die Raum-Macht entzieht sich zwar dem individuellen Handlungszugriff, die konkrete Ausgestaltung der Struktur wird aber vielfältiger. „Der ‘Preis’ für diese Beteiligung ist, dass sie selbst die Verantwortung für diese Aktivitäten – und für ihr Scheitern – übernehmen müssen“ (Lemke 1997: 254). „Die Generalisierung der ökonomischen Form hat zwei wichtige Aufgaben: Erstens funktioniert sie als Analyseprinzip, indem sie nicht-ökonomische Bereiche und Handlungsformen mittels ökonomischer Kategorien untersucht. Soziale Beziehungen und individuelles Verhalten werden nach ökonomischen Kriterien und innerhalb eines ökonomischen Intelligibilitätshorizonts dechiffriert. Zweitens besitzt das ökonomische Raster aber auch Programm-Charakter, indem es die kritische Bewertung der Regierungspraktiken anhand von Marktbegriffen erlaubt: Es ermöglicht, sie zu prüfen, ihnen Übermaß und Missbrauch entgegenzuhalten und sie nach dem Spiel von Angebot und Nachfrage zu filtern. Während der klassische Liberalismus die Regierung angehalten hat, die Form des Marktes zu respektieren, ist der Markt in dieser Konzeption nicht mehr das Prinzip der Selbstbegrenzung der Regierung, sondern das Prinzip, das sich gegen sie kehrt: 'eine Art permanentes ökonomisches Tribunal'" (Lemke 1997: 248). Es handelt sich um eine – ganz Lateinamerika umfassende – „Homogenisierung der Politik". Dieser Isomorphismus führt zu einheitlichen Programmen und Organisationsformen – einer einheitlichen Machtstruktur –, was nicht unbedingt ein einheitliches Entscheidungszentrum, also einen Machthaber, erfordert. Vielmehr ist Macht gegenwärtig wirkungsvoller als unter der Diktatur. Sie ist nicht einfach an einen verorteten Machthaber gebunden, von dem sie ausgeht und daher auch einfach bekämpft werden könnte. Der Popularitätsverlust Cardosos erschütterte die Machtstruktur nicht. Was der Soziologieprofessor in Brasilien durchführte, vollbrachten in anderen lateinamerikanischen Ländern Lebemänner, Militärs oder Unternehmer. Dadurch kommt weltweit und in den verschiedensten Bereichen ein Modell zum Durchbruch: das Ende der zentralen, bürokratischen, regelorientierten und damit immer gleichen und universell anwendbaren Behandlung von Problemen. Dieses wird durch ein ergebnisorientiertes, sich selbst steuerndes und kontextuelles *Managen* von Problemen ersetzt. Der gegenwärtige Konsens, und das ist gleichzeitig einer der zentralen Widersprüche, besteht in der Wertschätzung des Konkreten, des Unterschieds, der Selbststeuerung und des Kontexts, um aber gleichzeitig ebendiese Konkretheit, Autonomie und Verschiedenheit einem universell gültigen Prinzip – dem der kapitalistischen Marktlogik – zu unterwerfen. Es kommt zur verallgemeinerten Anwendung individuell-utilitaristischer Prinzipien, die zusammen mit dem Konkurrenzprinzip lebensstilbestimmend werden.

Zusammenfassend kann festgehalten werden, daß herkömmliche liberale Diskussionen um mehr oder weniger Staat und Markt sowie die verschiedenen Variationen eines Mixes aus Staat und Markt auf der institutionellen Ebene verharren, ohne auf die strukturelle Ebene Bezug zu nehmen. Eine Raum-Macht-Analyse hingegen geht über die Markt-Staat-Dichotomie hinaus und legt die strukturellen Kräfte offen, allen voran die des Kapitals. Die produktiven Kräfte der gegenwärtigen Raum-Macht treiben die Intensivierung kapitalistischer Produktion und die Verinnerlichung des Profitkalküls voran. Nachdem die physischen Räume des Territoriums durchkapitalisiert wurden, werden gegenwärtig fragmentiert-dezentrale Kräfte wirksam. Sie machen bei den Kommunen und NGOs nicht halt, sondern dringen in die

Köpfe der Menschen ein, um diese zuzurichten. „Wenn diese Annahme richtig ist und die neoliberale Strategie darin besteht, die überkommenen rigiden Regelungsmechanismen durch die Entwicklung von Selbstregulationstechniken zu ersetzen, dann ist es für die politische Analyse unverzichtbar, jene Selbststeuerungskapazitäten eines 'autonomen Individuums' und ihre Koppelung an Formen politischer Herrschaft und ökonomischer Ausbeutung zum Gegenstand der Untersuchung zu machen" (Lemke 1997: 256).

Macht und Wissen

Intellektuelle waren in der brasilianischen Entwicklung immer von großer Bedeutung. Vielleicht ist diese fast „ehrwürdige" Hochachtung der Intellektuellen Merkmal einer unterentwickelten Nation (Tavares 1998: 45). Tatsache ist, daß sich die Intellektuellen immer stark für Politik interessierten; vor allem in den 1980er Jahren waren fast alle politisch aktiv, ja sogar „hyperaktiv" (Fiori 1995: xi). Der radikale, partizipationsorientierte Flügel der Intellektuellen unterstützte die sozialen Bewegungen im Aufbau von Gegenmacht. Der gemäßigte, staatszentrierte Teil – d.h. im wesentlichen alle mit Ausnahme der PT und der ihr nahestehenden Gewerkschaften – ging von einer instrumentellen Sicht von Staat aus, einer Sicht, die im Staat einen neutralen Akteur sah, der diejenigen Instrumente einsetzte, die die InhaberInnen staatlicher Positionen eingesetzt haben wollten. Das Feld von Wissen und Macht unterliegt gegenwärtig in der Neuordnung der Staatlichkeit einem massiven Wandel hin zu einem Feld des *Governance*.

Organisatorisch und diskursiv stammen die Kernelemente dieser Innovation in Brasilien von Basisinitiativen, die sich in den 1970er Jahren im Widerstand gegen den autoritären Staat formierten und eine nicht technokratische, nicht bürokratische und dezentrale Staatsform forderten. Es war dies ein auf Paulo Freire und die Befreiungstheologie zurückgehendes Macht-Wissens-Feld, das das Wissen des gemeinen Volkes nicht diskriminierte und den AkteurInnen von unten Zeit und Raum gab, ihr Wissen zu artikulieren und wirksam werden zu lassen (Novy 1988). Analog zum Raumverständnis sah Freire in einem Behälter-Konzept von Wissen die Grundstruktur eines repressiven Macht-Wissens-Feldes. Die Armen seien bloß Behälter, die von Lehrenden zu füllen seien (Freire 1984: 57); Bildung wird zur Spareinlage, zum Humankapital.

Einige der diskursiven Elemente Freires wurden von der Rechten als Kritik akzeptiert, adaptiert aufgenommen und zu Knoten im neuen Macht-Wissens-Feld gemacht. Macht und Wissen sollen demnach von unten ausgehen und die lokalen Ressourcen sowie das lokale Wissen zur Problemlösung ausnutzen. Diese lokale Vielfalt an Situationen und Lösungsvorschlägen wird jedoch nach einheitlichen Kriterien bewertet. Diese überbewerten die monetär-finanzielle Dimension und konzentrieren sich auf technische Lösungen. Damit unterwerfen sie nicht-monetäre und oppositionelle Aspekte einer quantitativen Logik.

Im Fall der öffentlichen Leistungserstellung strebt die Regierung dezidiert die Teilnahme der Zivilgesellschaft und von dezentralen AkteurInnen an. Das Staats-Wissens-Feld wird als ein Markt konstituiert, bei dem die Exekutive die Regeln betreffend des Marktwerts von Wissen vorgibt. Diese müssen sich aber strengen akademisierten Kriterien der Leistungserstellung, Rechenschaftspflicht und Rechnungslegung unterwerfen, weshalb große Teile möglicher LeistungserstellerInnen von vornherein ausgeschlossen sind. Die akademisch gebildeten VermittlerInnen (Intermediäre) zwischen den Zielgruppen der öffentlichen Leistungserstellung und staatlichen EntscheidungsträgerInnen werden aufgewertet, was die Zustimmung eines wichtigen Teils der Intellektuellen zur gegenwärtigen Staatsreform erklärt. Die VermittlerInnen können im Regime des *Governance* die Rolle der KarrierebeamtInnen einnehmen, deren Zahl gegenüber dem Regime des *Government* wesentlich zurückgeht. Ansonsten sind sie aber im Unterschied zum Beamtenstand VermittlerInnen in einer weit prekäreren Situation, da ihre privilegierte Stellung niemals dauerhaft gesichert ist, sondern ständig erkämpft werden muß. Dies erhöht die individuelle Unsicherheit und damit den Konformitätsdruck.

Diese VermittlerInnen stammen aus dem selben kulturellen Milieu, das in den 1980er Jahren auf die mächtig auftretenden Basisinitiativen hin orientiert war. In dieser Konjunktur waren viele dieser Intellektuellen Anwälte der Basis, sei es als ArchitektInnen, RechtsanwältInnen oder ÄrztInnen. Mit der Schwächung der Basis schwand die Identifizierung nach unten, mit der Professionalisierung erhöhte sich die Abhängigkeit von den Geldgebern.

Das neue Macht-Wissens-Feld ist nicht neutral, flach und offen, sondern schräg und mit Hindernissen versehen, die manche leichter nehmen können als andere. Die diskursive und organisatorische Ausformung des neuen marktähnlich organisierten und akademisierten Feldes fördert die „Elitisierung" im Zeitalter der „Neuen Renaissance".

Dieses auf Ressourcen „von unten" bauende Feld nutzt das schöpferische Potential der Basis zur Belebung eines blutleeren akademischen Wissens. Gleichzeitig marginalisiert es die Basis. Im Rahmen einer „Projektkultur" herrscht der Zwang, kurzfristige Erfolge vorweisen zu können, vor, was mit dem Wesen von Entwicklungsprozessen in Widerspruch tritt (Novy 1997a). Projekt steht gegen Prozeß, wobei die Projektlogik den Entwicklungsprozeß dominiert. Die Logik rationaler Projektabwicklung steht im Widerspruch zur jahrhundertelangen Unterdrückung, der die „Zielgruppen" von Projekten im Rahmen des *Governance* zumeist ausgesetzt waren. Das kollektive Bewußtsein der Unterdrückten ist durch die Kultur des Schweigens, „durch den Raub an der Sprache, die Zerstörung der kulturellen Identität der Unterdrückten, ihre Reduktion auf das Dasein von Haustieren, bewußtlos, wehrlos, hoffnungslos" (Lange 1984: 11), charakterisiert.

Wie können diese Strukturen durch ein noch so professionelles, aber einzig an der Oberfläche agierendes Projektmanagement kurzfristig aufgebrochen werden? Entwicklung als eine zeitlich befristete Intervention steht somit im Gegensatz zu Entwicklung, verstanden als ein historisch-geographischer und damit zumeist langsamer Prozeß.

Die vorliegende Arbeit zeigte die Macht dieses Prozesses. Raum-Macht lastet auf den AkteurInnen, sie fördert das Routinehandeln und reproduziert Ungerechtigkeiten. Dies ist aber kein Naturgesetz, sondern Ergebnis der Anordnung von Institutionen und Sozialtechniken innerhalb einer Machtstruktur.

In Porto Alegre wurde diese Kooperation von Staat und Zivilgesellschaft anders organisiert. Da die kommunale Budgeterstellung als ein Knotenpunkt im lokalen Machtfeld demokratisiert wurde, konnte auch die ausschließende Logik dezentraler Leistungsbereitstellung in Grenzen gehalten werden. Im diskursiven Feld, auf dem sich die neuen VermittlerInnen der Leistungserstellung normalerweise bewegen, fehlt ein Begriff von Struktur. Vielmehr dreht sich alles um Sozialtechniken. Diese werden aber leicht für die Interessen der Machtstruktur vereinnahmt. Die VermittlerInnen begeben sich damit in die gleiche Sackgasse wie das vielfach kritisierte technokratische Wissen, das in der Zeit der Militärdiktatur in der Stadt- und Regionalplanung vorherrschend war. Die neuen VermittlerInnen der Zivilgesellschaft gehen ebenso wie früher die Staatsbürokratie von einem „neutralen“ Wissen und einer „neutralen“ fachlichen Kompetenz aus. Die Folgen für den Entwicklungsprozeß sind fatal; vor allem deshalb, weil es sich heute bei diesen VermittlerInnen um Personen aus einem sozialen Raum handelt, der im Kampf gegen den autoritären Staat mühsam konstituiert werden mußte: die Zivilgesellschaft als ein Machtraum mit einer von Staat und Kapital in Ansätzen verschiedenen Handlungslogik und einem gewissen emanzipatorischen Potential.

Zentralisierung und Dezentralisierung

Vilfredo Pareto entwarf um die Jahrhundertwende ein Konzept der räumlichen Struktur sozialer Ordnungen. Er beschrieb ein Strukturmerkmal, das für das Verständnis der brasilianischen Entwicklung genau zuzutreffen scheint: „In jeder menschlichen Gemeinschaft stehen zwei Kräfte zueinander im Gegensatz. Eine, die man als zentripetal bezeichnen könnte, treibt zur Konzentration der Zentralgewalt, die andere, die man als zentrifugal bezeichnen könnte, treibt zu ihrer Aufteilung. In ewigem Wechselspiel verlagert sich der Schwerpunkt dieser beiden Kräfte, einmal auf die eine, einmal auf die andere Seite, nicht immer gleich und regelmäßig, sondern je nach Zeit verschieden, und diese Oszillationen manifestieren sich durch viele und verschiedenartigste Phänomene“ (Pareto 1975: 311). Für Pareto stellt das Abwechseln zentraler und dezentraler Regulation eine natürliche Ordnung dar, teleologisch folgt auf eine Phase der Zentralisierung eine Phase der Dezentralisierung. Es besteht kein Zweifel, daß über weite Teile des 20. Jahrhunderts weltweit eine Zentralisierung zu beobachten war. Doch genauso stark wie vor allem nach dem Zweiten Weltkrieg und dem Sieg der Bolschewisten in Rußland 1917 die Zentralisierungstendenzen waren, genauso stark ist seit den 1970er Jahren, relativ unbeeinflußt von kriegerischen Ereignissen, eine „stille“ Revolution in Richtung Dezentralisierung in Gang gekommen. In Brasilien war dies nicht anders. So folgte einem simplen politischen Schema gemäß auf die Phase der Konsolidierung der Zentralmacht (1822-1889) eine Phase der Dezentralisierung (1889-1930), die zu einem bis dahin nicht gekannten Ausmaß an Zentralisierung auf nationalstaatlicher Ebene führte (1930-1980) (Ianni 1996: 160), wie es die folgende Tabelle zusammenfaßt.

Tabelle 38: Räumliche Dynamik als eine „ewige Wiederkehr“ von Zentralisierung und Dezentralisierung

	Räumliche Dynamik
1822-1889 Zentralisierung	* Monarchische Zentralisierung zur Verteidigung der Sklavenökonomie sichert Einheit des Staates
	* Verschiebung des wirtschaftlichen Zentrums (Nordosten: Zucker, Zentrum: Bergbau, Südosten: Kaffee)
1889-1930 Dezentralisierung	* Dezentralisierung und Erhöhung der finanziellen Autonomie der Bundesstaaten
	* Zunehmende wirtschaftliche Zentralisierung in São Paulo
1930-1980 Zentralisierung	* Zentralisierung der Entscheidungsmacht beim Nationalstaat
	* Wirtschaftliche, aber nicht politische Vorherrschaft São Paulos
	* Ansätze zur territorialen und sozialen Integration
	* Wahrung der regionalen Autonomie der dominanten Gruppen
Ab 1980 Dezentralisierung	* Dezentralisierung und Stärkung des Föderalismus
	* Fragmentierung des Territoriums und Heterogenisierung der Sozialstruktur
	* Globalisierung und Homogenisierung der Kapitalfraktionen (Unterordnung unter das internationale Kapital)
	* Verschiebung der wirtschaftlichen Dynamik in Richtung Süden (Mercosur)

Quelle: Eigene Adaptierung

Die schattierten Felder obiger Darstellung zeigen die räumliche Dynamik als einen zyklischen Prozeß. Dies impliziert die „ewige Wiederkehr“ einer scheinbar unumstößlichen, gleichsam naturgegebenen Ordnung. Pareto lag es daran, die bewahrenden Elemente gesellschaftlicher Entwicklung über die Zeit hinweg zu zeigen. Demnach müßte die gegenwärtige Phase der Dezentralisierung Elemente der Phase von 1889 bis 1930 beinhalten. Tatsächlich ähnelt sich die Raum-Macht, weil es sich um dasselbe Grundmuster handelt. Es ist dies ein Dispositiv aus lokaler Herrschaft der Herren der Landgüter und einem nationalen Machtbehälter, dessen Struktur von der lokalen autoritär-hierarchischen Logik durchzogen ist (Fernandes 1987: 58 f.). Heute wie damals gibt es lokale, außenorientierte Produktionssysteme, was die Tendenz zur Fragmentierung des Territoriums verstärkt. Die fehlende einheitliche Sozialpolitik fördert die Heterogenisierung der Sozialstruktur. Die Verfassungsreformen 1894 und 1988 stärkten die föderalen

Elemente und damit die Bundesstaaten. Gleichzeitig spricht vieles dafür, die Geschichte nicht als zyklischen Prozeß, sondern als „unwiederholbar", und die Geographie nicht als gegeben, sondern als produziert zu sehen. In wichtigen Bereichen unterscheidet sich der gegenwärtige Prozeß nämlich von dem im 19. und beginnenden 20. Jahrhundert. Die dezentralisierende Logik der Alten Republik baute auf einer anderen Struktur auf als die Dezentralisierungsbemühungen in den 1980er Jahren. Die nationale Struktur, die gegenwärtig geschwächt wird, ist in wichtigen Punkten – Industrialisierung, Urbanisierung, Partizipationsmöglichkeiten der Zivilgesellschaft, rudimentär vorhandener Sozialstaat – trotz eines Dekonstruktionsprozesses eindeutig mächtiger als die nationale Struktur des Imperiums. Auch die Auswirkungen auf die lokale und nationale Kapitalstruktur sind anders.

In der Alten Republik dominierte die Agraroligarchie, wobei national das Kaffeekapital und international das Handels- und Finanzkapital vorherrschte. Gegenwärtig hat jedoch das international wettbewerbsfähige Kapital, unterstützt von einem – eingeschränkt – nationalen Finanzkapital, die Vorherrschaft übernommen. Die politische Dezentralisierung der Alten Republik bedeutete die vollkommene Unterordnung der Kommunen sowie aller abweichenden lokalen und regionalen politischen Kräfte unter die zentrale Gewalt des Gouverneurs. Die in der Verfassung von 1988 festgeschriebene Dezentralisierung stärkte die lokale Macht, die Kommunen, genauso wie die Bundesstaaten. Die politische Dezentralisierung unter der Alten Republik legte Grundsteine für die Verfestigung der wirtschaftlichen Zentralisierung in São Paulo. Die politische Zentralisierung und damit die Unterordnung des politischen Machtraumes von São Paulo unter die Zentralgewalt verstärkte die Prozesse wirtschaftlicher Zentralisierung durch das paulistanische Industriekapital. In seiner Endphase, beginnend mit der Gründung der Sudene 1959, setzte jedoch ein zunehmend deutlicherer Prozeß der wirtschaftlichen Dezentralisierung im Raum ein, der die weitergehende nationale Kapitalkonzentration aber nicht ausschloß. Die politische Dezentralisierung der 1980er Jahre förderte schließlich die wirtschaftspolitischen Aktivitäten der dezentralen Einheiten. Dies führte aber nicht zum vielfach beschworenen regionalen Ausgleich. Vielmehr ist eine konzentrierte Dekonzentration zugunsten der Nachbarbundesstaaten von São Paulo und zu Lasten der Peripherie festzustellen. Bezogen auf den Bundesstaat São Paulo zeigt sich, daß die Konzentration in Groß-São Paulo zwischen 1920 und 1980 einer Verdichtung des Verflechtungsraumes geschuldet war. Die konzentrierte Dekonzentration führt zu einem quantitativen Bedeutungsrückgang und einer Deindustrialisierung in Groß-São Paulo. Gleichzeitig wachsen die Ringe um die Kernstadt, d.h., der Agglomerationsraum dehnt sich aus.

Zentralisierung ist somit ein relativer Begriff, der einiger Spezifizierungen bedarf und eine dialektische Analyse erforderlich macht (Ianni 1996: 51-86). Erstens ist die Reichweite der Gültigkeit zu klären. Eine Zentralisierung auf einer Ebene kann durchaus mit Dezentralisierungen auf anderen Ebenen einhergehen. Die Zentralisierungsbestrebungen durch die Nationalstaaten im Rahmen des peripheren Fordismus waren nur durch eine dezentrale Struktur der Weltwirtschaft möglich. Anfangs geschah dies durch die Weltwirtschaftskrise, dann durch den Krieg. Beide schwächten den Weltmarktzusammenhang. Aber auch das Regime von Bretton Woods baute auf der Souveränität der Nationalstaaten auf und begrenzte die Raum-Macht des Weltmarktes und des Weltgelds. Bezogen auf die Räumlichkeit der Sozialstruktur gilt ähnliches. Unter der Alten Republik bedeutete Dezentralisierung die Verhinderung lokaler Demokratie. Dem Nationalstaat oblag die Durchsetzung grundlegender demokratischer Rechte wie des Wahlrechts. Die Koppelung von Demokratie und Dezentralisierung, die in den 1980er Jahren in Opposition zur Militärdiktatur vorgenommen wurde, ist keineswegs zwingend. Gerade in einem Land wie Brasilien war die lokale Macht immer autoritär. Anfangs waren es die Repräsentanten der Krone zusammen mit den Zuckerbaronen, später die Großgrundbesitzer. Die lokalen Interessen, vor allem des ländlichen Raumes, waren in der Regel die Interessen der Agraroligarchie, die auf der zentralen Ebene als die allgemeinen territorialen Interessen der dezentralen Einheit repräsentiert wurden. Der größte Landbesitzer sprach im Namen der und für die Region. Das Parlament war eine Ansammlung derartiger regionaler Interessen, die in Wahrheit ein zentrales Interesse gemeinsam hatten: die Sozialstruktur zu bewahren. Auf diesem Widerspruch basierte die Überzeugung, daß Fortschritt und Demokratisierung gegen die lokalen Interessen durchgesetzt werden müßten.

Dies leitete die Revolution von 1930 genauso an wie den Marsch revolutionärer Militärs und die Regionalplanung. Unter der Leitung von Celso Furtado wurde im Rahmen der Sudene die rationale Planung der Regionalentwicklung des Nordostens begonnen. Dieser Zugang übersah jedoch den Umstand, daß die zentrale Ebene immer funktional für die dezentrale Un-

Ordnung war. Die Struktur des Nationalstaates löste sich niemals vom portugiesischen Patrimonialismus und eröffnete daher dem Establishment und der Unternehmerschaft einen privilegierten Zugang zum Staat. Schließlich kann die Bildung eines supranationalen Zusammenschlusses wie des Mercosur – eine Form von Zentralisierung – auf den unteren räumlichen Ebenen Zentralisierungs- oder Dezentralisierungsprozesse fördern. In Brasilien ist gegenwärtig beides beobachtbar. Auf der nationalen Ebene kommt es zu einer Machtzentralisierung bei der Exekutive (zu Lasten der Legislative und der Zivilgesellschaft). Nach 1994, mit dem *Plano Real,* war in Brasilien via Geldpolitik eine Rezentralisierung zu beobachten. Auf der regionalen Ebene wiederum ist in der Industriepolitik ein intensiveres Engagement bemerkbar, insofern Bundesstaaten und Gemeinden zu aktiven MitspielerInnen im kontinentalen Wettbewerb werden: Der „Fiskalkrieg" zwischen den Bundesstaaten und Kommunen zeugt davon. Die konservative Dezentralisierungsstrategie verbindet politische Zentralisierung mit administrativer Dezentralisierung. Dies sichert den Zusammenhalt der Regierung und fokalisiert gleichzeitig die Administration. Vor allem das Malufsche Modell und teilweise auch dasjenige der Zentralregierung orientierten sich daran. Der Nationalstaat überträgt die Regulierung der sozialen Konflikte und die Verwaltung des Mangels auf die lokale Ebene; das Konzept national gültiger staatsbürgerlicher sozialer Rechte und damit von Territorium als einem sozial homogenisierenden Raum löst sich auf (Bava 1996: 54). Zentralisierung ist somit ein nach Prozeß und Ebenen zu differenzierendes Phänomen, das mit keiner vereinfachenden räumlichen Dynamik zu fassen ist. Das Pendel des Pareto und die damit zusammenhängenden zyklischen Phänomene können deshalb nur Ausgangspunkt der Forschung sein. Zielführender ist es hingegen, diese zyklischen Phänomene in ein dialektisches Modell der Produktion des Raumes zu integrieren, in dem die Widersprüchlichkeit von (De-)Zentralisierung untersucht wird.

Globalisierung und Fragmentierung

Die Unicamp war über die letzten drei Jahrzehnte ein Zentrum kritischer Reflexion. Ihre Analysen waren immer schon implizit geographisch ausgerichtet. Sie privilegierten aber allesamt eine spezifische räumliche Analyse, nämlich das Wechselspiel zwischen intern und extern als eine Dialektik von nationalen und internationalen Faktoren.[5] In der cepalinischen Tradition stehend und diese erweiternd begründete sich eine eigenständige regionalökonomische Schule. Die ausführliche Zitierung von Autoren wie Cano, Pacheco oder Negri zeigt die Bedeutung dieser Gruppe für die vorliegende Arbeit. Die Auseinandersetzung mit dieser regionalisierten Konzeptualisierung von Celso Furtados Strukturalismus ist wichtig, wiewohl eine Raum-Macht-Analyse erlaubt, die Schwächen dieser Theoretisierung von beiden Momenten der Dialektik her aufzuzeigen. Das cepalinische Konzept von Raum leidet darunter, die Macht auszublenden; genauso wie das Konzept der Macht darunter leidet, den Raum einseitig zu denken. Furtados Denken kreist um die Nationsbildung; seine Kritik an der Wirtschaftspolitik der letzten Jahrzehnte liegt in dem Umstand, daß dieser Konstruktionsprozeß „unterbrochen" wurde (Furtado 1992). Pacheco beschäftigt sich, in dieser Tradition stehend, mit der „Fragmentierung der Nation" (Pacheco 1998; zur Kritik Cano 1998b: 309), und Cano (1998b: 349 ff.) ortet das Problem im „Bankrott des Nationalstaates". Die Nation als Behälterraum liefert die Referenz des Raumdiskurses, so wie sich Handlungskompetenz im Nationalstaat verortet. Das diskursive Feld der Unicamp und weitgehend der gesamten brasilianischen Regionalforschung konzentriert sich um die Frage, zu welchen räumlichen Verteilungen dies führt. Hierbei sprechen manche von einer Polarisationsumkehr (Townroe, Keen 1984) und andere von einem Prozeß der „konzentrierten Dekonzentration" (vgl. Pacheco 1998: 208 ff.). Die einen befürchten größere regionale Unterschiede, die anderen weisen auf die Relevanz der Dynamik in der dominanten Region hin. Doch allesamt verbleiben diese Diskussionen auf der oberflächlichen Ebene der räumlichen Verteilung. Dem Staat wiederum wird die Rolle zugewiesen, in diese Verteilung zu intervenieren. Es ist dies die Hobbessche Vorstellung eines souveränen Machthabers. Im cepalinischen Verständnis wird dies um die Konzeption von neutraler wissenschaftlicher Raumplanung als Form rationaler Intervention ergänzt.

Die Schwächung des Nationalen wird heute breit als Problem wahrgenommen und scheint mit einer Stärkung anderer Ebenen – des Lokalen und Globalen – einherzugehen. Für den Bedeutungsgewinn des Lokalen stehen Entwicklungen wie die politische Dezentralisierung und die „flexible Spezialisierung" lokaler und regionaler Produktionssysteme. Die räumlichen Konsequenzen des mit dem räumlichen Begriff „Globalisierung" benannten Phänomens sind aber vielschichtiger, als es auf den ersten Blick scheint.

Dieser ideologische Diskurs verdinglicht die produktive Macht des Kapitals und definiert sie als Macht globaler Märkte um. Er bedient sich einer Foucaultschen Begrifflichkeit, um diese Macht als unantastbar zu verherrlichen (vgl. Novy, Mattl 1999). Dem Globalisierungsdiskurs folgend, produziert die wirtschaftliche Dynamik einen Verflechtungsraum, der seine Regeln aus der Logik des ökonomischen Systems gewinnt. Es wird versucht, Territorium zu entmachten oder aufzulösen und damit auf rationale politische Regulierung zu verzichten. Damit soll die Bevölkerungsmehrheit ihren Status als Subjekte verlieren und zu bloßen Trägern von Strukturen degradiert werden. In einem globalen ökonomischen Verflechtungsraum bleibt ihnen bloß die Adaptierung an die strukturell vorgegebenen Sachzwänge. Subjekt der Geschichte ist einzig das Kapital und diejenigen, die in seinem Namen agieren. Jeder Raum aktiviert die Ressourcen, mit denen er im globalen Wettbewerb konkurrieren kann. Wenn diese Ressourcen wertvoll sind, kommt es zur lokalen Aufwertung, ansonsten bleibt der Raum am Rand. Dies resultiert in einem Raummuster, das der Archipelstruktur des kolonialen Brasilien ähnelt. Tatsächlich werden verstärkt in verschiedensten Landesteilen spezialisiert einzelne Produkte hergestellt. Doch übersieht diese Sichtweise das Beharrungsvermögen historisch-geographischer Felder auch im Produktionsbereich. Dort kam es während der binnenorientierten Entwicklung zur Herausbildung starker, von São Paulo aus dominierter Verflechtungen, die immer noch zu einem nicht unwesentlichen Teil erhalten bleiben. Deshalb bleiben Standorte – vor allem für die Finanzierung, Kontrolle und Entscheidung wirtschaftlicher Handlungen – in São Paulo oder in den Nachbarbundesstaaten besonders attraktiv.

Sowohl die Cepal als auch die Unicamp kennen nur Unordnung und keine Un-Ordnung. Für sie handelt es sich bei der ungerechten Land- und Einkommensverteilung um einen Mißstand. Die Unordnung ist ein „strukturelles" Problem, das durch gute Intervention behebbar wäre. Die Endogenisierung des ökonomischen Feldes – die Binnenorientierung – führt zwar nicht automatisch zu einer stabilen und schon gar nicht zu einer gerechten Ordnung der Peripherie. Sie kann aber die Unordnung verringern. Indem alle Entscheidungen über den Nationalstaat laufen, wird dort auch eine Planung von Entwicklung, Region und Wirtschaft möglich. Indem die Akkumulationsdynamik internalisiert wird, konzentrieren sich im nationalen Behälterraum die Knotenpunkte der Geld- und Arbeitsregulation, des Treffens von

Investitions- und Finanzierungsentscheidungen. Akkumulation und Regulation finden im selben Raum statt und reagieren auf die selbe Schaltstelle der Macht. In dieser konkreten historischen Konstellation eines Nation-Staats-Feldes konnten die Konflikte von Akkumulation und Regulation akkomodiert werden. Dieses Machtfeld ermöglichte in einer speziellen Konjunktur eine progressive Rolle von Macht-Wissen, die die Un-Ordnung der Peripherie als Unordnung definierte und zur Disposition stellte. Die Sudene, die *Ligas Camponesas* und andere Basisbewegungen an der nationalen Peripherie waren keine Farce (Oliveira 1987: 18); die Bühne, auf der sie agierten, war aber das Provisorium einer Ausnahmesituation. Mit der Krise der 1960er Jahre destrukturierte sich die demokratische nationalstaatliche Regulation und damit die Grundlage rationalen Macht-Wissens. Die Voraussetzungen für diese spezifische politische Intervention lösten sich auf und wurden trotzdem zur Grundlage der wissenschaftlichen Ausbildung von PlanerInnen. In einem Prozeß der De-Kontextualisierung wurden die eingesetzten Methoden und Instrumente in die autoritäre Praxis der Planung eingebunden, die nach 1964 dominierte. Diese Technokratie benutzte die Ideologie neutraler Planung unter der irrationalen Auflage, Macht nicht zu thematisieren. Unter der Diktatur mußten die PlanerInnen noch dazu gezwungen werden, Raum-Macht auszublenden. Im Lauf der 1980er und 1990er Jahre verlor sich das Wissen um die Un-Ordnung der Peripherie ganz „zwanglos“. Nicht wenige „linke“ Unicamp-Angestellte finden sich in der Regierung F. H. Cardoso.

Eine andere Konzeptualisierung von Raum und Macht ist notwendig, um diese theoretischen und politischen Verirrungen zu überwinden. So scheint der Begriff der *Glokalisierung* angemessen, die räumlichen Veränderungen zu verstehen. Sowohl bei der Lokalisierung als auch bei der Globalisierung handelt es sich bloß um Teilaspekte eines umfassenden politökonomischen Prozesses (vgl. Krätke 1996). Die Expansion in neue, noch nicht vollständig durchkapitalisierte geographische Räume und die Inwertsetzung sozialer Räume im kapitalistischen Kernland sind Strategien, die durchaus kompatibel sind.[6] Es gilt: „Anything goes“, solange es profitabel ist. Es ist daher am angemessensten, „die Widersprüchlichkeit von globalem Wettbewerb und lokaler (bzw. regionaler) Wettbewerbsfähigkeit als eine Beziehung der ‘Artikulation’ von globalen und lokalen Verhältnissen zu erfassen. Daher handelt es sich bei den modernen Tendenzen der Weltgesellschaft eher um

'Glokalisierung' als um 'Globalisierung'" (Altvater, Mahnkopf 1996: 30). Bei der Unicamp wird der Staat als Machthaber und die Nation als – durchlässiger – Behälter gesehen, das Konzept der *Glokalisierung* deutet die Bedeutungslosigkeit der Nation an. Beide Sichtweisen jedoch teilen eine – teilweise nostalgische – Sichtweise von Nationalstaat als einem homogenen Block des Politischen. Daraus resultiert oft die Forderung nach einer Repolitisierung bzw. einem anzustrebenden Primat der Politik über die vereinheitlichende Kapital- oder Marktlogik.[7] Tatsächlich verändert sich aber auch der politische Raum in Richtung Verflechtungsraum. Die Fragmentierung des politischen Raumes drückt sich in der Dezentralisierung des Nationalstaates und der Stärkung supranationaler Regulierungsinstanzen in einem globalen System des *Governance* aus (Jessop 1997). Vor allem nationale und internationale AnlegerInnen kurzfristigen Kapitals sind politische AkteurInnen, die die Deregulierung der Devisenmärkte durchsetzen konnten und heute in einem globalen Verflechtungsraum agieren können. Die Reichen im eigenen Land haben aufgrund deregulierter Devisenmärkte freie Hand für die ehemals illegale „Kapitalflucht". Auch auf mikroregionaler Ebene ist diese Fragmentierung zu beobachten: War früher die lokale Regulation der lokalen Ökonomie möglich, wie dies im „Roten Wien" der Zwischenkriegszeit erfolgreich und zu Beginn der 1980er Jahre im Rahmen des „Local Socialism" in England schon weit weniger erfolgreich praktiziert wurde (Becker, Novy 1999), so hat sich in den letzten Jahrzehnten in den meisten großen Städten und in allen Global Cities definitiv der Raum der Lokalökonomie über die politischen Grenzen hinweg ausgedehnt (vgl. Feldbauer et al. 1997). Das klassische politische Territorium der Stadt hat deshalb viel an Macht verloren. Eine neue Form von Territorium, der gesamte Agglomerationsraum – z.B. Groß-São Paulo –, ist im Standortwettbewerb bedeutsamer. Die dementsprechende Territorialität, ein abgegrenzter Machtraum mit klaren Kompetenzen, fehlt jedoch weitgehend oder basiert auf informellen und oft unwirksamen Mechanismen.

Entscheidend für die Kritik an der ökonomischen Theorie des Cepalismus ist die falsche Trennung von Ökonomie und Politik, von Staat und Kapital. Oliveira (1989: 94 f., 1998) weist in Anlehnung an Tavares (1983), die von Finanzkapitalismus spricht, auf die zunehmende Abhängigkeit der Kapitalverwertung von der „öffentlichen Hand" hin.[8] Das Kapital braucht einen starken Staat, um verläßlich im vorhinein zu wissen, wie hoch es subventioniert wird. Wenn Territorium in einem ersten Schritt der „Entstaatlichung“ entmachtet wurde, so muß es in einem zweiten Schritt auf neue Beine gestellt werden. Das liberale Unterfangen einer Autonomisierung des kapitalistischen Verwertungsprozesses und einer Zurückdrängung der staatlichen Einflußnahme allein ist zum Scheitern verurteilt. Nur allzu schnell kehren die Liberalen deshalb in den Schoß des Staates zurück. Dies tun sie umso lieber, wenn die oppositionellen Kräfte im Staat marginalisiert sind. Die Kapitalverwertung ist ohne massive staatliche Subvention oft nicht rentabel. Dieses Argument gilt vor allem für die massive staatliche Subventionspolitik, die in Brasilien alle föderativen Ebenen erfaßt hat und als „Fiskalkrieg“ den Steuerstaat untergräbt.[9] Die öffentliche Hand stellt ihre Mittel heute ausschließlicher als im binnenorientierten Fordismus für die Kapitalverwertung zur Verfügung. Da die Reproduktion des Kapitals aber auf globaler Ebene erfolgt, wird die Nation als Summe der darin Lebenden zur Verliererin. Der Nationalstaat als Finanzkapitalist, der von der Bevölkerung Steuern kassiert, um den Akkumulationsprozeß zu subventionieren, wird zum Anti-Nationalstaat (Oliveira 1989: 5). Politik dient nicht der direkten lokalen Wohlfahrtserhöhung, sondern vielleicht der indirekten über die Unterstützung des Verwertungsprozesses: Die notwendige wirtschaftliche Infrastruktur sowie Forschung und Entwicklung sollen vor Ort bereitgestellt werden. Die anderen Bereiche haben weit weniger direkten Bezug zur Stabilität des Verwertungsprozesses, und der Regulierungsbedarf via Territorien, d.h. Raumherrscher, scheint daher geringer. Daraus resultiert der egozentrische Irrglaube des Bürgertums, ohne andere und insbesondere ohne Staat auskommen zu können (Oliveira 1998b: 95). Es erscheint ihnen, als wäre ihr Reichtum Finanzquelle der Allgemeinheit und des Staates und nicht umgekehrt die Allgemeinheit als Nation Quelle ihres Reichtums. Daraus resultiert der Aspekt der Irrationalität der Un-Ordnung, ständig die Grenzen auszuloten, wie weit die staatliche Kapitalsubventionierung zu Lasten der Arbeitenden gehen kann, ohne daß es zu einer Unterkonsumptionskrise kommt.

In einem Bereich hat der Nationalstaat aber eine neue Rolle übernommen. Die Zentralbanken bürgen heute für das innerhalb der Staatsgrenzen befindliche Vermögen und verteidigen dessen Wert und Rentabilität mittels Hochzins- und Hartwährungspolitik. Wechselkurs und Zinssatz sind zwei zentrale Politikinstrumente, die im gegenwärtigen Regime der Kapitalmarktderegulierung zwar nur eingeschränkt autonom festgelegt werden können, deren Wert aber den Wert eines Landes festlegt. Eine Krise der Währung wird so schnell zur Krise eines Machtraumes. Spätestens dann erkennt das Bürgertum, wie wenig entkoppelt es vom Raum ist, und sucht erneut die schützende Hand des Staates. In einer solchen massiven Krise, wie sie nach 1997 fast alle „emerging markets" erfaßte, zeigt sich die weltwirtschaftliche Hierarche von Macht-Räumen. Die Währung und die öffentliche Hand – beide durch und durch an ein Territorium gebunden – schaffen eine globale Hierarchie, die disperse Vernetzungen des Verflechtungsraumes und weitergehende Auslagerungen aus den zentralen Machträumen verhindert. Die Territorien sprengende Dynamik der Verflechtungsräume scheint schwächer als die sich über 500 Jahre verfestigt habenden Territorialstrukturen. Es gibt kein Ende der Un-Ordnung, kein Verschwinden der „Dritten Welt"; auch nach der Modernisierung der Peripherie bleibt diese am Rand der globalen Ordnung. Aber stimmt es, daß die Un-Ordnung nur an der Peripherie zu finden ist? Zeigten die verschiedenen Abschnitte dieses Kapitels nicht eine gleichbleibende Struktur, nämlich die produktive Macht des Kapitals, die als die Tiefenstruktur für die Un-Ordnung der Peripherie verantwortlich ist? Im abschließenden Teil dieser Arbeit wird nun der Struktur dieser nicht bloß peripheren, sondern weltumspannenden Un-Ordnung des Kapitals nachgegangen.

Die Un-Ordnung des Kapitals

Von der Un-Ordnung der Peripherie zur Un-Ordnung des Kapitals

Genauso wie große Teile der Sozial- und Wirtschaftswissenschaften unterliegt das cepalinische Denken bezogen auf den Raum groben Vereinfachungen. Der Cepalismus faßt den politischen Raum als Machtraum gemeinhin mit dem Begriff des Territoriums. Damit ist ein klar abgrenzbares Gebiet gemeint, in dem eine bestimmte Macht souverän herrscht. Die Grenze ist ein wichtiger Aspekt des Territoriums. Die vorliegende Arbeit zeigte, daß die brasilianische Nation in einem jahrhundertelangen Prozeß konstruiert wurde und keineswegs den einzigen Machtraum darstellt. Politisch war auch die Schwächung der subnationalen Macht-Räume eine politische Strategie, um „eine souveräne Macht zu schaffen, die imstande ist, ein großes Territorium zu beherrschen und über ein Volk zu regieren" (Nunes 1996: 32). Es ging zwar um die Entmachtung lokaler Machthaber, aber es wurde keine Mehrebenenanalyse vorgenommen. Nach der Degradierung des Lokalen geriet die Dialektik von lokal und national erneut in Vergessenheit. Das Nationale wurde als Modernes und Fortschrittliches konstruiert, ohne zu sehen, daß sich das Archaische diese neue Raum-Macht aneignete und all das „Reaktionäre und Rückschrittliche des Lokalen" auf die nationale Ebene transferierte.

Daher ist es auch irreführend, ohne die Analyse der Raum-Macht das Nationale oder das Lokale als die „bessere" räumliche Ebene zu sehen. Oft findet sich eine gewisse Nostalgie mit der nationalstaatsdominierten „Ära Vargas" (Cano 1997: 253 f.; Cano 1998b: 309), was nur als ökonomistische Vereinfachung zu deuten ist. Zugrunde liegt dem erneut die Hobbessche Konzeption des souveränen, d.h. diktatorischen und personalierten Machthabers (hierin liegt der Bezug zu Vargas), der sich um seinen Behälterraum kümmert.

Der wirtschaftliche Raum des Handels, der Investitionen, der Produktion und des Konsums andererseits kann am besten als Verflechtungsraum verstanden werden. Es handelt sich dann um ein Akkumulationsregime oder ein Produktionssystem mit räumlich verdichteten ökonomischen Verflechtungen.[10] Quantitativ muß der Großteil der Interaktionen in einem konkreten Raum erfolgen. Unter qualitativen Gesichtspunkten ist die Kontrolle über den Produktionsprozeß entscheidend. Die Kontrolle vor Ort wird größer sein, wenn Konsum- und Produktionsgüterindustrie räumlich stark verflochten und nicht extern abhängig sind. Auch die Finanzierung der räumlichen Entwicklung sollte vor Ort kontrolliert werden, um von einem Akkumulationsregime sprechen zu können. Im ökonomischen Raum der kapitalistischen Weltwirtschaft gibt es keine fixen Grenzen, die Wirtschaft interagiert potentiell weltumspannend. Jedoch kommt es zu Verdichtungen in diesem Verflechtungsraum, zur Herausbildung von Knoten, von Zentren und Rändern. Deshalb tendiert auch der Verflechtungsraum dazu, Grenzen zu haben, wenngleich diese diffus bleiben und bestimmte Aktivitäten immer diffundieren können. Doch auch die Grenzen des Territoriums sind bei genauerer Betrachtung weit weniger klar und abgegrenzt, als es scheint. In einem Territorium überlagert sich die Macht von Bürgermeistern, Gouverneuren und Präsidenten zunehmend mit supranationalen Mächten, die die Regeln eines Territoriums festlegen. Neben dem Territorium sollte daher auch von Territorialität als einer Produktion von immer nur zeitweise fixierten Territorien gesprochen werden; Fluß und Festlegung sozialer Prozesse im Raum als eine Dialektik.

Im Fordismus als einer binnenorientierten Entwicklungsweise fielen der politische und der wirtschaftliche Raum weitgehend zusammen (Becker 1998b: 122). In den zentralen Ökonomien geriet der wirtschaftliche Raum in die Krise, als er sich über die Nationsgrenzen hinweg auszudehnen begann. Dabei stellten ab den 1950er und 1960er Jahren Produktivinvestitionen (vor allem Auslagerungen und Direktinvestitionen) den ersten Schritt dar; mit den Eurodollar-Märkten begann sich in den 1970er Jahren das Finanzkapital zu internationalisieren (Novy et al. 1999). In diesem neuen wirtschaftlichen Verflechtungsraum stellen Städte – World und Global Cities –, scheinbar losgelöst von ihren jeweiligen Territorien, zentrale Knotenpunkte dar. Der wirtschaftliche Raum ist größer, teilweise sogar global geworden. Unternehmenskonzentrationen und globale Finanzmärkte führen zu räumlich ausgedehnteren, aber gleichzeitig unter dem Aspekt der Kontrolle engeren Verflechtungen. Gleichzeitig ist die interne Struktur des Wirtschaftsraumes fragmentierender als in der Phase des Fordismus. Die Mittel der Regionalpolitik schrumpfen aufgrund der Fiskalkrise des Staates.

Die Konzeptualisierung von Peripherie, wie sie von der Cepal vorgenommen wurde, konzentrierte sich auf Räume und verortete Un-Ordnung an der Peripherie. Da sie das Wechselspiel von intern und extern untersuchte, wies sie der Frage der Endogenisierung der wirtschaftlichen Dynamik eine Schlüsselrolle zu. Ob ein Akkumulationsregime außen- oder binnenorientiert sei, wurde zum entscheidenden Periodisierungskriterium. Die Endogenisierung der Wirtschaftsdynamik in Lateinamerika allgemein und die Konstituierung eines lokalen Wirtschaftssystems in São Paulo im besonderen konstituierten demnach den bedeutendsten Bruch in der lateinamerikanischen Wirtschaftsgeschichte. Oliveira (1987: 24) kritisierte die cepalinische Koppelung von Macht an Raum, weil sie keine Klassenanalyse vornimmt und damit den auch an der Peripherie zentralen Konflikt zwischen Arbeit und Kapital ausblendet. Die Un-Ordnung der Peripherie liegt für ihn nicht einzig in der Hierarchie von Räumen, Zentrum-Peripherie, sondern in der Hierarchie sozialer Klassen. Kapitalistische Gesellschaften konstituieren eine Un-Ordnung, weil die produktive Kraft des Kapitals inhärent widersprüchlich ist. An der Peripherie manifestieren sich diese Widersprüche einzig massiver. Die Endogenisierung von Entwicklung allein aber überwindet die Un-Ordnung der Peripherie nicht; dazu bedarf es einer Überwindung der Logik der Akkumulation, der Mehrwertaneignung.

An diese Kritik am cepalinischen Denken schließt daher eine politökonomische Raum-Macht-Analyse an. Diese bedeutet keinesfalls eine Verneinung der wichtigen Einsichten des Cepalismus auf vielen Gebieten, vielmehr geht es um eine Aufhebung in einem umfassenderen und kritischeren konzeptuellen Rahmen. Hierbei bildet die Regulationstheorie den Ausgangspunkt. In deren Zentrum steht zwar nicht die Überwindung des Kapitalismus, sondern der Übergang zu jeweils neuen kapitalistischen Formationen. Doch definiert Aglietta verschiedene Akkumulationsregimes gemäß der Form der Mehrwertaneignung, der jeweils unterschiedliche Formen von Klassenkampf zugrunde liegen. Extensive Akkumulation strebt die Aneignung des absoluten Mehrwerts und die Erhöhung des relativen Mehrwerts durch Produktivitätssteigerungen an; intensive Akkumulation basiert auf der Verbilligung der Lohngüter und auf einer neuen Konsumnorm der Arbeiterschaft (Aglietta 1987: 68 ff.). „Beide Typen des Akkumulationsregimes erreichen ab einem gewissen Punkt sozio-ökonomische Grenzen der Binnenmarkterweiterung. Grundsätzlich stellen sich systemimmanent dann zwei Alternativen: verstärkte Außenorientierung der Akkumulation oder Verschiebung der sozio-ökonomischen Grenzen" (Becker 1999). In Brasilien war als Reaktion auf die Akkumulationskrise 1964 eine Kombination beobachtbar. Es erfolgte eine regionale Außenorientierung der von São Paulo dominierten Akkumulation im Sinn einer Durchdringung der nationalen Peripherie. Die unter den Militärs praktizierte regionale Industriepolitik ermöglichte die Aufrechterhaltung des nationalstaatlichen Machtfeldes bis zur Verschuldungskrise. Die bis 1982 weiterhin funktionierende Akkumulation bedeutete die Stabilisierung der Un-Ordnung. Dann brach das Machtfeld zusammen. Zuerst stockte die Akkumulation, nachdem die externe Finanzierung zum Erliegen kam, danach bröckelte die Regulation. Hier erweist sich die cepalinische Periodisierung als hilfreich, da mit der erneuten Außenorientierung von einer neuen Entwicklungsphase gesprochen werden muß. Die verdeckte Außenorientierung des paulistanischen Kapitals wurde zu einer offenen. Doch auch die für die Intensivierung im peripheren Fordismus konstitutive Urbanisierung und die Komplettierung des Produktionsgütersektors kamen zu einem Abschluß. An die Stelle eines dominanten Akkumulationsregimes traten diverse Akkumulationsstrategien. In einem Land mit den kontinentalen Ausmaßen Brasiliens kann der Export den Binnenkonsum niemals vollständig ersetzen. Bezogen auf die Akkumulation bedeutet dies eine Kombination von Extensivierung und Intensivierung. Die Extensivierung besteht in der Rückverlagerung ehemals sozialstaatlicher Leistungen in den privaten, großteils von Frauen zu organisierenden Bereich. Ferner kommt es zu einer Ausweitung der Kapital- und Marktlogik auf bis vor kurzem dem Markt entzogene Bereiche. Die Natur und der menschliche Körper werden durch Bio- und Gentechnologie inwertgesetzt. Hier setzen auch die Intensivierungstendenzen an, denn das Nutzenkalkül findet in immer mehr Bereichen Anwendung und normalisiert und diszipliniert Lebensstile.

Eine Regulationsweise bezeichnet die stabilisierte Kombination von konkreten Ausprägungen der strukturellen Formen Staat, Geld, Arbeit und Konkurrenz. Ich sprach in dieser Arbeit oft von strukturellen Formen, verwendete den Begriff der Regulationsweise aber eher selten. Dies hängt damit zusammen, daß das Konzept der Regulationsweise genauso wie das des Akkumulationsregimes auf dem Nation-Staats-Feld des Fordismus aufbaut. In dieser Situation sind Hobbessche Souveränitätsvorstellungen nicht gänzlich falsch. In der gegenwärtigen Struktur jedoch löst sich diese historisch ungewöhnliche Bündelung auf; die Vielfalt intervenierender AkteurInnen nimmt zu. Von verschiedenen räumlichen Ebenen wird Einfluß auf die Regulation genommen. Deshalb ist jede Regulationsweise im Grunde eine spezifische Anordnung von Regulationen auf verschiedenen räumlichen Ebenen. Unterschiedliche Aktivitäten bündeln sich jeweils auf verschiedenen Ebenen.[11] Schon in der dezentralen, außenorientierten Entwicklungsweise der Alten Republik hatte die nationale Ebene als einendes Band eine wichtigere Rolle für die Gesamtstruktur, als dies gemeinhin angenommen wurde. Für die nationalstaatszentrierte Entwicklungsweise des tropischen Fordismus erwies sich die Nicht-Intervention globaler AkteurInnen in der Zeit von 1930 bis 1953 als von entscheidender Bedeutung. Und auch in der gegenwärtigen Phase der Aushöhlung des Nationalstaates ist dessen Machtverlust zugunsten der Kommunen und globaler AkteurInnen keineswegs unwiderruflich. Vielmehr sind Rezentralisierungstendenzen beobachtbar. Die Zentralbank als nationale Akteurin verfügt über die Schlüsselressource Geld und regelt den Zugang zu Finanzierungsquellen.

Was die Hierarchie der verschiedenen, eine Regulationsweise konstituierenden strukturellen Formen betrifft, gehen die Meinungen auseinander. Wie der Begriff Fordismus andeutet, weisen die RegulationistInnen dem Lohnverhältnis eine bestimmende Stellung unter den sozialen Formen zu (Hübner 1990: 177 ff.). Becker (1998b: 120 f.) weist die dominante Stellung dem Staat zu, da dieser sowohl Teil der Regulation als auch die Instanz ist, die die Gesamtheit an Regeln und Normen zu sanktionieren hat. Als ein Feld ist er Ausdruck raum-zeitlich stabilisierter Klassenkompromisse, was aber nicht vorschnell mit bestimmten Regierungen oder Regimes verwechselt werden darf. Spezifizierend weist er dem Geld die Vorrangstellung zu (Becker 1999). Bei Oliveira sind ähnliche Gedanken zu finden. So sieht er das britische Pfund im 19. Jahrhundert als „Quasi-Währung", was mit einer hohen externen Finanzierungsrate einherging (Oliveira 1989: 17; zur Relativierung der These vgl. Cano 1998a: 241). Der Kern der Periode nach 1930 besteht darin, daß das nationale Geld das allgemeine Äquivalent der gesamten Nationalökonomie wird. Durch die geringen Außenverflechtungen konstituiert sich ein autonomer Raum der Kapitalreproduktion. G–W–G' (Geld–Ware–Geld) ist der Weg, den das Kapital zu seiner Reproduktion zurücklegen muß. Am Anfang und am Ende dieses Prozesses steht das Geld. Die Realisierung der Mehrwertaneignung erfolgt im nachhinein und via Geld. Wenn Mehrwertaneignung und die Wertbestimmung des Geldes im gleichen Raum stattfinden, kann von einem Akkumulationsregime gesprochen werden. Oliveira (1987: 27) sieht eine Region als einen Raum an, in dem eine spezifische Form der Reproduktion des Kapitals erfolgt. In einem Währungsraum können daher unterschiedliche Regionen bestehen, wie dies mit der Zucker- und Baumwollregion des Nordostens und der Kaffeeregion des Südostens der Fall war. Es sind dies, wirtschaftlich gesprochen, Macht-Räume mit einer eigenen Form der Kapitalakkumulation und des Klassenkampfes (Oliveira 1987: 29). Ab einem bestimmten Moment der Kapitalintegration, der in Brasilien durch die Regionalpolitik der Sudene gekommen war, begann sich aber eine Logik – die des paulistanischen Industriekapitals – über die verschiedenen Logiken der anderen nationalen Räume und Macht-Räume darüberzulegen. Diese Räume verlieren dann ihre regional spezifische Form und unterwerfen sich der Macht der dominanten Kapitalfraktion. Damit endet nicht jegliche regionale Besonderheit, und schon gar nicht kommt es zu einer Aufhebung regionaler Unterschiede. Das Konzept der Homogenisierung ist nicht „zu“ abstrakt, wie dies Pacheco (1998: 26) kritisiert. Tatsächlich spricht die politökonomische Homogenisierung im Konzept von Raum-Macht etwas gänzlich anderes an als die von Pacheco in den Vordergrund gestellte Verteilung im Raum. Homogenisierung von Akkumulation und Regulation bedeutet vielmehr eine Tendenz zur Vorherrschaft einer bestimmten Kapitalverwertungslogik, was nichts anderes bedeutet, als daß Konsum und Produktion in diesen Räumen nach einer vereinheitlichenden Logik, nach identen Maßstäben und mit gleichen Technologien erfolgen – sei dies bei Autos oder Coca-Cola. Das Nation-Staats-Feld der Militärdiktatur schuf eine derartige Homogenisierung – und zufälligerweise auch die regionale Homogenisierung, die Pacheco analysiert. Diese basierte aber auf einer Verschmelzung von Staats- und Privatkapital und der Übernahme finanzkapitalistischer Aufgaben durch den Nationalstaat. Ein aktuelles Beispiel stellt die Subventionierung der Ansiedlungen von Automobilfabriken dar, die regionalisierte Produktionskomplexe außerhalb von São Paulo schafft. Diese Dezentralisierung der Produktion bedeutet aber die Eingliederung der begünstigten Regionen in den globalen Verwertungsprozeß dieser multinationalen Unternehmungen. Aber die Homogenisierung trifft nicht nur für die Akkumulation zu, sondern auch für den Klassenkampf und die Regulation. War mit der Krise des Nationalstaates die Hoffnung auf dezentrale und plurale Politikmodelle verbunden, so führte die Akkumulations- und Fiskalkrise zu einer radikalen und in kürzester Zeit durchgesetzten Homogenisierung des Staatsmodells auf allen räumlichen Ebenen. Von vereinzelten „gallischen Dörfern“, v.a. in Rio Grande do Sul, abgesehen, ist die Nation politisch homogenisiert, und zwar nach der Logik einer globalen Raum-Macht. Dies sind politökonomische Abstraktionen, die dem macht-losen cepalinischen Weltbild fremd sind.

Diese Ausführungen über die Auflösung der Regionen und der nationalen Homogenisierung auf dem Höhepunkt des peripheren Fordismus können angesichts der Globalisierung auf einer höheren Stufenleiter fortgesetzt werden. Die in den 1990er Jahren erfolgten Direktinvestitionen ausländischer Konzerne in Brasilien führten dazu, daß diese nun den Akkumulationsprozeß bestimmen. Ihre Kapitalverwertung unterliegt einer die ganze Welt integrierenden Logik und führt daher – Oliveira folgend – zur Auflösung der Nation. Von einer anderen Warte kommt die politökonomische Analyse zum gleichen Ergebnis, denn die Internationalisierung von Geld und Finanzierung hat den selben Effekt. Die Dollarisierung, wie sie Argentinien radikal und Brasilien klugerweise nur ansatzweise durchführte, bedeutet die Ankoppelung an einen fremden Währungsraum, der sich als Machtraum entpuppt. Die nationale Autonomie zerrinnt. Entscheidungskompetenzen fließen genauso ab wie das Fluchtkapital. Im Umstand, daß der Wert des Geldes anderswo festgelegt wird, als der Produktionsprozeß erfolgt, liegt die Wurzel von Fragmentierung. Die Hoffnung auf eine nationale Industrie- und Regionalpolitik, die ein aufgeklärter Machthaber mit einem „nationalen Projekt“ (Pacheco 1998: 268) durchführen soll, geht ohne Analyse des Geld- und Währungsregimes ins Leere. Die Geschichte hält aber eine Lehre parat: Die Un-Ordnung der Peripherie und des Kapitals schließt nicht aus, daß Fragmentierung und Wachstum gleichzeitig möglich sind. Gegen vorschnelle Krisen- und Untergangstheorien sei mit Cardoso und Faletto (1976: 225) festgehalten: „Im Zuge ihrer Entfaltung erzeugt diese Form von Entwickung in der Peripherie ebenso wie im Zentrum periodisch Wohlstand und Armut, Kapitalakkumulation und Kapitalmangel, Beschäftigung für die einen und Arbeitslosigkeit für die anderen.“

Wandel und Konstanz von Raum-Macht

Die Mächtigkeit von Strukturen zeigte die schier unermeßliche Schwierigkeit, Veränderungen einzuleiten, die Institutionen und Strukturen dergestalt ändern, daß sich die Lebensbedingungen der Bevölkerungsmehrheit verbessern. Dieses Wissen lehrt, in bezug auf Veränderungen immer pessimistisch zu sein. Um nicht in einen blanken Zynismus zu verfallen, ist es jedoch erforderlich, diesem Pessimismus einen Optimismus des Handelns, der Möglichkeit von Veränderung entgegenzustellen. Diese Arbeit war von dem Bemühen geleitet, grundlegende Schwächen in den konventionellen Erklärungen der Ungleichheit in Brasilien zu vermeiden. Da war zum einen die Überzeugung, daß die bloße Feststellung der Ungleichheit, die SozialwissenschaftlerInnen für immer neue Zeiten und Räume aufzeigen, zwar unentbehrlich, aber unzureichend ist.[12] Weiters wollte ich weder in politizistische noch in ökonomistische Vereinfachungen verfallen. Der Ökonomismus tendiert zu funktionalistischen Erklärungen, die im nachhinein alles einer funktionalen Logik – allen voran der Kapitallogik – unterordnen. Dies leistet unter dem Tarnmantel kritischer Wissenschaft ex-post Rechtfertigungen und einer simplen Siegergeschichte Vorschub. Die politizistische Vereinfachung besteht in der Behauptung, daß es in so unterschiedlichen Ländern wie Indonesien, Rußland, Brasilien und Venezuela allein die lokalen MachthaberInnen und endogene Faktoren sein sollen, die für die Unterentwicklung allgemein und die Krise 1997/98 im speziellen verantwortlich sind (vgl. Krugman 1999: 158 ff.). Statt dessen versuchte ich im Rahmen der Konjunkturanalyse eine strukturell-strategische Erklärung, die Macht mit der sehr ungleich verteilten Zahl an Optionen erklärt, die verschiedene AkteurInnen zur Verfügung haben. Diese Pluralität an Optionen ergibt sich aus einer bestimmten Struktur.

Macht konkretisiert sich im Raum. Sie benötigt den Raum, um ihn zu benutzen, zu zerstören und zu produzieren. Ohne das Wissen über diese Raum-Macht können Entwicklungsprozesse nicht verstanden werden. Doch gleichzeitig ist dieses Wissen, wenn es nicht kritisch reflexiv ist, ein Machtinstrument. Es erlaubt, einzig institutionelle oder partielle strukturelle Veränderungen (Sozialtechniken) vorzunehmen, die die Beständigkeit der Machtstrukturen als Gesamtheit gewährleisten. Der Fall Brasilien zeigt den beschränkten Raum, der für die Modifikation der Machtverhältnisse via

Sozialtechnik offensteht. Es war in den Hochphasen demokratischer Auseinandersetzung, in den 1950er und 1980er Jahren, daß SozialreformerInnen einen anerkannten Platz in der Gesellschaft hatten. Mit der Sudene unterstützte die brasilianische Zentralregierung ab Ende der 1950er Jahre einen großangelegten Versuch der sozialreformerischen Modernisierung des Nordostens. Getragen vor allem durch eine Massenbewegung, waren in Teilbereichen der Sozialstruktur Reformen möglich. Die jahrhundertelang gewachsenen Strukturen einer Sklavenhalter- und Großgrundbesitzergesellschaft begannen ins Wanken zu geraten – so sehr, daß wichtige Gruppen im Putsch 1964 den einzig möglichen Ausweg sahen. In den 1980er Jahren erlebten sozialreformerische Bemühungen erneut Aufwind, da das diktatorische Regime und damit das Establishment diskreditiert war. Auf lokaler Ebene wurden, erneut getragen durch eine breite Massenbewegung, zahlreiche beachtliche Reformen der Staatlichkeit verwirklicht. BürgerInnenmitbestimmung, partizipative Budgeterstellung und massive Investitionen in die öffentliche Infrastruktur öffneten den Lokalstaat für breitere Bevölkerungsschichten. In einzelnen Teilbereichen gab es Versuche, die in der zentralistisch-technokratischen Form des Nationalstaates verkörperte Herrschaft abzubauen. Jedoch wurde hierbei übersehen, daß sich strukturelle Formen nur dann stabilisieren, wenn die Gesamtstruktur verändert wird. Die Gesamtheit der konkreten strukturellen Ausprägungen veränderte sich zwar, die kapitalistische Grundstruktur blieb aber unangetastet. Ein wesentlicher Grund für das bedenkliche Ergebnis der stattfindenden Veränderungen ist, daß die Hierarchie der strukturellen Formen falsch eingeschätzt wurde. Es wurde der internationalen Einbindung (Binnen- versus Weltmarkt), dem Staat (Staat versus Markt), der Demokratisierung der Arbeitsbeziehungen und der Sozialproduktsverteilung (Effizienz versus Gerechtigkeit) sowie der räumlichen Ebene (Nation versus Region/Lokales) zu viel Bedeutung beigemessen. Der massive Konzentrationsprozeß via multinationale Unternehmen und Finanzmärkte wurde jedoch ausgeklammert. Die Veränderung des Geldregimes verlief weitgehend unbemerkt. Von dort aus wurde die Machtstruktur aber so massiv verschoben, daß obige Auseinandersetzungen nebensächlich wurden. Dies war der Knackpunkt, warum es in den Auseinandersetzungen der 1980er und 1990er Jahre dem Machtblock gelang, dominant zu bleiben. Brasilien ist deshalb ein trauriges Beispiel für Machtverfestigung.

Ich habe im ersten Kapitel die Überleitung von Giddens' Dualität von Struktur und Handlung in eine dreistufige Analyse von Handlung, Institution und Struktur vorgenommen. Die Handlungsebene beschreibt hierbei konkrete Praktiken. Institutionen sind verfestigte Handlungslogiken und Routinen, die ihre strukturierende Kraft nur aus der Reproduktion des Handelns gewinnen. Institutionen sind reflexiv auf Handeln bezogen, während Strukturen – Giddens spricht von Strukturprinzipien – sich dem simplen Zugriff durch Handlungen entziehen. Damit kann zwischen Typen verfestigter Handlungslogiken, die leichter und schwieriger veränderbar sind, unterschieden werden. Erstere sind im oberen Sinn Institutionen, letztere Strukturen. Nun zeigte sich, daß es hinter Strukturen noch tieferliegende Strukturen geben kann, „Tiefenstrukturen" auf höheren Abstraktionsebenen. Besser noch als eine dreistufige Analyse sollte eine historisch-geographische Analyse eine Mehrstufenanalyse von Strukturen sein. Es muß daher immer untersucht werden, in welche Tiefe welche Veränderung vordringt bzw. auf welcher Ebene von Konstanz gesprochen werden muß. Institutionen, Strukturen und Tiefenstrukturen geben jeweils Grade der Verfestigung von Handlungslogiken an, die Übergänge sind fließend. Trotzdem sind die Unterscheidungen wichtig, weil sie unterschiedliche Grade von Offenheit für den strukturtransformierenden Zugriff anzeigen.

In Brasilien kann in bezug auf die Gesamtheit kapitalistischer Strukturen und den Machtblock von zementierten Strukturen der Raum-Macht gesprochen werden. Genau zu der Zeit, als die Dynamik der sozialen Bewegungen nachließ, veränderte sich auch die Wirksamkeit der Sozialreformen. Spätestens seit 1994 sind Sozialreformen dem Primat der Machbarkeit untergeordnet, wobei darunter die Akzeptanz der Machtstruktur, vor allem der äußerst ungleichen Einkommens- und Eigentumsordnung verstanden wird. Ab diesem Zeitpunkt bekamen zunehmend mehr sozialreformerische Bemühungen einen schalen Beigeschmack, erschienen sie doch als oberflächliche Veränderungsstrategien, die die Tiefe der Struktur bewahrten oder verfestigten. Dies resultierte aus der Ausklammerung tiefenstruktureller Zusammenhänge und stellte doch ein strukturveränderndes Handeln dar. Vor allem im Bereich der Staatlichkeit kann von einer nachhaltigen Veränderung der Struktur; einer – konservativen – Modernisierung der Un-Ordnung gesprochen werden. Ebenso waren bei den anderen strukturellen Formen Veränderungen feststellbar.

Anfang der 1980er Jahre wurde im Zuge der Demokratisierung sowohl in Brasilien als auch weltweit die Offenheit der Machtfelder sehr groß eingeschätzt. Das Primat der Politik dominierte das diskursive Feld. Doch die Inflation war ein Lehrmeister, der dem progressiven Elan einen schweren Schlag versetzte. Jeder Versuch der Veränderung – seien es höhere Löhne oder mehr Sozialleistungen – wurde durch den Geldwertverfall untergraben. Es war schließlich genau zu dem Zeitpunkt, als ein „pragmatischer" Präsident angesichts der Globalisierung die Grenzen politischen Handelns beschwor, daß das Primat der Politik voll zum Tragen kam. Die bis dahin nur ansatzweise erfolgte Umgestaltung der Regulationsweise hin zu einem flexiblen, außenabhängigen Entwicklungsmodell wurde nach 1994 in ungeahnter Rasanz umgesetzt. Damit belegte Cardoso, der in seiner Problemsicht eine starke Neigung zu ökonomistischen Verkürzungen hat, die These von der Offenheit sozialer Felder und dem vorhandenen politischen Möglichkeitsraum. Die brasilianische Regulation am Ende der 1990er Jahre unterscheidet sich radikal von derjenigen Ende der 1980er Jahre. Es bewahrheitet sich die These, daß es einen – in verschiedenen Raum-Zeit-Kontexten unterschiedlich großen – politischen Möglichkeitsraum gibt, um bestehende Strukturen zu verändern. Dies soll aber keinem simplen Voluntarismus oder Politizismus Vorschub leisten. Die Offenheit sozialer Felder ist in mehrfacher Hinsicht selektiv. Zum einen muß sich die alte Regulation in einer tiefen, „großen" Krise befinden, damit so weitreichende und radikale Veränderungen wie die in den letzten Jahren in Brasilien umgesetzten möglich sind. Zum anderen ist die Offenheit für verschiedene Typen von Veränderungen unterschiedlich groß. Die im Fall Brasilien radikal und neu erscheinenden Veränderungen sind es im internationalen Vergleich gar nicht. Brasilien kopierte das weltweit gültige Einheitsmodell der Regulation, es handelt sich um Isomorphismus, um organisatorische Vereinheitlichung. Im Sinn eines strukturell-strategischen Ansatzes gilt die These der Offenheit nur für solche Fälle, in denen die verfolgte Strategie die Struktur mitberücksichtigt. Die verfolgte Strategie muß die einzelnen Veränderungen der strukturellen Formen so vornehmen, daß sie zumindest kurzfristig miteinander vereinbar sind. Dies geht dann am leichtesten, wenn man andere Fälle kopiert, in denen dies schon praktiziert wurde. Deshalb verwundert es nicht, daß die national als radikal erscheinende Veränderung im Internationalen eine bloße Kopie ist.

Sozialliberale Hegemonie?

Die Leistung der Regierung Cardoso scheint darin zu bestehen, die Un-Ordnung in einem neuen institutionellen Gefüge stabilisiert zu haben. Die politische Vorherrschaft scheint nach Jahren des Aufruhrs und der Unsicherheit erneut stabilisiert; die Rechte konnte einige durchschlagende Erfolge erzielen. Ihre Wahlsiege auf allen föderativen Ebenen haben die Linke marginalisiert und auf einige kleine Macht-Räume in einzelnen großen Kommunen und einigen wenigen Bundesstaaten verwiesen. Ansonsten machte eine Dampfwalze der Gegen-Reform wesentliche Teile der Bürgerverfassung rückgängig. Eine kapitalistische Marktordnung wurde auch in Bereichen durchgesetzt, in denen dies vor zehn Jahren noch unmöglich schien. Der Machtraum Brasilien wird heute von einem gänzlich neuen Ensemble an Institutionen reguliert. Da die bürokratische Macht des Staates zugunsten einer kapitalistischen Marktlogik zurückgedrängt wird, bedient sich der Machtblock anderer Institutionen zur Durchsetzung seiner Macht. Es fällt ihm zunehmend leichter, die Unterschicht vollständig und die Mittelschicht zunehmend aus dem Feld sozialer Staatsbürgerlichkeit hinauszudrängen. Kann hierbei von einer stabilisierten Herrschaft gesprochen werden? Anders als frühere Machtblöcke wollte das Bündnis um Cardoso nicht nur die Herrschaft, basierend auf Zwang, sondern auch die Hegemonie. Die dominanten Gruppen wollten mit Zustimmung der wichtigen Teile der Zivilgesellschaft herrschen (Oliveira 1998a: 159 ff.). Tatsächlich akzeptierten selbst wesentliche Teile der Linken das diskursive Feld der liberalen Staatskritik. Die Regierung schuf mit ihrem liberalen Staatsabbau einen neuen Rahmen, innerhalb dessen ein Zurück zur wohlfahrtsstaatlichen Politik à la Fordismus unmöglich wurde. Die neue staatliche Regulation des *Governance* war eindeutig dem Geldregime untergeordnet. Das Feld gesellschaftlicher Auseinandersetzung hat sich dauerhaft verschoben. Wer weiterhin von sozialen Rechten, Wohlfahrtsstaat und nationaler Industrie spricht, gilt als Dinosaurier, als ein Fossil längst vergangener Zeiten. Diese Grundregel wird heute in Brasilien, Lateinamerika und im angelsächsischen Raum zunehmend als unbestritten und natürlich akzeptiert, was ein klares Indiz für die Verfestigung einer liberalen Hegemonie ist. Daß dieses neue Feld mittlerweile in den Nachbarländern Argentinien und Chile von Mitte-Links-Regierungen verwaltet wird, verstärkt die Mächtigkeit der sozialliberalen Hegemonie.

Doch inwiefern kann angesichts anhaltender Krisen von Hegemonie gesprochen werden? Hegemonie ist ein Zustand der Vorherrschaft, der Politik, aber auch Wirtschaft und Gesellschaft umfassen muß. Ein politisches Projekt bedarf sowohl der Legitimation im politischen Prozeß als auch der Gewährleistung der Akkumulation. Genau hier liegt das große, fast unüberwindbare Problem peripherer Ökonomien, die von externen Technologien und Finanzierungen abhängig sind. Diese Abhängigkeit bedeutet eine Beschränkung der Optionen, die den national dominanten Gruppen offenstehen. Im Fall von Krisen und anderen Instabilitäten bleibt den obersten Herren der Nation, den nationalen Machthabern, nichts anderes übrig, als an die Weltgemeinschaft und deren Solidarität zu appellieren, wie es Cardoso wenige Wochen vor der Wahl tun mußte (www.jb.com.br vom 11. 9. 1998).

Auf dem Höhepunkt des Wahlkampfes blickte das Establishment mit mehr Sorge nach Washington und auf die internationalen Finanzmärkte als auf den nationalen politischen Gegner. Es gibt kein schöneres Bild für die Irrationalität dieser Un-Ordnung. In diesen extremen Situationen entlarvte sich der Kaiser als nackt und seine neuen Kleider als Trug. Die alten Grenzen der brasilianischen Un-Ordnung, allen voran die Zahlungsbilanzprobleme, zeigten die Oberflächlichkeit und Kurzlebigkeit der Modernisierung und des Fortschritts unter dem *Plano Real*. Die ökonomische Stabilisierung ist daher immer nur eine prekäre. Anders ist dies bezogen auf die politisch dominanten Gruppen mit ihrer 500jährigen Erfahrung der Herrschaftsstabilisierung. Der Klassenkampf war für Brasiliens Bürgertum handlungsleitend, der kurzfristige und auf Partikularinteressen orientierte Machterhalt und keine historische Mission von Modernisierung und Kapitalisierung stand im Vordergrund. Letztere erfolgte daher immer nur partiell und wurde stets dann abgebrochen, wenn zentrale Mitglieder des Machtblocks gefährdet waren. Wenn die Bewahrung der Machtstruktur das alles bestimmende Prinzip des Machtblocks ist, können Demokratie und Partizipation nur ein Zugeständnis sein, das in Phasen günstiger Wirtschaftskonjunktur hingenommen wird. Strukturell muß die breite Partizipation der Bevölkerung aber zu Krisen führen und die Kräfte der Ordnung auf den Plan rufen. Demokratie kann daher entweder durch eine Diktatur abgeschafft oder in ihrem Geltungsbereich radikal eingegrenzt werden. Die sozialliberale Hegemonialstrategie beruht darauf, formaldemokratische Verfahren nicht einzuschränken, den demokratischen Handlungsspielraum aber durch ein fiskalisches und juristisches

Korsett zu minimieren. Dieses neue politische Feld ist nun so strukturiert, daß die praktizierte Politik weitgehend alternativenlos ist. Die Elemente von Hegemonie, die gegenwärtig identifiziert werden können, haben deshalb viel mit der – historisch immer äußerst wirksam eingesetzten – Zerstörung von Alternativen zu tun. Hierbei zeichnet sich das Bürgertum durch ein klares Bewußtsein seines Eigeninteresses aus, das die unterdrückten Gruppen nur in historischen Ausnahmesituationen erlangten. Darüber hinaus verfügen die VermögensbesitzerInnen über eine Vetofunktion, die Reformen bei Bedarf Grenzen diktieren kann. Als Projekt der Zerstörung muß das neue Staatsprojekt somit als erfolgreich angesehen werden. Die neue institutionelle Ordnung eines sozialliberalen *Governance* gewinnt zunehmend strukturellen, d.h. dauerhaften, sich dem Handlungszugriff entziehenden sowie als selbstverständlich und alternativenlos akzeptierten Charakter.

Trotzdem ist es trotz der vielen Eingriffe, die mit einer Vervielfachung gesellschaftlicher Spaltungslinien verbunden sind, nicht gelungen, ein kohärentes Akkumulationsregime mit einer entsprechenden sozialen und politischen Regulationsweise zu etablieren, was Krebs dazu verleitete, von einem Scheitern des Neoliberalismus zu sprechen. Was Krebs (1997: 13 f.) für Europa konstatierte, galt in Brasilien auch für das Bündnis aus PFL und PSDB: „Neue Führungsschichten sollen durch Kooptationen und Rekrutierungen dem herrschenden Block an der Macht einverleibt werden und so zur Konsolidierung des brüchig gewordenen Hegemonieprojekts des Neoliberalismus beitragen. Auf der Zeitachse betrachtet folgt einer Phase der selektiven Desartikulation von Staatspraktiken nun der Versuch einer Reartikulation von Staatshandeln. In räumlicher Hinsicht wird eine scheinbar anarchische territoriale Desintegration und Diffusion zu geographischen Netzwerken mit minutiös abgestuften, gleichwohl umkämpften Hierarchien kristallisiert. In qualitativer Hinsicht wird der entscheidungskompetente antizipative Fürsorgestaat in prozedurale Verhandlungssysteme der *governance* vervielfältigt, dezentralisiert, fragmentiert – bei gleichzeitiger Kontraktion auf die sogenannten Kernbereiche des Staates (Innen- und Sicherheitspolitik, Geldpolitik). Angeregt von Überlegungen von Bob Jessop würde ich von einer Phase der Re-Etatisierung oder der Reartikulation von Staatlichkeit sprechen, die der staatlich induzierten Krisenpolitik des Neoliberalismus folgt." Für diese neue Staatlichkeit, ein sozialliberales Regime, wurde durch den *Plano Real* der Boden bereitet.

Die obige Argumentation war auf die offizielle politische Auseinandersetzung und die Niederlage eines oppositionellen Gesellschaftsentwurfs fokussiert. Selbst die Linke agiert heute großteils auf dem Feld des Sozialliberalismus. Auch Oliveira schätzte einige Zeit lang die Chancen des gegenwärtigen Machtblocks, hegemonial zu werden, hoch ein, modifizierte in letzter Zeit aber seine Argumentation (Oliveira 1998a). Indem er sein Augenmerk auf die unterdrückten Klassen richtet, spricht er von Totalitarismus statt von Hegemonie. Es gehe den Herrschenden nämlich nicht um Hegemonie in Sinn der Kombination von Druck und Konsens auf die dominierten Klassen. Dies würde eine Integration der Unterdrückten in das semantische Feld der Herrschenden voraussetzen. Das „falsche Bewußtsein" des brasilianischen Bürgertums will jedoch nicht, daß die Dominierten ihm ähnlich sehen. Es will sie anders belassen. Das ist der tiefgehende Sinn von Ausgrenzung und die Ursache der sozialen Apartheid in Brasilien. Die Entuniversalisierung der Dominanz entdemokratisiert und mutiert in Totalitarismus. In der von den Massenmedien orchestrierten Elitendemokratie, in der ein gesellschaftlicher Konsens beschworen wird, sind totalitäre Elemente klar identifizierbar. Welcher Dinosaurier auch immer sich außerhalb des sozialliberalen Feldes positioniert, wird sofort *geoutet*. Politik als grundlegende Reflexion über das Gemeinwohl gilt als Verrat pragmatischer Bemühungen, die Kritik am Bestehenden gilt als antidemokratisch, Meinungsverschiedenheiten sind nur über Details erwünscht, und der Redefreiheit wird die materielle Basis entzogen. Die Integration der Massen in die Gesellschaft erfolgt durch deren – bloß marginalisierte – Teilhabe am Konsummarkt. Es ist dies eine passive Integration, eine Erzeugung von Ware ohne Freiheitsillusion, von Konsum im Gefängnis einer totalitären Ordnung. Oliveira (1998b: 95 f.) weist somit auf die Gefahr einer sozialen Apartheid und einer kulturellen Elitisierung hin. Schon in der Renaissance wurde sozialer und kultureller Fortschritt auf Kosten der Bevölkerungsmehrheit möglich, „gleichwohl blieben diese Träger der Bildung eine kleine Elite, deren Ideen eng mit den gesellschaftlichen und politischen Interessen der herrschenden Klasse verbunden blieben" (Deppe 1987: 346 ff.). Auch in der „neuen Renaissance", im Zeitalter der Globalisierung, wird ein großer Teil der Bevölkerung ausgegrenzt und die kulturelle Elite von einer verhältnismäßig großen Vermögensklasse ausgehalten. Diese Gruppen verfügen weiterhin über die Fähigkeit, Geschichte und Geographie zu machen. Den einfachen Menschen wird diese aber zunehmend abgesprochen. In der Affirmation der Macht aller – auch der ungebildeten, besitzlosen und scheinbar machtlosen – Menschen liegt die Wurzel zum Verständnis gesellschaftlicher Prozesse. Diese Einsicht, die in Vergessenheit zu geraten droht, wachzuhalten, stellt eine zentrale Aufgabe des Theoretisierens dar.

Auch Unterdrückte machen Geschichte und Geographie

Zwar legte die Strukturanalyse die Schwierigkeiten hegemonialer Projekte an der Peripherie dar. Doch engt heute die Vorherrschaft eines liberalen Regulierungsverständnisses, das Privat- und Marktwirtschaft ideologisch überhöht und verabsolutiert, Handlungsspielräume deutlicher ein als zu anderen Zeiten. Solange sich auf internationaler Ebene keine Kräfte bilden, die diese Vorherrschaft aufbrechen, muß die Suche nach neuen hegemonialen Projekten mit einem großen Maß an Bescheidenheit angegangen werden. Dies gilt umsomehr für gegenhegemoniale Strategien der Ermächtigung der Unterdrückten. Vorbei sind die Zeiten euphorischen Veränderungswillens, als alles um die Frage von Reform und Revolution kreiste. Die konkrete Raum-Macht engt die Optionen der Opposition ein. Die Stärke des dominanten Blocks lag in der ersten Amtszeit Cardosos in zweierlei: zum einen in einem öffentlichen und veröffentlichten Diskurs, der durch ein Ausmaß an Einheitlichkeit gekennzeichnet war, das in einer Demokratie verwunderlich ist. Der Konsens, der sich um die Stabilitätspolitik rankte, begründete ein „Einheitsdenken" (Fiori 1997: 100), das jegliche Debatte unterband und die strukturelle Macht aus der öffentlichen Wahrnehmung ausblendete. Zum anderen wurde jegliche Alternative zum Bestehenden als unglaubwürdig dargestellt. Die Opposition, obwohl eigentlich von der Verantwortung für die Krise enthoben, ist innerlich gespalten. Trotzdem möchte ich zum Abschluß der Arbeit zwei Handlungsfelder aufzeigen, auf denen gegenhegemoniale Praktiken möglich sind und gegenhegemoniale Projekte entstehen können. Dies ist zum einen das Kritisieren bestehender und zum anderen das Schaffen neuer Macht-Räume. Esser et al. (1994) bezeichnen diese politische Strategie als „radikalen Reformismus". „'Reformismus' zielt auf den Tatbestand, daß gesellschaftliche Veränderungen, die auf Aufhebung von Herrschaft und Ausbeutung zielen, nicht mittels der Eroberung von Positionen in der herrschenden Machtstruktur, sondern nur durch grundlegende Veränderungen der herrschenden Lebens- und Vergesellschaftungsweise zu erreichen sind. Diese müssen darauf angelegt sein, institutionalisierte Machtbeziehungen nicht auszutauschen, sondern aufzulösen, und zwar sowohl in der Sphäre des Staates als auch der 'zivilen' Gesellschaft. ... 'Radikal' meint, daß emanzipative Politik, auch wenn sie als schrittweiser und langwieriger Prozeß begriffen wird, von Anfang an auf die Überwindung der herrschenden gesellschaftlichen Formen und ihre institutionellen Ausprägungen abzielen muß und die praktische Kritik an diesen als ihr Grundprinzip erkennt. Dies setzt in letzter Konsequenz bei den AkteurInnen einen theoretischen Begriff von den bestehenden gesellschaftlichen Verhältnissen voraus, der *ohne die Kritik der politischen Ökonomie nicht zu gewinnen ist*" (Esser et al. 1994: 226 f.).

Die Kritik am „Einheitsdenken" kommt heute wesentlich von denjenigen, die weiterhin eine politökonomische Analyse vornehmen und denen in dieser Arbeit breiter Raum eingeräumt wurde. Es ist dies eine soziale Bewegung, die in radikaler Opposition zum bestehenden Machtblock steht. Trotz massiven Drucks in Richtung Konformismus und Kurzfristdenken haben sie sich einen längeren und weiteren Horizont erhalten und deshalb darauf beharrt, daß Gesellschaften historisch-geographisch kontingent, d.h. auch grundlegend wandelbar sind. Innerhalb der liberalen Linken, die in der PSDB beheimatet ist, setzte sich mit Cardoso die Überzeugung durch, daß die Linke nicht länger an einer Alternative arbeiten, sondern die konkrete Ausgestaltung der durch die Globalisierung gestellten Herausforderungen beeinflussen soll. Damit trat sie in einen Ideenwettbewerb mit der Rechten, welche Form der – in ihrem Wesen unbestritten notwendigen – Modernisierung vorgenommen werden sollte. Die Auseinandersetzung zwischen PSDB und PFL fand innerhalb der Regierung statt (Leite 1996: 32 f.). Diese Linke akzeptierte die gegebene Machtstruktur und versuchte, mittels institutioneller Reformen bei Konstanz der Tiefenstruktur der Macht einen gesellschaftlichen Wandel zu ermöglichen. Sie beschränkte ihr Handlungsfeld auf institutionelle und strukturelle Veränderungen, die vom Machtblock genehmigt wurden. Diese Radikalisierung der PSDB nach rechts hatte aber bei der PT keine klare Abgrenzung, sondern im Lauf der letzten Jahre eine zunehmende Annäherung an die neoliberalen Gegen-Reformen der PSDB zur Folge. Die Analyse der Macht-Räume zeigte aber, wie problematisch die Koopertion mit dem bestehenden Machtblock und wie gering der Handlungsspielraum einer mit der Rechten koalierenden Mitte-Links-Regierung ist. Im Vergleich mit den vorangegangenen Regierungen fällt das Urteil über den – im Selbstverständnis – Mitte-Links-Politiker Cardoso negativer aus als das über viele seiner Vorgänger. Vor allem nach dem Militärputsch, der aus Angst vor einer zu starken Linken vorgenommen wurde, verfolgte die Rechte eine nationalistische Wirtschafts- und Sozialpolitik mit einem relativ konsistenten Akkumulationsregime, wobei der Staat als Gesamtkapitalist agierte. Diese gewinnorientierte, die Machtstruktur nicht antastende, aber trotzdem an nationaler produktiver Entwicklung interessierte Strategie ist trotz äußerst problematischer sozialer Effekte positiver zu bewerten als die gegenwärtige Wirtschaftsstrategie, die von an der nationalen Produktion desinteressierten Rentiers bestimmt wird. Das Nationale reduziert sich gegenwärtig als Machtraum durch die Hartwährungs- und Hochzinspolitik weitgehend auf die Sicherung des Vermögens derjenigen In- und AusländerInnen, die schon reich sind. „In historischen Zeiten wie diesen liegt die Verantwortung des Intellektuellen im Radikalisieren der Kritik, allerdings ohne naiven Optimismus, weil die neoliberale Lawine nicht nur rhetorischer Natur, sondern sehr wohl ein in unseren Gesellschaften tief verwurzelter Vorgang ist. Gemäß Adornos Lehre ist es unsere Aufgabe zu radikalisieren, im Sinn von das auch einzufordern, was der Begriff verspricht. Im untersuchten Fall sind es die in der Demokratie enthaltenen Versprechungen. Ein weiterer großer Klassiker, Gramsci, empfahl, in Krisenzeiten den 'Pessimismus des Verstandes' einzuschalten, um dem 'Optimismus des Willens' zu helfen, der nur durch das Handeln der dominierten Klassen entstehen kann" (Oliveira 1998b: 96).

Ich verwies schon auf den in Brasilien bestimmenden Umstand, daß die Beharrungsfähigkeit mehr auf den Machtblock und die kapitalistische Grundstruktur als auf konkrete Strukturen und Institutionen zutrifft. Immer, wenn es sich bedroht fühlt, nimmt das brasilianische Bürgertum sofort eine klare Klassenposition ein und ortet einen klaren Klassenfeind. Es beherrscht die Strategien des Klassenkampfes zur Ausschaltung jeglicher Infragestellung der herrschenden Un-Ordnung „von unten". Cazusa konnte in den 1980er Jahren noch singen: „Die Bourgeoisie stinkt – und solange es gibt die Bourgeoisie – wird es nicht geben Poesie." Doch dieser herausfordernde antibürgerliche Diskurs verlor sich in den 1980er Jahren. Es kam zu einer Aufwertung der Unternehmerschaft, zu einer Orientierung der nationalen an der globalen Mittelschicht und zu einer Abwertung der Arbeiterschaft. Erstere repräsentiert das moderne und letztere das rückschrittliche Brasilien. „So schließt sich der Zirkel: Die Opfer werden zu den Verursachern der Übel der Region, und die 'neue Lösung' ... wird die 'Unternehmermentalität' sein, die private Akkumulation, gefördert durch staatliche Subventionen und durch die Ausbeutung der Arbeitskraft“ (Cardoso, Müller 1977: 204). Der Klassenkampf wird von Menschen geführt, Ermächtigung und Entmächtigung sind Mittel und Ergebnis der sozialen Kämpfe. Deshalb spielt die Frage nach den MachthaberInnen keine unwesentliche Rolle. Es ist dies immer auch eine Frage nach dem Territorium, das von MachthaberInnen beherrscht wird: Wer hat wo Macht? – denn Macht wird in physischen und sozialen Räumen ausgeübt. Michel Foucault wertet das Macht-Haben als politisches Ziel ab. Macht sei nur in einer überholten souveränen Konzeption „da oben“ verortet und in Macht-Habern verkörpert. Viel zutreffender sei hingegen eine Analyse der Machtfelder, der Strukturen der Macht. Übersehen wird dabei zum einen die Produktion dieser globalen Ordnung; zum anderen der Umstand, daß der postulierte global-ökonomistische Selbstlauf die List einer Macht ist, die sich unkenntlich machen will. Foucault schrieb noch gegen die Konzeption von Macht an, die diese simpel in einem souveränen Machthaber, dem Entwicklungsstaat, verortete, und er forderte eine Sichtweise von Macht als Kraft, als Netzwerk und Bewegung ein. Doch heute scheint das Gegenteil gefragt – die scheinbare Flüssigkeit und Ortlosigkeit der Macht im Sinn eines Vulgär-Foucaultianismus ist so breit akzeptiert und leistet der bestehenden Un-Ordnung einen so guten Dienst, daß es notwendig scheint, daran zu erinnern, daß Macht nicht nur in Strukturen verfestigt ist, sondern auch von AkteurInnen gemacht wird (Novy, Mattl 1999).

Diese Arbeit betonte an vielen Stellen die Bedeutung der Politik, des Machthabens. Auf lokaler Ebene zeigte die Budgetanalyse, wie wichtig es ist, MachthaberIn zu sein. Die Amtsführung der linken und rechten Regierungen unterschied sich in São Paulo grundlegend. Rechtsregierungen verschuldeten sich, um Straßen zu bauen; die Linksregierung investierte ohne Verschuldung in den Bildungs- und Gesundheitsbereich. Diese Prioritätenumkehr erweiterte die Handlungsoptionen der Armen, dieser Gestaltungsspielraum von Macht-HaberInnen ist bedeutsam. Politisches Engagement auch in der Auseinandersetzung um MachthaberInnen in bestimmten politischen Räumen und Zeiten ist wichtig. Die Budget- und Sektoranalyse erlaubt den Schluß, daß eine PT-Regierung über ein Jahrzehnt hinweg São Paulo ohne Zweifel zum Besseren verändert hätte. Wer über ein Territorium Macht ausübt, macht einen Unterschied für die institutionelle und strukturelle Entwicklung. Die konventionelle Sicht von Links und Rechts, von politischen Lagern, die zueinander in grundlegendem Widerspruch stehen, hat ihre Gültigkeit nicht verloren. Die nationale Analyse liefert ein differenzierteres Bild von der Rolle der MachthaberInnen. Zum einen ist es unerläßlich, bestimmte Positionen innezuhaben, um bestimmte Politiken umzusetzen. Es bedurfte einer Regierung Cardoso, um die ansonsten in Lateinamerika schon verwirklichten Gegen-Reformen auch in Brasilien durchzusetzen. Die Strukturveränderungen der letzten Jahre sind – trotz ökonomistischer Rhetorik – ein Indiz für das „Primat der Politik". Das heißt aber nicht einfach, daß das politische Handeln immer bestimmend sei. Vielmehr zeigte sich, daß es Formen politischen Handelns gibt, die – gewollt oder ungewollt – die Un-Ordnung verstärken. Der Zugang zum Handeln, den eine technizistische und neutrale Universitätsausbildung fördert, negiert Machtstrukturen. In den 1990er Jahren war ein Gutteil der MachthaberInnen der zweiten Ebene – d.h. diejenigen, die die Reformen im Detail ausarbeiteten – junge, politisch unerfahrene AkademikerInnen. Diese entwarfen „reine" Innovationen ohne Berücksichtigung und Kenntnis der zugrundeliegenden Struktur. Die MachthaberInnen der ersten Ebene wiederum beherrschten die Kunst, mit scheinbar geringfügigen Modifikationen an technokratischen Lösungsvorschlägen die Tiefenstruktur der Raum-Macht und vor allem die Dominanz des Machtblocks zu erhalten. Die eine Maßnahme bestand in der Bereitstellung zu geringer Mittel, was die Reform verhinderte bzw., schlimmer noch, oft in reaktionäre Kanäle lenkte. Dies war die vorherrschende Strategie auf nationaler Ebene. Die zweite Maßnahme war die Konzentration der Entscheidungsbefugnisse bei den alten MachthaberInnen – die vorherrschende Strategie in der Stadt São Paulo. Aus diesem Grund gab es dort zwar massive Auslagerungen und Privatisierungen der Verwaltung, aber keinerlei politische Dezentralisierung, keine Macht-Teilung durch Raum-Teilung.

Die zweite gegenhegemoniale Strategie muß in der Stärkung alternativer Macht-Räume bestehen. Davor noch geht es aber um die Verteidigung der Demokratie als zentrale Rahmenbedingung verändernden Handelns. Dieser demokratisch-öffentliche Raum, den die von unten getragene Demokratiebewegung seit dem Ende der 1970er Jahre den SympathisantInnen der Militärs, die heute allesamt erneut im und um den Machtblock anzutreffen sind, abgerungen hat, ist eine große Errungenschaft sozialer Bewegungen. Der dominante soziale Block ist nämlich in Brasilien derart reaktionär, daß es ein wesentliches Minimalziel sozialer und demokratischer Bewegungen sein muß, Demokratie und Bürgerrechte gegen den immer diktaturanfälligen „realen Liberalismus" zu verteidigen. Die schlecht funktionierende Akkumulation stärkt reaktionäre Kräfte und antidemokratische Projekte. Die Linke darf daher die Verteidigung der Demokratie als reformistisches Minimalprogramm nicht aus den Augen verlieren. Darüber hinaus muß sie unter Ausnützung der Vielfalt an Macht-Räumen, die sich die Zivilgesellschaft im Zuge der Demokratisierung erkämpfte, in Teilbereichen ein anderes Modell als das des vorherrschenden „realen Liberalismus" verwirklichen. Dafür bieten sich auf politischem Gebiet aufgrund der Machtverhältnisse auf nationaler und zumeist auch regionaler Ebene vor allem die großen Kommunen und einige Bundesstaaten an – vor allem Rio Grande do Sul.

Tatsächlich konnten Linksregierungen, wie das Beispiel São Paulo zeigt, eine Reihe positiver Entwicklungen einleiten. Der Umgang mit Konsens benennt das letzte Spannungsverhältnis, das in dieser dialektisch argumentierenden Arbeit dargestellt werden soll. Obwohl Konsens eben erst als bedenkliches Macht-Wissens-Feld entlarvt wurde, bilden Konsens, Dialog und Kommunikation in den von gegenhegemonialen Kräften dominierten Territorien Schlüsselkonzepte. Paul Singer (1996) macht zu Recht darauf aufmerksam, daß innerhalb einer kapitalistischen Gesamtstruktur eine linke Regierung nicht für ihre Klientel, sondern für die gesamte Bevölkerung eines Territoriums regieren muß. „São Paulo für alle" war auch das Motto der PT-Regierung. Die Linke muß im Rahmen der bestehenden Un-Ordnung, d.h. des Kapitalismus, die Lebensqualität der Bevölkerung verbessern. Dafür ist sie auf die Kooperation der Unternehmer angewiesen, weshalb es sinnvoll ist, daß die Linksregierungen auf Verhandlungslösungen, auf Kommissionen, auf halbstaatliche und zivilgesellschaftliche Zwischeninstanzen setzen. Um mit den dominanten Gruppen wirksam verhandeln zu können, darf die Linke aber auf ihr Drohpotential nicht verzichten. Nur wenn klar ist, daß nicht um jeden Preis der Kompromiß gesucht wird und daß essentielle Maßnahmen notfalls auch gegen Widerstand durchgesetzt werden, können die dominanten Gruppen zu ernsthaften Verhandlungen gebracht werden. Diese Art von Konsenspolitik bietet ein Aktionsfeld für radikalen Reformismus.

Der Kapitalismus präsentierte Brasilien nach 1990 eine ungeahnte Warensammlung; alles schien käuflich. In dieser allgemeinen Begeisterung über die Beglückung, die Technologien, Kulturen und Kapital von außen ins Land brachten, verlor sich das kritische Denken und damit auch die Beschäftigung mit denen an der Basis der Gesellschaft für einige Zeit. Diese neue, leichtfüßige, weil an keinen Ort gebundene Weltsicht hat tiefe Wurzeln im intellektuellen Selbstverständnis geschlagen. Gegen diese ideologische Vorherrschaft anzugehen, ist alles andere als einfach. Unabdingbarer Bestandteil der Suche nach Alternativen ist aber, auf dem Feld der Zivilgesellschaft eine Gegenkultur zu erarbeiten. Es müßten Freiräume für andere Lebens- und Denkformen geschaffen und Autonomie gefördert werden. Es ist dies die Lehre, die sowohl aus einer Gramscianischen als auch aus einer Foucaultschen Machtanalyse gezogen werden muß. Diese sozialen Räume, die sich einem kurzfristigen Verwertungs- und Erfolgszwang entziehen, könnten Keime einer gesellschaftlichen Alternative sein. Ein erster Schritt dazu ist, nicht dem Einheitsdenken zu folgen, sondern „weiter" – in seiner zeitlichen und räumlichen Bedeutung – zu denken. Deutlicher als Foucault weist Gramsci darauf hin, daß es sich hierbei um ein Bündnis aus Intellektuellen und Arbeiterschaft, von Mittel- und Unterschicht handeln muß. Es gilt nicht, den Klassenkampf zu initiieren; die dominanten Gruppen betreiben einen nicht deklarierten Kampf der Ausgrenzung schon lang. Es geht vielmehr in einem ersten Schritt darum, der Maßlosigkeit der Herrschenden eine Grenze zu setzen. Die brasilianische alternative Populärkultur, die *musica popular brasileira*, das *cinema nova*, die StudentInnen- und Gewerkschaftsbewegung und die kirchlichen Basisgemeinden, all diese Volksbewegungen der 1970er und 1980er Jahre gaben Brasilien eine Identität, einen Stolz. Es waren dies erste Schritte einer kulturellen Revolution. Das Bündnis, das in den „anderen Räumen" der Militärdiktatur – in Basisgemeinden und Gewerkschaften – entstand, bildete die nachhaltigste „soziale Innovation" Brasiliens.

So stand in den 1980er Jahren die Stärkung der lokalen Handlungsspielräume und das Experimentieren in der Stadt im Vordergrund emanzipatorischer Politik. Ende der 1990er Jahre, desillisioniert über die Möglichkeiten eines grundlegenden Wandels, denkt die Linke immer weniger über den großen Schritt nach vorne nach. Vielmehr geht es um Widerstand, konkret um die

Verteidigung von Nation und Souveränität (Becker 1995; Fiori 1999). In beiden Fällen, seien es die lokalen Sozialinnovationen der 1980er oder die Verteidigung des Nationalen in den 1990er Jahren, ging es um die Bildung eines autonomen Machtraumes. Der jahrhundertelange Kampf um die Konstitution der Nation erklärt die rationale und emotionale Verbundenheit der BrasilianerInnen mit dieser räumlichen Ebene. Nationsbildung war historisch immer mehr als bloß ein kulturalistisches und chauvinistisches Konzept. Es war die wirksamste Form einer kollektiven Anstrengung, Geschichte und Geographie zu machen. In diesen Auseinandersetzungen waren niemals bloß die Machthaber, sondern auch die Unterdrückten wichtige AkteurInnen, die an der konkreten Ausgestaltung des sozialen Raumes des Territoriums mitwirkten. Trotzdem muß an einen politökonomisch begründeten Nationalismus die Frage gestellt werden, ob die historisch an die Nation gebundene Befreiungsgeschichte auch in Zukunft zwangsläufig auf dieser Ebene verortet bleibt. Wahrscheinlicher scheint mir nämlich die Herausbildung einer vernetzten Politikform, in der auf verschiedenen räumlichen Ebenen agiert wird. Die 500jährige Geschichte von Raum und Macht macht den häufigen Wechsel der räumlichen Ebenen verständlich, der für progressive Politik angemessen erscheint. Was die lokalen Sozialinnovationen und die Verteidigung des Nationalen aber verbindet, ist die Zielsetzung, die Selbstbestimmung und Teilhabe der Bevölkerung zu fördern. Auf welcher der verschiedenen räumlichen Ebenen politisches Handeln besonders erfolgversprechend ist, kann nur im Gefolge einer Konjunkturanalyse zutreffend beantwortet werden. Daß aber ein höheres Maß an nationaler Selbstbestimmung Voraussetzung ist, um die kollektive Bemühung, Geschichte und Geographie zu machen, auf den verschiedenen Ebenen voranzutreiben, scheint für Südamerika außer Zweifel.

Gesellschaftliches Handeln ergibt sich aus dem Zusammenspiel von Raum und Macht, und gerade in Krisensituationen müssen die verschiedenen räumlichen Ebenen neu angeordnet und zueinander in Beziehung gesetzt werden. Diese neue dauerhafte Struktur ergibt sich aber nicht einzig aus dem Wunsch der dominanten Gruppen, sondern aus dem Zusammenprallen dominanter und unterdrückter Interessen. Nur weil die benachteiligten Gruppen sich kaum im Machtblock festsetzen können, darf nicht der Eindruck entstehen, ihr Agieren hätte keine Auswirkung auf den Gang der Dinge. Gerade die soziale Dynamik der 1920er und 1930er Jahre, die nachhaltigen

Verbesserungen den Weg bereitete, relativiert die jüngsten Niederlagen im Gefolge des demokratischen Aufbruchs. Nur als Reaktion auf soziale Unruhen, alternative Gesellschaftsentwürfe und konkrete Bedrohungen bilden sich dominante Projekte für Staat und Gesellschaft. Auf diese Weise beeinflussen soziale Bewegungen in nationalen, aber auch in lokalen und regionalen Machträumen die Gestalt einer neuen Gesellschaftsstruktur. Wenngleich ein kompetenter Blick auf Brasilien nur möglich ist, wenn auf mehrere Ebenen gleichzeitig geschaut wird, kann vom Nachdenken über die Nation Brasilien eine wesentliche Lehre mitgenommen werden: Bei der Analyse wirtschaftlicher Prozesse ist immer gleichzeitig auch die Teilhabe der ganzen Bevölkerung am gesellschaftlichen Leben und seinen Früchten mitzudenken (Sampaio 1999: 416). In der Reflexion über die Nation wurde das Volk, die einfachen Leute, als Opfer von Strukturen und gleichzeitig als Subjekt gesellschaftlicher Veränderung wahrgenommen; *empowerment*, Ermächtigung (Friedmann 1992) bot sich demnach als Entwicklungsalternative an. Es ist genau in einem Zugang des Respekts vor dem brasilianischen Volk, den einfachen Leuten, worin die Grundlage einer gesellschaftlichen Alternative zu suchen wäre. Wer die Unzufriedenheit „von unten" in den 1920er, 1950er oder 1970er Jahren nicht zur Kenntnis nehmen wollte, verstand die jeweilige Konjunktur nicht. Gerade die aus der Mittelschicht kommenden Intellektuellen müßten heute erneut, ohne kulturalistisch und naiv diese Volkskultur zu verklären, die Kultur der einfachen Menschen wieder ernst nehmen – aus den virtuellen Räumen des Internets allein, diesem neuen globalen Raum der Mittelschicht, werden die sozialen Kräfte des Wandels nicht kommen. Dazu bedarf es der Ränder der Gesellschaft, seien dies Favelas, indigene Gemeinschaften oder Hip-Hop-Gruppen. Von den Sozialwissenschaften wird heute erwartet, diese sozialen Räume zu verstehen, um die Gesellschaft zu verändern.

Anmerkungen

1 Grundsätzlich sind Märkte in kapitalistischen Gesellschaften kapitalistische Märkte. Deshalb sind die ProduzentInnen von ihrem Produkt getrennt, die Arbeitskraft wird zur Ware, und es wird Mehrwert produziert und privat angeeignet (vgl. Röttger 1997: 33-39).

2 In Anlehnung an den „realen Sozialismus" und in Abgrenzung zur Bezeichnung „Merkantilismus", die der peruanische Liberale Hernando de Soto (1987: 201 ff.) für das lateinamerikanische Wirtschaftssystem der 1980er Jahre verwendet. Es ist auch insofern der „reale Liberalismus", als es der Liberalismus derjenigen Partei ist, die als Partei der liberalen Front (PFL) gegenwärtig die größte Kraft im Regierungsbündnis darstellt: „The modernizing – and modernist – conception of political development espoused by the Cardoso family is, to quote a famous article, an example of 'ideas out of place' (Schwarz): the slave owners were liberals, the bringers of foreign capital were nationalists, and now the modernizers wish to bring citizenship under the aegis of a political system which guarantees rights only to those endowed with wealth and power" (Lehmann 1990: 75). Santos (1978) reflektiert über die „Praxis des Liberalismus".

3 Foucaults diesbezügliche Vorträge liegen leider nur als Tonbänder vor (vgl. Lemke 1997; Schmid 1991).

4 „It is a peculiar twist, then, that those small development organizations that operate on a grass-roots level, those often considered to be the most effective and certainly the most sensitive to local populations, appear to be potentially the most dangerous if a Foucauldian sense of power is used to examine development" (DuBois 1991: 19).

5 „Wir begreifen das Verhältnis zwischen externen und internen Faktoren als ein komplexes Ganzes, dessen strukturelle Einheit nicht nur auf externen Formen der Ausbeutung und des Zwanges beruht, sondern in Interessenkoinzidenzen der lokalen und internationalen herrschenden Klasse verwurzelt ist und von lokalen beherrschten Gruppen und Klassen durchaus in Frage gestellt wird" (Cardoso, Faletto 1976: 216). Für räumliche Analysen ist dieses Vorgehen methodisch sehr interessant, weil es zwei räumliche Ebenen zueinander in Beziehung setzt. Kennzeichnend für den spezifischen räumlichen Zugang ist an obigem Zitat jedoch die Verwendung von lokal im Sinn von national. Cardoso und Faletto kennen keine subnationale Geographie. Genauso wie die Dialektik von international und national für sie konstitutiv ist, so unbekannt ist die analoge Anwendung der Dialektik auf das Wechselspiel von Nation und Region. Bei anderen Autoren wie Faoro, Furtado und Frank ist aber immer wieder eine regionalisierte Analyse anzutreffen.

6 „The point is that these different spatial dynamics are not contradictory or incompatible, we should not consider one as an emergent and another as a residual tendency. They are all contemporaneous, reflecting new articulations of global mobility and local fixity, new geographical options in the present corporate repertoire" (Amin, Robins 1990: 28).

7 Nicht fern davon ist auch die neue, von der Weltbank vertretene ideologische Orientierung auf einen „starken Staat" (IBRD 1997).

8 Die grundlegende Wende keynesianischer Politik seit 1930 bestand demnach darin, daß die Staatsintervention ex-ante und nicht ex-post erfolgte und so Teil des Verwertungskalküls des Kapitals wurde (Oliveira 1987: 102 ff.).

9 Teilweise werden die Steuergeschenke für Extragewinne genutzt. Allgemein gilt, daß multinationale Konzerne weitgehend steuerbefreit sind.

10 Die Unterscheidung von Akkumulationsregime und Produktionssystem basiert auf den unterschiedlichen Zugängen der Pariser und der Grenobler Schule der Regulationstheorie (vgl. Becker 1999).

11 Regulation ist immer ein Mehrebenenphänomen und daher mit dem offeneren Begriff des Dispositivs besser faßbar (vgl. Becker, Raza i.E.). In einer Diskursanalyse versuchte ich schon ähnliches, nämlich das Konzept des Dispositivs zur Hilfe zu nehmen, um Diskursstrukturen offenzulegen (Novy, Mattl 1999). Diese Analyse basierte auf dem Foucaultschen Begriff von Dispositiv (vgl. Foucault 1978: 119 f.).

12 Eine strukturelle Analyse ist deshalb so wichtig, weil wir vor dem Paradox stehen, daß es einerseits einen breiten gesellschaftlichen Konsens gibt, daß Armut, Unterentwicklung und Machtlosigkeit überwunden werden müssen. Doch andererseits bleibt die Armut bestehen, und die Ungerechtigkeiten nehmen zu.

Literaturverzeichnis

(Für eine ausführlichere Bibliographie vgl. Novy 1998: 427-450)

Abrucio, Fernando Luiz, Couto, Claudio Gonçalves (1996): A redefinição do papel do Estado no Âmbito Local. In: São Paulo em Perspectiva, Vol. 10, No. 3: 40-47

Affonso, Rui (1995): A Federação no Brasil: Impasses e Perspectivas. In: Affonso, R. et al.: A Federação em Perspectiva: Ensaios Selecionados. São Paulo: FUNDAP: 57-76

Affonso, Rui (1996): Os Municípios e os Desafíos da Federação no Brasil. In: São Paulo em Perspectiva, Vol. 10, No. 3: 3-10

Aglietta, Michel (1987): A Theory of Capitalist Regulation. The US-Experience. London: Verso

Aguerre, Pedro (1995): A Estruturação da Cidade de São Paulo. In: São Paulo em Perspectiva, Vol. 9, No. 3: 109-115

Almeida, Pedro Fernando Cunha de (1996): As razões materiais da posição periférica da indústria gaúcha na industrialização restringida brasileira. In: Targa, L. R. P.: Gaúchos & paulistas: dez escritos de historia Regional Comparada. Porto Alegre: FEE: 117-139

Altvater, Elmar (1987): Sachzwang Weltmarkt. Hamburg: VSA

Altvater, Elmar, Mahnkopf, Birgit (1996): Grenzen der Globalisierung. Ökonomie, Ökologie und Politik in der Weltgesellschaft. Münster: Westfälisches Dampfboot

Amaral, Adriano B. do (1977): Industrialisierung in Brasilien – Zur Politik der Importsubstitution. (Institut für Iberoamerika-Kunde Schriftenreihe Bd. 28.) Tübingen – Basel: Horst Erdmann

Amin, Ash, Robins, K. (1990): The re-emergence of regional economies? The mythical geography of flexible accumulation. Environment and Planning D: Society and Space, Vol. 8: 7-34

Arretche, Marta Teresa da Silva (1998): O Processo de Descentralização das Políticas Sociais no Brasil e Seus Determinantes. Tese de Doutorado apresentada ao Departamento de Ciência Política do Instituto de Filosofia e Ciências Humanas da Universidade Estadual de Campinas, sob a orientação da Profa. Dra. Argelina Cheibub Figueiredo

Arrighi, Giovanni (1993): The three hegemonies of historical capitalism. In: Gill, S. (ed.): Gramsci, historical materialism and international relations. Cambridge: Cambridge University Press: 148-185

Arrighi, Giovanni (1994): The Long Twentieth Century. Money, Power, and the Origins of Our Times. London – New York: Verso

Bachrach, Peter, Baratz, Morton S. (1977): Macht und Armut. Eine theoretisch-empirische Untersuchung. Frankfurt/M.: Suhrkamp

Baer, Werner (1989): The Brazilian Economy: Growth and Development. New York: Praeger

Baer, Werner, Geiger, Pedro Pinchas, Haddad, Paulo Roberto (eds.) (1978): Dimensões do Desenvolvimento Brasileiro. (Contribuções em economia 3.) Rio de Janeiro: Campus

Banck, Geert A. (1990): Cultural Dilemmas Behind Strategy. Brazilian Neighbourhood Movements and Catholic Discourse. In: The European Journal of Development Research. Journal of EADI, Vol. 2, No. 1: 65-88

Bauer, Leonhard, Matis, Herbert (1988): Die Geburt der Neuzeit. Vom Feudalsystem zur Marktgesellschaft. München: dtv

Bava, Silvio Caccia (1996): Desenvolvimento Local: uma alternativa para a crise social? In: São Paulo em Perspectiva, Vol. 10, No. 3: 53-59

Becker, Bertha K., Egler, Claudio (1992): Brazil: a new regional power in the world-economy. A Regional Geography. Cambridge: Cambridge University Press

Becker, Bertha K. (1995): A (des)ordem global, o desenvolvimento sustentável e a Amazonia. In: Becker, B. K. et al.: Geografia e Meio Ambiente no Brasil. São Paulo: Hucitec: 46-64

Becker, Joachim (1998a): Der kurze Traum der immerwährenden Demokratie. In: Kurswechsel, H. 1/98: 11-22

Becker, Joachim (1998b): Regionale Integration und Regulation: EU und Mercosur im Vergleich. In: Journal für Entwicklungspolitik, 2/98: 119-138

Becker, Joachim (1999): Zum Zusammenhang von Veränderungen des Akkumulationsregimes und der Territorialität des Staates. Wien: Wirtschaftsuniversität. Habilitationsmanuskript

Becker, Joachim, Novy, Andreas (1999): Divergence and convergence of national and local regulation: the case of Austria and Vienna. In: European Regional and Urban Studies: 127-143

Becker, Joachim, Raza, Werner (im Erscheinen): Theory of Regulation and Political Ecology: an inevitable separation. In: Economies et Societies, Serie „Regulation“

Bergsman, Joel (1970): Brazil. Industrialization and Trade Policies. London: Oxford University Press

Bergsman, Joel (1973): Foreign Trade Policy and Development. In: Rosenbaum, H., Tyler, W.: Contemporary Brazil: Issues in Economic and Political Development. New York: Praeger: 69-94

Bernstein, Richard (1983): Beyond Objectivism and Relativism. Oxford: Basil Blackwell

Biedermann, Anton K., Peringer, Alfredo M. (1994): A crise do Estado brasileiro e as privatizações. In: FEE, Análise conjuntural: 132-139

Biondi, Aloysio (1999): O Brasil privatizado. Um balanço do desmonte do Estado. São Paulo: Editora Fundação Perseu Abramo

Birner, Andreas, Fried, Hermann, Novy, Andreas, Stöhr, Walter B. (Hrsg.) (1997): Lokale Entwicklungsinitiativen – ein interkultureller Vergleich: Lebensstrategien und globaler struktureller Wandel. Frankfurt/M.: Peter Lang

Bizelli, Edimilson Antonio (1995): Considerações Sobre a Urbanização Interiorana. In: São Paulo em Perspectiva, Vol. 9, No. 3: 38-45

Bobbio, Norberto (1991): Thomas Hobbes. Rio de Janeiro: Campus

Bobbio, Norberto (1993): O Conceito de Sociedade Civil. Biblioteca de Ciências Sociais. 3. Nachdr. (Série: Política, Vol. 3.) Rio de Janeiro: Graal

Bógus, Lúcia Maria Machado, Montali, Lília (1994): A reestruturação metropolitana de São Paulo. In: Margem Fac.C.S. da PUC, No. 3: 159-178

Bonfim, Raimundo (1998, January 30): Cingapura, um projeto eleitoreiro. Folha de São Paulo. In: www.uol.combr/fsp/cotidian/ff30019811.htm

Boris, Dieter (1998): Soziale Bewegungen in Lateinamerika. Hamburg: VSA-Verlag

Bosi, Alfredo (1999): A dialética da colonização. São Paulo: Companhia das Letras

Bourdieu, Pierre (1992): Die verborgenen Mechanismen der Macht. (Schriften zu Politik & Kultur 1.) Hamburg: VSA

Bourdieu, Pierre (1997): Der Tote packt den Lebenden. (Schriften zu Politik & Kultur 2.) Hamburg: VSA

Bowles, Samuel, Gintis, Herbert (1986): Democracy and Capitalism. London: Routledge & Kegan Paul

Boyer, Robert (1987): La Théorie de la Régulation. Une analyse critique. Paris: La Découverte

Brant, Vinícius Caldeira et al. (1989): São Paulo: Trabalhar e viver. Comissão Justiça e Paz de São Paulo. In: São Paulo: Brasiliense

Bresser Pereira, Luiz (1987): Inertial Inflation and the Cruzado Plan. In: World Development, Vol. 15, No. 8: 1.035-1.044

Bresser Pereira, Luiz Carlos (1997, July 25): Reforma ou ajuste? In: www.uol.combr/fsp/opinao/fz250709.htm

Bresser Pereira, Luiz Carlos (1998, May 13): A Reforma do Aparelho do Estado e a Constituição Brasileira. In: www.mare.gov.br/Publicacoes/Papers/Constituição.htm

Caiado, Aurílio Sérgio Costa (1995): Dinâmica Socioespacial e a Rede Urbana Paulista. In: São Paulo em Perspectiva, Vol. 9, No. 3: 46-55

Calcagnotto, Gilberto (1996): Demokratisierung und Reformen ohne politischen Pakt? Zur historischen Einordnung der Regierung Cardoso. In: Lateinamerika. Analysen – Daten – Dokumentation, Nr. 32: 31-48

Caldeira, Jorge (1999): Mauá. Empresário do Império. São Paulo: Companhia das Letras

Cano, Wilson, Neto, Leonardo Guimarães (1986): A Questão Regional no Brasil: Traços Gerais de sua Evolução histórica. Pensamento Ibero-Americano. Revista de Economia Política 10, Julio-Dec. Madrid: ICI y Cepal

Cano, Wilson (1997): Base e superestrutura em São Paulo: 1886-1929. In: Lorenzo, Helena Carvalho de, Costa, Wilma Peres da (org.): A década de 1920 e as origins do Brasil moderno. São Paulo. Editora UNESP: 235-254

Cano, Wilson (1998a): Raízes da Concentração industrial em São Paulo. Campinas: Unicamp

Cano, Wilson (1998b): Desequilibrios regionais e concentração industrial no Brasil. 1930-1970. 1970-1995. Campinas: Unicamp

Cardoso, Fernando Henrique (1991): La Democracia en las Sociedades Contemporáneas. In: Rubinstein, Juan Carlos: El Estado Periferico Latinoamericano. 2nd ed. Buenos Aires: Tercer Mundo Editores: 161-170

Cardoso, Fernando Henrique (1993): As Idéias e seu Lugar. Petrópolis: Vozes

Cardoso, Fernando Henrique (1996): Os desafios da globalização. Rede gehalten an der Universidad Autonoma de Mexico am 21. 2. 1996. Abgedruckt in Folha de São Paulo vom 22. 2. 1996

Cardoso, Fernando Henrique (1998, March 14): Artigo Publicado na Folha em 7 de Junho de 1990. Constituição ou propotência? In: www.uol.combr/fsp/brasil/fc14039804.htm

Cardoso, Fernando Henrique, Faletto, Enzo (1976): Abhängigkeit und Entwicklung in Lateinamerika. Frankfurt/M.: Suhrkamp

Cardoso, Fernando Henrique, Müller, Geraldo (1977): Amazonia: Expansão do Capitalismo. São Paulo: Brasiliense

Carvalho, Maria Lúcia Leitão de (1996): A política fiscal dos Estados e as funções de acumulação e de legitimação. In: Targa, L. R. P.: Gaúchos & paulistas: dez escritos de historia Regional Comparada. Porto Alegre: FEE: 181-209

Castela, Reginaldo, Novy, Andreas (1996): Der schwierige Zutritt der Armen zu Staat und Zivilgesellschaft im brasilianischen Bundesstaat Acre. In: Kolland, Franz et al.: Staat und zivile Gesellschaft. (Historische Sozialkunde 8.) Frankfurt/M. – Wien: Brandes & Apsel/Südwind: 73-92

Castells, Manuel (1983): The City and the Grassroots. Beverly Hills: Sage

Cepal (1992): Equidad y transformación productiva: Un enfoque integrado. Santiago de Chile

Clegg, Stewart R. (1989): Frameworks of Power. London: Sage

Conniff, M. L., Hendrix, M. K., Nohlgren, S. (1971): Brazil. In: Morse, R. M. et al.: The Urban Development of Latin America 1750-1920. Stanford: Center for Latin American Studies, Stanford University: 36-52

Conceição, Octavio Augusto Camargo (1989a): Grandes Crises e Estágios da Economia Brasileira: Uma revisão da literatura para uma proposta da periodização. In: Faria, Luiz Augusto Estrella et al.: Desvendando a espuma. Reflexões sobre crise, regulação e capitalismo brasileiro. Porto Alegre: FEE: 165-208

Conceição, Octavio Augusto Camargo (1989b): Da Crise do Escravismo à Crise do Fordismo Periférico no Brasil: Uma proposta de periodização sob a ótica regulacionista. In: Faria, Luiz Augusto Estrella et al.: Desvendando a espuma. Reflexões sobre crise, regulação e capitalismo brasileiro. Porto Alegre: FEE: 209-222

Correa, Roberto Lobato (1995): Concentração bancária e os centros de gestão do território. In: Becker, B. K. et al.: Geografia e Meio Ambiente no Brasil. São Paulo: Hucitec: 235-249

Costa, Sérgio (1997): Dimensionen der Demokratisierung. Öffentlichkeit, Zivilgesellschaft und lokale Partizipation in Brasilien. Frankfurt/M.: Vervuert

Couto, Mia (2000): O ultimo voo do flamingo. Lisboa: Editora Caminho

Cox, Robert W. (1993): Gramsci, hegemony and international relations. An essay in method. In: Gill, Stephen (ed.): Gramsci, historical materialism and international relations. Cambridge: Cambridge University Press: 49-66

Damé, Luiza (1997, October 9): Mercado de Votos. CCJ absolve deputados acusados de apoiar reeleição por R$ 200 mil. In: www.uol.com.br/fsp/brasil/fc091006.htm

Dahl, Robert (1967): Pluralist Democracy in the United States. Conflict and Consent. Chicago: Rand McNally

Dahl, Robert (1989): Democracy and its Critics. New Haven – London: Yale University Press

DaMatta, Roberto (1991): A Casa e a Rua: Espaço, cidadania, mulher e morte no Brasil. 4. edição. Rio de Janeiro: Guanabara Koogan

Daniel, Celso (1996): Uma Estratégia Econômica para o Grande ABC. In: São Paulo em Perspectiva, Vol. 10, No. 3: 138-144

Decca, Edgar de (1997): 1930. O Silêncio dos Vencidos. São Paulo: Brasiliense

Deleuze, Gilles (1992): Woran erkennt man den Strukturalismus? Berlin: Merve

Delorme, Robert (1992): Staat und ökonomische Entwicklung. In: Demirovic, A. et al.: Hegemonie und Staat. Münster: Westfälisches Dampfboot: 158-181

Demirovic, Alex (1992): Regulation und Hegemonie. Intellektuelle, Wissenspraktiken und Akkumulation. In: Demirovic, A. et al.: Hegemonie und Staat. Münster: Westfälisches Dampfboot: 128-157

Demirovic, Alex (1997): Demokratie und Herrschaft. Aspekte kritischer Gesellschaftstheorie. (Theorie und Geschichte der bürgerlichen Gesellschaft 14.) Münster: Westfälisches Dampfboot

Deppe, Frank (1987): Niccolò Machiavelli. Zur Kritik der reinen Politik. Köln: Pahl Rugenstein

Dias, Maria Odila Leite da Silva (1995): Quotidiano e Poder. Em São Paulo no Século XIX. 2. rev. ed. São Paulo: Brasiliense

Diniz, Clélio Campolina (1995): Dinâmica Regional Recente e Suas Perspectivas. In: Affonso, R., Barros Silva, P.: A Federação em Perspectiva. São Paulo: FUNDAP: 417-430

Diniz, Eli (1996): Em Busca de um Novo Paradigma: a reforma do Estado no Brasil dos anos 90. In: São Paulo em Perspectiva, Vol. 10, No. 4: 13-26

Diniz, Eli (1997): Crise, Reforma do Estado e Governabilidade: Brasil, 1985-95. Rio de Janeiro: Fundação Getúlio Vargas

Donnelly, John (1973): External Debt and Long-Term Servicing Capacity. In: Rosenbaum, H., Tyler, W.: Contemporary Brazil. Issues in Economic and Political Development. New York: Praeger: 95-124

Dreifuss, René Armand (1989): O Jogo da Direita. Na Nova República. São Paulo: Loyola

DuBois, Marc (1991): The Governance of the Third World. A Foucauldian Perspective on Power Relations in Development. In: Alternatives 16: 1-30

Dunford, Michael, Perrons, Diane (1983): The Arena of Capital. (Series: Critical Human Geography.) London: MacMillan

Esposito, Mauricio (1998, April 28): Censo revela concentração agrária em SP. In: ww.uol. com.br/fsp/dinheiro/fi28049824.htm

Esser, Josef et al. (1994): Von den „Krisen der Regulation" zum „radikalen Reformismus". In: Esser, J. et al.: Politik, Institutionen und Staat. Hamburg: VSA: 213-228

Exame (1998): Melhores e Maiores. As 500 maiores empresas do Brasil. São Paulo: Abril

Faoro, Raymundo (1997): Os donos do poder. Formação do patronato brasileiro. Rio de Janeiro: Globo

Faria, Luiz Augusto Estrella (1995): Um estudo sobre o regime de acumulação da economia brasileira. Porto Alegre: FEE, Relatório de pesquisa

Faria, Luiz Augusto Estrella (1996): Außenpolitik und Kapitalakkumulation: Brasilien und der Mercosur. In: Becker, Joachim et al.: Die Zukunft der Dritten Welt. Wien: Kurswechsel, H. 1/96: 61-70

Faria, Luiz Augusto Estrella (1998): Regionale Integration und Entwicklung im Cono Sur. In: Journal für Entwicklungspolitik 2/98: 167-192

Faria, Luiz Augusto Estrella, Winckler, Carlos R. (1994): O andar do crustáçeo. In: Faria, L. A. E.: O Estado do Rio Grande do Sul nos anos 80: subordinação, imprevidència e crise. Porto Alegre: FEE

Fausto, Boris (1981): A Revolução de 1930. Historiografia e História. São Paulo: Brasiliense

Feagin, Joe R., Smith, Michael Peter (1987): Cities and the New International Division of Labour: An Overview. In: Smith, M. P., Feagin, J. R. (ed.): The Capitalist City: Global Restructuring and Community Politics. Oxford – New York: Basil Blackwell: 3-34

Feldbauer; Peter et al. (Hrsg.) (1995): Industrialisierung. Entwicklungsprozesse in Afrika, Asien und Lateinamerika. (Historische Sozialkunde 6.) Frankfurt/M. – Wien: Brandes & Apsel/Südwind

Feldbauer, Peter et al. (Hrsg.) (1997): Megastädte. Beiträge zur Entwicklungspolitik in Afrika, Asien und Lateinamerika. (Historische Sozialkunde 10.) Frankfurt/M. – Wien: Brandes & Apsel/Südwind

Feldbauer; Peter et al. (Hrsg.) (1999): Von der Weltwirtschaftskrise zur Globalisierungskrise (1929-1999). Wohin treibt die Peripherie? (Historische Sozialkunde 15.) Frankfurt/M. – Wien: Brandes & Apsel/Südwind

Fernandes, Ana C. (1998): Economic Integration of a Peripheral Region: From State Developmentism to Globalisation in Northeast Brazil. In: Journal für Entwicklungspolitik 2/98: 193-212

Fernandes, Ana C., Novy, Andreas (1997): Die reale Vorherrschaft des Geldes: der brasilianische Plano Real. In: Gabriel, Leo: Die globale Vereinnahmung und der Widerstand Lateinamerikas gegen den Neoliberalismus. Frankfurt/M. – Wien: Brandes & Apsel/Südwind: 49-67

Fernandes, Florestan (1987): A Revolução Burguesa no Brasil. Ensaio de interpretação sociológica. Rio de Janeiro: Guanabara

Fiori, José Luis (1994): O Nó Cego do Desenvolvimento Brasileiro. In: Novos Estudos. No. 40. São Paulo: Cebrap: 125-144

Fiori, José Luis (1995): O voo da coruja. Uma leitura não-liberal da crise do estado desenvolvimentista. Rio de Janeiro: EdUERJ

Fiori, José Luís (1997): Os moedeiros falsos. Petropolis: Vozes

Fiori, José Luís (1998): Globalização, hegemonia e império. In: Tavares, M., Fiori, J. L.: Poder e dinheiro. Uma economia política da globalizaçâo. Petrópolis: Vozes: 87-150

Fiori, José Luís (org.) (1999): Estados e moedas no desenvolvimento das nações. Rio de Janeiro: Vozes

Fiori, José Luís, Jaguaribe, Anna Maria (1987): Repensando o Papel do Estado no Desenvolvimento Brasileiro: Uma Agenda de Estudos. (Texto para Discussão 131.) Universidade Federal do Rio de Janeiro. Instituto de Economia Industrial

Foucault, Michel (1974): Die Ordnung des Diskurses. Inauguralvorlesung am Collège de France – 2. Dezember 1970. München: Hanser

Foucault, Michel (1976): Mikrophysik der Macht. Über Strafjustiz, Psychiatrie und Medizin (Sammlung von Aufsätzen und Gesprächen.) Berlin: Merve

Foucault, Michel (1977): Überwachen und Strafen. Die Geburt des Gefängnisses. Frankfurt/M.: Suhrkamp

Foucault, Michel (1978): Dispositive der Macht. Über Sexualität, Wissen und Wahrheit (Sammlung von Aufsätzen und Gesprächen.) Berlin: Merve

Foucault, Michel (1983): Der Wille zum Wissen. Sexualität und Wahrheit I. Frankfurt/M.: Suhrkamp

Foucault, Michel (1994). Andere Räume. In: Mer, Marc et al.: Translokation. Der verrückte Ort. Wien: Triton: 11-20

Frank, Andre Gunder (1969): Capitalism and Underdevelopment in Latin America. Historical Studies of Chile and Brazil. London: Monthly Review Press

Freire, Paulo (1984): Pädagogik der Unterdrückten. Reinbek bei Hamburg: Rowohlt

Freitas, Janio de (1996): Nesta data querida. In: Folha de São Paulo vom 3. 11. 1996

Freitas, Silvana de (1998): TSE diz que não consegue punir „abuso generalizado“. In: www.uol.com.br/fsp/brasil/fc03049811.htm vom 3. 4. 1998

Freyre, Gilberto (1965): Herrenhaus und Sklavenhütte. Ein Bild der brasilianischen Gesellschaft. Köln – Berlin: Kiepenheuer & Witsch

Freyre, Gilberto (1990): Das Land in der Stadt. Die Entwicklung der urbanen Gesellschaft Brasiliens. Frankfurt/M.: dtv

Friedmann, John (1992): Empowerment. The Politics of Alternative Development. Cambridge/US – Oxford: Basil Blackwell

Fritsch, Winston, Franco, Gustavo (1991): Foreign Direct Investment in Brazil: Its Impact on Industrial Restructuring. Paris: OECD

Fritz, Barbara (1996): Die Standortdebatte in Brasilien und der Theorienstreit um den Wechselkursanker. In: Lateinamerika. Analysen – Daten – Dokumentation, Nr. 32: 84-100

Furtado, Celso (1975): Die wirtschaftliche Entwicklung Brasiliens. München: Wilhelm Fink

Furtado, Celso (1976): Economic Development of Latin America. Cambridge: Cambridge University Press

Furtado, Celso (1992): Brasil: a construção interrompida. São Paulo: Paz e Terra

Furtado, Celso (1997a): Obra Autobiográfica. Tomo I. São Paulo: Paz e Terra

Furtado, Celso (1997b): Obra Autobiográfica. Tomo II. São Paulo: Paz e Terra

Furtado, Celso (1997c): Obra Autobiográfica. Tomo III. São Paulo: Paz e Terra

Genro, Tarso, Souza, Ubiratan de (1997): Orçamento Participativo. A Experiencia de Porto Alegre. São Paulo: Fundação Perseu Abramo

Gentile, Rogério (1998, February 28). Dívida paulista cresceu 44,7%. In: www.uol.com.br/fsp/brasil/fc28029807.htm

Giddens, Anthony (1988): Die Konstitution der Gesellschaft. Frankfurt/M.: Campus

Gill, Stephen (1993): Gramsci and global politics: towards a post-hegemonic research agenda. In: Gill, S. (ed): Gramsci, historical materialism and international relations. Cambridge: Cambridge University Press: 1-20

Görg, Christoph (1994a): Der Institutionenbegriff in der „Theorie der Strukturierung". In: Esser, J. et al.: Politik, Institutionen und Staat. Hamburg: VSA: 31-84

Görg, Christoph (1994b): Krise und Institution. In: Esser, Josef et al.: Politik, Institutionen und Staat. Hamburg: VSA: 85-132

Görg, Christoph (1995): Plädoyer für Gesellschaftstheorie. Eine Replik auf Christoph Scherrer. In: PROKLA. Zeitschrift für kritische Sozialwissenschaft. H. 101, Nr. 4: 625-643

Gonçalves, Reinaldo (1999): Globalização e Desnacionalização. Rio de Janeiro: Paz e Terra

Gramsci, Antonio (1971): Selections from the Prison Notebooks. Edited and translated by Hoare, Qu., Smith, G. N. London: Lawrence and Wishart

Gramsci, Antonio (1986): Zu Politik, Geschichte und Kultur. Ausgewählte Schriften. Frankfurt/M.: Röderberg

Hall, Stuart (1989): Ausgewählte Schriften. Ideologie, Kultur, Medien, Neue Rechte, Rassismus. Hamburg: Argument

Hamedinger, Alexander (1998): Raum, Struktur und Handlung als Kategorien der Entwicklungstheorie. Eine Auseinandersetzung mit Giddens, Foucault und Lefebvre. Frankfurt/M.: Campus

Harvey, David (1989): The Condition of Postmodernity. Oxford/Cambridge, Mass.: Basil Blackwell

Harvey, David (1996): Justice, Nature and the Geography of Difference. Oxford/Cambridge, Mass.: Blackwell

Heins, Volker (1992): Ambivalenzen der Zivilgesellschaft. In: Politische Vierteljahresschriften, Jg. 33 (2): 235-242

Henshall, J. D., Momsen, R. P. (1974): A Geography of Brazilian Development. London: G. Bells & Sons

Herrlein, Ronaldo Jr., Dias, Adriana (1996): Trabalho e indústria na Primeira República. In: Targa, L. R. P.: Gaúchos & paulistas: dez escritos de historia Regional Comparada. Porto Alegre: FEE: 141-180

Hirsch, Joachim (1992): Regulation, Staat und Hegemonie. In: Demirovic, A. et al.: Hegemonie und Staat. Münster: Westfälisches Dampfboot: 203-231

Hirsch, Joachim (1996): Der nationale Wettbewerbsstaat. Staat, Demokratie und Politik im globalen Kapitalismus. Hamburg: VSB

Hobbes, Thomas (1996): Leviathan oder Stoff, Form und Gewalt eines kirchlichen und bürgerlichen Staates. Hrsg. und eingeleitet von Iring Fetscher. Frankfurt/M.: Suhrkamp

Hobsbawm, Eric (1995): Age of Extremes. The Short Twenthieth Century 1914-1991. London: Abacus

Holanda, Sérgio Buarque de (1989): Raízes do Brasil. Rio de Janeiro – São Paulo: José Olympio

Huertas, Maurício Rudner (1997): Empresas combram Pitta e ônibus pode parar. In: FSP vom 29. 7. 1997

Huertas, Maurício Rudner (1998): Ministério Público pede intervenção em SP. In: FSP vom 20. 1. 1998

Hübner, Kurt (1990): Theorie der Regulation. Eine kritische Rekonstruktion eines neuen Ansatzes der Politischen Ökonomie. Berlin: Sigma

Ianni, Octávio (1995): O Brasil Nação. In: Coleção SEADE Bolso, Brasil Em Artigos. São Paulo: SEADE: 9-28

Ianni, Octávio (1996): A Idéia de Brasil Moderno. São Paulo: Brasiliense

IBRD (1993): World Development Report 1993. Investing in Health. New York: Oxford University Press

IBRD (1997): World Development Report 1997. The State in a Changing World. New York: Oxford University Press

IBRD (1999): World Development Report 1993. New York: Oxford University Press

Jaguaribe, Hélio (1990): Atualização dos conceitos de esquerda e direita. In: FSP vom 4. 1. 1990, A. 3

Jatoba, Jorge, Brandão Lopes, Juarez (1996): Arbeitsgesetzgebung und Kosten des „Standorts Brasilien". Vorschläge der Regierung Fernando Henrique Cardoso. In: Lateinamerika. Analysen – Daten – Dokumentation, Nr. 32: 68-83

Jep (Journal für Entwicklungspolitik) 2/98 (1998): Schwerpunkt: Regionale Integration in Südamerika. Wien

Jessop, Bob (1990): State Theory. Putting Capitalist States in their Place. University Park, Pennsylvania: The Pennsylvania State University Press

Jessop, Bob (1996): Interpretative Sociology and the Dialectic of Structure and Agency. In: Theory, Culture & Society, Vol. 13 (1): 119-128

Jessop, Bob (1997): A Neo-Gramscian Approach to the Regulation of Urban Regimes: Accumulation Strategies, Hegemonic Projects, and Governance. In: Lauria, Mickey: Reconstructing Urban Regime Theory. Regulating Urban Politics in a Global Economy. Thousand Oaks – London – New Delhi: Sage: 51-73

Kay, Cristóbal (1989): Latin American Theories of Development and Underdevelopment. London – New York: Routledge

Kebir, Sabine (1991): Gramscis Zivilgesellschaft. Genesis und Begriffsinhalt. In: Sozialismus 1/91: 39-43

Krasmann, Susanne (1995): Simultaneität von Körper und Sprache bei Michel Foucault. In: Leviathan 2/95: 240-262

Krätke, Stefan (1996): Regulationstheoretische Perspektiven in der Wirtschaftsgeographie. In: Zeitschrift für Wirtschaftsgeographie, Jg. 40, H. 1-2: 6-19

Krebs, Hans-Peter (1997): Global Culture: Politik zwischen Ideologie und Identität. Beitrag zur Tagung „Ungleichheit als Projekt: Globalisierung – Standort – Neoliberalismus" in Marburg am 18./19. 11. 1997

Krugman, Paul (1999): The Return of Depression Economics. New York: Norton

Küblböck, Karin (1999): Investitionen, Handel und Verschuldung – globale Trends und Fakten. In: Parnreiter, Ch. et al.: Globalisierung und Peripherie. Neustrukturierungen in Afrika, Asien und Lateinamerika. (Historische Sozialkunde 14.) Frankfurt/M. – Wien: Brandes & Apsel/Südwind: 259- 282

Lahuerta, Milton (1997): Os intellectuais e os anos 20: moderno, modernista, modernização. In: Lorenzo, Helena Carvalho de, Costa, Wilma Peres da (org.): A década de 1920 e as origins do Brasil moderno. São Paulo: Editora UNESP: 93-114

Lange, Ernst (1984): Einführung. In: Freire, Paulo: Pädagogik der Unterdrückten. Reinbek bei Hamburg: Rowohlt: 9-23

Läpple, Dieter (1991): Essay über den Raum. In: Häußermann, Hartmut et al.: Stadt und Raum. Pfaffenweiler: Centaurus: 157-207

Lehmann, David (1990): Democracy and Development in Latin America. Economics, Politics and Religion in the Post-War Period. Cambridge: Polity Press

Leite, José Corréa (1996): Reformas Democráticas e Contra-Reformas Neoliberais. In: São Paulo em Perspectiva, Vol. 10, No. 4: 27-36

Lemke, Thomas (1997): Eine Kritik der politischen Vernunft. Foucaults Analyse der modernen Gouvernementalität. (Argument Sonderband Nr. 251.) Berlin – Hamburg: Argument

Lesbaupin, Ivo (org.) (1999): O desmonte da nação. Balanço do governo FHC. Rio de Janeiro: Vozes

Lévi-Strauss, Claude (1996): Traurige Tropen. (Suhrkamp Taschenbuch Wissenschaft. 240.) Frankfurt/M.: Suhrkamp

Limongi, Fernando, Figueiredo, Argelina (1996): As Reformas (des)necessárias. In: São Paulo em Perspectiva. Vol. 10, No. 4: 37-43

Lins, Carlos Francisco Bandeira (1997, November 13): As „organizações sociais“ e o governo. In: www.uol.com.br/fsp/opiniao/fz131110.htm

Lipietz, Alain (1986): New tendencies in the international division of labour: regimes of accumulation and modes of regulation. In: Scott, A. J., Storper, M.: Production, Work, Territory. London: Allen & Unwin: 16-39

Lipietz, Alain (1992): Vom Althusserismus zur „Theorie der Regulation“. In: Demirovic, A. et al.: Hegemonie und Staat. Münster: Westfälisches Dampfboot: 9-54

Lipietz, Alain (1998): Nach dem Ende des „Goldenen Zeitalters“. Regulation und Transformation kapitalistischer Gesellschaften. Ausgewählte Schriften. Hrsg. von Hans-Peter Krebs. Berlin: Argument

Lukes, Steven (1977): Power: A Radical View. London – Basingstoke: MacMillan

MacPherson, C. B. (1990): Die politische Theorie des Besitzindividualismus. Von Hobbes zu Locke. Frankfurt/M.: Suhrkamp

Mann, Michael (1986): The sources of social power. Vol. 1: A history of power from the beginning to a.d. 1760. Cambridge: Cambridge University Press

Mare (Ministério da Administração) (1997, August 4): Reforma Administrativa. O Que Muda com a Reforma. In: www.mare.gov.br/Reforma/News/quemuda.htm

Mare (1998): Organizaçoes Sociais. Caderno MARE da Reforma do Estado. Brasilia.

Marx, Karl (1965): Der 18. Brumaire des Louis Bonaparte. Frankfurt/M.: Insel

Marx, Karl (1974): Grundrisse der Kritik der Politischen Ökonomie. Berlin: Dietz

Marx, Karl (1983 [1867]): Das Kapital. Berlin: Dietz

Marx, Karl (1987): Zur Kritik der Politischen Ökonomie. Berlin: Dietz

Marx, Karl, Engels, Friedrich (1986 [1848]): Das kommunistische Manifest. Berlin: Dietz

Massey, Doreen (1984): Spatial Divisions of Labour. Social Structures and the Geography of Production. London: MacMillan

Mattoso, Jorge (1999): Produção e emprego: renascer das cinzas. In: Lesbaupin, Ivo (ed.): O desmonte da nação. Balanço do Governo FHC. Rio de Janeiro: Vozes: 115-132

Medici, André Cezar (1995): Políticas Sociais e Federalismo. In: Affonso, R. et al.: A Federação em Perspectiva: Ensaios Selecionados. São Paulo: FUNDAP: 285-304

Mello, João Manuel Cardoso de (1998): O Capitalismo Tardio. Contribuição à Revisão Crítica da Formação e do Desenvolvimento da Economia Brasileira. Campinas: Unicamp

Melo, Marcus André de (1996): Crise Federativa, Guerra Fiscal e „Hobbesianismo Municipal“: efeitos perversos da descentralização. In: São Paulo em Perspectiva, Vol. 10, No. 3: 11-20

Ministerio de Educação (1988): Constituição. República Federativa do Brasil. Brasília

Moisés, José Alvaro (1998, May 20): Vivendo a cultura. In: www.uol.combr/fsp/opinao/fz20059810.htm

Morse, R. M., Conniff, M. L. Wibel, J. (eds.) (1971): The Urban Development of Latin America 1750-1920. Stanford: Center for Latin American Studies, Stanford University

Muggiati, André (1998, January 8): Fechado PAS inaugurado em campanha. In: www.uol.com.br/fsp/brasil/cotidian/ff080101.htm

Nardi, Carlos Magno de (1998): Verbas para escolas somam 4% do gasto com obra viária. In: FSP vom 4. 5. 1998

Nasr, Taha (1998): Das Verhältnis zwischen internationalem Regime und nationalen Wirtschaftsräumen. In: Kurswechsel, H. 1/98: 34-41

Negri, Borjas et al. (1988): A Interiorização da Indústria Paulista. In: SEADE: A Interiorização do Desenvolvimento Econômico no Estado de São Paulo (1920-1980). Coleção Economia Paulista, Vol. 1, No. 1.2. São Paulo: SEADE: 55-113

Neto, Leonardo Guimaraes (1995): Dimensoes, Limites e Implicaçoes da Desconcentração Espacial. In: Affonso, R. et al. (eds.): A Federação em Perspectiva: Ensaios Selecionados. São Paulo: FUNDAP: 373-398

Neto, José Francisco Siqueira (1997): Direito do Trabalho e Flexibilização no Brasil. In: São Paulo em Perspectiva. Vol. 11, No. 1: 33-41

Nicolau, Jairo Marconi (org.) (1998): Dados Eleitorais do Brasil (1982-1994). Rio de Janeiro: Iuperj-Ucam

Novy, Andreas (1988): Die Armen müssen Maßstab sein: Theorie und Praxis der kirchlichen Basisgemeinden in Brasilien. In: Journal für Entwicklungspolitik, IV. Jg., No. 1: 57-76

Novy, Andreas (1994): Lokaler Widerstand und struktureller Wandel in Brasilien: Lokalinitiativen der Armen an der Peripherie von São Paulo. Frankfurt/M.: Peter Lang

Novy, Andreas (1995): Soziale Bewegungen und Stadtplanung in São Paulo. In: Zeitschrift für Lateinamerika, Nr. 48: Planer und Bürger: 25-44

Novy, Andreas (1996): Zivilgesellschaft: Hoffnungsträger oder Trojanisches Pferd? In: Kurswechsel, H. 1/96: 26-38

Novy, Andreas (1997a): Über die Nachhaltigkeit von Herrschaft: eine selbstkritische Analyse eines Entwicklungsprojekts in Acre/Brasilien. In: Raza, W., Novy, A.: „Nachhaltig arm – nachhaltig reich?" Frankfurt/M. – Wien. Brandes & Apsel/Südwind: 70-88

Novy, Andreas (1997b): São Paulo: Metropole Südamerikas. In: Feldbauer, P. et al.: Megastädte. Beiträge zur Entwicklungspolitik in Afrika, Asien und Lateinamerika. (Historische Sozialkunde 10.) Frankfurt/M. – Wien: Brandes & Apsel/Südwind: 259-280

Novy, Andreas (1998): Raum, Macht und Entwicklung in Brasilien. Habilitationsschrift. Wirtschaftsuniversität Wien

Novy, Andreas, Mattl, Christine (1999): Globalisierung als diskursive Strategie und Struktur – das Beispiel Brasilien. In: Parnreiter, Ch. et al.: Globalisierung und Peripherie. Neustrukturierungen in Afrika, Asien und Lateinamerika. (Historische Sozialkunde 14.) Frankfurt/M. – Wien: Brandes & Apsel/Südwind: 151-168

Novy, Andreas et al. (1999): Globalisierung und Peripherie. In: Parnreiter, Ch. et al.: Globalisierung und Peripherie. Neustrukturierungen in Afrika, Asien und Lateinamerika. (Historische Sozialkunde 14.) Frankfurt/M. – Wien: Brandes & Apsel/Südwind: 9-34

Novy, Andreas (2000): Primärgüterexporte aus dem brasilianischen Regenwald und alternative Wirtschafts- und Lebensweisen. In: Raza, W.: Recht auf Umwelt – Umwelt ohne Recht. (Atención 4.) Frankfurt/M.: Brandes & Apsel/Südwind

Nunes, Edison (1996): Poder Local, Descentralização e Democratização: um encontro difícil. In: São Paulo em Perspectiva, Vol. 10, No. 3: 32-39

Oliveira, Francisco de (1987): Elegia para uma Re(li)gião (5.a Edição). Rio de Janeiro: Paz e Terra

Oliveira, Francisco de (1989): A Economia da Dependência Imperfeita. Rio de Janeiro: Graal

Oliveira, Francisco de (1995): A Crise da Federação: da Oligarquia a Globalização. In: Affonso, R. et al.: A Federação em Perspectiva: Ensaios Selecionados. São Paulo: FUNDAP: 77-90

Oliveira, Francisco de (1996): Globalização e Antivalor: Uma Antiintrodução ao Antivalor. In: Freitas, Marcos C. de: A Reinvenção do Futuro. São Paulo: Cortez: 77-113

Oliveira, Francisco de (1998a): Os direitos do antivalor. A economia política da hegemonia imperfeita. Rio de Janeiro: Vozes

Oliveira, Francisco de (1998b): Avantgarde der Rückständigkeit und Rückständigkeit der Avantgarde. Globalisierung und Neoliberalismus in Lateinamerika. In: Kurswechsel, H. 1/98: 87-97

Oliveira, Francisco de (1999): Privatização do público, destituição da fala e anulação da política: o totalitarismo neoliberal. In: Oliveira, F. de, Paoli, M. C. (org.) Os sentidos da democracia. Rio de Janeiro: Vozes: 55-82

Osborne, David, Gaebler, Ted (1992): Reinventing Government. How the Entrepreneurial Spirit is Transforming the Public Sector. Reading: Addison-Wesley

Ottmann, Goetz (1995): Movimentos sociais urbanos e democracia no Brasil. Uma abordagem cognitiva. In: Novos Estudos, São Paulo, no 41: 186-207

Pacheco, Carlos Amércio (1998): Fragmentação da Nação. Campinas: Universidade Estadual de Campinas – UNICAMP. Instituto de Economia – IE

Pareto, Vilfredo (1975): Ausgewählte Schriften. Hrsg. und eingeleitet von Carlo Mongardini. Frankfurt/M.: Ullstein

Parnreiter, Christoph et al. (1999): Globalisierung und Peripherie. Neustrukturierungen in Afrika, Asien und Lateinamerika. (Historische Sozialkunde 14.) Frankfurt/M. – Wien: Brandes & Apsel/Südwind

Pereira, Jaime Marques (1998): Geld, politische Legitimität und regionale Integration in Lateinamerika. In: Journal für Entwicklungspolitik 2/98: 39-152

Pereira, Paulo Roberto Dias (1996): As políticas de gasto público dos Estados e a promoção do desenvolvimento. In: Targa, L. R. P.: Gaúchos & paulistas: dez escritos de historia Regional Comparada. Porto Alegre: FEE: 211-241

Pessoa, Reynaldo Xavier Carneiro (1983): O ideal republicano e seu papel histórico no segundo reinado: 1970-1889. (Coleção Monografias 6.) São Paulo: Arquivo do Estado

PMSP (Prefeitura Municipal do Municipio de São Paulo) et al. (1992): O Poder em São Paulo. História da Administração Pública da Cidade 1554-1992. São Paulo: Cortez

Polanyi, Karl (1978): The Great Transformation. Politische und ökonomische Ursprünge von Gesellschaften und Wirtschaftssystemen. Frankfurt/M.: Suhrkamp

Ribeiro, Darcy (1995): O povo brasileiro. A formação e o sentido do Brasil. São Paulo: Companhia das Letras

Robock, Stefan H. (1965): Brazil's Developing Northeast: A Study of Regional Planning and Foreign Aid. 2nd printing. Washington, D.C.: The Brookings Institution

Robock, Stefan H. (1976): Brazil: A Study in Development Progress. Lexington: Lexington Books

Rodrigues, Cari, Ribeiro, Alex (1998): Socorro a bancos estaduais vai custar R$ 37,6 bilhões. In FSP 21. 1. 1998

Rodrigues, Iram Jácome (1995): O Sindicalismo Brasileiro: da confrontação à cooperação conflitiva. In: São Paulo em Perspectiva, Vol. 9, No. 3: 116-126

Rolnik, Raquel (1980): Sao Paulo na virada do Seculo: o espaco é político. Espaco e Debates, No. 17: 44-53

Rolnik, Raquel, Kowarick, Lucio, Somekh, Nadia (eds.) (1990): São Paulo: Crise e Mudança. São Paulo: Brasiliense

Rotermundt, Rainer (1997): Staat und Politik. (Einstiege 4.) Münster: Westfälisches Dampfboot

Röttger, Bernd (1997): Neoliberale Globalisierung und eurokapitalistische Regulation. Die politische Konstitution des Marktes. Münster: Westfälisches Dampfboot

Sack, Robert (1986): Human Territoriality – Its Theory and History. London: Cambridge University Press

Sader, Eder (1988): Quando novos personagens entraram em cena. Experiências e lutas dos trabalhadores da Grande São Paulo 1970-80. São Paulo: Paz e Terra

Sader, Emir (1997): O Poder, Cadê o poder? São Paulo: Jinkings Editores Associados

Saes, Flávio Azevedo Marques de (1997): Crescimento e consolidação do sistema bancário em São Paulo na década de 1920. In: Lorenzo, Helena Carvalho de, Costa, Wilma Peres da (org.): A década de 1920 e as origins do Brasil moderno. São Paulo. Editora UNESP: 97-216

Sampaio jr., Plinio de Arruda (1999): O impasse da „formação nacional". In: Fiori, J. L. (org.): Estados e moedas no desenvolvimento das nações. Rio de Janeiro: Vozes: 415-447

Santos, Wanderley Guilherme dos (1978): Décadas de Espanto e uma apologia democrática. São Paulo: Rocco

Saunders, Peter (1987): Soziologie der Stadt. Frankfurt/M.: Campus

Schelkle, Waltraud (1995): Motive ökonomischer Geldkritik. In: Schelkle, W., Nitsch, M.: Rätsel Geld. Annäherungen aus ökonomischer, soziologischer und historischer Sicht. Marburg: Metropolis: 11-44

Scherrer, Christoph (1995): Eine diskursanalytische Kritik der Regulationstheorie. In: Prokla, 100: 457-482

Schmid, Wilhelm (1991): Auf der Suche nach einer neuen Lebenskunst. Die Frage nach dem Grund und die Neubegründung der Ethik bei Foucault. Frankfurt/M.: Suhrkamp

Schwaiger, Eva (1996): Das partizipative Budgeterstellungsmodell in Porto Alegre: Lokale Reformpolitik durch Stärkung der Zivilgesellschaft. In: Journal für Entwicklungspolitik, 3/96: 331-342

SEADE (1989): Mercado de Trabalho na Grande São Paulo: pesquisa de emprego e desemprego. São Paulo: SEADE-DIEESE

SEADE (1993): O Novo Retrato de São Paulo. Avaliação dos primeiros resultados do Censo Demográfico de 1991. São Paulo: SEADE

SEADE (1995a): Estratégias Recentes No Terciário Paulista, Telecomunicações, Comércio e Sistema Bancário. São Paulo: SEADE

SEADE (1995b): Produtividade e Ajuste na Indústria Paulista. São Paulo: SEADE

SEADE (1998): Pesquisa de Condições de Vida. 1994. Características sociais básicas da população. São Paulo: SEADE

Sempla (1997): Plano Diretor. Texto Preliminar, alterado em 7. 4. 97. São Paulo: Prefeitura Municipal. mimeo

Senado (CPI destinada a apurar irregularidades relacionadas à autorização, emissão e negociação de títulos públicos, estaduais e municipais, nos exercícios de 1995 e 1996) (1996): Relatório Geral Sobre O Esquema De Emissões E Negociações Com Títulos Públicos. Brasilia: Senado Federal.

Senghaas, Dieter (1980): Weltwirtschaftsordnung und Entwicklungspolitik. Plädoyer für Dissoziation. Frankfurt/M.: Suhrkamp

Silva, Sergio (1986): Expansão Cafeeira e Origens da Indústria no Brasil. São Paulo: Alfa Omega

Silva, Zilda Pereira da (1996): O Município e a Descentralização da Saúde. In: São Paulo em Perspectiva, Vol. 10, No. 3: 81-87

Singer, Paul (1987 [1973]): Economia Política da Urbanização. São Paulo: Brasiliense

Singer, Paul (1996): Um governo de esquerda para todos. São Paulo: Brasiliense

Singer, Paulo (1997): São Paulo's Master Plan, 1989-92. The Politics of Urban Space. Comparative Urban Studies. (Occasional Paper Series, No. 2.) Washington DC: Woodrow Wilson International Center for Scholars

Singer, Paul (1998). Uma utopia militante. Repensando o socialismo. Petrópolis: Vozes

Singer, Paul (1999): A raiz do desastre social: a política econômica de FHC. In: Lesbaupin, I. (org.) (1999): O desmonte da nação. Balanço do governo FHC. Rio de Janeiro: Vozes: 25-44

Smith, Adam (1983 [1776]): The Wealth of Nations. Harmondsworth: Penguin

Smith, Roberto (1990): Propriedade de Terra & Transição. Estudo da Formação da Propriedade Privada da Terra e Transição para o Capitalismo no Brasil. São Paulo: Brasiliense

Soto, Hernando de. (1987): El Otro Sendero. La Revolución Informal. En colabración con E. Ghersi y M. Ghibellini. Prólogo de Mario Vargas Llosa. Instituto Libertad y Democracia. Bogotá: Printer Colombiana

Souza, Celina (1996): Redemocratization and Decentralization in Brazil: The Strength of the Member States. In: Development and Change, Vol. 27 (3): 529-555

Souza, Maria do Carmo Campello de (1985): A democracia populista (1945/64): bases e limites. In: Rouquié, A. et al.: Como renascem as democracias. São Paulo: Brasiliense: 73-103

Steinbruch, Benjamin (1998): O novo capitalismo brasileiro. FSP vom 26. 5 1998

Suassuna, Ney (1996): O Poder Executivo abusa do direito de editar medidas provisórias. SIM-crescimento vertiginoso. In: Folha de São Paulo vom 21. 12. 1996

Targa, Luis Roberto Pecoits (1993): 1893, Rio Grande do Sul: Qual o significativo da revolução? In: Ensaios FEE, Ano 14, Nr. 2, Porto Alegre

Targa, Luiz Roberto Pecoits (1996): Gaúchos & paulistas: dez escritos de historia Regional Comparada. Porto Alegre: Fundação de Economia e Estatistica Siegfried Emanuel Heuser

Targa, Luiz Roberto Pecoits (1996a): As diferenças entre o escravismo gaúcho e o das plantations do Brasil. In: Targa, L. R. P.: Gaúchos & paulistas: dez escritos de historia Regional Comparada. Porto Alegre: FEE: 49-80

Targa, Luiz Roberto Pecoits (1996b): O Rio Grande do Sul: fronteira entre duas formaçoes históricas. In: Targa, L. R. P.: Gaúchos & paulistas: dez escritos de historia Regional Comparada. Porto Alegre: FEE: 17-48

Tavares, Maria da Conceição (1983): Da Substituição de Importações ao Capitalismo Financeiro – Ensaios sobre Economia Brasileira. Rio de Janeiro: Zahar

Tavares, Maria de Conceição (1998): Entrevista com Haddad, Fernando. In: Teoria & Debate, Vol. 11, No. 37: 38-45

Tavares, Maria da Conceição, Fiori, José Luís (eds.) (1998): Poder e dinheiro. Uma economia política da globalização. Petrópolis: Vozes

Tavares, Maria da Conceição, Melin, Luiz Eduardo (1998): Pós-escrito 1997: A reaffirmacação da hegemonia norte-americana. In: Tavares, M., Fiori, J. L.: Poder e dinheiro. Uma economia política da globalização. Petrópolis: Vozes: 55-86

Taylor, Peter (1994): The state as container. Territoriality in the modern world-system. In: Progress in Human Geography 18,2: 151-162

Taylor, Peter (1995): Beyond containers: internationality, interstateness, interterritoriality. In: Progress in Human Geography 19,1: 1-15

Townroe, Peter M., Keen, David (1984): Polarization Reversal in the State of São Paulo, Brazil. In: Regional Studies, Vol. 18.1: 45-54

Unicamp (1998): Pesquisa Rede Urbana; versão preliminar

Vidal, Jean-François (1998): Internationalisierung, Regulation und politische Ökonomie. Ein Vergleich der Perioden 1880-1913 und 1970-1995. In: Kurswechsel, H. 1/98: 23-33

Winckler, Carlos R., Pacheco Filho, Carlos (1994): CPI das privatizações: a hegemonia neoliberal. In: FEE, Análise Conjuntural, Vol. 22, No. 2: 140-152

Zenk, Günther (1982): Brasilien. In: Nohlen, Dieter, Nuscheler, Franz: Handbuch der Dritten Welt. Bd. 2. Hamburg: Hoffmann & Campe: 139-176

Annex

Tabellen

Tabelle A-1: Britische Gesamtinvestitionen (Direktinvestitionen plus Kredite), in Millionen Pfund Sterling, 1825-1913

Jahr	Gesamt-Investitionen
1825	4,0
1840	6,9
1865	20,3
1875	30,9
1885	47,6
1895	93,0
1905	122,9
1913	254,8

Quelle: Silva 1986: 30

Tabelle A-2: Einnahmen und Ausgaben im Imperium, 1823-1885, jeweils Durchschnitt aus fünf (bzw. sieben) Jahren, in *Contos*

Fünfjahresperiode (Jahresmittel)	Einnahmen	Ausgaben	Saldo
1823-1830	9.114	10.864	-1.750
1830-1835	17.014	14.554	+2.460
1835-1840	14.440	18.067	-3.627
1840-1845	18.855	26.190	-7.335
1845-1850	26.584	26.459	+125
1850-1855	35.275	36.521	-1.246
1855-1860	45.653	47.539	-1.886
1860-1865	52.591	60.449	-7.858
1865-1870	75.278	140.243	-64.965
1870-1875	105.300	114.173	-8.873
1875-1880	110.506	149.135	-38.629
1880-1885	130.336	148.772	-18.436

Quelle: Pessoa 1983: 102-104

Tabelle A-3: Handelsbilanzsalden und Wechselkurs, 1891-1928, ausgewählte Jahre, in *Contos*

Jahr	Wechselkurs*	Saldo
1891	14 29/32	6,4
1895	9 15/16	37,5
1900	9 ½	205,4
1905	15 7/64	230,5
1910	16 13/64	233,6
1915	12 29/64	459,3
1920	14 15/32	-325,0
1925	6 1/6	645,2
1928	5 18/32	275,8

* Mil-Reis zu pence.

Quelle: Silva 1986: 29

Tabelle A-4: Anteil der 10 größten Unternehmen in den Wirtschaftssektoren Brasiliens, 1968 (in %)

	Auslandskapital	Staatskapital	Privatkapital
Infrastruktur	17,2	73,1	9,7
Zwischengüter	34,6	52,0	13,4
Kapitalgüter	72,6	–	27,4
Langlebige Konsumgüter	78,3	–	21,7
Kurzlebige Konsumgüter	53,4	6,4	40,2
Handel	7,0	–	91,8
Dienstleistungen	8,2	–	91,8

Quelle: Serra. Zitiert in: Senghaas 1980: 132

Tabelle A-5: Privatkredite pro Institutition, Brasilien, 1964-1970

Typus	1964[1]	1970[1]	Wachstum[2]
Bankensystem	79,9	56,6	14,7
– Kommerzbanken	54,4	37,1	13,9
– *Banco do Brasil*	25,5	19,5	16,0
Entwicklungsorganisationen	14,0	9,6	13,9
Investitionsbanken[3]	6,0	17,9	45,6
SFH[4]	–	14,3	
andere (v.a. Sparkassen)	–	1,6	
Gesamt	100,0	100,0	21,4

1) Anteil der Privatkredite in %.
2) Durchschnittliches jährliches Wachstum.
3) Investitionsbanken plus Investitionen finanzierende Unternehmen.
4) Wohnbauprogramm – *Sistema Financeira de Habitação*

Quelle: Tavares 1983: 224

Tabelle A-6: Finanzguthaben im Besitz des Publikums, Haben-Struktur, Brasilien, 1964-1970

	Wachstum p.a. 1964/1970	1964	1970
Monetäre Aktiva	5,7	88,4	61,1
Papier-Münze	2,5	18,8	10,9
Sichteinlagen	6,4	69,6	50,2
Nicht monetäre Aktiva	37,5	11,6	38,9
Sparguthaben		–	3,2
Fristendepots	33,0	2,7	7,3
Letras de Importacão (Importscheine)		4,2	–
Aceites Cambiais	36,4	4,0	13,6
Hypothekardarlehen		–	2,8
Staatsschuldscheine ORTN	78,6	0,7	10,9
Staatsschuldscheine		–	1,1
GESAMT	12,4	100,0	100,0

Quelle: Tavares 1983: 229

Tabelle A-7: Ausländische Direktinvestitionen, Brasilien, 1947-1988, in Mio. US$ zu laufenden Preisen

Jahr	Zufluß	Reinvestition	Bestand[1]
1947-1954	107	366	5.971
1955-1961	716	251	8.610
1962-1965	177	262	9.548
1966-1969	388	236	10.936
1970-1973	1.558	1.262	14.698
1974-1977	3.548	3.016	20.336
1978-1982	4.908	4.404	22.520
1983-1986	2.198	1.795	26.600
1987-1988	2.659	1.090	30.349

1) Zu Preisen von 1986.

Quelle: Fritsch, Franco 1991: 23

Tabelle A-8: Zahl der gegründeten staatlichen Unternehmen, Brasilien, 1941-1976

Periode	Bund	Bundesstaaten	Gemeinden	Gesamt
1941-1950	7	6	30	13
1951-1960	12	24	1	37
1961-1965	19	46	3	68
1966-1970	33	42	4	79
1971-1976	67	59	5	131
Gesamt	138	177	13	328

Quelle: Becker, Egler 1992: 96

Tabelle A-9: Ausgaben des Bundes, 1994-1998, in Mrd. R$ (Juni 1999), gerundet

	1995	1996	1997	1998
Verwaltung	27,15	25,27	28,30	29,00
Fiskalverwaltung	155,60	178,88	258,89	348,83
Planung	3,93	4,17	2,87	2,67
Wissenschaft und Technologie	1,59	1,52	1,18	0,93
Landwirtschaft	5,83	3,98	6,14	4,51
Telekommunikation	0,01	0,048	0,06	0,04
Verteidigung	3,98	3,73	2,97	3,17
Regionalentwicklung	24,61	25,52	27,48	31,80
Bildung	10,27	9,63	9,77	10,12
Kultur	0,068	0,20	0,11	0,09
Energie	1,05	0,83	1,29	1,32
Stadtentwicklung und Wohnbau	0,11	0,34	0,50	0,34
Wirtschaftsförderung	0,08	0,16	0,12	0,14
Außenpolitik	0,54	0,53	0,51	0,50
Gesundheit	15,45	14,10	15,89	15,24
Arbeitsschutz	5,13	5,70	5,61	6,18
Sozialhilfe	1,32	1,55	2,41	3,38
Sozialversicherung	66,42	72,92	74,64	82,95
Verkehr	2,28	3,10	3,80	3,76
Sonstige	91,29	87,88	96,94	101,34
Gesamt	401,28	425,96	523,59	629,97

Quelle: www.camara.gov.br

Tabelle A-10: Resultate aus Privatisierung, nach Perioden und Erlösart, Brasilien, in US$ Mio.

Periode	Privatisierte Betriebe	Bareinnahmen	Gesamteinnahmen	Bareinnahmen/Gesamteinnahmen
1991/92	18	49	415	1,2
1993/94	15	1.590	4.593	34,6
1995	8	327	1.003	32,6
1996	11	3.057	4.080	74,9
1997	4	4.073	4.265	95,5
Gesamt	56	9.096	17.956	50,6

Quelle: www.bndes.gov.br/pndnew

Tabelle A-11: Gewinne verschiedener Kapitaltypen, Brasilien, 1992-1997

	1992	1993	1994	1995	1996	1997
Die 50 größten Staatlichen	-4.236	-4.211	1.512	-2.902	2.629	7.214
Die 500 größten Privaten	581	4.467	1.813	8.000	7.668	6.864
Verhältnis staatlich/privat	-729,1%	-94,3%	10,9%	-36,3%	34,3%	105,1%

Quelle: Exame 1998: 18

Tabelle A-12: Brasilianische Exporte, 1970-1994, in Mrd. US$, gerundet

	1970	1975	1980	1985	1990	1994
a) BIP zu laufenden Preisen in US$[1]	42,3	129,1	237,3	210,9	437,2	565,1
b) BIP zu US$ von 1985	86,5	139,8	198,0	210,9	231,3	254,2
c) BIP – Lw. und Ind.	41,0	71,5	100,6	100,7	108,9	120,3
d) Exporte zu laufenden Preisen in US$	2,7	8,6	20,1	25,6	31,0	42,7
e) Exporte zu US$ von 1985	7,7	15,1	23,1	25,6	27,5	36,6
d/a in %[2]	6,5	6,6	8,5	12,1	7,1	7,6
e/b in %	8,9	10,8	11,7	12,1	11,9	14,4
e/c in %	18,7	21,2	22,9	25,4	25,2	30,4

1) In Mrd.
2) Rundungsfehler.

Quelle: Pacheco 1998: 87

Tabelle A-13: Regionale Verteilung der Wertschöpfung der verarbeitenden Industrie, Brasilien, 1939-1995

	1939	1949	1959	1970	1975	1980	1985	1989	1995
NO	1,1	7,0	0,9	0,8	1,3	2,4	2,5	n.d.	n.d.
NE	10,9	9,1	6,9	5,7	6,6	8,1	8,6	8,1	8,1
MG	7,6	6,6	5,8	6,5	6,3	7,7	8,2	8,2	8,8
ES	0,3	0,4	0,3	0,5	0,6	0,9	1,2	n.d.	n.d.
RJ	25,5	20,6	17,6	15,5	13,5	10,6	9,5	10,3	8,6
SP	40,7	48,9	55,6	58,2	55,9	53,4	51,9	50,2	49,8
GSP[1]	26,3	32,4	41,0	43,5	38,8	33,6	29,4	28,8	25,4
INT[2]	14,4	16,5	14,6	14,7	17,1	19,8	22,5	21,4	24,4
PR	2,3	2,9	3,1	3,1	4,0	4,4	4,9	5,3	5,5
SC	2,1	2,4	2,2	2,6	3,3	4,1	3,9	4,0	4,4
RS	9,1	7,9	7,0	6,3	7,5	7,3	7,9	7,8	8,2
CO	0,4	0,5	0,6	0,8	1,0	1,1	1,4	n.d.	n.d.

Brasilien = 100, n.d. = keine Daten verfügbar
1) GSP = Groß-São Paulo.
2) INT = Landesinneres von São Paulo (für sonstige Abkürzungen siehe Graphik 6, Seite 72).

Quelle: Cano 1998b: 327

Tabelle A-14: Regionaler Anteil an der nationalen Produktion, Brasilien, 1939-1995

PIB gesamt	1939	1949	1959	1970	1980	1985	1990	1995
NO*	2,6	1,7	2,0	2,2	3,2	4,1	4,4	4,6
NE	16,7	13,9	14,4	12,0	12,2	13,7	13,6	13,4
MG	10,0	10,4	7,9	8,3	9,4	9,7	9,0	9,1
ES	1,2	1,3	0,8	1,2	1,5	1,7	1,5	1,6
RJ	20,9	19,5	18,5	16,1	13,6	11,6	12,3	10,3
SP	31,2	36,4	37,9	39,5	37,7	35,8	36,4	36,6
PR	2,9	4,0	5,4	5,5	5,9	6,2	5,4	6,7
SC	2,2	2,5	2,4	2,8	3,3	3,3	3,2	3,3
RS	10,2	8,6	8,4	8,7	8,1	7,9	6,9	7,3
CO**	2,1	1,7	2,3	2,7	3,6	3,7	4,2	4,7
DF	–	–	–	1,0	1,5	2,3	4,1	2,4

Brasilien = 100% (für Abkürzungen siehe Graphik 6, S. 72)
* NO beinhaltet von 1985-1995 Tocantins
** CO beinhaltet von 1939-1985 Tocantins

Quelle: Cano 1998b: 318

Tabelle A-15: Regionaler Anteil an der nationalen Produktion, Brasilien, 1939-1995, nach Sektoren

PIB LW	1939	1949	1959	1970	1980	1985	1990	1995
NO*	3,3	1,7	2,4	4,1	5,0	6,5	8,5	7,6
NE	23,0	19,3	27,9	20,9	19,5	20,6	20,7	22,0
MG	15,3	17,3	10,5	11,9	16,3	17,0	13,8	14,1
ES	2,2	2,4	1,6	1,9	2,1	2,9	1,8	2,0
RJ	4,8	4,9	4,1	2,4	2,0	1,8	2,0	1,8
SP	24,7	30,0	21,9	18,0	14,2	16,7	24,0	23,6
PR	4,9	6,9	11,6	12,1	11,7	11,9	9,2	8,6
SC	3,7	3,9	4,1	5,4	5,2	4,3	4,1	4,1
RS	13,6	10,4	11,2	15,9	12,6	10,9	8,9	9,0
CO**	4,5	3,2	4,7	7,4	11,4	7,4	7,0	7,1
DF	–	–	–	0,0	0,0	0,0	0,0	0,1
PIB Industrie	**1939**	**1949**	**1959**	**1970**	**1980**	**1985**	**1990**	**1995**
NO*	2,3	0,9	1,2	1,1	3,0	4,0	4,4	4,5
NE	12,1	9,7	7,5	7,0	9,5	12,0	12,4	11,5
MG	8,0	6,9	6,1	6,9	8,7	8,7	9,1	9,1
ES	0,4	0,5	0,3	0,5	1,2	1,4	1,5	1,5
RJ	26,9	20,0	17,4	15,2	11,9	11,8	10,5	9,4
SP	36,4	47,9	54,4	56,4	47,9	44,0	43,6	41,0
PR	2,2	2,8	3,0	3,0	4,9	5,2	5,0	8,0
SC	2,0	2,6	2,4	2,6	3,9	3,6	3,3	4,0
RS	8,7	8,0	6,9	6,3	7,4	6,9	6,4	6,9
CO**	1,0	0,7	0,8	0,9	1,7	2,1	3,3	3,6
DF	–	–	–	0,1	0,5	0,3	0,5	0,5
PIB DL	**1939**	**1949**	**1959**	**1970**	**1980**	**1985**	**1990**	**1995**
NO*	2,4	2,0	2,3	2,3	2,8	3,5	3,8	4,1
NE	14,9	13,0	12,7	1,2	12,4	13,6	13,0	12,8
MG	7,8	8,3	7,8	8,2	8,4	8,9	8,0	8,1
ES	0,9	1,0	0,7	1,4	1,5	1,7	1,4	1,5
RJ	27,6	26,7	24,8	20,6	18,2	13,9	15,4	12,6
SP	32,7	33,8	35,4	35,0	34,8	32,9	33,9	36,7
PR	2,1	3,1	4,2	5,3	5,4	5,7	4,9	5,6
SC	1,5	1,8	1,8	2,1	2,2	2,8	2,8	2,7
RS	8,9	8,0	8,1	8,2	7,5	8,0	7,0	7,2
CO**	1,2	1,3	2,2	2,5	3,3	4,4	4,3	4,8
DF	–	–	–	2,2	3,5	4,6	5,5	3,9

Brasilien = 100% (für Abkürzungen siehe Graphik 6, S. 72)

* NO beinhaltet von 1985-1995 Tocantins

** CO beinhaltet von 1939-1985 Tocantins

Quelle: Cano 1998b: 318

Tabelle A-16: Beschäftigtenindex, Brasilien, 1984-1997

		Gesamt	Verarbeiten-de Industrie	Handel	Dienst-leistungen	Bauwirt-schaft
1984	Dez.	100,00	100,00	100,00	100,00	100,00
1989	Dez.	117,49	120,37	124,23	119,71	114,86
1990	Dez.	112,81	110,70	121,49	117,13	105,50
1991	Dez.	109,99	105,79	115,88	115,76	103,60
1992	Dez.	106,87	100,31	112,10	113,76	98,93
1993	Dez.	107,60	101,06	114,18	114,86	97,08
1994	Dez.	108,94	102,63	116,83	116,39	95,50
1995	Dez.	107,07	98,05	116,30	115,91	92,64
1996	Dez.	105,77	95,59	115,83	115,24	91,28
1997	Nov.	106,72	95,46	118,14	116,18	93,84

Quelle: www.bcb.gov.br/htms/histbole.htm vom 7. 7. 1998

Tabelle A-17: Prozentuelle Verteilung der Sklavenbevölkerung nach paulistanischen Sub-Regionen, 1836-1886

Jahr	Osten & Paraíba	Küste	Zentrum	Westen & Norden
1836	31,1	15,6	48,8	4,5
1854	28,9	13,2	40,6	17,2
1886	25,7	2,4	31,8	39,8

Quelle: Targa 1996a: 71

Tabelle A-18: Prozentueller Anteil der Einnahmen im Bundesstaat São Paulo, 1893-1929

	1893	1905	1914	1923	1929
Ordentliche Einnahmen	97,30	61,61	89,90	97,46	94,08
– Steuereinnahmen	96,02	42,46	82,98	69,51	72,02
– Industrielle Einnahmen	1,15	19,08	6,56	27,91	22,04
– Einnahmen aus Vermögen	0,13	0,07	0,36	0,04	0,02
Außergewöhnliche Einnahmen[1]	2,70	38,39	10,10	2,54	5,92
Gesamteinnahmen	100,0	100,0	100,0	100,0	100,0

1) V.a. aus Wiedergutmachungen bei Schuldenstreichung bzw. aus Wechselkursgewinnen.

Quelle: Carvalho 1996: 205

Tabelle A-19: Ausgaben, nach Funktionen, Bundesstaat São Paulo, 1893-1929, in *Contos* (1912)

	1893	1897	1912	1916	1929
WIRTSCHAFTSENTWICKLUNG	15.970	17.260	23.850	10.746	39.319
Landwirtschaft	4.497	5.30	7.589	2.052	7.784
Industrie und Handel	39	31	165	25	219
Infrastruktur und Dienste	11.433	12.198	16.096	8.668	31.317
Energie und mineral. Ressourcen	421	478	796	1.549	1.343
Wohnen und Urbanismus	0	0	0	0	348
Kanalisierung	9.369	9.798	7.409	2.744	4.940
Kommunikation	0	0	0	0	1.022
GESAMTE STAATSAUSGABEN	49.900	48.522	96.643	62.190	162.834

Quelle: Pereira 1996: 238

Tabelle A-20: Regionaler Anteil des Bundesstaates São Paulo an den gesamten nationalen Einlagen, Krediten und Filialen, 1988-1993

Jahr	Einlagen	Kredite	Filialen
1988	54,42	30,28	29,21
1989	51,48	34,88	27,62
1990	53,47	36,85	28,26
1991	53,33	36,74	28,66
1992	54,62	40,46	28,76
1993	56,25	42,89	28,87

Quelle: SEADE 1995a: 62

Tabelle A-21: Bankwesen, São Paulo Stadt und Bundesstaat, Anteil der Stadt São Paulo am Bundesstaat, 1988-1995

	1988	1989	1990	1991	1992	1993	1994	1995
BANKFILIALEN								
Stadt	1.268	1.377	1.447	1.489	1.546	1.572	1.610	1.601
Bundesstaat	4.378	4.550	4.718	4.778	4.879	4.925	5.001	4.977
Anteil in %	29,0	30,3	30,7	31,2	31,7	31,9	32,2	32,2
EINLAGEN[1]								
Stadt	55,1	69,2	36,4	38,6	60,7	73,9	58,1	82,2
Bundesstaat	91,2	106,8	52,4	56,3	80.,8	104,6	79,1	111,8
Anteil in %	60,4	64,8	69,5	68,6	75,1	70,7	73,5	73,5
KREDITOPERATIONEN[1]								
Stadt	51,5	51,3	49,7	54,3	67,6	82,1	51,4	58,3
Bundesstaat	71,9	68,8	65,0	69,8	82,4	101,3	72,3	83,2
Anteil in %	71,6	74,6	76,5	77,8	82,0	81,0	71,0	70,1

1) In Mrd. R$.

Quelle: www.seade.gov.br (30. 7. 1997)

Tabelle A-22: Formal Beschäftigte, im Bundesstaat São Paulo, 1986-1995, nach Sektoren

Jahr	Industrie	Bauwirtschaft	Handel	Dienste	Land- u. Viehwirt.	andere	vernachlässigt	Gesamt
1986	2.922.504	277.667	907.397	3.158.666	103.373	46.744	0	7.416.351
1990	2.595.021	304.681	982.043	3.186.057	129.654	436.528	0	7.633.984
1994	2.353.444	363.256	1.057.664	3.481.050	305.955	0	276.027	7.837.396
1995	2.201.319	347.096	1.094.085	3.684.960	323.247	57.570	57.570	7.708.277

Quelle: Unicamp 1998: 14

Tabelle A-23: Arbeitsmarktschätzung, Groß-São Paulo, 1985-1997, in Tausend

Bevölkerung	1985	1986	1987	1988	1989	1990	1991	1992	1993	1994	1995	1996	1997
Gesamtbevölkerung					**14.804**	**15.078**	**15.358**	**15.642**	**15.897**	**16.070**	**16.309**	**16.545**	**16.771**
Erwerbsfähig	*10.562*	*10.758*	*10.979*	*11.254*	*11.541*	*11.897*	*12.259*	*12.574*	*12.891*	*13.146*	*13.453*	*13.687*	*13.914*
Erwerbstätig	6.369	6.659	6.774	6.911	7.052	7.162	7.515	7.733	7.915	7.980	8.220	8.459	8.585
Beschäftigt	5.592	6.020	6.151	6.241	6.438	6.424	6.636	6.558	6.759	6.847	7.135	7.182	7.220
Industrie	1.834	2.089	2.079	2.010	2.125	2.004	1.878	1.731	1.703	1.732	1.762	1.623	1.523
Handel	788	834	892	880	953	1.028	1.082	1.069	1.102	1.157	1.213	1.235	1.220
Dienstleistungen	2.276	2.372	2.454	2.596	2.659	2.730	2.980	3.017	3.224	3.211	3.396	3.490	3.624
Sonstige[1]	694	716	726	755	701	662	696	741	730	746	736	834	853
Arbeitslos	777	639	623	670	614	738	879	1.175	1.156	1.133	1.085	1.277	1.365
Offen	484	399	427	484	459	530	594	711	681	710	740	846	884
Versteckt	293	240	196	186	155	208	285	464	475	423	345	431	481
Prekär beschäftigt	185	133	115	124	106	143	218	356	372	319	271	321	129
Schwer vermittelbar[2]	108	107	81	62	49	65	67	108	103	104	74	110	129
Inaktiv	4.193	4.099	4.205	4.345	4.489	4.735	4.744	4.841	4.976	5.166	5.233	5.228	5.329

1) Beinhaltet Bau und Haushaltshilfen.
2) *Pelo desalento.*

Quelle: Unicamp 1998: 12

Tabelle A-24: Arbeitslosigkeit, Groß-São Paulo, 1985-1998, in Prozent

	1985	**1986**	**1987**	**1988**	**1989**	**1990**	**1991**	**1992**	**1993**	**1994**	**1995**	**1996**	**1997**	**1998**
Gesamt	12,2	9,6	9,2	9,7	8,7	10,3	11,7	15,2	14,6	14,2	13,2	15,1	16,0	18,3

Quelle: www.seade.gov.br/cgi-bin vom 22. 1. 1999

Tabelle A-25: Frauenmonatseinkommen, nach ausgewählten Branchen, 1989-1996, Groß-São Paulo, in *Reais* (Nov. 1996)

	1989	1992	1996
Beschäftigte	874	597	585
Industrie	857	636	596
Formell	898	726	656
Informell	444	336	344
Handel	888	547	523
Dienstleistungen	1.080	740	721
Formell; Privatwirtschaft	992	738	683
Informell; Privatwirtschaft	438	328	399
Öffentlicher Sektor	1.477	987	852
BedienerIn	306	222	275

Quelle: www.seade.gov.br/cgi-bin/mulherv98/mulher.ksh (27. 7. 1997)

Tabelle A-26: Männermonatseinkommen, nach ausgewählten Branchen, 1989-1996, Groß-São Paulo, in *Reais* (Nov. 1996)

	1989	1992	1996
Beschäftigte	1.607	1.075	995
Industrie	1.718	1.264	1.063
Formell	1.718	1.298	1.046
Informell	703	580	549
Handel	1.466	839	858
Dienstleistungen	1.633	1.068	1.042
Formell; Privatwirtschaft	1.434	1.006	863
Informell; Privatwirtschaft	671	458	578
Öffentlicher Sektor	2.006	1.394	1.291
Bauwirtschaft	1.220	811	755

Quelle: www.seade.gov.br/cgi-bin/mulherv98/mulher.ksh (27. 7. 1997)

Tabelle A-27: Verfügbare Einnahmen des Bundesstaates São Paulo, Hoheitsverwaltung, 1986-1994, in Mio. R$, gerundet

	1986	1987	1988	1989	1990	1991	1992	1993	1994	Durchschnitt 1987-1994
Budgetäre Einnahmen	24.072	21.922	20.425	25.823	26.050	23.219	22.901	25.319	22.859	...
Ausgaben mit Transfers an die Kommunen	*4.135*	*3.529*	*3.572*	*5.255*	*5.572*	*4.821*	*4.244*	*4.117*	*4.772*	...
Verfügbare bundesstaatliche Einnahmen	19.937	18.393	16.853	20.568	20.478	18.398	18.657	21.202	18.087	...
Bevölkerung (1.000 Ew.)	28.729	29.343	29.943	30.529	31.097	31.648	32.183	32.701	33.207	...
Verfügbares EK p.c. (R$)	694	627	563	674	659	581	580	648	545	610

Quelle: Arretche 1998: Tabela 5

Tabelle A-28: Ausgaben für den Wohnbau, São Paulo, 1986-1994, in R$ (Dez. 1995)

	1986	1987	1988	1989	1990	1991	1992	1993	1994	Durchschnitt 1987-1990	Durchschnitt 1991-1994
Ausgaben für Wohnbau[1]	95	98	210	233	248	548	487	407	488	...	...
BIP[1]	n.d.	193.131	188.386	196.803	187.480	184.797	181.895	190.057	199.973	...	...
Anteil am BIP, in %	n.d.	0,05	0,11	0,12	0,13	0,30	0,27	0,21	0,24	0,10	0,26
Bevölkerung	n.d.	28.903	29.517	30.144	30.783	31.436	32.103	32.669	33.162	...	...
Ausgaben p.c.	n.d.	3,39	7,13	7,73	8,05	17,44	15,17	12,44	14,71	6,57	14,94

1) In Mio. R$.

Quelle: Arretche (1998): Tabela 12

Tabelle A-29: Anteil der über 18jährigen, die in einer oder mehreren Vereinigungen aktiv sind, verschiedene Bundesstaaten, 1988

	RS	PR	SP	BA	PE	CE
Gewerkschaft	12,46	12,83	8,30	8,58	11,13	9,66
Unternehmerverbände	6,31	6,08	3,79	2,25	2,62	2,17
Politische Parteien	5,36	4,45	2,42	4,78	2,59	3,57
Nachbarschaftsvereine	3,71	2,43	1,07	2,38	2,37	2,45
Religiöse oder Wohltätigkeitsvereine	27,77	9,67	3,55	2,28	2,11	1,83
Kultur- oder Sportvereine	20,76	9,55	8,91	2,89	3,04	1,19
Durchschnittliche Mitgliederzahl	15,27	9,00	5,61	4,63	4,77	4,18
Gesamtzahl	5.685.649	5.140.305	20.061.204	5.953.738	3.893.830	3.359.015

(Für Abkürzungen siehe Graphik 6, S. 72)

Quelle: Arretche 1998: Tabela 4

Tabelle A-30: Ausgaben, Stadt São Paulo, nach Bereichen, ausgewählte Positionen, 1980-1995, in Mio. R$ (1996)

	1980	1985	1986	1987	1988	1989	1990	1991	1992	1993	1994	1995
Gesamtausgaben	3.473	3.357	3.786	3.908	4.744	4.479	5.092	5.338	4.535	4.535	5.109	6.473
Bildung	449	509	652	536	501	678	795	903	830	635	723	829
Gesundheit	353	386	460	489	658	607	903	888	929	736	802	981
Wohnen	665	486	590	633	738	648	785	798	731	670	741	985
Bauten und Installationen	514	411	379	616	1.469	425	649	451	639	760	762	1.291

Quelle: www.seade.gov.br (28. 7. 1997)

Tabelle A-31: Verschuldung, Stadt São Paulo, 1980-1995, in Mio. R$ (1996), ausgewählte Positionen

	1980	1985	1986	1987	1988	1989	1990	1991	1992	1993	1994	1995
Konsolidierte Schuld	1.574	2.397	2.352	4.137	5.880	8,276	4.545	4.551	2.722	n.d.	n.d.	n.d.
Flottierende Schuld	576	738	879	816	1.397	878	1.337	852	950	n.d.	n.d.	n.d.

Quelle: www.seade.gov.br (28. 7. 1997)

Tabelle A-32: Ausgaben, Stadt São Paulo, nach Ausgabenarten, ausgewählte Positionen, 1980-1995, in Mio. R$ (1996)

	1980	1985	1986	1987	1988	1989	1990	1991	1992	1993	1994	1995
Gesamtausgaben	3.473	3.357	3.786	3.908	4.744	4.479	5.092	5.338	4.535	4.535	5.109	6.473
Personal	817	981	1.357	900	914	1.402	1.461	1.689	1.389	1.103	1.228	1.363
Zinszahlungen	186	321	195	367	379	104	76	164	58	21	187	106
Tilgungen	n.d.	227	326	457	300	541	295	250	269	274	651	931
Zinsen + Tilgung	n.d.	548	521	824	679	645	371	414	327	295	838	1037
Investitionen	808	504	513	728	1.547	530	833	737	928	948	955	1.709
Laufende Ausgaben	2.100	2.487	2.913	2.587	2.845	3.336	3.407	4.014	3.932	3.253	3.353	3.712
Kapitalausgaben	1.374	869	873	1.321	1.899	1.144	1.685	1.324	1.287	1.282	1.756	2.761
Instandhaltung	1.510	1.695	2.105	1.854	2.008	2.354	2.780	2.976	2.942	2.416	2.597	2.947

Quelle: www.seade.gov.br (28. 7. 1997)

Tabelle A-33: Anteil des Bundesstaates São Paulo am nationalen BIP, nach Sektoren, 1980-1996, in Prozent

Jahr	Land- und Viehwirtschaft	Industrie	Dienstleistungen	Gesamt
1980	13,99	45,91	40,65	40,09
1981	14,93	44,78	39,84	38,92
1982	15,02	44,77	40,50	39,28
1983	16,55	43,87	39,72	38,61
1984	15,98	43,99	39,28	38,44
1985	16,90	44,11	39,15	38,48
1986	15,59	43,36	39,89	38,87
1987	17,25	42,99	40,40	38,87
1988	14,97	43,23	38,91	37,89
1989	14,38	43,40	39,23	38,05
1990	15,42	42,57	37,15	36,70
1991	15,48	42,61	36,89	36,48
1992	14,72	42,47	36,83	36,10
1993	14,88	42,81	37,61	36,83
1994	14,16	42,78	38,51	37,13
1995	13,96	42,18	38,61	36,90
1996[1]	–	–	–	36,72

1) Vorläufige Daten.

Quelle: Unicamp 1998: 3

Tabelle A-34: Bevölkerungswachstum der Stadt São Paulo zwischen 1940 und 1991, aufgeteilt in vegetatives und migrationsbedingtes Wachstum, gerundet

Jahre	Gesamtbevölkerung	Bevölkerungswachstum pro Jahrzehnt absolut (relativ)	vegetatives Wachstum pro Jahrzehnt absolut (relativ p.a.)	migratorisches Wachstum pro Jahrzehnt absolut (relativ p.a.)
1940	1.326.261			
1950	2.198.096	871.835 (5,18)	242.810 (1,5)	629.025 (4,1)
1960	3.666.071	1.468.605 (5,25)	667.459 (2,5)	801.146 (3,8)
1970	5.924.615	2.257.914 (4,92)	972.571 (2,7)	1.285.343 (3,2)
1980	8.493.226	2.568.611 (3,67)	1.424.665 (2,2)	1.143.946 (1,8)
1991	9.626.894	1.133.668 (1,15)	1.889.633 (1,84)	-755.965 (-0,84)

Quelle: Rolnik et al. 1990:33. SEADE 1993:30. Die relativen und absoluten Wachstumsraten beziehen sich immer auf das Bevölkerungswachstum im vorangegangenen Jahrzehnt.

Tabelle A-35: Bevölkerungsentwicklung der Stadt São Paulo, von Groß-São Paulo und dem Bundesstaat São Paulo, 1940-1991

Jahr	Stadt SP	Groß-SP	Land SP	Stadt/Land
1920	579.033		4.592.188	0,126
1940	1.326.261	1.568.045	7.180.316	0,185
1950	2.198.096	2.662.786	9.134.423	0,241
1960	3.666.701	4.739.406	12.823.806	0,285
1970	5.924.615	8.139.730	17.771.948	0,333
1980	8.493.226	12.588.745	25.040.712	0,339
1991	9.626.894	15.416.416	31.546.473	0,305
2000	10.406.166	n.d.	36.966.527	0,282

Quelle: Rolnik et al. 1990: 32; SEADE 1993: 30.97; www.ibge.gov.br ((22. 12. 2000)

Tabelle A-36: Die 100 größten privaten Konzerne, je Region, 1978 und 1990

Region	1978	1990
Südosten	81	82
– São Paulo	48	58
– Rio de Janeiro	27	15
Süden	12	10
Nordosten	7	7
Norden	–	–
Zentrum-Westen	–	1
Gesamt	100	100

Quelle: Neto 1995: 379

Tabelle A-37: Die 1000 größten Unternehmen, je Region, 1975 und 1990, in Prozent

Region	1978	1990
Südosten	80	68
– São Paulo	54	43
– Rio de Janeiro	21	16
Süden	11	15
Nordosten	6	11
Norden	1	3
Zentrum-Westen	2	3
Gesamt	100	100

Quelle: Neto 1995: 379

Verwendete Zeitungen, Zeitschriften und Internet-Adressen

www.uol.com.br/fsp (FSP – Folha de São Paulo)
www.jb.com.br (Jornal do Brasil)
www.zerohora.com.br (Zero Hora)
www. estado.com.br (O Estado de São Paulo)
www.gazeta.com.br (Gazeta Mercantil)
www.uol.com.br/veja (Veja)
www.uol.com.br/exame (Exame)
www.zaz.com.br/istoe (Istoe)
www.uol.com.br/ft (FT – Folha da Tarde)
home.t-online.de/home/brasilien/aktuell.htm (Brasilienausschnittsdienst – monatlicher Pressedienst)
www.monde-diplomatique.fr (Le Monde Diplomatique)
www.glpnews.com/TP/DieZeit.html (Die Zeit)
www.fr-aktuell.de (Frankfurter Rundschau)
www.ft.com (Financial Times)
www.economist.com (The Economist)

Die am häufigsten benutzten Internet-Adressen

www.ibge.gov.br (IBGE – Stat. Zentralamt Brasiliens)
www.ipea.gov.br (IPEA – Staatliches Wirtschaftsplanungsinstitut; insbesondere www.ipeadata.gov.br)
www.fazenda.gov.br (Finanzministerium)
www.bcb.gov.br (Zentralbank, insbesondere *Boletim do Banco Central*)
www.planejamento.gov.br (Planungsministerium)
www.mare.gov.br (Administrationsreformministerium – Mare)
www.brazil.gov.br (Bundesregierung)
www.camara.gov.br (Kongreß)
www.senado.gov.br (Senat)
www.bndes.gov.br (BNDES)
www.seade.gov.br (SEADE – Landesforschungsinstitut)
www.sep.sp.gov.br (Planungssekretariat Bundesstaat SP)

www.dieese.org.br (Wirtschaftsforschungsinstitut der Gewerkschaften)

www.emprego.sp.gov.br (Arbeitsmarktinformation – SP)

www.sercomtel.com.br/bernardo (Kongreßabgeordneter Paulo Bernardo, PT-PR)

www.worldbank.org (Weltbank)

www.rau.edu.uy/mercosur (Mercosur-Homepage)

www.prodam.sp.gov.br (Stadtregierung São Paulo)

Auf Tonband aufgenommene Interviews

Antonio Alves, Kulturstadtrat Rio Branco (1993-1996) (5. 12. 1996)

Antonio Zaire, Händler Xapuri, mit privatem Museum (24. 11. 1996)

Carlos Strabelli, Berater im Gemeinderat São Paulo, Aktivist in der Ost-Region von São Paulo (15. 10. 1996)

Claudia Pimenta, Beraterin im Gemeinderat São Paulo, Aktivistin in der Ost-Region von São Paulo (19. 10. 1996)

Dercy Telles, Agroextraktive Genossenschaft von Xapuri (24. 11. 1996)

Fernando Michelotti, Agronom, Agroextraktive Genossenschaft von Xapuri (29. 12. 1996)

Francisco de Oliveira, Soziologieprofessor, USP (11. 12. 1996, 4. 11. 1997)

Gomercindo Rodrigues, Ex-Berater der CAEX

Iraiton de Lima, Berater von Marina Silva, Senatorin (PT-AC) (23. 11. 1996)

Irma Ignes Boff, Ordensschwester Xapuri (21. 11. 1996)

João Batista, Angestellter der CMTC, Berater im Gemeinderat für Verkehrsangelegenheiten und Berater für die Busfahrergewerkschaft

João Jorge, President der AMBS-Xapuri (26. 11. 1996)

Jorge Viana, Bürgermeister Rio Branco (1993-1996) (3. 7. 1997)

José Antonio Fialho Alonso, Berater des Bürgermeister von Porto Alegre (24. 6. 1997)

Mancio Lima Cordeiro, Finanzstadtrat Rio Branco (1993-1996) (30. 6. 1997)

Manuel Estébio, Gründungsmitglied CTA – Rio Branco (4. 12. 1996)

Marina Teles, Seringueira, Pimenteira-Acre (25. 11. 1996)

Monteiro, Gemeinderat, Stadtsekretär für Landwirtschaft – Rio Branco (1993-1996)

Nena, Pressedienst, Gemeinderat Rio Branco (5. 7. 1997)

Paul Singer, Ökonomieprofessor, USP, Stadtrat für Stadtplanung 1989-1992 (10. 12. 1996)

Regina Kipper, Planungsstadträtin (ab 1997) (1. 7. 1997)

Raimundão, Gemeinderat Xapuri (24. 11. 1996)

Raimundo, Kulturagent, Kautschukmuseum, Rio Branco (5. 7. 1997)

Roberto Ferres, Stadtplaner, Dissertant Bundesuniversität São Carlos (18. 6. 1997)

Simone Martinelli, Mitarbeiterin in der Stadtplanungsabteilung von São Paulo und Rio Branco (12. 3. 1997)

Abkürzungen von Organisationen, Instrumenten und anderen Begriffen

(Für die Abkürzung der Bundesstaaten siehe Graphik 6, S. 72)

ABC	Großraum Santo André, São Bernardo und São Caetano
ACM	Antonio Carlos Magalhaes, Senatspräsident
ARENA	*Aliança pela Renovação Nacional* – Allianz für die Nationale Erneuerung
BNDES	*Banco Nacional de Desenvolvimento Econômico e Social* – Nationale Bank für wirtschaftliche und soziale Entwicklung
BIP	Bruttoinlandsprodukt
BNH	*Banco Nacional da Habitação* – Nationale Wohnbaubank
CEPAL	*Comisión Económica para América Latina* – UN-Wirtschaftskommission für Lateinamerika
CEF	*Caixa Econômica Federal* – Bundessparkasse
CIB	*Centro Industrial do Brasil* – Zentrum der Industrien Brasiliens
CIESP	*Centro de Indústrias do Estado de São Paulo* – Vorläuferin der FIESP
CGT	*Central Geral dos Trabalhadores* – Allgemeine Arbeiterzentrale
CLT	*Consolidação das Leis do Trabalho* – Konsolidierung der Arbeitsgesetze
CMTC	*Companhia Metropolitana de Transporte Coletivo* – Kommunales Busunternehmen von São Paulo
CNI	*Confederação Nacional de Indústrias* – Nationale Vereinigung der Industrie
CNS	*Companhia Nacional Siderúrgica* – erstes großes Stahlwerk in Volta Redonda
COHAB	*Companhia Metropolitana de Habitação* – metropolitane Wohnbaugesellschaft
CUT	*Central Unica dos Trabalhadores* – Zentralunion der Arbeiter
CVRD	*Companhia da Vale do Rio Doce* – Brasiliens größtes Bergbauunternehmen
FEF	*Fundo de Estabilização Econômica* – Fonds zur fiskalischen Stabilisierung
FGTS	*Fundo de Garantia do Tempo de Serviço* – Abfertigungs- und Wohnbaufinanzierungsfonds
FHC	Fernando Henrique Cardoso
FIESP	*Federação das Indústrias do Estado de São Paulo* – Industriellenvereinigung von São Paulo
FSE	*Fundo Social de Emergência* – Sozialer Ausnahmefonds
ICMS	*Imposto sobre Circulação de Mercadorias e Serviços* – Umsatzsteuer
ILO	*International Labour Organisation* – Internationale Arbeitsorganisation
INPS	*Instituto Nacional de Previdência Social* – Nationale Sozialversicherung
IPTU	*Imposto Predial e Terrenos Urbanos* – Grund- und Gebäudesteuer

ISEB	*Instituto Superior de Estudos Brasileiros* – Höheres Institut für brasilianische Studien
MARE	*Ministerio de Administração e de Reforma do Estado* – Verwaltungs- und Staatsreformministerium
MST	*Movimento Sem Terra* – Landlosenbewegung
NGO	*Nongovernmental Organisation* – Nichtregierungsorganisation
OS	*Organização Social* – Sozialorganisation
PAS	*Plano de Atendimento de Saúde* – Gesundheitsplan
PCdoB	*Partido Comunista do Brasil* – Kommunistische Partei Brasiliens
PDS	*Partido Democratico Social* – Demokratisch-Soziale Partei
PDT	*Partido Democrático Trabalhista* – Demokratische Partei des Trabalhismo
PFL	*Partido Frente Liberal* – Partei der liberalen Front
PMDB	*Partido Movimento Democrático Brasileiro* – Partei der demokratischen Bewegung Brasiliens
Proer	*Programa de Estímulo à Reestruturação e ao Fortalecimento do Sistema Financeiro Nacional* – Nationales Bankenstützungsprogramm
PP	*Partido Popular* – Volkspartei
PPB	*Partido Progressista Brasileiro* – Progressive Partei Brasiliens
PRN	*Partido da Renovação Nacional* – Partei der nationalen Erneuerung
PSB	*Partido Socialista Brasileira* – Sozialistische Partei Brasiliens
PSD	*Partido Social Democrático* – Demokratisch-soziale Partei
PSDB	*Partido da Socialdemocracia Brasileira* – Sozialdemokratische Partei Brasiliens
PT	*Partido dos Trabalhadores* – Arbeiterpartei
PTB	*Partido Trabalhista Brasileiro* – Brasilianische Partei des Trabalhismo
R$	*Real; Reais* – Brasilianische Währung seit 1994
SAB	*Sociedade de Amigos de Bairro* – Nachbarschaftsverein
SEADE	*Fundação Sistema Estadual de Análise de Dados* – Wirtschafts- und Sozialforschungsinstitut von São Paulo
SFH	*Sistema Financeiro de Habitação* – Wohnbaufinanzierungssystem
STF	*Supremo Tribunal Federal* – Oberster Gerichtshof
SUDENE	*Superintendência pelo Desenvolvimento do Nordeste* – Oberbehörde für die Entwicklung des Nordosten
SUS	*Sistema Unificado de Saúde* – Einheitliches Gesundheitssystem
TSE	*Tribunal Superior Eleitoral* – Nationale Wahlbehörde
Unicamp	*Universidade de Campinas* – Universität von Campinas
USP	*Universidade de São Paulo* – Universität von São Paulo

ETHNOLOGIE
im Promedia-Verlag

Hermann Mückler:
„Fidschi“
Das Ende eines Südseeparadieses
192 Seiten, Landkarten, DM 29,80; sFr. 27,50; öS 218.-
ISBN 3-85371-171-5, erschienen: 2001

Rosina-Fawzia Al-Rawi:
„Der Ruf der Großmutter“
oder die Lehre des wilden Bauches
208 Seiten, viele Photos, DM 29,80; sFr. 28,50; öS 218.-
ISBN 3-85371-110-3; 3. Auflage: 1999

Carolyne Larrington:
„Die mythische Frau“
Ein Leitfaden durch die Überlieferungen
512 Seiten, gebunden, reich bebildert, DM 58.-; sFr. 52,50; öS 423.-
ISBN 3-900478-84-8, erschienen: 1997

Andreas Hofbauer:
„Afro-Brasilien“
Vom weißen Konzept zur schwarzen Realität
320 Seiten, tw. farbig bebildert, DM 39,80; sFr. 37.-; öS 291.-
ISBN 3-85371-102-2, erschienen: 1995

Caecilie Seler-Sachs:
„Auf alten Wegen in Mexico und Guatemala“
Reiseerinnerungen aus den Jahren 1895 bis 1897
278 Seiten, DM 39,80; sFr. 37.-; öS 291.-
ISBN 3-900478-57-0; erschienen 1992

Lewis H. Morgan:
„Die Urgesellschaft“
Untersuchungen über den Fortschritt der Menschheit aus der Wildheit durch die Barbarei zur Zivilisation
480 Seiten, DM/sFr. 49,80; öS 364.-
ISBN 3-900478-16-3; erstmals erschienen: 1908